Histoire des Gouverneurs militaires de Lyon

de 1310 à nos jours

Remerciements :

- au Général LOIACONO, actuel Gouverneur Militaire de Lyon, qui nous soutient,
- aux auteurs de ce livre qui ont bien voulu nous faire profiter de leurs connaissances et de leur soutien : Bernard DEMOTZ, Henri JEANBLANC (+), Claude SOMMERVOGEL (+), Jean-Pierre CHEVRIER
- au Lieutenant-colonel FEUILLAS, chef de cabinet du Gouverneur Militaire de Lyon, toujours au courant de nos travaux et prêt à les soutenir,
- et au LCL (r) BLANC, sans qui ce projet n'aurait pu aboutir.

Clichés de couverture :
Page 1 : Képi du Gouverneur militaire de Lyon (Coll. part.).
Page 4 : Lion de Lyon. Macaron. Fonte. Ancien pont de la Guillotière (Coll. part.).

Éditions Lyonnaises d'Art et d'Histoire
2 quai Claude-Bernard 69007 Lyon
Téléphone 04 78 72 49 00 – Fax 04 82 53 59 89
editions.lyonnaises@wanadoo.fr
www.editions-lyonnaises.fr
ISBN : 978 284147 348 9

HISTOIRE DES GOUVERNEURS MILITAIRES DE LYON

de 1310 à nos jours

Bernard DEMOTZ, Henri JEANBLANC (†), Claude SOMMERVOGEL (†),

Jean-Pierre CHEVRIER

ÉDITIONS LYONNAISES D'ART ET D'HISTOIRE

Préface

En réactualisant cet ouvrage sur les Gouverneurs militaires de Lyon, les auteurs ont mis en exergue une dimension importante de l'histoire de notre ville. Si, aujourd'hui, l'appellation de Gouverneur revêt parfois chez certains une connotation essentiellement honorifique, le temps présent nous renvoie à sa fonction originelle : contribuer à la défense de la capitale des Gaules.

Au fil des pages et de votre lecture, vous découvrirez que les gouverneurs militaires de Lyon s'inscrivent dans la longue tradition de la transmission. Chacun n'a eu de cesse de bonifier et d'améliorer cette charge. Certains auront contribué à façonner Lyon, tel le maréchal de Castellane qui créa le Camp de Sathonay en 1853, puis le quartier de la Part-Dieu en 1855. D'autres ne dérogeront pas à l'honneur et refuseront l'indicible à l'instar du général Frère héros de la Résistance, mort en déportation en 1943.

Aujourd'hui, le gouverneur militaire de Lyon porte la responsabilité de représenter le ministère des Armées. « Primus inter pares » des soldats dans la cité, il commande l'opération Sentinelle.

En tant que 197e Gouverneur militaire de Lyon, je souhaite que la garnison de Lyon continue de jouer un rôle majeur dans la protection de la capitale des Gaules, et je me félicite du soutien que les Lyonnais témoignent à leurs armées.

Enfin, je remercie vivement les auteurs, dont je salue l'immense travail.
Je leur témoigne toute ma gratitude pour cet ouvrage qui contribue à renforcer le lien indéfectible qui doit unir l'armée à la nation.
Merci

Général de corps d'armée Philippe Loiacono
Gouverneur militaire de Lyon
Officier général de la zone de défense et de sécurité sud-est
Commandant la zone Terre sud-est

Introduction
Une institution méconnue

Bernard Demotz

Il est des institutions bien connues dans leur principe et encore assez ignorées dans leurs réalités : c'est le cas du gouvernement militaire territorial. Sauf heureuses exceptions, les juristes n'abordent pas le domaine militaire, les historiens se cantonnent volontiers dans leur période de spécialité, les militaires comme les civils s'intéressent plus aux « opérationnels » qu'aux « territoriaux ». Dans ces conditions, les synthèses sur le sujet brillent généralement par leur quasi absence. Cette situation, à laquelle le présent ouvrage tente de remédier, s'explique aussi par le fait que le mot de « gouverneur » a recouvert des attributions longtemps variables, débordant et parfois excluant même le domaine militaire. On ne saurait s'en étonner en rapprochant le titre de « gouverneur » du mot « gouvernement » et en remontant dans le temps.
Les gouverneurs militaires territoriaux semblent ne pas manquer d'ancêtres aux larges attributions, tels que comtes et baillis. À l'origine, le comte était dans le Bas-Empire romain, un membre de l'entourage de l'Empereur envoyé, avec les pleins pouvoirs militaires et civils, dans une région donnée, selon les nécessités du moment. Aux temps mérovingiens et carolingiens, un territoire a été défini : le comté. Dans ce cadre, le représentant direct du souverain assurait des fonctions militaires, policières, judiciaires, financières, voire déjà administratives. Mais l'évolution, plus ou moins rapide, autour du Xe siècle, vers l'autonomie des pouvoirs régionaux, fit souvent entrer les comtes parmi les princes territoriaux, le comté devenant une principauté.

Lorsqu'elle se sentit assez forte à la tête de domaines de plus en plus étendus, la royauté française dut reprendre le processus. Philippe Auguste dépêcha des hommes de confiance aux pleins pouvoirs dans les régions, avec ou sans titre de bailli. Puis, durant le XIIIe siècle, des bailliages précis furent définis par le souverain dans l'idée d'arriver à couvrir tout le territoire français. La sagesse politique commanda toutefois de garder le titre prestigieux et à peu près équivalent de sénéchal pour la France méridionale attachée à ce titre.

Puisque les Capétiens avaient ainsi déjà mis en place les cadres généraux de la France, dont on vient de rappeler un élément essentiel, on pourrait se demander les raisons d'un glissement ultérieur et irrégulier vers les gouverneurs. Il convient alors d'insister sur le flou volontaire des institutions à leur origine au Moyen Age et dans l'Ancien Régime. Il ne s'agit nullement de manque de rigueur : le pragmatisme prévaut. Pour éviter de créer des réactions violentes et inutiles, la royauté ne décrète pas la création d'une institution nouvelle susceptible de léser ceux qui sont en place : elle fait fonctionner la chose, avec ou sans le mot, durant quelques décennies. L'évolution permet au souverain une évaluation

de l'utilité et des contours de la fonction, ainsi qu'une accoutumance des dépendants à l'expérience. L'implantation définitive est décidée en temps opportun. C'est d'ailleurs avec la même habileté que la fin d'une institution n'est jamais annoncée : la royauté se borne à l'affaiblir, puis à ne pas nommer son titulaire. On a donc pu écrire qu'une institution de l'Ancien Régime n'avait ni acte de naissance, ni acte de décès.
De tout ce qui précède, découlent à l'évidence, d'une part le prestige considérable du gouverneur militaire, d'autre part la nécessité de remonter au Moyen Age où apparurent les gouverneurs, et même l'obligation pour Lyon de commencer cette présentation dès 1310. Il s'agit donc ici de sept siècles d'histoire à la fois locale et générale, avec de multiples implications militaires et parfois civiles. L'ampleur du sujet a exigé d'allier la synthèse à l'analyse, et d'insérer chaque biographie dans le contexte du temps. De là une masse d'informations souvent nouvelles ou restées en diffusion très confidentielle.

Les vrais chercheurs, qui ont l'humilité d'entrevoir ce qu'ils ignorent dans leur domaine, ont repris à leur manière, à propos de notre pays, le mot célèbre du général Leclerc en 1944 : « Il nous faut réapprendre la France. » Cet ouvrage invite chacun à penser de même, à propos d'une institution de premier plan, qui a dû s'adapter au fil des siècles. Le gouverneur détient d'abord des pouvoirs civils et militaires considérables, puis, par suite du travail de sape des intendants, il se trouve réduit à une sinécure prestigieuse durant le XVIIIe siècle. La coupure révolutionnaire, en séparant les pouvoirs, aboutit à placer à Lyon un commandant militaire territorial, mais il faut rechercher dans quelles circonstances cette fonction « organique » peut se trouver couplée avec le commandement opérationnel. De surcroît, le territoire concerné, qu'il s'agisse de province ou de région, a connu d'importantes variations pour de multiples raisons, dont la géographie de la menace et l'évolution des moyens de locomotion : d'un vaste Lyonnais, l'élargissement de la perspective est passé à l'ensemble du sud-est de la France. Aussi, pour mesurer la portée de l'institution, c'est nécessairement à l'échelon national qu'il convient de se placer.
En effet, la réflexion à propos des personnalités et des événements ici relatés, dépasse de beaucoup le cadre local. L'emploi du mot gouvernement renvoie à l'évolution des pouvoirs et des institutions en France, depuis le Moyen Age. À l'origine, le gouverneur a reçu une délégation de pouvoir dans toute sa plénitude : pouvoir militaire d'abord, mais aussi politique en fonction des instructions données. Aussi deux questions se dessinent assez rapidement en filigrane. L'une est militaire : la direction et le contrôle des troupes, des fortifications et du matériel d'une région, afin de permettre la défense et d'éventuelles opérations en marge ou hors de la région. L'autre est politique et administrative : la déconcentration, cette voie si longtemps préférée par tous les régimes en France, pour esquiver la décentralisation, présumée trop dangereuse.

Gouvernement militaire territorial, ces trois mots ont un poids national qu'illustre fort bien Lyon, qui fut la seconde place militaire de la France, jusqu'à la Grande Guerre, et reste un très important centre de commandement militaire et territorial. Après sept siècles (1310-2010), le moment paraît venu de révéler à un large public une grande institution à travers une fresque vaste et concrète, comportant évolution, événements et biographies de militaires célèbres ou à découvrir.

Première partie

Lyon avant 1310 et son gouvernement militaire de 1310 à 1463

Avant les gouverneurs : baillis et sénéchaux

Jean-Pierre Chevrier et Bernard Demotz

Chapitre premier

Lyon avant 1310

Lyon a dû sa naissance à une nécessité militaire gauloise. Les Ségusiaves occupant les actuels départements du Rhône et de la Loire cherchèrent à se protéger par un réseau de forteresses, les duns. Au second siècle avant Jésus-Christ, ils construisirent à Fourvière le DUN de LUG, sanctuaire du dieu principal englobé dans la forteresse, tandis que s'organisait une agglomération. autour du cours final de la Saône. Un phénomène analogue se produisit aussi à l'ouest chez les Arvernes (Auvergne) et à l'est chez les Allobroges (Savoie, Dauphiné), des confédérations alliées.

Arrivant à s'imposer, les Romains voulurent transformer la ville et déclarèrent la fonder en 43 avant J.-C, tout en gardant le nom de LUGDUNUM. Puis, sur décision de l'empereur Auguste en 16 avant J.-C., ils en firent la capitale des Gaules 1 (Lyonnaise, Belgique, Aquitaine[1]).Plus tard, mal placée lors d'une crise successorale dans l'empire romain, Lugdunum commence à être mal considérée à partir de 197 et cela dure jusqu'à Constantin le Grand. Vers 310, elle redevient capitale du Prétoire des Gaules, c'est-à-dire non seulement la Lyonnaise, la Belgique et l'Aquitaine, mais aussi l'Hispanie et la (Grande-) Bretagne. Et cela presque jusqu'à la fin de l'Empire romain.

Lyon devient ensuite capitale du royaume des Burgondes (470-534). Puis elle retourne à l'anonymat sous les Francs des dynasties mérovingienne, puis carolingienne. En 886, Boson, roi de Provence (879), parent du Carolingien Charles le Chauve, s'empare de Lyon, dont il fait la capitale de son royaume. En 942, celui-ci passe sous la coupe des rois de Bourgogne jusqu'en 1032. Ces derniers laissent se former des comtés héréditaires sur leurs domaines : ainsi à Lyon, à partir de 993, dont le comte tend à étendre son pouvoir en Forez.

Sceau de 1271. Le pont de Saône et la rivière utilisés comme symboles (A.N.).

Pendant ces dix siècles, s'est fondée à Lyon une puissante Église. Elle débute quand, vers 140, Pothin vient évangéliser Lyon, premier point d'ancrage de la nouvelle religion chrétienne en Gaule non narbonnaise. C'est aussi à *Lugdunum* que meurent les premiers martyrs chrétiens, dont Pothin en 177. Saint Irénée, saint Eucher, saint Nizier et Leidrade sont les plus célèbres de ses anciens évêques. Saint Rémy (852-875) est le premier archevêque, et Jubin le premier primat reconnu par Rome en 1077.
Entre temps, un événement politique majeur est intervenu : en 1032, le royaume de Bourgogne est légué à l'Empereur. Désormais, Lyon et le comté de Lyon et Forez dépendent du Saint-Empire. La dualité des pouvoirs, laïque et ecclésiastique, existant sous les Carolingiens, ne fonctionne plus. Les princes laïques ont accumulé des droits (nomination de leurs ancêtres par l'empereur ou le roi, hérédité reconnue par des actes généraux et particuliers), de même que les évêques (successivement « défenseurs de la cité », immunistes, prince-évêques à l'exemple du Saint-Empire). Dès la fin du Xe siècle, les conflits naissent entre ces deux pouvoirs non moins légitimes l'un que l'autre. Ainsi à Lyon, de 993 à 1173, les archevêques se heurtent aux comtes de Lyon et Forez.

Avant 1150, le comte de Lyon et Forez décide de transférer son allégeance de l'Empereur au roi de France. La réaction impériale est rapide : Frédéric Ier Barberousse attribue le comté de Lyon à l'archevêque et lui confère la vice-royauté de la Burgondie et le titre de Prince d'Empire. Le comte de Lyon et Forez, Guigues II, n'accepte pas cette décision et s'empare de Lyon (1161-1162). Le pape Alexandre III met fin au conflit en 1173 et confirme le comté de Lyon à l'archevêque Guichard, lequel lance la construction de la Primatiale Saint-Jean, tandis que s'organise le comté de Forez. Désormais, l'archevêque, dont le pouvoir ecclésiastique s'étend sur les diocèses du duché de Bourgogne et de sa mouvance, devient un important seigneur temporel. Le comté de Lyon est une marche du Saint-Empire, face au royaume de France : il doit donc être à même de la défendre.

Les archevêques, et surtout l'un d'entre eux, Renaud de Forez[2] (1193-1226), s'y emploient. Nombre de châteaux sont construits ou renforcés pour commander les routes qui mènent à Lyon. Au-dessus de cette ville[3], l'abbaye Saint-Just est déjà enfermée dans son cloître (remparts), enveloppé lui-même dans les fortifications du bourg de Saint-Irénée. À Lyon[4], Renaud de Forez complète le « Grand-Cloître » enfermant l'ensemble religieux qui entoure la primatiale Saint-Jean ; il renforce ou érige, sur la Pierre-Encise (le rocher Pierre-Scize), un château dont il fait sa résidence ; enfin, au nord de la Presqu'île , entre Rhône et Saône, il lance la construction des « Fossés de la Lanterne », grand rempart d'un cours d'eau à l'autre, situé au niveau méridional de l'actuelle place des Terreaux.

Renaud de Forez, prélat guerrier et autoritaire, voit pourtant son autorité contestée par les bourgeois[5] lyonnais, dont le négoce pâtit des droits seigneuriaux qui pèsent sur lui. Ce conflit, plus ou moins larvé, se poursuit pendant tout le XIIIe siècle, culminant en 1269-1271 et en 1292-1294. Louis IX, puis son fils Philippe III interviennent à la demande des bourgeois : c'est une ingérence, puisque Lyon et son comté sont d'Empire, et que les rois de France n'ont donc, en théorie, aucun droit d'intervenir. Pourtant, des représentants du roi sont en place dès 1269-1271, défendant les intérêts du roi et des Lyonnais : Girin d'Amplepuis, viguier (1273), puis gardiateur (1277), ou Jean d'Uxelles, gardiateur de Lyon (1288).

En 1292, la révolte gronde à nouveau et l'archevêque lance l'interdit sur Lyon. Le prélat meurt peu après et une vacance du siège s'ensuit pendant 4 ans. Dès 1292, le roi Philippe IV le Bel instaure sa garde sur la ville pour « empêcher les violences, les torts, les nouveautés indues ; exiger, au besoin par des saisies, la restitution » des biens, mais aussi pour renforcer la mainmise royale. Les deux principaux notables de Lyon, Guy de La Mure et Barthélemy Chevriers sont institués gardes de la ville et en détiennent les clés (19 juin 1293). Le duc Robert II de Bourgogne, parent du roi, devient même gouverneur du Lyonnais (1294). Des gardiateurs se succèdent : Pons de Montlaur (1292-1293), Jean de Veres (1298), Guillaume de Virieu[6] (1298-1303), Geoffrey de Berzé (1303), Jean de Sinemuro (1304-1305) et Bernard d'Anguissel jusqu'en 1311. Il faut noter de plus que Philippe IV lui-même est à Lyon de décembre 1305 à janvier 1306, lors du couronnement du pape Clément V.

Renaud de Forez selon un vitrail de la cathédrale Saint-Jean.

La voie vers l'annexion est grande ouverte : en 1307, l'archevêque-comte Louis de Villars, en signant deux actes surnommés « les Philippines », reconnaît la suzeraineté de Philippe IV. Le prélat suivant, Pierre de Savoie, peut bien refuser de prêter allégeance au Roi, cela ne dure guère : Louis le Hutin, roi de Navarre et fils aîné de Philippe IV, s'empare de Lyon en 1310[7]. Et Pierre de Savoie, après deux ans de geôles parisiennes, renonce à toute juridiction sur Lyon et son comté, par le « traité d'échange » signé à Vienne en 1312. Lyon est désormais une ville-frontière face au Saint-Empire : la mouvance du comte de Savoie, souvent vicaire d'Empire, borde Lyon à Villeurbanne et en Velin jusqu'en 1355, puis à la Croix-Rousse, jusqu'en 1601.

1. Seule la province de Narbonnaise est hors de son emprise.

2. Renaud de Forez est le second fils du comte Guigues II dépossédé de Lyon.

3. *Les Défenses de Lyon*, F. Dallemagne, Ed. Lyonnaises d'Art et d'Histoire, 2006.

4. Les papes ont souvent fréquenté Lyon. Ainsi passent Urbain II (1095) et Gélase II (1118). Deux conciles s'y déroulent : Lyon I en 1245, présidé par Innocent IV, qui réside à Saint-Just jusqu'après le décès de son ennemi l'Empereur Frédéric II en 1250, et Lyon II en 1274 en présence de Grégoire X. Clément V, premier pape d'Avignon, est couronné à Saint-Just en 1305 et enfin en 1311, le conclave réuni à Lyon élit Jean XXII. (Cf. *Les papes du Moyen Age à Lyon*, René Fédou, Lyon, Ed. Lyonnaises d'Art et d'Histoire, 2006)

5. Ce sont les habitants du bourg de Lyon. Ils savent que d'autres villes régionales ont obtenu des « libertés » et veulent aussi bénéficier de franchises (individuelles dans leurs effets), puis se gouverner eux-mêmes (consulat, organisation municipale collective).

6. Guillaume de Virieu se dit « tenant du ressort » : il exerce un pouvoir judiciaire en seconde instance. Au même moment, Philippe de Pizay, courrier du roi, occupe le cloître Saint-Just.

7. Lyon capitule le 21 juillet 1310. Louis de Navarre est accompagné de ses deux frères, de ses deux oncles, du comte de Forez, de Béraud de Mercoeur, de Gilles de Malbuisson, bailli de Mâcon… Le château de Chasselay est démantelé et le cloître de Saint-Laurent-de-Viennois (Saint-Laurent de Mure) rasé.

Chapitre 2

Baillis et sénéchaux, autres officiers après 1310

Depuis le début du XIIIe siècle, les représentants du Roi en son domaine sont, soit des baillis, soit des sénéchaux, les premiers, en principe, au nord du royaume, et les seconds au sud. Leur institution remonte à Philippe Auguste. Ce sont des officiers[1], salariés et révocables, nommés par le roi qui les choisit dans la petite noblesse ou la bonne bourgeoisie urbaine. Ils peuvent ou non être gradués en droit (bachelier, licencié ou docteur). Ils sont censés ne pas appartenir à la région qu'ils administrent, par aucun lien de naissance, d'alliance ou de possession de biens. Cette condition n'est plus guère respectée à partir du règne de Charles V.

Le sénéchal ou bailli est le chef de tous les services de la région impartie en charge. Il reçoit les lettres royales et les communique aux intéressés ; éventuellement, il y ajoute son interprétation et ses directives d'exécution. Il décide de tout en vue du bon fonctionnement des services judiciaires et fiscaux[2], qu'il doit de surcroît contrôler. Il peut se faire assister par un lieutenant, qu'il désigne.

Le sénéchal ou bailli est le chef militaire de la sénéchaussée ou du bailliage. Il peut déléguer ses fonctions militaires en instituant lui-même un lieutenant. Il commande toute compagnie requise pour la défense, lorsque le besoin s'en fait sentir. Il a la responsabilité des châteaux du roi, qu'il doit faire tenir en état de défense par les châtelains qu'il désigne lui-même. Il commande les milices bourgeoises et a la haute main sur les fortifications.

Le sénéchal ou bailli est le lien entre les autorités locales ou régionales et le roi. Il s'agit d'un rôle diplomatique, souvent rendu difficile, car cette charge politique le met en contact avec les différents pouvoirs en place : féodaux petits ou grands, appartenant au clergé ou à la noblesse, et, de plus en plus, l'échevinat des villes.

Le roi nomme parfois des lieutenants-généraux ou des lieutenants du Roi, qui peuvent, selon le cas, être des supérieurs ou des adjoints des baillis et sénéchaux. Ainsi qu'on l'a vu plus haut, le sénéchal lui-même peut désigner un assistant ou suppléant. Quant au capitaine, il remplit une charge militaire, en qualité de commandant de ville fortifiée, de château, et même d'une région. En ce dernier cas, il est capitaine général ou capitaine-lieutenant du Roi. Enfin, il reste le « gardiateur », titulature spécifique à Lyon. On a vu avant 1310 que sa fonction était alors de défendre les intérêts du roi et ceux des Lyonnais, principalement contre l'Église de Lyon. Après 1310, il reste le représentant du Roi et a peut-être une fonction de défense, puisqu'il est parfois appelé capitaine-gardiateur. Mais cela ne dure guère, la fonction est vidée de toute charge réelle et disparaît avant la fin du XIVe siècle. C'est une coutume du pouvoir royal de ne jamais supprimer une charge, mais de la rendre subalterne d'une fonction nouvellement créée. Ainsi en va-t-il du gardiateur, mais le sénéchalat subira la même érosion : il glisse en effet à partir de la fin du XVe siècle, perdant son rôle militaire, pour être confiné au rôle judiciaire, puis en être déchargé au cours du XVIe siècle et disparaître au profit du lieutenant-général de la Sénéchaussée. On verra aussi, à partir de 1462, apparaître, de façon plus ou moins constante, des gouverneurs qui coiffent les sénéchaux. D'ailleurs, la région confiée au gouverneur comporte en général plusieurs bailliages ou sénéchaussées.

En attendant, pendant le siècle et demi qui court de 1310 à 1462, le gouvernement de la Ville et de la sénéchaussée est installé petit à petit, non sans essais et expériences diverses, comme le montre la variabilité des titres de ses responsables. Il semble même, à moins qu'il s'agisse seulement d'une insuffisance documentaire[3], qu'à certaines périodes il n'y ait pas eu de sénéchal de Lyon. Mais en 1463 s'ouvre le temps des gouverneurs, ce qui n'empêche pas de retrouver des sénéchaux pendant une période donnée (fin du XVe siècle). Sans attendre, le gouvernement territorial se met en place.

LE TEMPS DES SÉNÉCHAUX DE LYON (1310-1462)

Lyon, ville-frontière, et son comté doivent être défendus et administrés

Par l'édit de Pontoise du 23 juin 1313, Philippe IV le Bel établit la Sénéchaussée de Lyon, afin d'y instaurer la juridiction royale, mais aussi de surveiller la frontière avec les principautés voisines dépendant du Saint-Empire. La guerre de Septante Ans (1282-1355) oppose alors le Dauphiné et le comté de Savoie, lequel conserve une influence non négligeable à Lyon. La Savoie est en général victorieuse, mais elle subit une grave défaite à Varey le 7 août 1325, qui amène des interventions du sénéchal de Lyon. Par ailleurs, le roi se tient prêt à toute opportunité qui lui permettrait d'augmenter son emprise et le sénéchal est son atout régional.

La prise en main de son comté

Sceau de Béraud de Mercœur, 1310.

Béraud de Mercœur, nommé lieutenant du Roi et capitaine-général, procède à la prise en main de Lyon et du Lyonnais, avec le soutien du comte Jean Ier de Forez et des gardiateurs Bernard d'Anguissel, puis Renaud de Sainte-Beuve (1311-1313) et de son lieutenant Guy Chevriers. Le comte de Forez et le sire de Mercœur amènent les Lyonnais, en 1311, à reconnaître la souveraineté du roi de France. Le lieutenant du Roi, pour assurer la pacification, conserve des troupes à sa disposition, qui campent à Saint-Just.

L'archevêque Pierre de Savoie, extrait de sa prison parisienne, peut rejoindre le concile à Vienne, où le Pape lui conseille de céder : il renonce à toute juridiction féodale sur Lyon et son comté par le « traité d'échange », qui lui concède en contrepartie quelques droits modestes, surtout en dehors du comté. C'est donc seulement en 1312 qu'en toute légalité, le roi peut jouir de tous les droits sur sa nouvelle conquête et définir ses représentants : ce sont les sénéchaux de Lyon (1313).

Philippe IV décédé, son fils aîné Louis X le Hutin lui succède (1314-1316). Philippe le Long, deuxième fils de Philippe le Bel, déplace à Lyon le conclave, qui ne parvient pas depuis deux ans à élire un nouveau pape à Avignon. Le prince excédé enferme les cardinaux à double tour. Mais Louis X décède et Philippe part récupérer la couronne, laissant la garde du conclave à Jean Ier de Forez : Jean XXII est finalement élu.

Philippe V le Long (1316-1322) restitue, le 4 avril 1320, le premier degré de juridiction temporelle du comté de Lyon à l'archevêque. Mais les lettres patentes royales précisent que le bailli de Mâcon[4] ou son lieutenant peuvent entrer dans la Ville en armes et y séjourner en cas de guerre : ces officiers ont en ce cas la garde de la Cité et détiennent les clés de la ville et des forteresses. Cette décision est ratifiée le 18 juin suivant par les Lyonnais, qui s'engagent de plus à prendre les armes, mais dans la seule marche du Lyonnais.

Le 21 juin 1320, l'archevêque Pierre de Savoie accorde la commune aux habitants de Lyon en reconnaissant toutes leurs franchises : ils peuvent désormais élire des consuls[5], procéder à des rondes de nuit et nommer des chefs militaires, en particulier le capitaine de la ville.

● BÉRAUD VII, seigneur de Mercœur, lieutenant du Roi et capitaine-général de Lyonnais et Mâconnais (1310/1311 – 1313)

Il est le dernier des sires de Mercœur. Il appartient à une importante famille en possession d'une ancienne seigneurie d'Auvergne, débordant en Margeride, Vivarais et Gévaudan. Béraud, époux en 1290 d'Isabelle, dame de Cleppé, meurt sans descendance en 1321.

Ses biens passent en 1339 aux dauphins d'Auvergne. À la fin du XVIe siècle, ce nom est relevé par une branche cadette de la maison de Lorraine : ce titre ducal passe ensuite aux Vendôme.
Après Béraud de Mercœur commence vraiment le temps des sénéchaux de Lyon. Il semble que, très transitoirement, ait existé en 1313 un sénéchal de Lyonnais, Gévaudan et Velay, qui précède Jean de Machery.

Jean de MACHERY, sénéchal de Lyon de 1313 à 1317, bailli de Mâcon et sénéchal de Lyon de 1317 à mars 1320

On ne sait que peu de choses sur ce personnage connu surtout par cet office à Lyon et Mâcon. Il n'est d'abord que sénéchal de Lyon, puis, après le départ de Gilles de Malbuisson, il ajoute le baillage de Mâcon. Il quitte ses charges en mars 1317, peu avant la signature de la restitution à l'archevêque, qu'il a probablement favorisée.

SÉNÉCHAUX SOUS L'INFLUENCE DU DUC DE BOURGOGNE (1320-1342)

Le duc de Bourgogne est alors Eudes IV (1315-1349), forte personnalité qui influence les derniers Capétiens directs, Philippe V et Charles IV (1322-1328), ainsi que leur successeur Valois, Philippe VI (1328-1350). Le bailliage de Mâcon borde ses possessions : aussi Eudes IV s'y intéresse, ainsi qu'à la sénéchaussée de Lyon, puisqu'un seul officier est responsable, au nom du roi, de ces deux comtés.

Sceau de 1320. La fleur de lys prouve la domination sur la ville du roi de France (A.N.).

Francon d' (ou des) AVENIÈRES, bailli de Mâcon et sénéchal de Lyon d'avril 1320 à la fin de février 1331

Il est originaire du diocèse de Bourges et de famille noble du Bourbonnais. Il est seigneur de Douzon, du Montet et de Crozet, biens situés dans la châtellerie de Chantelle et Billy (Allier) et fils de Guillaume d'Avenières. En 1323, il épouse Agnès de Champrobert : il a au moins deux enfants, dont un fils Jean. Il est écuyer, puis qualifié de « *miles domini regis* » (chevalier du roi). Après avoir été viguier à Toulouse (1317-1320), il est nommé à Lyon et Mâcon. Accusé de corruption, il est suspendu du 15 juin à la fin de novembre 1327 ; blanchi, il est réintégré dans son office. Il fait libérer, en 1326, Robert, frère d'Eudes IV, duc de Bourgogne, capturé à la bataille de Varey. D'Avenières est probablement parmi les envoyés de Philippe VI qui jouent les arbitres entre Savoie et Dauphiné en 1329 et obtiennent une trêve de deux ans (1330-1332) qui ne sera pas prolongée. D'Avenières a des subordonnés à Lyon : Maître Henri Perdricelle, gardiateur de Lyon en 1328, et Barthélemy Chevriers, capitaine-gardiateur de Lyon en 1330. En juillet 1331, d'Avenières est remplacé à Mâcon par Jean de Cuignières, lequel ne semble pas être sénéchal de Lyon : il y a donc, semble-t-il, une vacance (1331-1332), la suppléance étant probablement assurée par Barthélemy Chevriers.

Philippe de CHAUVIREY bailli de Mâcon de 1332 à 1342, capitaine-gardiateur de Lyon du 23 août 1333 jusqu'en 1342

Il est issu du Comté de Bourgogne (Franche-Comté), où est situé Chauvirey-le-Châtel (Virey-sur-Mance, Haute-Saône). Ce chevalier a été mis en charge au moment où l'influence d'Eudes, duc de Bourgogne, grandit au Conseil royal. Des descendants se sont installés à Lyon : on relève en effet trois chanoines-comtes, des échevins, des notaires, des trésoriers du Roi et des maîtres des épiciers. Ils disparaissent de Lyon dans la seconde moitié du XVe siècle.

En 1332, le roi soustrait du temporel de l'Église de Lyon Saint-Symphorien (-le Château) et Pouilly-le-Monial, où sont installés des châtelains royaux[6], ainsi qu'à Sainte-Colombe pour laquelle un traité de pariage est signé avec l'archevêque de Vienne (1333). La Guerre de Cent Ans commence en 1337 : les Anglais remportent en 1340 la victoire navale de l'Écluse, où la flotte française disparaît, pour un quart de siècle.

BAILLIS ET GARDIATEURS EN VUE DE LA DÉVOLUTION DU DAUPHINÉ (1342-1357)

De 1342 à 1352, il semble que les baillis de Mâcon ne joignent plus à ce titre celui de sénéchal de Lyon. Mais divers indices permettent de penser que ces baillis conservent la responsabilité de la sénéchaussée de Lyon, même si leurs représentants y disposent d'une certaine autonomie. Tous ces baillis sont d'origine dauphinoise[7], car la grande affaire est alors la Dévolution du Dauphiné :

- Olivier de Laye, bailli de Mâcon du 28 mars 1342 à février 1343,
- Humbert de Cholay, bailli de Mâcon et de Valbonne, châtelain de Pérouges du 23 février 1343 à 1345,
- Pierre Archimand, bailli de Mâcon de 1346 à 1351, bailli de Valbonne de 1347 à 1348,
- Nicolas Oyn, bailli de Mâcon de juin 1352 à octobre 1354,
- Foulques de Moras, bailli de Mâcon de 1354 à 1356.

À Lyon, le pouvoir est détenu par des gardiateurs :

- Maître Barthélemy de Montbrison, gardiateur désigné le 16 mars 1342,
- Pierre de Villeneuve, gardiateur en 1345,
- Hugues, seigneur de Marzé, gardiateur du 13 avril 1347 à 1350,
- Just, seigneur de Tournon[8], gardiateur en 1350.

Les deux premiers gardiateurs sont des gradués en droit, alors que les Anglais, à la suite de l'Écluse, remportent la victoire de Crécy (1346). Après ce dernier échec, des chevaliers ont la garde de Lyon. La ville est protégée au nord par les Fossés de la Lanterne barrant la Presqu'Ile au niveau de la façade méridionale de l'actuelle place des Terreaux. Elle a désormais besoin de construire des défenses à l'ouest : un rempart[9] couronnant la colline de Fourvière est érigé, épousant les courbes de niveau du terrain, depuis le château de Pierre-Scize jusqu'au bourg fortifié de Saint-Just et Saint-Irénée.
Au cours de ces années se décide la Dévolution du Dauphiné au fils aîné du futur Jean II le Bon. En effet, le dauphin Humbert II, ruiné et sans descendance, déclare à Lyon, dans la maison des Frères prêcheurs, le 15 juillet 1343, son intention de céder ses biens aux Valois. Maître Barthélemy de Montbrison a été très utile dans cette transaction : d'abord lieutenant du bailli de Mâcon (1338-1342), puis gardiateur de Lyon, il siège à la cour séculière des archevêques de Lyon et devient conseiller de l'un d'eux, Henri de Villars. Or ce prélat remplit les fonctions de lieutenant-général du Dauphiné, pendant qu'Humbert II est en croisade en Orient (1345-1347). Barthélemy de Montbrison appartient au conseil delphinal en juin 1348, peu avant de décéder de la peste. En effet, 1348 est l'année durant laquelle se déclenche la grande Peste Noire qui tue un tiers de la population lyonnaise. Et des résurgences se produisent jusqu'en 1362.

Entre temps, la Dévolution du Dauphiné est signée le 30 mars 1349 à Romans : il revient à Charles de France, fils aîné du futur Jean II le Bon. Depuis cette date, les fils aînés des rois porteront le titre de Dauphin de France, au vif mécontentement de la Savoie voisine. La situation est tendue, puisqu'en 1352 le sénéchal détient les clés de la ville et des forteresses, qu'il ne rend qu'en décembre 1353 : Jean Alleman, sire de (La) Rochechinard est alors en renfort avec 7 écuyers. Ce sénéchal de 1352 ne peut être que Nicolas Oyn, bailli de Mâcon, même s'il ne semble pas porter le titre de sénéchal de Lyon.
La Guerre de Septante Ans se termine enfin, en avril 1354. Les Savoyards remportent sur les Dauphinois l'écrasante victoire des Abrets[10]. Le traité de Paris (1355) qui s'ensuit, amène des transferts notables de possessions dans notre région. En effet, le comte Amédée VI de Savoie cède le Nord-Viennois et se voit attribuer notamment le pays de (La) Valbonne, de la basse vallée de l'Ain jusqu'à La Croix-Rousse : la Savoie, terre d'Empire, est toujours aux portes de Lyon, car après l'avoir été à Villeurbanne, elle borde désormais la ville au nord. Le pire se produit en 1356 à Poitiers, où non seulement Jean II le Bon (1350-1364) est battu, mais aussi capturé. À Lyon, on pousse la construction des fortifications de Fourvière.

BAILLIS ET SÉNÉCHAUX SOUS L'INFLUENCE DU DUC DE BERRY (1357-1375)

Ce n'est pas le cas du premier d'entre eux chronologiquement, car il est mis en charge sous l'influence de Charles le Mauvais[11] Roi de Navarre. Il s'agit de Guillaume Charles, bailli de Mâcon du 28 mars 1357 au 10 mars 1328 environ. En effet, le pouvoir est très transitoirement pro-navarrais à Paris, Mâcon et même à Lyon, avec l'archevêque Raymond Saquet (1357-1358). Il est difficile d'imaginer que le gardiateur ne soit pas de la même mouvance.

Pierre de SALORNAY, gardiateur de Lyon en 1357

Il est d'une famille chevaleresque du Mâconnais, ayant eu des chanoines-comtes à Lyon de 1305 à 1585. Cette famille est connue au moins jusqu'au XVIIe siècle. La maison-forte de Salornay (XIIIe siècle) est encore visible à Hurigny, près de Mâcon.

Les États généraux (février-mars 1357) prennent des décisions que Jean II, de Londres, rejette. Le dauphin reçoit les renforts bourguignons de Girard de Thurey, et dauphinois de Jean de Grolée : il se proclame Régent le 14 mars 1358 et Paris élimine les prona-varrais le 31 juillet suivant[12]. Le futur Charles V rentre à Paris aussitôt après. Guillaume Charles est éliminé au profit de Jean de Grolée et, Raymond Saquet étant opportunément décédé, Guillaume de Thurey[13] devient archevêque à Lyon.
Une chevauchée anglo-navarraise, menée par Robert Knolles, est rejetée du Beaujolais par Jean de Grolée et ravage le Forez avant d'être dispersée en Auvergne (1357).

Jean de GRO(S)LÉE, bailli de Mâcon et sénéchal de Lyon, de 1358 à 1363

Ce seigneur de Neyrieu (Ain) est le fils aîné de Gui Ier, sire du Passin et de Neyrieu, appartenant à une branche cadette des sires de Groslée (château au sud-ouest de Belley). En 1342, Jean fait hommage de son fief au dauphin Humbert II, qui le nomme bailli du Faucigny et châtelain de Bonneville. Il est en croisade en Orient avec Humbert II (1345-1347). Après la cession du Dauphiné à Charles de France (1349), il passe à son service. Les Dauphinois sont battus par les Savoyards aux Abrets (1354) : Jean de Grolée y est capturé. Libéré en juin, il rejette la chevauchée de Knolles du Beaujolais et le poursuit en Forez, puis il se porte au secours du dauphin Charles, en butte aux Navarrais : en décembre, il mène 440 hommes d'armes à son secours[14]. En 1358, Charles devenu Régent le remercie en lui cédant la seigneurie de Morestel et une maison rue Tramassac à Lyon. Il le nomme aussi bailli de Mâcon et sénéchal de Lyon. Dès 1359, il est parmi les plénipotentiaires du traité de Brétigny (1360), qui va jeter sur les routes les mercenaires sans emploi. Dès l'année suivante avec les milices de Lyon, il empêche ces Routiers de s'emparer d'Anse. Mais il n'a pas assez de troupes pour s'opposer à la prise de Brignais. Il est parmi les assiégeants royaux écrasés et il est même capturé (1362). Sa rançon payée, il reprend ses fonctions. Mais la coterie des Melun de Tancarville, soutenue par le frère cadet du Régent Charles de France, Jean, comte de Poitiers (futur duc de Berry), le limoge. Jean de Grolée tout en continuant de servir Charles V participe en 1366-1367 à l'expédition à Constantinople d'Amédée VI de Savoie, qu'il soutient quand le baron de Beaujeu l'attaque (1377-1382). Il décède vers 1383-1384. Le fils aîné de Jean de Grolée, Guillaume, épouse l'héritière de l'importante seigneurie dauphinoise de Bressieux. Ces marquis de Bressieux s'éteignent en 1643.

Ce sont les suites de la défaite de Poitiers et de la capture du roi : le désastreux traité de Brétigny et le paiement de la rançon de Jean II. Les mercenaires des différentes armées, sans emploi, doivent vivre sur le pays, en se regroupant en Grandes Compagnies (ou Routes). La catastrophe est la prise de Brignais et surtout la défaite qui s'ensuit. En effet, une grande coalition, mêlant troupes royales (le connétable Jacques de Bourbon, le lieutenant du Roi,

Remparts de Fourvière (mur de la Retraite) tels qu'ils existaient encore au XVIIe siècle (Drevet, *Le Lyon de nos pères*, Lyon, 1901).

Melun de Tancarville), chevaliers régionaux et milices urbaines, encercle Brignais. Mais les Routiers se rameutent jusqu'en Auvergne et surprennent les assiégeants : c'est un carnage (6 avril 1362). Les restes de l'armée se réfugient derrière les murs de Lyon, où Guillaume de Treffort, lieutenant de Grolée dès 1361, a renforcé la garnison avec les compagnies d'Aymar de La Tour(-du-Pin), seigneur de Vinay, de Béraud de Lavieu, seigneur d'Yzeron, du chevalier de Pusignan et d'Henri Chevriers, lequel est nommé capitaine de la Ville. En mai 1362, le sire d'Yzeron est toujours à Lyon et porte le titre de « capitan de Lion » jusqu'en décembre, pendant qu'Humbert d'Albon défend Albigny et Couzon contre les Routiers, au nom de l'Église de Lyon.

En 1360, le futur Charles V décide par lettres patentes la construction du mur de la Retraite, qui laisse, hors les murs lyonnais, le bourg Saint-Irénée Saint-Just. Cette abbaye proteste, soutenue par l'Église de Lyon. En mai 1363, le capitaine de la Ville, Jean de La Nyèvre, se saisit du temporel des protestataires pour les amener à obtempérer. En 1364, Charles V (1364-1380) ordonne que tous les Lyonnais, y compris les ecclésiastiques, participent à la défense de leur ville. Cette même année, une seconde enceinte est construite au château de Pierre-Scize.
Les baillis ne sont pas fixés à Mâcon de 1359 à 1360 et de 1367 à 1372, parce que le duc de Berry est titulaire pendant ces deux périodes du comté de Mâcon : en effet, comté et bailliage sont territorialement différents et Berry place un bailli ducal à Mâcon, pendant que le bailli royal est basé à Saint-Gengoux[15]. Tous ces baillis royaux, qu'ils soient de Mâcon ou de Saint-Gengoux, n'affichent pas la titulature de sénéchal de Lyon, mais ils le sont de façon sûre.

Guillaume de MARCHIÈRES, bailli de Saint-Gengoux, de décembre 1359 à la fin de 1360

Imbaud du PESCHIN, bailli de Mâcon, de décembre 1363 à février 1365

Il appartient à la famille Brun, qui a pris le nom de sa seigneurie et de son château situé sur la paroisse de Bellenaves (Allier). Imbaud est qualifié d'écuyer du Roi en 1364. Il épouse, en 1365, Blanche de Senlis, dame de Levroux, riche héritière. Son fils Jacques, son gendre Louis de Giac et le fils de celui-ci, Pierre de Giac, sont pour une grande part dans le traquenard du Pont de Montereau où périt Jean sans Peur en 1411. Imbaud du Peschin décède en 1374.

Chatard du PESCHIN, bailli de Mâcon, du printemps 1365 au 15 décembre 1367

Il est le frère cadet d'Imbaud et lui succède. On le retrouve, en 1370-1374, sénéchal du Berry.

Jean de France, duc de BERRY, lieutenant du Roi en Lyonnais du 13 février 1367 à la fin de 1374

Jeune frère du futur Charles V, né en 1340, il n'a jamais fait la démonstration de talents guerriers. Cet épicurien a mis toute son énergie à constituer une « librairie » fastueuse, à acquérir et embellir des châteaux et à tenter d'augmenter ses possessions. Il porte au début le titre de comte de Poitiers, perdu après la défaite de 1356. Il obtient en remplacement le comté de Mâcon (mai 1359) et émet, dès décembre suivant, des prétentions sur le sénéchalat de Lyon, ce que rejette son frère aîné. En octobre 1360, il perd le Mâconnais quand il obtient en apanage le duché de Berry et l'érection du comté d'Auvergne, héritage de son épouse, en duché. De 1363 à la fin de 1365, il est otage en Angleterre. À son retour, il fait le siège de Charles V, dont il obtient à nouveau le comté, chastel, ville et bailliage de Mâcon (4 février 1367), puis la charge de lieutenant-général de Berry, Auvergne, Montagne d'Auvergne, comté et bailliage de Mâcon et des diocèses de Bourges, Clermont, Saint-Flour, Mâcon et Lyon (13 février 1367), charge qu'il perd lors de sa disgrâce de fin 1374. Son influence sur la région s'est faite sentir de 1363 à 1375, puisque les baillis de Mâcon ou de Saint-Gengoux sont, à cette période, choisis parmi ses conseillers et clients. Il revient aux affaires en 1380 lors de la minorité de Charles VI (1380-1422), puis est évincé par celui-ci en 1388, mais reprend son influence à partir de 1392 avec les crises de folie de son neveu. Il meurt en 1416.

Ce n'est pas la première fois qu'un lieutenant du Roi ou lieutenant-général a été institué. Des précédents[16] sont à noter depuis l'été 1356. Mais si, dans les premiers temps, le Lyonnais n'est pas concerné, ce n'est plus le cas ensuite pour **Jean de Melun-Tancarville** (1362-1363), le maréchal **Arnoul d'Audrehem** (1364-1365), **Philippe le Hardi duc de Bourgogne** (1365), prédécesseurs de Jean de Berry. Ces lieutenants remplissent des fonctions à la fois temporaires et très larges, concernant la défense, mais aussi, au nom du roi, toutes les autres fonctions régaliennes, supervisant à la fois baillis et sénéchaux, ainsi que les grands vassaux. Ils sont un peu, au cours de cette période, ce que seront les gouverneurs. Après la disgrâce de Berry en 1374, ces lieutenants disparaissent pour être institués à nouveau après la prise de Mâcon, de 1418 à 1424.

Pierre MESPIN, bailli de Saint-Gengoux et Charlieu, de 1367 à 1371

C'est un client et conseiller du duc de Berry. Il est viguier à Nîmes (1363-1365) avant de venir à Saint-Gengoux. Puis il est l'un des trois principaux conseillers de Jean de Berry avec le comte de Sancerre et le seigneur de Revel. Il devient plus tard bailli de Vivarais (1386-1389). Il tentera en vain d'empêcher la condamnation d'un homme de Berry, à Toulouse, exécuté en décembre 1389 : il s'agit de Bétizac.

Archimbaud de COMBORN, bailli de Saint-Gengoux et Charlieu, du 27 mai 1371 à décembre 1372

Ce chevalier est sans doute un cadet de la famille des vicomtes de Comborn, en Limousin. Une fois bailli, il préfère s'installer à Lyon, à l'hôtel de Roanne[17], où il tente d'implanter la Cour royale. Il se heurte à l'archevêque. Ce sont non seulement les suites de l'affaire du Mur de la Retraite qui occupent le bailli à Lyon, mais aussi l'opposition de l'archevêque à son installation à l'hôtel de Roanne. L'archevêque-comte de Lyon est Charles d'Alençon (1365-1375), lequel est un très grand seigneur, neveu du roi Philippe VI. Son père Charles, comte d'Alençon, a été tué à Crécy. Très jeune, il est comte d'Alençon et du Perche, mais abandonne tout à ses frères cadets en 1361 pour entrer chez les dominicains. Il accepte difficilement le siège de Lyon, ce qui n'empêche qu'il s'y comporte en grand seigneur jaloux de ses prérogatives.

Charles V ordonne à **André de Borneville** (ou Bournonville) de faire main basse sur le temporel de Saint-Just et de l'Église de Lyon, ainsi que de reconstruire le rempart en partie détruit par les hommes du prélat. Les religieux font appel par deux fois devant le Parlement de Paris, qui les déboute en 1369 et 1378. Le Mur de la Retraite est achevé avant 1380. La lutte est autrement vive quant à l'hôtel de Roanne : Charles d'Alençon jette par trois fois l'interdit sur la ville pour en chasser Comborn et excommunie même celui-ci. Mais le prélat doit céder : ni la population, ni même le clergé n'adhérent à son combat (1371-1372).

Hormis André de Borneville (1371-1373), les baillis ont d'autres adjoints, tels **Humbert de Varey**, seigneur de Belmont (1365), **Jean de (La) Nyèvre**, chargé des fortifications et remplacé en qualité de capitaine par **Aymon de Genève** à la tête d'un renfort de 40 sergents (1364). Aymon est nommé gardiateur en 1365, alors que le nouveau capitaine, le **chevalier de Saint-Martin**, guerroie avec le maréchal d'Audrehem autour d'Anse, tenue par le routier Seguin de Badefol.

Étienne du FAY, bailli de Mâcon du 29 décembre 1372 au 22 janvier 1375

Ce chevalier est successivement lieutenant du bailli de Mâcon (1366 à février 1367), puis bailli ducal de Mâcon pour Berry et enfin bailli royal du comté et du baillage du Mâconnais. Il reste à Mâcon jusqu'à ce qu'il soit atteint par la disgrâce du duc de Berry.

Édouard d'ATTAINVILLE, bailli de Mâcon, sénéchal de Lyon de 1375 à 1381

Il est l'homme de ceux qu'on appellera les Marmousets, conseillers de Charles V. Son origine familiale se situe probablement à Attainville au nord de Montmorency en Ile-de-France. De 1372 à 1375, il a été bailli de Rouen, après avoir été lieutenant du prévôt de Paris. On le retrouve lieutenant du sénéchal de Toulouse (1385-1387). Il est arrêté à Toulouse sur ordre de Bétizac, homme du duc de Berry, et libéré en automne 1389. Il dénonce alors les malversations de Bétizac, qui est exécuté en décembre de cette même année.

Au décès de Charles V, grâce à Du Guesclin, le royaume a été reconquis sur les Anglais. Ceux-ci ont même perdu leur supériorité navale, grâce à l'action de l'amiral Jean de Vienne. À Lyon, le Mur de la Retraite est terminé, sous la surveillance du capitaine de la Ville, **Henri de Viego** ou de Viègue, dit Museton, lui-même aux ordres d'**Aynard de Villeneuve,** lieutenant du sénéchal, en charge de la défense, de la garde des portes et du pont du Rhône (vers 1376-1377).

BAILLIS ET SÉNÉCHAUX SOUS L'INFLUENCE DES DUCS DE BOURGOGNE ET DE BERRY

Charles VI monte sur le trône (1380-1421). Pendant sa minorité et jusqu'en 1383, ses deux oncles paternels Philippe le Hardi de Bourgogne et Jean de Berry prennent le pouvoir, assistés par l'oncle maternel Louis duc de Bourbon. Les conseillers de Charles V sont chassés, de même que d'Attainville.

Guillaume de BOURBON, bailli de Mâcon et sénéchal de Lyon du 12 juin 1381 à décembre 1384

Il n'appartient pas à la famille des ducs de Bourbon, mais à celle des sires de Bourbon-Lancy. Il est le deuxième fils de Guy (mort vers 1349), seigneur de Vitry (-sur-Loire) et de Clessy, et d'Isabelle de Châtelperron. Lui-même est seigneur de Clessy (en Charolais). C'est un chevalier qui se distingue au combat de Saint-Omer (1351). Il défend l'Auvergne en 1359 contre les Anglo-Navarrais, puis La Charité-sur-Loire sous le comte de Sancerre (1362) contre les Routiers. Il passe au service du duc de Berry, dont il est le chambellan (1369-1375) et qui le fait sénéchal d'Auvergne (1370-1371). Ce vassal du duc de Bourgogne, au service du duc de Berry, est évidemment acceptable comme bailli et sénéchal par les deux oncles de Charles VI. Il disparaît vers 1385-1386.
À Lyon, Bourbon est peut-être suppléé par **Maître Pierre Currely** et Henri de Viego est toujours capitaine de Lyon.

Girard ou Guichard de THUREY (ou de TOUREY), bailli de Mâcon et sénéchal de Lyon de mars 1385 à février 1389

Il est d'une importante famille de la Bresse louhannaise. Son père Girard fut maréchal de Bourgogne de 1353 à 1360 et son oncle Guillaume archevêque de Lyon (1358-1365).

Parmi ses frères, deux sont d'importants ecclésiastiques : Philippe, archevêque de Lyon (1389-1415) et Pierre, cardinal en 1385 et abbé de l'Ile-Barbe. Après 1389, il est chargé avec Odon de Thoire-Villars de la garde du jeune Amédée VIII de Savoie. Il est maréchal du Dauphiné en 1399, châtelain d'Albon en 1410-1416 et seigneur de Serves et Jarcieu.

C'est le moment où la lutte pour la nomination du capitaine de Lyon est vive. Henri de Viego est révoqué et **Guichard de Saint-Priest**, seigneur de Saint-Chamond est désigné le Ier juillet 1387. Il prête serment devant Girard de Thurey et son lieutenant **Guillaume Jullien.** Mais ce limogeage déclenche les protestations du procureur du Consulat de la ville, Guillaume de Cuyselle : Henri de Viego reprend ses fonctions en septembre suivant.

Jean CHAUVERON, bailli de Mâcon, sénéchal de Lyon du 15 février 1389 à début 1390

Il est le seigneur de Ris et Laurière en Limousin. Il appartient à la clientèle du duc de Berry. Son frère Audoin est garde de la prévôté de Paris jusqu'à la fin de 1389 et meurt en 1398. Jean Chauveron, conseiller au Parlement de Paris, teste en 1421.

BAILLIS ET SÉNÉCHAUX SOUS L'INFLUENCE DES MARMOUSETS, PUIS DU DUC D'ORLEANS

Charles VI gouverne personnellement depuis 1388, avec les « Marmousets », anciens conseillers de son père. Il fait son entrée solennelle à Lyon en octobre 1389. Mais ce n'est qu'une période transitoire du fait de l'état de santé du roi : la folie l'atteint à partir de 1392.

Jean de FONTAINES, bailli de Mâcon, sénéchal et capitaine de Lyon du 14 février 1390 à février 1396

Avec le début de son règne effectif, ses oncles sont éliminés, Charles VI rappelle les conseillers de son père, surnommés alors les Marmousets. Jean de Fontaines est un chevalier d'origine inconnue, qui apparaît en 1389 quand il devient chambellan du Roi. Après le soutien des Marmousets, il bénéficie de celui de Louis d'Orléans, frère du roi. En 1396, il devient gouverneur du comté d'Asti, possession d'Orléans puis sénéchal de Saintonge (1407-1409). Il est l'un des principaux artisans de la ligue de Gien (1410) réunissant après l'assassinat du duc d'Orléans, Charles d'Orléans, le connétable d'Armagnac et le duc Jean de Berry. Il est à la bataille de Beaugé en 1421 et est tué à Cravant en luttant contre les Bourguignons (31 juillet 1423).

C'est surtout l'éviction d'Henri de Viego comme capitaine de Lyon qui fait problème à Lyon. Le procureur du Consulat proteste : de Fontaines répond vertement le 12 mars et Charles VI maintient sa décision. La désignation du capitaine de la Ville va désormais échapper au Consulat et cela jusqu'au début du XVIe siècle. **Humbert de Varey** est lieutenant du bailli en 1390, puis **Pons de Montlaur** gardiateur vers 1392-1393. **Hugues Jossard**, riche Lyonnais et seigneur de Poleymieux tient l'office de lieutenant du bailli (juge-mage[18]) en 1394.

Korados des (ou de) GUESNES, bailli de Mâcon, sénéchal et capitaine de Lyon du 8 mars 1396 à mai 1409

Ce chevalier, seigneur de Sérévillers en Ile-de-France, est probablement fils ou petit-fils de Guillaume des Guesnes, vicomte de Poix en Picardie, qui fut capturé avant Crécy et qui échoua avec Geoffroy de Charny à reprendre Calais en 1348. Korados est chambellan de Charles VI, avant de devenir bailli-sénéchal à Mâcon et Lyon. Il est ensuite bailli de Rouen (1409-1414). On ne sait s'il est présent à Azincourt. Si c'est le cas, il s'en sort et s'empare de Compiègne (21 juillet 1418), puis de Roye (10 novembre 1419) qu'il est obligé de rendre huit jours après. Il est captif des Anglais pendant un laps de temps inconnu. On sait qu'avec Antoine de Chabannes, il échoue à prendre Dourlers en décembre 1432. La date de son décès est inconnue.

Les ducs de Bourgogne et de Berry gouvernent le royaume après 1392, mais leur pouvoir est vite contesté par le frère du roi, Louis, duc d'Orléans, atteignant l'âge voulu. Philippe le Hardi meurt en 1404 et son fils Jean sans Peur devient duc de Bourgogne et il n'est que le cousin : il a beaucoup moins de droit à gouverner que Louis d'Orléans. En 1407, Jean sans Peur le fait assassiner. Soupçonné, il doit s'éloigner de Paris. La guerre civile opposant les Bourguignons et les Armagnacs, soutiens du duc d'Orléans, se déclenche. Elle débute dans notre région. En effet, dès 1408, le duc de Bourbon[19] doit faire face à une chevauchée d'Amédée de Viry à la tête de Bourguignons et de Savoyards : Jean de Châteaumorand la repousse.

À ce moment se situe aussi le conflit concernant le château de Rochetaillée. En effet, l'abbé de l'Ile Barbe, Pierre de Villette, excédé par un vassal embarrassant qui n'est rien moins que l'Église de Lyon, a cédé ses droits sur Rochetaillée au comte de Savoie. En 1397, les officiers de Charles VI ont apposé les armes royales sur les châteaux de Rochetaillée et de Saint-Bernard. Au nom de la Savoie, Jean de La Baume tente en vain de faire rendre ces fiefs. Du coup, il s'empare de Genay et du château de Benost, où il installe Jean de Gorrevod en qualité de châtelain. Des envoyés du roi, Odon de Villars et Jean de Corgenon, protestent en vain auprès d'Amédée VIII. Genay est repris au nom du roi. En 1398, Gui de Montbel, seigneur d'Entremont et les Savoyards ravagent Genay : Entremont fait amende honorable dès l'année suivante. Mais le problème reste brûlant. En janvier 1408, une nouvelle attaque savoyarde est menée par Entremont, alors qu'au nord, Viry s'en prend au Beaujolais. En mai 1408, Raoul de Gaucourt, lieutenant du connétable, est à Lyon où il prend des précautions de défense.

BAILLIS ET SÉNÉCHAUX SOUS L'INFLUENCE DU DUC DE BOURBON

Jean de CHASTELUS, bailli de Mâcon, sénéchal et capitaine de Lyon du 24 avril 1409 au 12 mai 1411

Il descend d'une vieille famille du Bourbonnais, fieffée à Châtelus, dans la châtellenie de Vichy. Il possède aussi la seigneurie de Vivans, en Forez. C'est un chevalier de valeur, mais de caractère difficile et autoritaire. Après le décès du duc Louis II de Bourbon

(1410), il soutient sa veuve Anne-Dauphine et son jeune fils Jean Ier, en butte à Jean sans Peur et à la Savoie. C'est probablement lui qui amène la paix entre le duc de Bourbon et Amédée VIII : en 1410, Jean de Bourbon prête hommage au comte de Savoie pour le Beaujolais d'Empire (outre-Saône), ce que Louis II refusait depuis 1400. Trop opposé à la Bourgogne, Chastelus est remplacé à Mâcon et Lyon en 1411 et devient bailli de Saint-Pierre-le-Moutiers en 1414. Il est tué à la bataille d'Azincourt où le duc Jean Ier de Bourbon est capturé. Jean de Chastelus ne laisse qu'une fille, Françoise, épouse de Louis de Chantemerle, sire de La Clayette.

Jean de CHATEAUMORAND, bailli de Mâcon, sénéchal et capitaine de Lyon de mai au Ier novembre 1411

Cet homme de guerre est célébré comme l'un des exemples chevaleresques de son temps avec son ami Jean de Barres, dit le Barrois des Barres : Froissart et Christine de Pisan ne tarissent pas d'éloges. Jean de Chateaumorand est d'une branche cadette des Chastelus, qui a repris le nom de son château situé aux confins du Forez (Saint-Martin-d'Estreaux). Il est le porte-pennon du duc Louis II lors de la prise de Sainte-Sévère (1372) et pendant la campagne d'Auvergne (1375). L'hiver précédent, il a fait partie de l'expédition envoyée au secours des Chevaliers Teutoniques en Prusse orientale. Il est avec Du Guesclin quand celui-ci meurt de maladie au siège de Châteauneuf-Randon (1380). Et la même année, il est à la tête de la défense de Nantes assiégée par Buckingham. En 1382, il est de l'expédition en Poitou, puis à la bataille de Roosebecke aux côtés de Louis de Bourbon, dont il est à nouveau le porte-pennon. Au début de 1383, il est à Paris où il participe au désarmement des Maillotins. Puis avec Jean de Barres, il assure la garde des Poitou-Saintonge-Angoumois. En 1387, il est de l'expédition de Louis II de Bourbon en Castille contre les Portugais et les Anglais et assure la défense de La Corogne. En octobre 1387, il rentre en Bourbonnais pour repousser une chevauchée anglaise et retourne en Castille. En juillet 1389, il est en Angleterre pour négocier des trêves pour la France et la Castille. De mai à septembre 1390, il est en Afrique avec Geoffroy Boucicault, Jean de Barres et son frère Guichard qui meurt au retour de cette croisade. En 1397, il est en Orient et rencontre le sultan Bajazet dont il obtient la libération du comte de Nevers (Jean sans Peur), de Jean Boucicault et leurs compagnons capturés à Nicopolis en 1396. En mai 1399, il est à Constantinople avec le maréchal Jean Boucicault, qui rentre l'année suivante. Chateaumorand reste et assure la défense de la ville. Il est de retour en 1402 couvert de gloire. En 1404, avec Boucicault, il obtient l'alliance de Pise, après avoir été capturé par les Vénitiens à Modon (le 7 octobre 1403).

En 1408, il repousse la chevauchée d'Amédée de Viry en Beaujolais et le poursuit jusqu'à Ambronay. La même année, il dirige une armée destinée à secourir Boucicault à Gênes. En 1411, il est bailli de Mâcon et sénéchal de Lyon, puis sénéchal de Beaucaire l'année suivante. En 1414, il négocie pour le duc de Bourbon une trêve avec le duc de Bourgogne, prolongée en 1422. Jean, duc de Bourbon, est pris à Azincourt et mourra en Angleterre en 1434. Son épouse Marie, fille de Jean duc de Berry, s'appuie beaucoup sur Chateaumorand que le grand âge retire des combats. Il tente de prévoir le mariage de son fils Louis avec la fille unique de son cousin Jean de Chastelus, mais son fils Louis décède en 1420. Il marie sa fille Agnès en 1422 avec Bertrand de Lévis, seigneur de La Voulte à condition qu'il relève

le nom de Chateaumorand. Il meurt en 1429[20]. Au début du XVIIe siècle, Diane de Lévis-Chateaumorand sera l'épouse de deux d'Urfé, dont le second, Honoré, est l'auteur de *L'Astrée*. Une lignée des Lévis-Chateaumorand devient duc de Ventadour à la fin du XVIe siècle.
Cette période, de 1409 à 1410, est la période d'organisation du parti des Armagnacs. Après l'assassinat de Louis d'Orléans (1407), celui-ci regroupe le duc Charles d'Orléans, le duc Jean de Berry, le duc de Bourbon et le clan d'Armagnac, Charles d'Orléans ayant épousé la fille du connétable Bernard d'Armagnac. En face, le duc de Bourgogne Jean sans Peur reste influent surtout dans la région. Aussi parvient-il à faire révoquer Jean de Chastelus. En revanche, Jean de Châteaumorand, moins engagé politiquement, est acceptable, d'autant que le duc de Bourgogne se rappelle qu'il doit sa liberté (1397) à cet homme après Nicopolis. Mais Châteaumorand, grand homme de guerre, est dangereux et il est éliminé rapidement au profit d'un probourguignon bon teint, Amédée de Viry.

BAILLIS ET SÉNÉCHAUX SOUS L'INFLUENCE BOURGUIGNONNE

Amédée II ou Amé de VIRY, bailli de Mâcon, sénéchal et capitaine de Lyon du 4 novembre 1411 au 27 juillet 1412

Il appartient à l'ancienne famille des Sallenove, vassale des comtes de Genève. La branche cadette de Viry est entrée dans la vassalité de Savoie au XIVe siècle. Amédée Ier, grand bailli de Bugey en 1346, est gendre de Galois de La Baume. Son fils Galois est avec Amédée VI à Constantinople (1366-1367) et en Italie (1382-1383). Amédée II, fils de Galois, à la tête de la chevauchée en Beaujolais (1408) est repoussé par Jean de Châteaumorand. En 1410, l'accord se fait entre les Bourbons et la Savoie. Mais Viry reste au service de Jean sans Peur qu'il soutient sous Paris, associé avec Enguerrand de Bournonville. Saint-Cloud est prise les 9-10 novembre 1411. Nommé bailli de Mâcon et sénéchal de Lyon, il s'attaque au Beaujolais. Mais Hector, bâtard de Bourbon, le repousse près de Thizy. Il met ensuite le siège devant Villefranche. La duchesse de Bourbon négocie à Charlieu et signe un traité le 25 avril 1412. La guerre civile se poursuit : Charles VI accompagne lui-même les Bourguignons venus assiéger Bourges. C'est devant cette place que meurt Amé de Viry de dysenterie, le 27 juillet 1412. La descendance Viry se poursuit par son frère Jacques (mort en 1445/1447).

Philibert de SAINT-LÉGER, bailli de Mâcon, sénéchal et capitaine de Lyon du 30 juillet 1412 à octobre 1413

Il s'agit d'un chevalier bourguignon, possesseur des seigneuries de Saint-Léger et Rully, toutes deux au sud/sud-ouest de Chagny. Il est révoqué de ses charges à Mâcon et Lyon après la débâcle cabochienne à Paris. On le trouve à la défense de Compiègne en 1414, puis à celle de Mâcon après son ralliement à la Bourgogne en 1417. En 1419, il accompagne Jean sans Peur sur le pont de Montereau, lors de son assassinat. Il est à nouveau bailli de Mâcon de 1420 à 1426, pour le duc de Bourgogne.
Le soutien cabochien (le boucher Caboche) parisien de Jean sans Peur tombe (1413) et Charles VI passe sous l'influence armagnaque. Les baillis de Mâcon, sénéchaux de Lyon, appartiennent à cette mouvance jusqu'en 1417.

BAILLIS ET SÉNÉCHAUX SOUS L'INFLUENCE ARMAGNAQUE

Robert de BONNAY, bailli de Mâcon, sénéchal et capitaine de Lyon du 27 septembre 1413 au 25 octobre 1415

Il appartient à une famille du Berry, ayant des possessions en Nivernais. Il est fils d'Arnoul de Bonnay qui fut à Crécy et devint maréchal de Berry après 1356. Sa mère, Jeanne de Sancerre, dame de Ménetou-Salon et Précy, est la tante du maréchal Louis de Sancerre. Robert montera l'échelle des offices en suivant son cousin germain. Il est tué à Azincourt. Son fils Jean est sénéchal de Toulouse en 1414.

Guillaume de ROUSSILLON, bailli de Mâcon, sénéchal et capitaine de Lyon à la fin de 1415

Il est fils d'Amédée sire du Bouchage. Lui-même est maréchal de Dauphiné en 1396 et à nouveau en 1410. Il reste peu de temps en charge de Mâcon et Lyon. Il achète la seigneurie de Morestel en 1422 et meurt en 1423. Son fils Gabriel aura le tort de choisir Charles VII contre le dauphin Louis, car celui-ci, devenu Louis XI, le mettra en prison et confisquera ses biens au profit de son favori Imbert de Batarnay.

Philippon de BONNAY, bailli de Mâcon, sénéchal et capitaine de Lyon, de 1415 à 1418

Il est le frère cadet de Robert de Bonnay. À Mâcon, ce bailli se heurte à de nombreux « principaux » parmi les habitants, tout acquis à Jean sans Peur du fait d'une propagande élaborée accompagnée de subsides et de pensions. Le 31 juillet 1417, il est contraint de quitter Mâcon pour Lyon. En février 1418, le dauphin Charles lui envoie Gilbert de La Fayette et Humbert de Grolée. Peu après, en juin, une épidémie à Lyon l'incite à se réfugier à Sainte-Colombe, puis à Saint-Symphorien-le-Châtel. Enfin, comme son château de Précy est menacé par les Bourguignons, il s'y rend pour guerroyer contre eux. Mais il a quitté sa place, occupée aussitôt par Humbert de Grolée.

Azincourt est une défaite catastrophique pour les Armagnacs (1415), face aux Anglais. Les ducs Charles d'Orléans et Jean de Bourbon y sont capturés et de nombreux chevaliers tués. Malgré cette défaite, Lyon se rallie au dauphin Charles (futur Charles VII) et moleste même les envoyés de la reine Isabeau de Bavière[21] et du duc Jean sans Peur de Bourgogne. Lyon, qui a récupéré la Monnaie de Mâcon, n'en est pas moins travaillée par la propagande bourguignonne. Mâcon étant passée sous cette emprise, Lyon est désormais menacée, malgré le glacis beaujolais. Mais des trêves vont jalonner ce conflit entre Bourbon et Bourgogne.
À Lyon, un conseil de défense se réunit, sans doute pour la première fois, composé d'**Henri de Viego, du sire d'Oingt** et de **Zacharie de Thorigny** (1417). Cette même année se situe la première mention des « joueurs de l'arbalète ».

SÉNÉCHAUX DE LYON APRÈS LA PRISE DE MACON ET PENDANT LE RÈGNE DE CHARLES VII

De la même manière qu'après la défaite de Poitiers, avaient été créés de 1356 à 1374 des lieutenants du Roi ou des lieutenants généraux, dont les responsabilités de défense avaient englobé une part plus ou moins importante du royaume, les autorités du parti armagnac instituent des lieutenants du Roi de 1418 à 1424 :

Jean Mottier de La Fayette, lieutenant du Roi et capitaine-général en Mâconnais et Lyonnais, en 1418.
Le maréchal **Amaury de Séverac**, lieutenant et capitaine général en Mâconnais et Lyonnais, de 1422 à 1423.
Bernard d'Armagnac, comte de Pardiac, lieutenant général en Lyonnais de 1423 à 1424.

Mais cela n'empêche pas que des sénéchaux de Lyon soient mis en place, tels Humbert de Grolée, en sous-ordre de ces lieutenants du Roi ou lieutenants généraux. Le sénéchal de Lyon n'en continue pas moins, malgré la perte de Mâcon, de porter le titre de bailli de Mâcon, dont la justice a été implantée à Saint-Just. Le duc de Bourgogne quant à lui crée aussi des baillis de Mâcon et sénéchaux de Lyon[22] qui à ce second titre n'en sont pas moins théoriques.

Humbert de GROLÉE, (bailli de Mâcon), sénéchal et capitaine de Lyon, du début de juillet 1418 au 23 décembre 1434

Né vers 1390, il est le petit-neveu de Jean de Grolée, bailli de Mâcon et sénéchal de Lyon de 1358 à 1363, et le fils d'André, seigneur de Passins, et de Béatrice de Genève-Lullin. Encore très jeune et écuyer-banneret, il devient garde des ponts et passages sur le Rhône. En 1420, avec Bernard d'Armagnac, comte de Pardiac, il bat la chevauchée bourguignonne du Forézien Rochebaron[23] et du Savoyard Sallenove, à Serverette. Il reçoit le renfort de 500 lances et 1 000 archers du duc de Milan, ce qui lui permet d'étouffer une jacquerie en Forez (1422) et de capturer Toulongeon, maréchal de Bourgogne (1423), qui assiégeait La Bussière[24]. Toulongeon, libéré après rançon, s'empare de ce même château dès l'année suivante, en profitant des grosses pertes régionales subies lors de la défaite de Verneuil. Grolée, prudent, renforce Belleville avec 40 hommes d'armes lyonnais. Il se rapproche alors

Sceau de Imbert de Grolée, 1418.

de Charles de Bourbon, fils du duc Jean (1424-1425). Son fait d'armes le plus connu est la victoire d'Anthon, le 11 juin 1430, sur le bourguignon Louis de Chalon, prince d'Orange, avec l'aide de Raoul de Gaucourt, gouverneur de Dauphiné, du capitaine de Routiers Rodrigue de Villandrando, ainsi que du capitaine lombard Le Borgne de Caqueran, assisté par Théodore de Valpergue. En 1431, il mène une offensive en Charolais. Il meurt en 1434 et est fastueusement inhumé dans l'église des Cordeliers, dont sa famille est la bienfaitrice depuis 1216. Humbert était seigneur de Viriville et de Châteauvilain. Les marquis de Viriville sont connus jusqu'au XXe siècle.

La tentative de négociation entre le dauphin Charles et Jean sans Peur tourne à l'assassinat du duc de Bourgogne par Tanguy du Chastel, sur le pont de Montereau en 1419. Le nouveau duc, Philippe de Bon, s'allie avec les Anglais et le traité de Troyes (21 mai 1420), signé par Charles VI et Henry V, roi d'Angleterre, élimine de la succession le dauphin Charles. Celui-ci est à Lyon en 1420 : il a absolument besoin de son soutien et pour conforter sa « bonne ville », il lui accorde deux foires annuelles. Cela n'empêche pas que des trêves jalonnent ces années entre les duchés de Bourbon et de Bourgogne. Ainsi la trêve de Mâcon (17 février 1418), confirmée le 29 janvier 1419. Puis c'est la trêve de Pont de Veyle le 19 décembre 1421. L'action d'Amédée VIII, duc (depuis 1416) de Savoie, en faveur du rapprochement entre France, Bourbon et Bourgogne est significative. Savoie et Bourgogne négocient le traité de Saint-Claude (8 novembre 1420). Amédée VIII réunit les négociateurs français et bourguignons à Chambéry (28 septembre 1424), à Montluel et Bâgé (janvier 1425), à Yenne (26 novembre 1427). Enfin à Bourg (-en-Bresse) le 24 septembre 1431, les représentants de Bourbon et Bourgogne négocient sous l'égide savoyarde.

Humbert de Grolée est l'un des représentants du royaume de France à chacune de ces réunions. Il est aussi très présent à Lyon entre ses campagnes. Il est au sein du Conseil de défense de la Ville, entouré **d'Ansort de Sautans**, de **Guillaume des Forges** et de **Guilher de Montagni** en 1421. En 1424, Grolée assiste à une « montre » des pennons. Pendant ses absences, il se fait suppléer par son père, puis par **Guichard de Marzé**. Il a pour lieutenant **Gillet de Saint-Priest**, son beau-frère, puis à partir de 1424, **Imbault de Blettereins** sire de Pierreclos. **Audry Chevriers** est, quant à lui, lieutenant aux fortifications.

Charles VI meurt en 1422, ainsi qu'Henry V d'Angleterre. Le dauphin Charles devient Charles VII, le « Roi de Bourges », alors qu'Henry VI en bas âge est titré « Roi de France et d'Angleterre », conformément au traité de Troyes. Mais les Régents anglais rencontrent bien des difficultés tant en Angleterre qu'en France. Néanmoins les hommes de Charles VII sont battus à Verneuil (1424). Les Anglais mettent le siège devant Orléans. C'est alors que Jeanne d'Arc intervient, convainc Charles VII et redonne de l'allant à son armée : elle dégage Orléans et emmène le roi à Reims pour le faire sacrer, non sans remporter au passage la victoire de Patay (1429). Mais Jeanne d'Arc échoue à Paris et est prise à Compiègne (1430). Charles VII retombe dans une sorte d'apathie avant que, en 1435, il parvienne, au traité d'Arras, à rompre l'alliance entre Angleterre et Bourgogne, laquelle conserve Mâcon et son comté.

En 1434, Charles VII accorde à Lyon une milice de deux compagnies, l'une d'archers, l'autre d'arbalétriers. Cela aurait pu se révéler nécessaire, puisque la menace bourguignonne est sous les murs de Lyon. L'armée avait progressé le long de la Saône, évité Villefranche et atteint Sainte-Foy et Saint-Genis-Laval, quand on apprend la signature du traité d'Arras[25]. Lyon avait installé, en intérim, **Pierre de Chandieu** qui avait pris toutes les précautions de défense.

Théodore ou Théaude de VALPERGUE, (bailli de Mâcon), sénéchal et capitaine de Lyon de février 1435 à la fin de 1458

Il est de la branche cadette des Valpergue, possessionnés dans la région d'Ivrée. Son frère Boniface et lui arrivent en France en 1422 avec les contingents dépêchés par le duc de Milan, sous les ordres du capitaine Le Borgne de Caqueran. Humbert de Grolée utilise ces renforts en 1422 et 1423. Caqueran et les Valpergue sont à la défaite de Cravant (31 juillet 1423) infligée par Toulongeon, maréchal de Bourgogne : ils se vengent sous Humbert de Grolée en capturant ce même Toulongeon à La Bussière (31 août 1423). Mais les troupes lombardes sont ensuite à la grave défaite de Verneuil (17 août 1424), puis suivent Charles VII, Boussac et Pardiac à Poitiers (printemps 1425). Dans le jeu des coteries qui environnent Charles VII, Valpergue, comme Grolée, se rapproche de Charles de Bourbon comte de Clermont, qui est favorable au connétable de Richemont et à la négociation avec la Bourgogne. Valpergue est en renfort à Orléans assiégée, le 25 octobre 1428, et à la tête d'une sortie en janvier 1429. Il assiste aussi à la malheureuse « Journée des Harengs » où les Anglais de Falstaff ridiculisent le comte de Clermont, La Fayette et... Valpergue, lequel ne semble pas participer à l'épopée de Jeanne d'Arc. En revanche, il la côtoie lors de la défense de Compiègne en mai 1430. L'année suivante, il est à la conférence de Lille où est signée une trêve avec les Bourguignons. À la mort de Grolée, Charles, devenu duc de Bourbon, propose Valpergue qui est nommé sénéchal de Lyon en février 1435, après avoir participé à la conférence de Nevers, dernière négociation entre Bourbon et Bourgogne (20 janvier 1435) avant le traité d'Arras. Le nouveau sénéchal entre à Lyon le 11 mars 1435, et devient capitaine de la Ville dès le lendemain. Il est rarement à Lyon, pris par des missions guerrières ou diplomatiques. On ne sait s'il est présent lors de l'émeute de 1436 et lors de son écrasement. En revanche, il se préoccupe beaucoup des Routiers ou Écorcheurs lâchés sur les routes par la paix d'Arras, tentant au début de 1438 de les écarter de sa sénéchaussée par négociation à Beaune. On le retrouve au siège de Pontoise (6 juillet-19 septembre 1441). Avec d'autres, il est chargé de surveiller le dauphin Louis, après la Praguerie de 1440. Il est de ceux qui sont délégués en Armagnac, dont il devient gouverneur (1443-1446). Il suit Charles VII lors de son entrée solennelle à Rouen en 1449. Il participe au siège de Caen (5 juin-6 juillet 1450), puis est en Guyenne avec Jacques de Chabannes. Il obtient les redditions de Fronsac et Bayonne (1451). Jean de Bourbon, comte de Clermont, son frère, et lui échappent à une embuscade tendue par les Anglais (1452). À nouveau en Guyenne en juillet 1453, il est chargé, avec Jean Bureau, de renforcer les fortifications de Bordeaux. L'armée royale intervient encore en Armagnac : avec Joachim Rouault, il entre à Lectoure (1455). Il laisse son office de sénéchal de Lyon à la fin de 1458, au décès de son frère Boniface, pour le remplacer en qualité de gouverneur de Bayonne. Il meurt vers 1461.

Il avait épousé Louise de Saint-Priest, veuve de Randon baron de Joyeuse, gouverneur du Dauphiné, dont il n'eut pas de descendance. Il avait acquis la seigneurie de Caumont

(Vaucluse) en 1440 et la seigneurie de Margès (Drôme) de son beau-frère Guy seigneur de Saint-Priest. En 1458, il aliène Caumont à son neveu Michel et Margès au profit d'Artaud de (La) Chatte.

En 1436, les bourgeois lyonnais obtiennent la suppression de la taille compensée par l'augmentation des impôts indirects, telle la gabelle sur le sel. La révolte du petit peuple répond à ces mesures (19 et 20 mai). En décembre, les troupes royales interviennent : 10 exécutions et 120 bannissements sanctionnent ce mouvement. Mais la taille est rétablie et la gabelle diminuée.
Un autre fléau s'abat sur la région : les Routiers sans emploi depuis le traité d'Arras. 8 000 d'entre eux tournent dans la campagne jusqu'en 1445. Le pire est le massacre des habitants de Vimy (actuelle Neuville-sur-Saône) en 1443. À partir de 1444, les troupes royales et savoyardes réduisent les Écorcheurs. À ces malheurs, il faut ajouter les épidémies de 1437 à 1439, successivement la peste, la variole et à nouveau la peste, qui font de nombreuses victimes. Charles VII, de passage à Lyon, est ému par la décadence de sa fidèle ville et lui accorde une troisième foire annuelle, gage d'essor économique avec le retour de la paix. En effet après la réorganisation de son armée, celle-ci a remporté les victoires de Formigny (1450), en Normandie, et de Castillon (1453), en Guyenne, qui mettent fin à la Guerre de Cent Ans.

Rien n'est jamais tout à fait fini. En effet, le dauphin Louis, qui s'est déjà opposé au roi lors de la Praguerie (1440), rompt avec son père Charles VII en mars 1449 et vient prendre en main son patrimoine, le Dauphiné. Il le renforce, l'étend et lui donne un cadre administratif fort. Mais sans en référer à son père il épouse en 1452, Charlotte de Savoie. Charles VII, mécontent, survient dans la région. Paniqué, le duc Louis Ier de Savoie s'empresse de traiter à Cleppé, près de Feurs. Le maréchal de Lohéac, l'amiral de Bueil et Jacques de Chabannes inspectent les défenses de Lyon : le 16 avril 1453, le commandement du château Pierre-Scize est transféré d'Aymard de Beaujeu à Jacques de Lavieu, sire de Fougerolles. Le roi quitte la région pour la Guyenne et la victoire de Castillon.
Le dauphin Louis en profite pour se venger de son beau-père, en ravageant ses possessions dans le pays de (La) Valbonne et en occupant Montluel (1454). Les Lyonnais tremblent d'août à novembre jusqu'à ce qu'Antoine de Chabannes de Dammartin vienne camper entre Saint-Priest (-en Velin) et Saint-Symphorien (-d'Ozon). C'est alors que les armes du Roi sont apposées à nouveau sur les châteaux de Rochetaillée, Saint-Bernard et Genay. Charles VII revient aussi. Il loge au château d'Yvours (à Irigny), puis à celui de Saint-Priest[26]. Il reste pendant deux années sur place. Le dauphin Louis préfère se réfugier en Brabant auprès de son cousin Philippe le Bon. Charles VII rattache le Dauphiné et le comté de Valentinois au domaine royal. Il s'impose en Franc-Lyonnais[27], sorte de glacis au nord de Lyon, mettant ainsi fin aux contestations de la Savoie qui l'exigeait comme terre d'Empire. Charles VII quitte la région en juillet 1457, chassé par la peste.
Valpergue, le sénéchal de Lyon, semble n'avoir été guère présent alors que tout ceci se déroulait autour de sa ville. Il devait donc être suppléé : de 1446 à 1453, il semble l'avoir été par **Philibert de Grolée**, sire d'Illins[28], fils cadet du sénéchal Humbert, puis par son futur successeur Guy de Blanchefort.

Guy de BLANCHEFORT, (bailli de Mâcon), sénéchal et capitaine de Lyon du 3 janvier 1459 à janvier 1460

Cadet d'une famille du nord Limousin, il est peut-être un Écorcheur assagi. Il échoue en 1431 à s'emparer de Corbie et manque Dourlers en 1432. En 1434, il accepte d'évacuer le Gévaudan contre le versement d'une forte somme ; puis il opère au nord de Paris sous le connétable de Richemont. Il participe à la Praguerie et est au siège de Pontoise (1441). Il est avec le dauphin Louis lors de la défaite des Suisses à Saint-Jacques (26 août 1444). On le retrouve en 1455 dans l'expédition contre Jean V d'Armagnac. Le 14 septembre 1458, il est nommé, par lettres royales, capitaine de Pierre-Scize. Peu après, il remplace Valpergue, pour peu de temps, puisqu'il meurt en janvier 1460.

Tanneguy, vicomte de JOYEUSE (bailli de Mâcon), sénéchal et capitaine de Lyon, du début de 1460 à janvier 1462

Il appartient à la famille de Chateauneuf de Randon, titulaire de la seigneurie de Joyeuse (sud Vivarais) depuis 1256. Il est le petit-fils de Randon II, gouverneur du Dauphiné (1420-1425), dont la veuve a épousé Théodore de Valpergue. Il est fils de Louis II, baron, puis vicomte (1432) de Joyeuse et de Jeanne Louvet. C'est un proche des Maisons d'Orléans et de Bourbon, qu'il sert fidèlement. Il obtient en 1443 le commandement d'une compagnie d'ordonnance. En 1448, il épouse Blanche de Tournon qui lui apporte la baronnie de Lamastre. Il remplace Guy de Blanchefort pendant deux ans, avant d'être victime de la « foire aux places » du début du règne de Louis XI. Mais il poursuit sa carrière militaire : ainsi en décembre 1477, Louis XI lui ordonne de venir renforcer Lyon avec sa compagnie, car le duc de Savoie se fait menaçant. Il teste en 1485. Des descendants obtiendront le titre ducal sous Henri III avant que leur branche disparaisse.

Louis XI monte sur le trône : il n'a rien oublié de son opposition à son père et installe des hommes qui se sont ralliés à lui depuis son exil en Dauphiné, puis en Brabant auprès de son cousin le duc de Bourgogne Philippe le Bon et du fils de celui-ci, le futur Charles le Téméraire.

La situation devient menaçante pour Lyon du fait des ambitions de Charles le Téméraire duc de Bourgogne (1467-1477). À nouveau comme après 1356 et 1417, des lieutenants-généraux sont mis en place, certains d'entre eux portant le titre de gouverneurs[29]. C'est le début d'un changement d'importance dans nos provinces. Mais comme toute évolution au niveau politique, cela ne se fait pas sans tâtonnement, sans retour en arrière.

1. Officiers, parce qu'ils sont en charge d'un « office », royal dans le cas présent : « *considérant que en noz officiers consiste, soubz nostre auctorité, la direction des faicts par lesquelz est policée et entretenue la chose publicque de nostre royaume, et que d'icelluy ilz sont les ministres essentiaulx, comme membre du corps dont nous sommes le chef...* » (ordonnance de 1267).

2. Le fisc concerne, administrativement et financièrement, le domaine propre du roi.

3. La région souffre en effet d'une absence de documents anciens jusqu'aux XIVe-XVe siècles : cette pauvreté est principalement due aux destructions révolutionnaires, alors que d'autres provinces ont des fonds documentaires beaucoup plus fournis, principalement grâce aux Annales d'origine monastique.

4. Le comté de Mâcon est entré dans le domaine royal en 1239 et y reste jusqu'en 1417, date à laquelle le duc de Bourgogne s'en empare. Le comté de Mâcon ne revient au roi de France qu'en 1477.

5. Les « principaux » Lyonnais élisaient déjà des conseillers ou consuls depuis 1271 : désormais, ce droit leur est reconnu.

6. Le sénéchal de Lyon a la responsabilité des châteaux du roi : il désigne les châtelains et contrôle la défense.

7. De 1342 à 1356, les baillis de Mâcon sont des dauphinois : ils ne sont pas sénéchaux de Lyon. En revanche, deux d'entre eux sont baillis de Valbonne de 1342 à 1348, pour Humbert II Dauphin (Humbert de Cholay, Pierre Archimand).

8. Ce sire de Tournon est l'ancêtre de deux gouverneurs de Lyon, au XVIe siècle.

9. Cf. *Les Défenses de Lyon*, F. Dallemagne, Editions Lyonnaises d'Art et d'Histoire, 2006.

10. La Bâtie des Abrets est à l'est de La Tour-du-Pin.

11. Petit-neveu de Philippe IV le Bel par son père, et petit-fils de Louis X le Hutin par sa mère, Jeanne, Reine de Navarre, Charles le Mauvais (1349-1387), gendre de Jean II le Bon, se juge désavantagé par son beau-père et profite de la captivité de celui-ci pour influencer son jeune cousin le dauphin Charles et profiter de la révolte parisienne d'Etienne Marcel. Il s'alliera par la suite avec son cousin Edouard III, roi d'Angleterre.

12. Elimination d'Etienne Marcel.

13. Guillaume de Thurey est le frère de Girard, maréchal de Bourgogne.

14. Grolée est accompagné par Artaud de Beausemblant, Guy de Vinay, Jean de Vergy, Didier de Sassenage et Odobert de Châteauneuf.

15. Saint-Gengoux (-Le-Royal) devenu Saint-Gengoux-Le-National, au nord-ouest de Mâcon.

16. De 1356 à 1362 : Pierre de Bourbon, Jean de Chalon-Arlay, Louis II duc de Bourbon, Gilles Aycelin.

17. L'hôtel de Roanne se situait à l'emplacement de l'actuel Palais de Justice, sur la rive droite de la Saône. Son nom lui venait de chanoines de ce nom. Par héritage, il était passé au dauphin, puis cédé au roi, le 23 avril 1343.

18. Juge-mage, traduction trompeuse de *judex major*.

19. Par héritage, le duc de Bourbon a obtenu le comté de Forez à la fin du XIVe siècle et récupéré la baronnie de Beaujeu de son dernier titulaire en 1400.

20. Jean de Chateaumorand possédait aussi les seigneuries de Pierrefitte (-sur-Loire) et de Poligny (commune de Lurcy). Il a épousé successivement Isabelle de Semur, puis Marie de Frolois, mère de Louis et Agnès, vers 1402.

21. L'épouse de Charles VI, Isabeau de Bavière, est ralliée au duc de Bourgogne.

23. Ces baillis de Mâcon, virtuels sénéchaux de Lyon, sont : Girard de La Guiche (1417-1419), Antoine de Toulongeon (1419-1420), Philibert de Saint-Léger (1420-1424), Lancelot de Luyrieux (1424-1427), Louis de Luyrieux (1427-1428), Girard Rolin (1434-1441), Louis de Chantemerle de La Clayette (1441-1465), Michault de Changy (1465-1466), Jean de Damas (1466-1477), qui devient en 1477 gouverneur et bailli de Mâcon pour le Roi (1477-1480), auxquels succèdent Guiot d'Usie (1480-1483), puis Jean de La Roche (1483-1507).

23. Le sire de Rochebaron est l'époux d'une fille naturelle de Jean sans Peur.

24. Le château de La Bussière contrôle la vallée de la Grosne, entre Beaujolais et Mâconnais.

25. Le traité d'Arras (1435) transfère officiellement le comté de Mâcon et le bailliage de Mâcon et Saint-Gengoux au duc de Bourgogne. En revanche, la châtellenie de Charlieu et le sud de la châtellenie de Châteauneuf sont inclus dans la sénéchaussée de Lyon.

26. En décembre 1456, un complot aurait visé à enlever Charles VII, alors à Saint-Priest.

27. Franc-Lyonnais : Cuire, Caluire, Fontaine, Rochetaillée, Fleurieu, Vimy , Genay, Bernoud, Civrieux, Saint-Jean-de Thurignieux, Saint-Bernard, Riottiers, Saint-Didier.

28. Illins est proche de Vienne.

29. Ce chapitre doit beaucoup à l'excellente thèse de doctorat de J. J. Mangin : « Les baillis de Mâcon – sénéchaux de Lyon (fin XIIe-début du XVIe siècle) », 1994, Université Jean-Moulin, Lyon III.

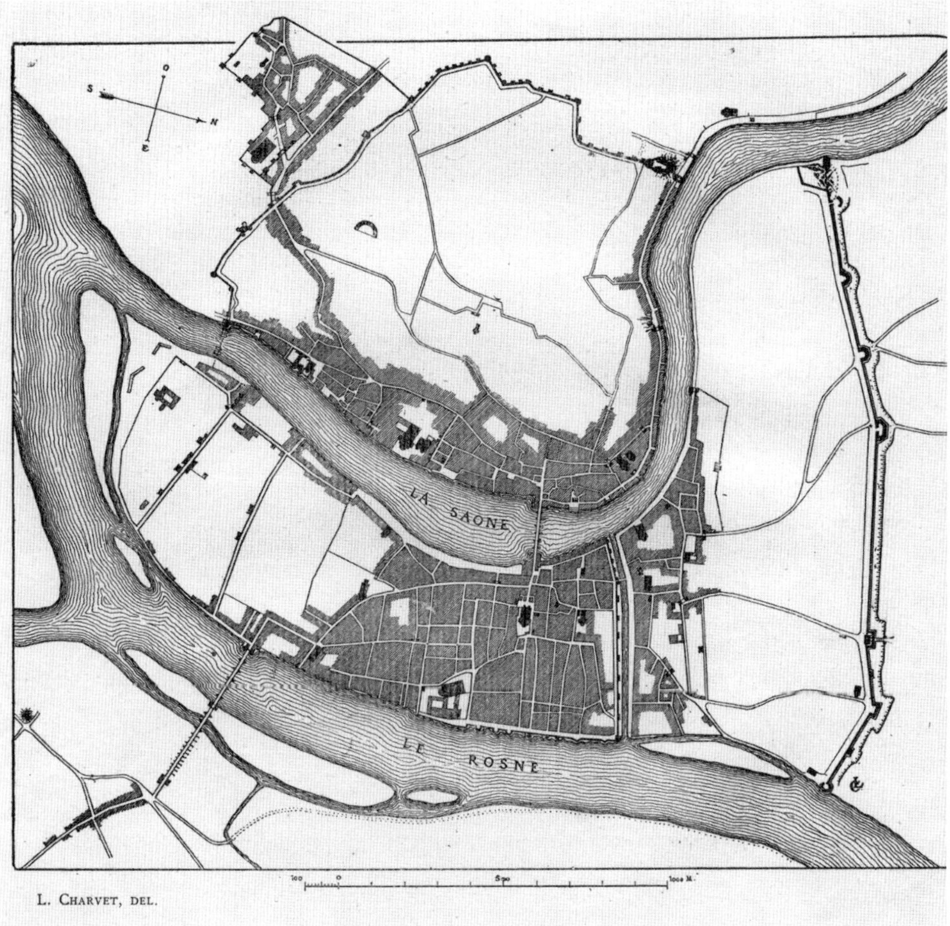

Plan de Lyon au XVIe siècle (Extr. de N. de Nicolaÿ, *Description générale de la Ville de Lyon et des anciennes provinces du Lyonnais et du Beaujolais*, Lyon, 1881).

Deuxième partie

Les gouverneurs du Lyonnais (1463-1791) sous l'Ancien régime

Le gouvernement territorial

Henri Jeanblanc, Agrégé de l'université

Chapitre premier

Les premiers gouverneurs, une lente implantation

Les gouverneurs s'insèrent dans le système administratif des Capétiens qui créent dans les provinces des organismes successifs de plus en plus larges, sans pour autant supprimer ceux qui les précèdent. Après les prévôts, puis les baillis et sénéchaux, apparaissent au XIVᵉ siècle, les gouverneurs de province. Ce sont d'importants personnages qui ont pour mission essentielle à l'origine de protéger le territoire qu'ils gouvernent. C'est pourquoi, au départ, on ne les trouve que dans les provinces frontalières, mais l'institution tend à se développer et finit par se généraliser à l'ensemble des provinces du pays, en changeant parfois de caractère.

LE CADRE DU GOUVERNEMENT

Les gouverneurs, à l'origine, sont donc des militaires chargés de la défense du territoire. Après une première expérience sans lendemain de Robert II, duc de Bourgogne, en 1315, ils apparaissent définitivement au XVᵉ siècle à Lyon. À cette époque, les communications sont un obstacle insurmontable : il faut une dizaine de jours pour aller de Lyon à Paris, où siège le gouvernement, et autant pour en revenir. En cas de crise ou d'attaque brusquée, on ne peut attendre un tel délai pour réagir. Aussi, le roi nomme-t-il, dans les provinces frontalières, des gouverneurs qu'il choisit généralement parmi les chefs militaires de haut rang, auxquels il donne une autorité et une indépendance totales, afin qu'ils puissent prendre toutes les dispositions utiles à la défense de leur province, sans attendre les ordres du gouvernement central. Or Lyon, jusqu'au règne d'Henri IV, est une ville frontière entourée d'ennemis.

Le gouverneur reçoit une délégation générale de l'autorité royale qui en fait un véritable vice-roi dans sa province, d'où son titre de lieutenant général accolé à celui de gouverneur. Il doit « *faire tout ce qu'il verra et cognoistra estre à faire, pour le bien du roi, soulaigement, conservation et utilité de nos sujets tout ainsi que nous-mesmes ferions et pourrions faire si présent en personne y étions* » dit le roi. En vertu de cette délégation, il n'est pas de domaine ou de personne sur lesquels le gouverneur n'exerce sa prééminence.
Ses fonctions militaires, prépondérantes au début, s'amenuisent, surtout lorsque la ville n'est plus sur la frontière. En effet, il n'a pas le commandement des unités en garnison ou en formation, qui restent aux ordres de leurs chefs respectifs. En revanche, il exerce un commandement territorial sur toutes les infrastructures et la logistique de l'armée, notamment sur les châteaux, places fortes, fortifications, munitions, déplacements des troupes, etc. Mais sa fonction militaire principale est de maintenir la discipline parmi les gens de guerre car ceux-ci, faute de casernes, sont cantonnés dans les villes et les villages où ils se livrent à toutes sortes d'exactions que leurs chefs ne répriment guère.
Ses fonctions civiles grandissent. Elles découlent de sa mission générale qui est de maintenir la province en paix et tranquillité dans un temps où règne l'insécurité et dans la soumission au roi. Il peut intervenir dans les manifestations, rixes, troubles et révoltes, mais aussi disettes, épidémies, santé publique, problèmes de voirie et de circulation, problèmes d'alimentation, etc. Il peut requérir tous les organismes royaux et municipaux, telle la milice et même lever le ban et l'arrière ban.
C'est pourquoi le gouverneur est toujours un personnage important, issu de la plus haute noblesse et toujours un militaire. Sur les 25 gouverneurs qui se succèdent à Lyon du Moyen Âge à la Révolution, on dénombre deux princes du sang, de grands officiers de la couronne, un connétable, chef suprême de l'armée, sept maréchaux de France, au minimum des généraux et même un cardinal. Mais comme il est souvent absent pour le service du roi, on lui adjoint un lieutenant général qui le seconde et peut le suppléer.

Le gouvernement du Lyonnais est un territoire géographique qui correspond aux actuels départements du Rhône et de la Loire, avec quelques prolongements dans le Velay et en Dombes. C'est une région d'agriculture médiocre, avec une zone industrielle, minière et métallurgique, qui se développe autour de Saint-Étienne. Elle groupe trois petites provinces. Le comté du Lyonnais, limité à la hauteur d'Anse et de Tarare, est en grande partie aux mains de l'Église : l'archevêque, le chapitre de Saint-Jean et les grandes abbayes d'Ainay, l'Ile Barbe et Savigny s'y partagent les terres. La seigneurie du Beaujolais est une région montagneuse dont la dynastie régnante a connu quelque lustre et même un connétable. Mais, en 1400, le Beaujolais tombe aux mains du puissant duc de Bourbon dont la capitale est à Moulins. Le comté du Forez, le plus vaste des trois, a une importante noblesse qui a su organiser dans son chef-lieu de Montbrison une bonne administration. Mais lui aussi, au début du XVe siècle, échoit par héritage au duc de Bourbon. À l'avènement de Louis XI, la province du Lyonnais est dominée par deux puissances : l'Église et le duché de Bourbon. Trois frères Bourbon nous intéressent particulièrement : l'aîné, Jean II, sera à la fois duc de Bourbon et lieutenant général de la province ; Charles de Bourbon devient archevêque et cardinal de Lyon ; Pierre II, le sire de Beaujeu, reçoit le Beaujolais en partage et le duché, à la mort de son frère ; il épouse la fille de Louis XI qui prend le

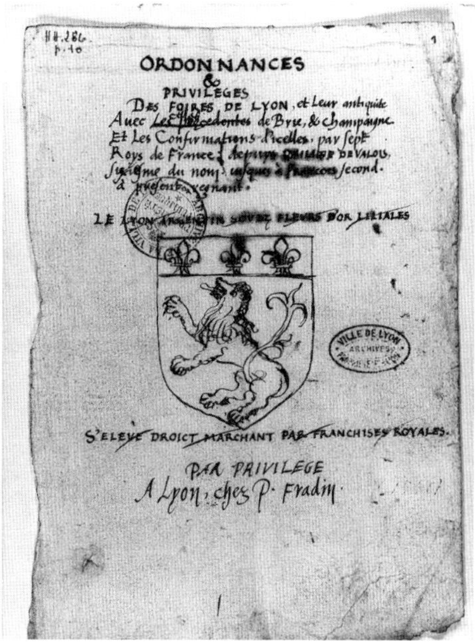
ORDONNANCES
&
PRIVILEGES
Des FOIRES DE LYON, et leur antiquité
Avec Les Précédentes de Brie, & Champagne.
Et les Confirmations d'icelles, par sept
Roys de France, depuis Philippe de Valois,
sixième du nom, jusques à Françoys second.
à présent regnant.
LE LYON ARGENTIN SOUBZ FLEURS D'OR LILIALES
S'ELEVE DROICT MARCHANT PAR FRANCHISES ROYALES.
PAR PRIVILEGE
A Lyon, chez P. Fradin.

Ordonnances et Privilèges des Foires de Lyon et leur antiquité, Lyon 1560 (A.M.).

Invention des banques (Verdier, Lyon, 1573) (B.M.).

nom d'Anne de Beaujeu ; tous deux assureront la régence avec succès après le décès du roi. Mais ce qui fait l'importance de la province, c'est la ville de Lyon, la seconde en France, le premier siège primatial de l'Église et peut-être la cité la plus riche du royaume.
Lyon est d'abord un carrefour de communications qui commande le sud-est européen. Cette situation en a fait une grande ville marchande, grâce surtout à ses quatre foires annuelles, créées par Charles VII et Louis XI, où s'échangent tous les produits du monde et qui bénéficient de privilèges exceptionnels : la libre circulation des marchands, des denrées et des monnaies, des exemptions fiscales, une protection assurée et une justice rapide grâce au Tribunal de la Conservation, créé à cet effet. Les foires assurent l'exportation des produits de la région et de toutes les provinces, l'importation et la redistribution de fournitures les plus diverses, venues du monde entier et destinées au monde entier. Ce commerce a amené le développement de la banque, faisant de Lyon une grande place financière où s'effectuent le change des monnaies et la fixation des cours. Il stimule aussi l'industrie, d'abord les fabriques locales, draps, laine et métallurgie, puis les industries nouvelles : l'imprimerie qui, profitant de l'absence d'une université et d'un parlement tatillons, peut se développer librement et surtout, au XVIe siècle, la soierie dont Lyon a le monopole avec 15 à 20 000 métiers.

La société, où il y a peu de noblesse et un clergé puissant mais sans fonction politique, est dominée par une bourgeoisie, riche et importante qui administre la cité. On y trouve des hommes de loi, organisés en dynasties, que le développement des institutions judiciaires et administratives a enrichis, et surtout des marchands, l'aristocratie des affaires, qui se recrutent

Lion. *Chronicarum liber*, Nuremberg, 1493. (B.M.).

largement dans les colonies d'étrangers, Italiens et Allemands surtout. Enfin, depuis 1320, Lyon est une commune qui jouit d'une grande autonomie administrative et financière. Le pouvoir est exercé par le Consulat : c'est un corps élu par les représentants des métiers qui se compose de douze conseillers échevins. Comme une Municipalité, le Consulat gère la ville et en plus lève les impôts locaux, en dispose et assure sa propre sécurité.

Lyon est une ville de la Saône. L'espace occupé est beaucoup plus réduit qu'aujourd'hui. Le confluent du Rhône et de la Saône se situe au niveau de l'abbaye d'Ainay et le reste de la presqu'île n'est que marécage. Le Rhône est à la fois limite de la cité et frontière avec le Dauphiné ; au-delà commence la campagne. La Saône partage la ville en deux quartiers que seul un pont de pierre réunit :

• sur la rive droite, le Vieux Lyon, s'est formé en reliant par un réseau de rues parallèles les îlots primitifs créés autour de la cathédrale Saint Jean au centre et les collégiales Saint-Paul au nord et Saint-Georges au sud. Là sont les quartiers de la richesse : le coeur religieux qui enferme dans un rempart l'archevêché et le puissant chapitre de Saint-Jean ; le quartier des hommes de loi, autour du Palais de Roanne (à l'emplacement de l'actuel Palais de Justice) siège des tribunaux et de l'administration ; enfin, du Change à Saint-Paul, l'espace occupé par la haute bourgeoisie marchande, étrangère surtout, qui y a bâti de somptueuses demeures.

• sur la rive gauche de la Saône se situe la ville bourgeoise où la Commune a pris corps autour de l'église Saint-Nizier et de la rue Mercière. Entre les Terreaux et l'espace de Bellecour, la Presqu'île est un fouillis de petites rues denses et étroites que seules aèrent quelques placettes. Les marchands autour de Saint-Nizier et les imprimeurs et libraires au long de la rue Mercière dessinent des îlots de richesse. Plus on s'éloigne du Pont de Saône, plus on s'élève sur les pentes de la Croix-Rousse, appelée alors colline Saint-Sébastien, plus les quartiers sont humbles, moins peuplés et livrés aux travailleurs.

La défense de la ville est un domaine important de l'activité des gouverneurs. Lyon est alors une ville-frontière souvent menacée. À l'est, le duché de Savoie qui possède la Bresse, le Bugey et le Pays de Gex, est limitrophe ; or il mène une politique ambiguë et souvent hostile. Derrière lui se profile la Suisse, réservoir d'excellents soldats qui se vendent au plus offrant. Au nord, le duché de Bourgogne est un ennemi réel pendant la guerre de Cent Ans et plus encore avec Charles le Téméraire ; il a occupé le Mâconnais, rapprochant le péril de Lyon. Enfin la Franche Comté passée aux Habsbourg fait peser la menace de l'Empire.

La ville doit assurer sa propre défense, sous le commandement du capitaine de la ville, une fonction municipale dont le roi tend à usurper la nomination. Elle n'a pas de garnison royale, mais elle lève une milice urbaine formée de tous les habitants susceptibles de porter les armes ; la cité est divisée en 36 quartiers, appelés pennonages, qui comportent chacun une compagnie, commandée par un capitaine-pennon. Mais cette milice, nombreuse, n'a pas grande valeur militaire. Elle est renforcée par les confréries des tireurs à l'arc, à l'arbalète, à la couleuvrine et à l'arquebuse auxquelles le Consulat impose de participer à la défense de la cité en cas de besoin. Celui-ci organise une compagnie d'arquebusiers, forte de 200 hommes, pour la garde des échevins et pour la police urbaine et qui constitue une troupe permanente. Enfin, en 1565, le roi crée une compagnie du guet de 50 hommes, commandée par un capitaine, et chargée de la police, mais qui est aux ordres du gouverneur et du sénéchal : c'est la première force armée royale dans la ville. Tels sont les moyens dont dispose la Cité.

Les fortifications qui entourent la ville constituent sa meilleure défense. On y travaille depuis des siècles, plus ou moins vigoureusement selon la proximité du danger. Toujours en chantier, elles mobilisent l'énergie des gouverneurs. Dès le XIIe siècle, elles sont ancrées sur trois points solides : le cloître Saint-Jean, au centre du Vieux Lyon, vaste quadrilatère qui entoure le quartier de la cathédrale d'un haut mur crénelé et percé de portes ; le bourg Saint-Just Saint-Irénée, au sud-est, cerné par un rempart flanqué de tours et qui a résisté à tous les assauts ; enfin, le château de Pierre-Scize qui, avec ses défenses impressionnantes, sa double enceinte et son donjon, domine la Saône du haut d'un rocher abrupt et sert de résidence à l'archevêque. Mais la ville qui se développe exige pour sa protection la construction d'un véritable rempart

Le cloître de Saint-Just fortifié, 1550 (Drevet, *Le Lyon de nos pères*, Lyon, 1901).

Côté Fourvière, le relief en impose le tracé. Pour conjurer la menace d'un tir plongeant en cas de siège, il faut reporter les fortifications au sommet des collines, le long de la ligne de changement de pente. L'enceinte, dite de la Retraite, part de la porte Saint-Georges, au bord de la Saône. Elle escalade la pente abrupte du Puy d'Ainay, jusqu'au cloître Saint-Just Saint-Irénée sans l'inclure. Elle bifurque ensuite vers le nord et suit la crête des collines, en débordant largement la chapelle de Fourvière, puis elle descend vers le château de Pierre- Scize auquel elle se rattache. C'est une courtine crénelée, haute de 10 à 12 mètres, bordée de tours à mâchicoulis pour le flanquement, et précédée d'un large fossé. Elle protège le quartier de la Saône par une défense continue.

Côté Rhône, la menace principale fait craindre une offensive qui, venant de la Dombes, traverserait le plateau de la Croix-Rousse, dévalerait les pentes, et pénètrerait au cœur de la cité. Dès le début du XIIIe siècle, l'archevêque Renaud de Forez lance la construction, au pied de la colline, d'une enceinte, appelée Fossés des Terreaux ou de la Lanterne, et qui s'étire de la Saône au Rhône, sur une longueur de 500 mètres. C'est une muraille crénelée, en pierres, d'une dizaine de mètres de haut, percée de deux portes, jalonnée de dix tours et flanquée d'un fossé. Cependant la colline offre à l'ennemi une position dominante dangereuse. Pour y pallier, on creuse au sommet un retranchement en terre, fait d'un large fossé, avec un épaulement mais mal entretenu et peu efficace.
Le Rhône marque la limite est de la ville. C'est un obstacle naturel que sa largeur et son impétuosité rendent difficilement franchissable. Le seul pont qui le traverse, celui de la

Guillotière, est protégé par une tour avec pont-levis au milieu du tablier et par une porte fortifiée à l'entrée de la cité. Cependant, au XIVe siècle, on entreprend la construction d'une muraille le long de la rive droite, pour empêcher toute tentative de débarquement par le fleuve qui prendrait à revers les défenses des Terreaux. Le plan scénographique de 1555 en montre clairement le tracé. Elle part de la tour de la Tourette qui borne les Fossés de la Lanterne sur le Rhône et elle s'étire jusqu'aux Cordeliers dont la chapelle est devenue l'église Saint-Bonaventure, flanquée de quatre tours. De là, un mur léger, dit de la Grenette, pénètre profondément en ville, en longeant le clos des Cordeliers. À la fin du XVe siècle, les fortifications s'arrêtent à cet endroit. Le reste de la rive gauche et le confluent, situé devant l'abbaye d'Ainay, ne sont pas protégés si ce n'est par le pont fortifié du Rhône et sont vulnérables à une attaque venant du sud. Pour interdire l'entrée de la Saône, on tend de lourdes chaînes, appuyées sur des barques, en amont, entre Saint-Paul et Vaise, en aval, de la porte Saint-Georges à la pointe d'Ainay.

Les fortifications, qui s'étendent sur plus de trois kilomètres, représentent une charge écrasante pour les habitants qui en supportent seuls le poids. Leur construction et leur entretien exigent des sommes considérables et l'on comprend la tendance du Consulat à ralentir, voire à cesser les travaux, dès que le danger immédiat s'estompe, si bien que l'état des défenses laisse toujours à désirer. Mais si un nouveau péril se dessine, on s'active aux remparts, poussé par le roi et le gouverneur. Ce petit jeu se renouvelle tout au long du XVIe siècle, jusqu'à ce que, sous Henri IV, Lyon cesse d'être une ville frontière.

Panorama de Lyon pris des Chartreux, après 1550 (dessin, Edimbourg, National Gallery of Scotland).

Tous les historiens s'accordent pour attribuer à Louis XI la création définitive des gouverneurs du Lyonnais, mais les motivations qui ont inspiré ce roi répondent à des principes différents et à une évolution de son gouvernement.

Les fidèles

Durant sa jeunesse, le dauphin, futur Louis XI, a été longtemps en conflit avec son père Charles VII, ce qui l'a obligé à s'exiler à Génappe dans le duché de Bourgogne. À son avènement, par esprit de vengeance, il réagit violemment contre tous ceux qui ont servi son père, les dépouillant de leurs titres et charges. Cette attitude soulève la noblesse qui forme une ligue dite du Bien Public et se lance dans une guerre contre le souverain. Après diverses péripéties, celui-ci cède et revient à une politique plus mesurée. Il reste qu'à ses débuts, le roi favorise ceux qui ont servi sa cause. Les deux premiers gouverneurs, Tannery du Chastel et Jean de Lescun, bâtard d'Armagnac, font partie du cercle restreint des fidèles qui entourent le roi, ceux que celui-ci nomme ses « compères » et en qui il a toute confiance. Ils sont choisis d'abord pour leur fidélité et leur attachement à la couronne, puis pour leurs qualités militaires.

TANNERY DU CHASTEL, Grand Ecuyer, gouverneur du Lyonnais de 1462 à 1468

Tannery naît et grandit en Bretagne dans une famille de petits gentilshommes campagnards, vivant frugalement, courageux et batailleurs, et qui a fidèlement servi la monarchie. Son oncle, Tanguy du Chastel l'introduit à la cour de Charles VII où commence sa carrière. À la mort du roi dont il organise les funérailles, il se retire dans le duché de Bretagne, et se met au service du duc François II qui le nomme grand maître d'hôtel et capitaine de la ville de Nantes. Lorsqu'éclate la guerre du Bien Public, Tannery, attaché à la tradition familiale, refuse de se battre contre son souverain et entre à son service.

Il devient un homme du roi, membre du groupe restreint des fidèles qui entourent le souverain dont celui-ci demande les conseils, sans les suivre d'ailleurs, et qu'il utilise pour des missions diverses. Il est nommé Grand Ecuyer, ce qui le range parmi les grands officiers de la couronne et il fait partie de la première promotion de l'ordre de Saint-Michel que Louis XI vient de créer. En 1473, alors qu'il est tombé malade, le roi lui écrit : « *Vous me parlez bien de votre fortification, mais pas de votre venue. Je vous assure que j'aurai grand faim de vous. Vous guérissez le plus tôt que vous pouvez et me faites savoir comment vous vous portez.* » Cette sollicitude témoigne de l'attachement du souverain.

Louis XI a de nombreux ennemis, à l'intérieur du royaume comme à l'extérieur. Il combine ses actions sur l'ensemble des théâtres militaires ou diplomatiques en même temps : tout s'enchevêtre et s'entrecroise. Tannery, brillant chef de guerre est appelé à se battre sur tous les fronts, souvent avec succès. Le duché de Bourgogne que Charles le Téméraire veut ériger en royaume est l'ennemi principal que Louis XI consacrera toute son énergie à détruire. En 1467, Tannery fait partie de la petite équipe qui accompagne le roi à la désastreuse entrevue de Péronne et il partage sa semi-captivité. En 1472, la coalition des ducs

Louis XI et Charles le Téméraire à l'entrevue de Péronne (1468) (Neuville, in Guizot, *l'Histoire de France*, Paris, 1889).

de Bretagne et de Bourgogne rallume la guerre. Tannery accourt du Roussillon, défait les troupes de Bretagne et repousse les Bourguignons.
En Armagnac, la vie scandaleuse du comte Jean V, qui a trois enfants de sa sœur, et son éternelle rébellion amènent le roi à lancer une expédition commandée par Tannery et Dammartin qui s'emparent des principales villes. Jean V s'enfuit, puis est tué en 1478.
Les Anglais, mal résignés à leur défaite, poursuivent la guerre de Cent Ans et tentent à deux reprises d'envahir la France. En 1470, l'attaque échoue, la tempête ayant détruit leur flotte. En 1478, ils débarquent à Calais et, aidés des Bourguignons, marchent sur la Somme. Tannery rassemble de gros effectifs et s'oppose à eux à Amiens. Mais Louis XI préfère la diplomatie à la guerre. Il achète la paix, fort cher, au traité de Picquigny qui met fin définitivement aux hostilités avec l'Angleterre, même si celle-ci reste menaçante.
La Guyenne a été donnée en apanage à Charles de France, le frère du roi, un jeune homme faible, jouet de toutes les rebellions féodales. À sa mort, en 1472, Tannery occupe la province qui revient à la couronne.
La Savoie, dont la duchesse Yolande est la sœur de Louis XI, est à surveiller car elle est l'alliée de la Bourgogne et la convoitise des Suisses Le roi y entretient des troupes aux ordres de Tannery qui mène avec habileté un jeu diplomatique et militaire.
Roussillon et Cerdagne sont annexés en 1462 à la suite d'un accord ambigu avec Jean II, roi d'Aragon. Mais Louis XI veut s'emparer aussi de la Catalogne en révolte contre son roi et confie cette tâche à Tannery, auquel il enlève le gouvernement de Lyon pour lui donner celui du Roussillon, plus adapté à son rôle militaire. Tannery entreprend la conquête de la province, mais les Catalans refusent l'autoritarisme français ; Jean II peut reprendre ses biens et s'emparer de Perpignan et du Roussillon. En 1474, Louis XI lance une nouvelle offensive, réoccupe Perpignan et, annexe définitivement le Roussillon.
Charles le Téméraire est tué devant Nancy en 1477, laissant une fille unique, Marie de Bourgogne. Louis XI se lance avec frénésie dans la conquête de son héritage. En 1478, son armée assiège la place de Bouchain en Artois. Tannery se tient en première ligne, le roi à ses côtés, lorsqu'un boulet, tiré par un fauconneau, l'atteint de plein fouet : il trouve la

mort du soldat auprès du souverain qu'il a toujours servi. Bouleversé, le roi le fait enterrer dans l'église Notre-Dame de Cléry où il a préparé son propre tombeau. Ainsi disparaît un grand capitaine dont on retiendra la fidélité, le courage et la valeur militaire.

Gouverneur du Lyonnais, Tannery du Chastel le reste de 1462 à 1468. Solennellement accueilli par les autorités locales, il reçoit des présents selon l'usage, notamment du chapitre de Saint-Jean. Par la suite, il réside peu à Lyon et les archives locales ne signalent pas son activité. En 1466, il assiste à l'entrée de l'archevêque Charles de Bourbon. Lorsqu'il se rend en Savoie ou en Dauphiné, il passe par Lyon où sans doute il active les travaux des fortifications. Il est vrai que sa vie, entre les séjours à la cour et les campagnes guerrières, est un véritable tourbillon.

Pour le suppléer, le roi nomme un lieutenant général, Antoine de Châteauneuf du Lau, un fidèle qui l'a suivi en exil à Genappe et qu'il récompense de nombreuses faveurs. Mais, lors de la guerre du Bien Public, du Lau le trahit et fomente un complot. Arrêté, enfermé au château d'Usson, il s'évade grâce à l'aide des Médicis, banquiers à Lyon, qui achètent son gardien et il rejoint le duc de Bourgogne ; il sera avec lui à Péronne. La paix revenue, comme tant d'autres, il rentre en grâce et il succède à Tannery du Chastel dans le gouvernement du Roussillon. On ignore son activité à Lyon.

JEAN DE LESCUN, BATARD D'ARMAGNAC, comte de Comminges, gouverneur du Lyonnais de 1468 à1473

Il est le fils naturel d'Arnaud-Guilhem de Lescun, évêque d'Aire-sur-Adour et d'Annette d'Armagnac ; par son père il appartient à la petite et ancienne seigneurie de Lescun en Béarn. Il se lance dans le métier des armes. Bon capitaine du comte d'Armagnac, il est surtout un routier demi-brigand et il met le pays à feu et à sang jusqu'en Auvergne. En 1444, Charles VII envoie son fils avec une armée contre le comte d'Armagnac qui a renié son hommage. Celui-ci est rapidement battu et fait prisonnier. Le Dauphin s'empresse de gagner à sa cause ses meilleurs soldats, dont Jean de Lescun qui s'attache à lui et le servira fidèlement jusqu'à sa mort. Il en épouse la révolte et met le Dauphiné en défense. Mais il ne peut résister à l'offensive de Charles VII et il rejoint le Dauphin en exil à Génappe où ses fidèles forment autour de lui un entourage dévoué, prêts à reprendre les armes.

Dès son avènement Louis XI fait de lui son favori, l'intime, le confident de tous les instants et son conseiller. Chacun admire sa courtoisie et sa bonne volonté. Le roi le couvre de bienfaits. Il accumule les charges: il reprend le gouvernement du Dauphiné que le Dauphin lui avait concédé ; en 1462, il y ajoute celui de Guyenne, enlevé au duc de Bourbon et, en 1468, celui de Lyon ; il cumule ainsi trois gouvernements. En outre il est élevé à la dignité de maréchal de France et il est honoré de l'ordre de Saint Michel. Il accumule aussi les seigneuries. Le roi lui concède successivement le comté de Comminges, les terres de Sauveterre et de Langoiran, la vicomté de Serrières, la seigneurie de Saint-Béat, le comté du Briançonnais et un revenu annuel de 3 700 ducats. Tout ceci représente un vaste patrimoine et des ressources financières très importantes.

Lescun est un chef militaire et un soldat courageux qui se bat avec fureur et que la mort laisse indifférent. Mais il n'a pas les talents de son prédécesseur et se révèle médiocre tacticien. Le roi ne paraît pas tout à fait sûr de lui et lors d'une mission, il lui écrit : « *Il vaudrait mieux, si vous ne pouvez le faire, vous en décharger, plutôt qu'il n'en vienne dommage.* » Lors de la crise du Bien Public, il accompagne partout le roi et le protège, notamment lorsque celui-ci est jeté à terre. Il prend part à la conquête du Roussillon, participe à la prise de Perpignan et aux attaques contre la Navarre, alliée à l'Aragon. Dans la guerre bourguignonne, il assure la flanc-garde face à la Savoie. Il meurt en 1473.

Nommé au gouvernement de Lyon en 1468, Jean de Lescun est accueilli solennellement par le Consulat qui lui fait présent de draps de soie, pour une valeur de cent livres. Selon l'usage établi, il bénéficie par la suite des libéralités de la ville : deux bassins d'argent de 12 marcs, le 30 août 1468, un baril de muscadet, des perdrix rouges et des dragées, en 1469 ; pour sa femme, lors de son mariage, des perdrix et des lapins, mais elle préfère une somme d'argent. Il séjourne souvent à Lyon, à cause de la guerre bourguignonne et il se montre très actif pour seconder Louis XI qui, après 1465 surtout, exige de Lyon de lourds services en argent, en nature, voire en hommes.
La ville est exempte de la taille et de la gabelle, mais, à l'occasion, elle doit fournir au souverain l'argent dont il a besoin et très vite. Presque chaque année, le roi exige des dons gratuits ou lance des emprunts, de plus en plus nombreux avec les guerres, au besoin en faisant du chantage sur les foires qu'il menace de déplacer. Ainsi, il prélève 4 000 livres en 1474 et autant en 1478, puis jusqu'à 16 000 en 1480 ; au total, durant son règne, 58 900 livres, sans compter les emprunts qui ne sont pas toujours remboursés.
Les fortifications, assez négligées depuis la fin de la guerre de Cent Ans, sont l'objet de ses soins attentifs. Le roi et son gouverneur poussent le Consulat à les remettre en état, à les modifier et à les consolider, surtout du côté des Terreaux et de la Croix-Rousse, à les renforcer sans cesse, par de l'artillerie et des arbalètes, ce qui représente une dépense de 1 000 livres par an, qui du moins profite aux entreprises lyonnaises. La ville participe aux fournitures nécessaires à la guerre bourguignonne qui reprend après l'entrevue de Péronne en 1468, et qui se déroule aux frontières du Beaujolais et du Forez, face au Mâconnais et au Charolais, sous la conduite du maréchal de Lescun. Celui-ci réclame de la grosse artillerie, avec poudre, pierre et plomb, et les hommes nécessaires pour la servir. Les années suivantes, le roi exige des contributions en argent. En janvier 1471, le gouverneur demande encore 40 quintaux de métal pour faire des couleuvrines, et 1 200 ânées de blé, puis la même année, de l'artillerie, des vivres, des bateaux et des cordages, pour faire des bastilles et des ponts, nécessaires au siège de Mâcon. En 1472, la ville doit ravitailler en blé, avoine, vin et lard la garnison de Charlieu et payer le transport des canons rapatriés de Catalogne. Le Consulat essaye bien de résister, proteste, marchande, obtient parfois des rabais, mais le plus souvent doit s'exécuter, ce qui pèse lourdement sur ses finances.

LES RALLIÉS

Les deux personnages qui suivent sont d'une origine différente. Ils ont d'abord été les ennemis du roi prenant part aux révoltes féodales, puis ils se sont ralliés au souverain qui s'attache leur fidélité par des charges et des bienfaits. Toutefois, ils ne reçoivent pas le titre de gouverneur, mais seulement celui de lieutenant général.

Jean II de Bourbon, Lieutenant général en 1475, d'après un vitrail du chevet de la cathédrale de Moulins.

JEAN II, DUC DE BOURDON, lieutenant général de 1475 à 1486

Descendant de Saint Louis, c'est un des premiers barons du royaume. Son duché englobe le Bourbonnais, l'Auvergne, le Forez et le Beaujolais ; il est en outre apparenté à la famille royale et à toute la noblesse princière. Il sert brillamment Charles VII : avec le connétable de Richemont, il est, en 1450, l'un des vainqueurs de la bataille de Formigny sur les Anglais, puis il participe à la victoire de Castillon et à la fin de la guerre de Cent Ans. Louis XI, à son avènement le démet de ses charges, ce qui le pousse à prendre la tête de la révolte du Bien Public contre le roi. Celui-ci, la paix revenue, le rallie à sa cause. Il le servira désormais fidèlement participant à toutes ses campagnes et l'accompagnant à la désastreuse entrevue de Péronne. Dans la lutte contre Charles le Téméraire, il est chargé, en 1475, de la défense du front centre et sud et il est nommé lieutenant général de toutes les provinces qui concernent ce front : Lyonnais, Forez, Beaujolais, Vivarais, Bourbonnais, Berry, Auvergne. Il poursuit sa carrière sous la régence d'Anne de Beaujeu qui le promeut connétable. Il laisse aussi le souvenir d'un prince éclairé, favorisant les lettres et les arts dans sa cour de Moulins. Lieutenant général du Lyonnais de 1475 à 1486, il exerce les pouvoirs du gouverneur, mais il s'intéresse peu à la vie de la province, bien qu'il fréquente souvent la ville, ne serait-ce que pour la gestion de ses possessions du Forez et du Beaujolais. Il y mène même une petite guerre contre la Savoie à propos de la Dombes

PHILIPPE DE SAVOIE, COMTE DE BRESSE, lieutenant général de 1486 à 1491

Fils du duc de Savoie, c'est un grand seigneur intelligent et énergique, mais d'un caractère difficile et brutal. Dans son duché, où les régences se succèdent, il sème le trouble et la révolte. Allié à Charles le Téméraire, il est d'abord l'ennemi du roi, notamment lors de l'entrevue de Péronne. Rallié au souverain, sa fidélité reste chancelante. Mais, après la mort de Louis XI, il sert fidèlement la régente Anne de Beaujeu qui, en 1486, le nomme lieutenant général du Lyonnais, charge qu'il occupe jusqu'en 1491, puis il favorise l'expédition de Charles VIII qu'il accompagne en Italie, lui ouvrant le passage des Alpes et négociant avec les états italiens Devenu duc de Savoie en 1496, il meurt deux ans plus tard. Bien que les liens entre la Savoie et la ville de Lyon soient étroits et constants, Philippe de Bresse, accaparé par les affaires de son duché, s'intéresse peu à son gouvernement.

LE DERNIER RÔLE DES SÉNÉCHAUX

Durant cette période, l'institution des gouverneurs s'enracine, mais elle est encore mal définie, notamment vis-à-vis des sénéchaux qui conservent de grands pouvoirs et auxquels le roi s'adresse directement, même pour des opérations militaires. Certains sont des personnages importants que les archives municipales citent souvent.

François Royer est un Italien souple et habile. Fidèle au Dauphin qu'il accompagne en exil, il est récompensé, bien que simple écuyer, par la charge de bailli de Mâcon et sénéchal de Lyon. Le roi le nomme aussi capitaine de la ville et conservateur des foires, contre quoi le Consulat proteste car ce sont des charges municipales. Louis XI lui confie de nombreuses missions à l'étranger, notamment en Italie et à Liège Pendant la guerre du Bien Public, en l'absence du gouverneur, il organise la défense de la province. « *Il demandait argent de ladite ville et d'aucuns particuliers d'icelle, par mesure d'emprunt ou autrement, pour souldoyer les nobles du païs, afin de fere guerre à l'encontre de ceulx de Beaujeloys, Fourest et Bourbonnais, comme le roi le lui mandait.* » Le Consulat participe matériellement à la lutte. Il accorde un prêt, fournit des harnais et des brigandines, pour équiper les nobles du Velay et du Vivarais, donne des canons et de la poudre pour le siège de Villefranche, mais refuse d'envoyer ses hommes au combat, car « *ce ne fut jamais acoustumé ainsi le faire ni demander par les baillis qui ont esté le temps passé* ».

Jean d'Estuer, seigneur de la Barde, occupe l'office de sénéchal de 1473 à 1482. Il suit le dauphin dans son exil à Génappe et reçoit pour sa fidélité le poste de sénéchal de Lyon. Il est très actif dans la vie municipale, au moment où se développent l'imprimerie et les débuts de la soierie. Il assiste à l'entrée solennelle du roi en mars 1476, puis à la réception du roi René d'Anjou. Il est chargé, avec le Consulat, de l'emprisonnement au château de Pierre-Scize du duc Jacques de Nemours qui sera exécuté pour rébellion. En 1475, il est nommé capitaine de la ville et il reçoit à cette occasion des cadeaux « *de cire, argent, confiture, vins et poissons* ». Le roi l'emploie pour de nombreuses missions à l'étranger.

Gilbert du Gué, seigneur des Ternes apparaît en qualité de sénéchal de Lyon à partir de 1491, comme le montre un texte du 2 juin de cette année. « *Pour aucunement récompenser Gilbert du Gué, chambellan et sénéchal de Lyon et autres…des grands, louables et recommandables services par eux rendus, tant à l'entour de sa personne qu'autrement, le roi leur concède et accorde la moitié des amendes et confiscations faites sur les faux monnoyeurs desdites sénéchaussées.* » Il occupe la charge de sénéchal durant les règnes de Charles VIII et de Louis XII, et celle de capitaine de la ville où il est signalé en 1494. C'est l'époque des premières guerres d'Italie et des séjours du roi à Lyon qui ont dû beaucoup l'occuper. Il participe notamment aux entrées solennelles des souverains.

Au XVe siècle, la charge de gouverneur est encore mal définie. Comme la plupart des institutions monarchiques, elle comporte une période de tâtonnements dans laquelle la fonction se précise, s'installe et se généralise. Le roi nomme, au gré des circonstances, des gouverneurs ou des lieutenants généraux que rien ne distingue, semble-t-il, de ceux-ci. Dans l'espace, les frontières des gouvernements ne sont pas délimitées et les cumuls sont nombreux, jusqu'à englober un vaste ensemble de provinces. Mais surtout les fonctions ne sont pas clairement fixées, notamment par rapport aux sénéchaux et au Consulat. Le roi s'adresse directement à ceux-ci et on a l'impression qu'il les considère comme ses correspondants naturels ; il est certain que les sénéchaux conservent de grands pouvoirs qui devraient relever du gouverneur, dont ils assurent habituellement la suppléance. Mais, au siècle suivant, la sénéchaussée va se cantonner dans l'exercice de la justice et perdre toute autre activité administrative.

Cependant quelques traits généraux se dégagent. D'abord les gouverneurs sont de hauts personnages, de grande noblesse, sans commune mesure avec les sénéchaux. Ils sont proches du souverain qui les choisit dans son entourage, pour leur valeur et surtout pour leur attachement à la couronne. D'autre part, ils sont d'emblée spécialisés dans les affaires militaires. Ce sont des hommes d'épée, des chefs de guerre et leurs activités se confinent dans ce domaine, sur le plan national où ils participent aux grandes luttes, sur le plan local également : ainsi on les voit à Lyon veiller à l'entretien et au développement des fortifications, lever des troupes ou le ban et l'arrière ban en cas de guerre, diriger les opérations qui se déroulent aux frontières de leur gouvernement. Cet aspect de leur rôle est une constante dans l'histoire de l'institution, même si, par la suite, il perd de son importance.

Chapitre 2

Au temps des guerres d'Italie

L'Italie au début du XVIe siècle attire par l'admirable mouvement de sa Renaissance artistique et littéraire et par ses banquiers et marchands, les plus entreprenants de l'Europe. Mais elle reste divisée en de nombreux états dont le riche duché de Milan et le royaume de Naples. Celui-ci, aux siècles précédents, était en possession de la maison d'Anjou, puis il fut conquis par les princes d'Aragon. En 1481, Louis XI recueille par héritage les domaines de la maison d'Anjou et ses droits sur Naples. Son fils Charles VIII décide de les faire valoir ; c'est la cause des Guerres d'Italie. Le duc d'Orléans, devenu Louis XII, y ajoute des prétentions sur le duché de Milan qu'il tient de Valentine Visconti, sa grand-mère, qui en a hérité lorsque la descendance masculine des ducs s'est éteinte. François Ier s'acharne à recueillir le double héritage, mais il se heurte à Charles Quint dont l'empire englobe l'Espagne et ses possessions italiennes, et cette rivalité se prolonge sous Henri II jusqu'au traité de Cateau-Cambrésis, en 1559. On ne compte pas moins de douze guerres durant cette période.

La ville de Lyon en subit le contre-coup. D'une part, située en zone frontalière, menacée d'invasion par les Suisses et les Impériaux, elle constitue la première ligne de défense dont la perte serait catastrophique. Nous verrons que les problèmes de sa protection sont au cœur de l'activité de tous les gouverneurs. D'autre part, elle est la base arrière des armées qui s'apprêtent à envahir l'Italie : c'est là que celles-ci se forment, de là qu'elles partent et d'où elles reçoivent leur soutien logistique. Ce qui amène les souverains, Charles VIII,

Louis XII et François Ier, à s'y installer souvent et plus ou moins longtemps, pour suivre les opérations. Comme ils sont accompagnés par le gouvernement, Lyon fait alors figure de capitale.
Cette agitation provoque un regain d'activité dont la ville tire profit. Les allées et venues des armées et de la foule des gentilshommes, les entrées solennelles des souverains, la présence de la Cour et les fêtes qui s'y donnent suscitent une atmosphère à la fois ludique et commerçante. Avec les foires qui entrent dans leur période de grande prospérité, l'afflux régulier des marchands, des artistes et des écrivains, avec le développement de l'imprimerie qui devient une grande industrie, la ville cesse de vivre d'une existence étroite. Elle s'enrichit prodigieusement et la monarchie en fait sa principale source financière.

Neuf gouverneurs se succèdent durant cette période. Les six premiers sont avant tout des chefs de guerre ; ils participent à toutes les opérations et sont peu mêlés à la vie politique. En outre, ce sont en majorité des Italiens anciens *condottieri*. Or, en même temps, un important personnel français, notamment lyonnais, occupe des places administratives à Naples et à Milan. Il y a là comme une volonté d'amalgame, reposant sur des échanges bilatéraux, dans le but de favoriser l'intégration des provinces italiennes conquises. L'assimilation est d'autant plus facile à Lyon que la ville compte de nombreuses colonies de marchands et de banquiers italiens qui forment une bourgeoisie riche et puissante. Les trois derniers gouverneurs constituent un groupe très différent. Ils sont choisis parmi les favoris des souverains et participent largement à la vie politique et aux affaires du pays, même si d'aventure ils font aussi une brillante carrière militaire.

LE TEMPS DES MILITAIRES ITALIENS

● CÉSAR BORGIA, gouverneur du Lyonnais de 1498 à 1507

César, né vers 1475, est le fils aîné du pape Alexandre VI. Il s'oriente d'abord vers une carrière ecclésiastique. Sans être prêtre, il cumule les bénéfices religieux et devient cardinal à l'âge de seize ans. Dépourvu de sens moral et religieux, il mène une vie de débauche et serait l'assassin de son frère et de son beau-frère. En 1498, il quitte la pourpre pour l'épée. La même année, Louis XII succède à Charles VIII. Pour conserver la Bretagne, il souhaite épouser sa veuve, Anne de Bretagne, mais il est marié avec la fille de Louis XI, Jeanne la Boiteuse. Il a besoin du pape pour obtenir l'annulation de son mariage. Commence alors un marchandage scandaleux. Alexandre VI déclare le mariage nul pour non-consommation, ce qui est notoirement faux. En compensation, César est fait duc de Valentinois et gouverneur du Lyonnais. Il entre au service de Louis XII qu'il va accompagner dans ses expéditions.
En octobre 1498, César fait son entrée solennelle à Lyon en tant que gouverneur, avec un faste qui étonne et un équipage nombreux et luxueux. Selon la coutume, il est accueilli par le Consulat et les autorités et il reçoit de nombreux présents. Puis on lui donne la comédie à la Portefrau, à l'entrée du cloître Saint-Jean. Le 7 novembre, le Consulat lui fait l'honneur d'un somptueux banquet, comprenant « *pièces de boeuf, de veau, de mouton, perdrix, canards, grives, alouettes, paons, faisans et pâtés, auxquels succèdent des pâtisseries et des fruits exotiques, sans oublier les vins consommés sans modération* » : on but onze ânées de vin clairet (une ânée

César Borgia, Gouverneur du Lyonnais (1498-1507).

représente plus de 90 litres.) Après un séjour de trois semaines, César quitte Lyon et va rejoindre le roi auquel il apporte l'annulation de son mariage. Il ne semble pas avoir exercé ses fonctions de gouverneur : les actes consulaires ne le citent jamais. S'il est revenu à Lyon, c'est soit pour gagner l'Italie, soit en accompagnement du roi.

Louis XII reprend les revendications de Charles VIII sur le royaume de Naples et y ajoute celles de sa famille sur le Milanais. Pendant quinze ans, il mène la guerre en Italie, ce qui le conduit à résider à Lyon, base des opérations, à cinq reprises et plus ou moins longuement. Pendant ce temps, César, à la tête d'une armée franco-italienne, se bat avec un réel talent militaire, au nom du roi et surtout de ses propres intérêts, dans la province de Romagne dont le pape l'investit avec le titre de duc.

À la mort d'Alexandre VI, Jules II, le pire ennemi de sa famille, est élu pape. Il fait emprisonner César et l'oblige à rendre toutes ses conquêtes. Libéré, celui-ci est à nouveau arrêté et envoyé comme prisonnier en Espagne. Après deux ans de captivité, il réussit à s'évader et se réfugie auprès de Jean d'Albret, roi de Navarre, dont il a épousé la sœur. Il est tué à son service le 12 mars 1507, d'un coup de feu, devant le château de Viane.

César Borgia a laissé dans l'histoire un souvenir sulfureux. On a retenu ses défauts : son immoralité, sa perfidie, ses perpétuelles trahisons, ses assassinats, son luxe tapageur, mais ces mœurs sont, à l'époque, celles de toutes les cours italiennes. On oublie volontiers ses qualités : très cultivé, il était l'ami des lettres et des arts ; il fut aussi un grand chef de guerre, et un excellent administrateur

● JEAN-JACQUES DE TRIVULSE, marquis de Vigève, maréchal de France, gouverneur du Lyonnais de 1507 à 1518

C'est un des plus grands capitaines des guerres d'Italie. Toute sa vie il a combattu dans des dizaines de batailles, le plus souvent victorieux. « Portant dans sa chair les cicatrices de ses nombreuses blessures, ce petit homme, à la corpulence épaisse et à la trogne rubiconde, gardera une incroyable vigueur. Dur pour lui-même et pour les autres, insensible au froid comme aux effroyables chaleurs, il peut rester à cheval pendant des jours entiers, ne redoutant personne en combat singulier et il sait manoeuvrer, tant en embuscades que sur un champ de bataille.» (Bernard Quilliet)

Gian Giacomo Trevulzio naît vers 1448 dans une illustre famille milanaise. Pendant une trentaine d'années, il sert comme *condottiere,* d'abord les Sforza jusqu'à ce que Ludovic le More le contraigne à l'exil, puis Ferdinand d'Aragon, enfin Charles VIII. Au retour de l'expédition de Naples, il s'illustre à la bataille de Fornoue où il commande l'avant garde.

Jean-Jacques de Trivulse, maréchal de France, Gouverneur du Lyonnais (1507-1518) (d'après le *Promptuaire des médailles*, Lyon, 1518).

Il est comblé d'honneurs : Charles VIII lui donne le collier de Saint-Michel, le comté de Pézenas et le château de Loir ; Louis XII le fait maréchal de France et marquis de Vigevano.

Dès son avènement, ce dernier roi entreprend la conquête du Milanais. À l'été 1499, l'armée se concentre autour de Lyon et Trivulse en reçoit le commandement. En une brillante campagne, il enlève les villes une à une et s'empare du duché, mais sa dureté et son esprit de parti en font chasser les Français. L'année suivante, il reprend le Milanais, fait prisonnier son duc, Ludovic le More, qui est enfermé à Lyon au château de Pierre-Scize, avant d'aller mourir dans une cage de fer à Loches. Élu en 1503, le pape Jules II, qui rêve de grouper l'Italie sous sa direction, fomente une coalition contre la France. Trivulse et le maréchal d'Amboise remportent sur les Vénitiens la brillante victoire d'Agnadel (1509.) Ensuite, Trivulse combat sur tous les fronts : en 1510, il bat les Suisses, l'armée du pape et celle de Venise. Après la bataille de Ravenne où Gaston de Foix est tué, il arrête les Suisses dans le Milanais, s'empare d'Asti et d'Alexandrie. En 1513, il est remplacé par La Trémoille, mais tous deux sont battus par les Suisses à Novare, le 6 juin. L'Italie est perdue.

François Ier monte sur le trône en 1515 et reprend immédiatement l'offensive contre le Milanais. À près de 70 ans, Trivulse rejoint l'armée à Embrun, ouvre le passage des Alpes et contribue largement à la victoire de Marignan. Chargé d'aider les Vénitiens, il ne peut s'emparer de Brescia. Il meurt à Arpajon, le 5 décembre 1518.

En 1507, le maréchal Jean-Jacques de Trivulse est gouverneur de Lyon. Il connaissait déjà la ville : en 1499, il y reçoit le commandement de l'armée ; l'année suivante il y revient avec son épouse qui va résider en France, puis on le voit, en 1501, accompagner Louis XII dans son retour triomphal. Autant que ses campagnes militaires lui en laissent le loisir, il exerce pleinement

La porte Saint-Clair, sur le Rhône, vers 1650 (Sylvestre, B.N.).

ses fonctions de gouverneur et les registres municipaux le mentionnent. François Ier à son avènement le confirme dans sa charge et écrit qu'il veut « qu'on lui obéit comme à lui-même ». Le Consulat lui offre alors divers poissons et « suffisante quantité d'excellent vin des coteaux du Beaujolais » ainsi que douze boîtes de dragées à son épouse. Il s'installe au couvent des Cordeliers où on lui aménage un appartement bien meublé.
Il doit faire face à une crise sociale larvée. L'accaparement du pouvoir par l'oligarchie consulaire et l'augmentation des impôts, qui résulte des continuelles demandes d'argent de la monarchie, provoquent dans le petit peuple une agitation grandissante. Les artisans et les représentants des métiers en prennent la tête. Soupçonnant les consuls d'enrichissement, ils réclament la vérification des comptes et le retour aux anciennes formes des élections consulaires. Le gouverneur de Trivulse désigne une commission pour examiner la comptabilité où il nomme huit délégués parmi les artisans, malgré l'opposition des échevins. Il participe aussi aux séances du Consulat pour activer les défenses de la ville et, comme le conseiller Clément Mulat s'oppose à la levée de nouvelles taxes, il le punit, de son chef, d'une amende de 25 livres. Mais les désordres continuent. Ainsi, en mars 1515, le populaire proteste contre l'accroissement des droits d'entrée sur les soies. Des placards sont affichés contre « les méchants larrons » qui en profitent et pour cela, dit-on : « *employez notre bon chevalier et gouverneur, le seigneur Jean-Jacques* » et, dans un autre texte, on fait à nouveau appel au « *noble seigneur maréchal* ». Son autorité est donc reconnue et il semble jouir de la confiance de la population, sans que la crise soit pour autant terminée.
Mais le problème majeur est celui des fortifications de la cité. À chaque menace des Suisses ou des Impériaux, la ville a un sursaut de défense : on fond de l'artillerie, on achète des boulets, du salpêtre et des piques, on mobilise les pennons. Mais surtout on va terminer les fortifications, car, au nord, la ville est mal défendue. La colline de la Croix-Rousse est largement ouverte. Un faible rempart protège la cité, mais au bas de la pente, aux Terreaux, elle est dans une position défavorable. Au sommet, on a creusé un simple fossé, en partie comblé, entouré de maisons et accaparé par les voisins qui y ont planté des arbres et de la vigne.
Le 30 juin 1512, par lettres patentes, Louis XII ordonne de clore la colline « *par une puissante muraille, garnie de portaux, tours, boulevards et batteries fort défensables, de prendre au- dessus de la montagne de la Crois Rousse, à l'endroit des viels fossés qui jadis y ont été faits, depuis la Saône jusqu'au Rhône* » de récupérer les parties usurpées et d'exproprier, moyennant dédommagement, les terrains nécessaires. Tous les Lyonnais, y compris « *les nobles, privilégiés, exemptés et les gens d'église* » devront participer au financement, pour lequel le roi accorde la levée de taxes sur les marchandises pendant six ans. Dès le départ, on envisage un type de fortification moderne, sinon bastionné, du moins adapté à l'artillerie, les boulevards étant des plate-formes destinées à recevoir des canons. Pour diriger l'entreprise, le roi envoie des « ingénieurs,» le sieur de la Voulte, puis Jean Péréal et François Ier en fera venir d'Italie. Le gouverneur Trivulse suit de près l'exécution des travaux. Il passe les marchés avec les maçons : 18 livres pour une toise de muraille, 10 francs pour une canonnière et 15 francs pour une porte. Il exige du clergé sa contribution ; celui-ci s'engage à réaliser « *116 cannes de murs* » pour une somme annuelle de 1 500 livres ; en 1515, il revient à la charge et réclame de l'argent au chapitre. Il surveille les travaux qu'il trouve « *bons et bien faits* ». François Ier, durant ses séjours à Lyon, va visiter les chantiers et demande qu'on accélère la construction. Celle-ci cependant

Le bastion de Saint-Jean, sur la Saône et la porte d'Alincourt, vers 1650 (Sylvestre, B.N.)

avance lentement et il n'est pas facile d'en suivre l'exécution. On commence par la muraille, puis on s'attaque aux extrémités : une grosse tour à Saint-Clair, sur le Rhône, puis le fort Saint-Jean du côté de la Saône. L'ensemble sera à peu près terminé vers 1550, mais la ville s'est épuisée et ruinée dans cette entreprise.

JUST II DE TOURNON, gouverneur du Lyonnais de 1518 à 1523

Just de Tournon appartient à une ancienne et illustre famille de l'Ardèche qui tient le fief de Tournon où il fonde un hôpital. Sa carrière est celle d'un bon capitaine, récompensé par des charges administratives : il est lieutenant général du Languedoc et sénéchal d'Auvergne. On le trouve à Lyon à deux reprises : en 1512 et 1513, où il supplée le maréchal de Trivulse qui se bat en Italie ; en septembre 1518, il est à nouveau à Lyon en qualité de gouverneur. Il reste peu de temps dans cette charge, dans laquelle, dès le mois d'octobre 1523, le maréchal Chabannes de la Palice lui succède. D'ailleurs il ne fait que de rares séjours à Lyon, car il a gardé sa lieutenance du Languedoc qui l'occupe beaucoup.
En l'absence fréquente du gouverneur, le sénéchal assure la suppléance. À Gilbert du Gué, décédé en 1510, succède Claude le Charron, d'une très ancienne famille lyonnaise qui est ensuite désigné par Louis XII comme podestat de Milan. En 1522, selon l'historien Ménestrier, le sénéchal est Jacques Mitte de Chevrières, issu de la plus importante famille forézienne et premier baron du Lyonnais. En 1526, selon l'historien Rubys, la

charge est donnée à Henry Boyer de la Chapelle, ancien général des finances. Lyon est alors au centre d'une intense activité politique. Pour suivre les guerres d'Italie, François Ier y séjourne longtemps, notamment en 1515 et 1522. Chaque fois il visite les travaux des fortifications en compagnie du sénéchal et du gouverneur. Celui-ci est aussi concerné par l'agitation sociale qui continue. Mais le souverain intervient et fait juger le différend. Le jugement est entièrement favorable au Consulat dont le roi a besoin pour ses demandes d'argent. Les représentants des métiers sont condamnés à faire amende honorable ou à la prison.

JACQUES II DE CHABANNES, seigneur de La Palice, maréchal de France, gouverneur du Lyonnais de 1523 à 1525

Jacques II de Chabannes, seigneur de La Palice, maréchal de France, Gouverneur du Lyonnais (1523-1526).

Issu d'une famille célèbre, en possession de la seigneurie de la Palice en Bourbonnais et dont le grand-père fut compagnon de Jeanne d'Arc, il participe à toutes les guerres et se bat depuis l'âge de 18 ans. Avec Charles VIII, il participe à l'expédition de Naples, et, au retour, à la bataille de Fornoue. Sous Louis XII, il prend part à la conquête du Milanais et à la reconquête du royaume de Naples. Puis il sert sous Gaston de Foix. Blessé, il est fait prisonnier à la bataille de Cérignoles. En 1509, il concourt à la victoire d'Agnadel sur les Vénitiens. En 1512, après la bataille de Ravenne où Gaston de Foix trouve la mort, il est désigné par ses pairs pour le remplacer à la tête de l'armée, qu'il ramène en France. À son avènement, François Ier le nomme maréchal de France et l'emmène en Italie où il commande brillamment un corps de bataille à Marignan.

Il se bat sur tous les fronts avec l'entrée en scène de Charles Quint. En Picardie, il est à nouveau fait prisonnier, mais il s'évade ; en Italie, il est de la bataille de La Bicoque contre les Impériaux, perdue par l'incapable Lautrec ; en Espagne, il fait lever le siège de Fontarabie. En 1523, la trahison de son suzerain, le connétable de Bourbon qui se rallie à Charles Quint, le bouleverse ; il essaye pourtant de l'arrêter. En 1525, malgré ses avis, François Ier livre la malheureuse bataille de Pavie où il est battu, fait prisonnier et où la Palice trouve une mort glorieuse, comme tant de gentilshommes. Jacques II de Chabannes laisse le souvenir d'un grand capitaine et d'un parfait chevalier, poussant au plus haut point, comme Bayard, l'esprit chevaleresque et le sens de l'honneur.

Gouverneur du Lyonnais durant deux ans, Jacques de Chabannes s'occupe des problèmes de la ville et d'abord de sa défense : en octobre 1523, il demande aux conseillers un rapport sur l'état des travaux des fortifications, sur le service de la milice des pennons et sur la police en cas de peste, ce qui l'amène à rédiger de nouvelles instructions, puis il pourvoit à la défense des places de son gouvernement. Il s'intéresse aussi au conflit latent qui oppose les artisans et le Consulat : à ce dernier il enjoint de lui remettre « *les comptes à rendre de ladite ville* » et il examine la comptabilité avec le trésorier, pour s'assurer qu'il n'y a aucune concussion. Il rallume le vieux débat sur l'exercice de la justice, partagée entre les officiers royaux et l'archevêque, se fait apporter les titres anciens, mais l'affaire n'a pas de suite. En tant qu'exécuteur judiciaire, il fait élever, rue Grenette, une potence pour « bailler l'estrapade aux délinquants.» Celle-ci ayant été abattue de nuit, il ordonne d'en ériger quatre, mais le Consulat proteste qu'une seule suffira. Enfin, en 1523, les possessions du connétable de Bourbon sont rattachées, après sa trahison, au domaine royal. François Ier confie au maréchal de la Palice le gouvernement de la Dombes et, pour administrer la justice, il établit un conseil souverain qui deviendra le parlement de Dombes et qui siégera à Trévoux.

Il semble que son fils, **Charles de Chabannes, seigneur de la Palice,** lui succède temporairement comme gouverneur, jusqu'en décembre 1526. Ce serait une nomination faite dans l'urgence par Louise de Savoie, qui assure la régence depuis Lyon pendant la captivité de François Ier et qui ne veut pas laisser vacant le poste de gouverneur de la ville où elle réside avec le gouvernement royal. Cette promotion n'a duré qu'un an et demi et n'a pas laissé de trace dans l'histoire lyonnaise. Elle n'est pas citée par Péricard dans sa liste des gouverneurs.

● THÉODORE DE TRIVULSE, maréchal de France, gouverneur de 1526 à 1532

C'est un chef de guerre, comme son oncle Jean-Jacques de Trivulse dont il vit une carrière parallèle. Né à Milan vers 1456, il sert d'abord le roi de Naples, puis il se rallie à Louis XII qui en fait son lieutenant auprès des troupes vénitiennes. Néanmoins, il combat brillamment celles-ci à Agnadel en 1509, puis, avec Gaston de Foix, il se bat à Ravenne en 1512. Accouru pour défendre Milan, il est fait prisonnier et doit payer une rançon de 20 000 florins d'or. François Ier le charge alors du gouvernement de Milan. Il évacue la ville après le désastre de Pavie, rallie les restes de l'armée vaincue et les ramène en France. Promu maréchal de France et gouverneur de Gènes, il résiste, pendant un an, au siège conduit par l'amiral Andrea Doria, avant de rendre la ville. Rentré en France, nommé gouverneur de Lyon, il y meurt en octobre 1532. À la suite de funérailles solennelles, il est inhumé dans l'église des Jacobins.

Théodore de Trivulse exerce la charge de gouverneur du Lyonnais entre 1526 et 1532. C'est une période de grand danger. La nouvelle de Pavie surprend la régente, Louise de Savoie, le chancelier Duprat et le gouvernement, installés à Lyon, au cloître Saint-Just, d'où ils vont pendant dix-huit mois diriger la France. Devant la menace d'une invasion venue d'Italie, il importe de mettre la ville en défense. Celle-ci fait preuve d'une parfaite fidélité à la monarchie, mobilise la milice, arme les remparts et surtout reprend les travaux de fortification sur la colline Saint-Sébastien, nom que porte alors la colline de la Croix-Rousse.

Théodore de Trivulse, maréchal de France, Gouverneur du Lyonnais (1526-1532).

On décide de voûter la tour de Saint-Clair et d'y faire des canonnières pour défendre les fossés, de continuer le grand boulevard où il manque encore 400 toises, en lui donnant douze pieds d'élévation, le tout aux frais de la ville. La grande affaire est la libération du roi : elle est obtenue par le traité de Madrid, en janvier 1526. Mais François Ier revient sur sa promesse de céder l'Artois et la Bourgogne et la guerre recommence, pour laquelle Théodore de Trivulse reprend du service. Après la désastreuse campagne d'Italie la paix de Cambrai met fin aux hostilités.
Théodore de Trivulse, constamment employé dans les guerres, a peu séjourné à Lyon. Il est suppléé par son neveu **Pomponne de Trivulse**, nommé lieutenant général. Il apparaît épisodiquement dans les annales. Le Ier mai 1530, les imprimeurs plantent un pin devant son domicile, cette cérémonie du « mai » est une marque d'estime ; Etienne Dolet et Clément Marot font à cette occasion des vers français et latins. L'année suivante, il entre en conflit avec Antoine de Varey, capitaine de la ville, parce qu'il ne « *tolère pas qu'il paraisse continuellement dans les rues, escorté d'une troupe de gens armés, ces démonstrations ayant les plus graves inconvénients* ». Il rappelle ainsi que toutes les forces armées lui sont soumises et que l'autorisation du port d'armes est de son ressort. En 1531, les gens de justice de l'Église faisant obstruction à son action, il en réfère au roi qui supprime la justice de l'archevêque ; elle lui sera rendue plus tard. Il ne prend pas part aux grands événements locaux : la création du collège de la Trinité, la révolte de 1529, appelée Grande Rebeyne qui secoue la ville en son absence, la misère et la famine qui touchent la région et qui suscitent la création de l'Aumône Générale, cette remarquable institution de charité, créée et entretenue par la riche bourgeoisie qui y engage sa fortune.

● POMPONNE DE TRIVULSE, gouverneur du Lyonnais de 1532 à 1536

D'origine milanaise, il appartient à la grande famille italienne des Trivulse dont la plupart des membres se rallient à la France et qui a déjà donné deux gouverneurs du Lyonnais. Homme d'épée, il effectue sans doute une carrière militaire, mais nous en ignorons les détails. C'est en compagnie de son oncle, le maréchal Théodore de Trivulse, qu'il vient à Lyon où il s'installe définitivement. Contrairement à ses prédécesseurs, il réside continuellement dans la ville et les actes consulaires le nomment souvent. Il loge rue Grenette, une des artères les plus larges et les plus belles de la ville, qui a souvent servi de cadre aux fêtes et aux tournois, dans la maison du Cheval Blanc dont il est probablement propriétaire.
Entre 1427 et 1432, il occupe la charge de lieutenant général et il supplée le gouverneur Trivulse, retenu par ses commandements militaires. C'est en cette qualité qu'il doit faire face à la Grande Rebeyne. En avril 1529, la crise sociale latente se double d'une agitation religieuse, provoquée par les débuts de la réforme protestante, d'une brusque montée des prix, due à la pénurie des blés et de la misère qu'elle provoque. Des affiches accusent les bourgeois d'accaparer les grains, le Consulat de les protéger et appellent le « pauvre monde » à réagir. Le 25, plus de I 200 émeutiers se réunissent aux Cordeliers et se répandent à travers la ville ; ils fouillent les maisons à la recherche de blé, mais bientôt se livrent au pillage, avec toutes les scènes habituelles des émeutes populaires. Les autorités restent inertes. Pomponne de Trivulse faillit être tué dans l'émeute à coups d'arquebuse et s'enfuit piteusement. « *Contraint de gagner le couvent des Jacobins, il saillit sur les murailles de ce*

monastère, traversa, au moyen d'une échelle de la rue Saint-Dominique alors en construction, le mur des Célestins, puis passa la Saône dans un batelet et arriva enfin dans le cloître Saint Jean. » Le 26, le pillage continue et, le 27, la foule s'en prend à l'abbaye de l'Isle-Barbe où elle pense trouver des blés. Mais les autorités se sont ressaisies : elles prennent des mesures d'urgence pour ravitailler la ville ; elles réunissent quelques pennons et des hommes d'armes pour rétablir l'ordre. La répression commence, aggravée par l'intervention royale : 17 coupables sont arrêtés et plusieurs pendus. Ce qui frappe, c'est la faiblesse et l'inertie des administrations, ce dont la monarchie profitera pour resserrer son emprise sur la ville.
Pomponne de Trivulse est nommé gouverneur après la mort de son oncle Théodore en octobre 1532 ; il le restera jusqu'en 1536. Comme à l'accoutumée, il est reçu avec faste par le Consulat qui lui fait les cadeaux d'usage : deux flacons d'argent doré, pesant 21 marcs et deux salières en argent doré, pesant 2 marcs, au prix de 375 livres. Il reçoit les grands personnages : le 26 mai 1533, lors de l'entrée solennelle de la reine Eléonore, épouse de François Ier, il conduit le cortège des officiers du roi ; en 1536, il accueille François Ier qui va combattre Charles Quint en Provence. Il veille à la salubrité publique en faisant prendre par son lieutenant, Jean du Peyrat, une ordonnance qui règle l'aumône et la charité pour les pauvres et chasse de la ville les mendiants et les gens sans aveu. Il exerce son autorité militaire en poussant les travaux des fortifications, en faisant appliquer l'ordonnance royale qui interdit les ports d'armes. En 1535, il prescrit au Consulat de lui fournir le rôle des armes des habitants, « *afin d'en faire une veue et recognoissance pour ce qu'il a entendu que plusieurs les ont vendues et s'en sont désaisi* », ce qui montre l'indiscipline et la décadence de la milice des pennons. C'est aussi un humaniste, l'ami des gens de lettres. Il s'intéresse et soutient le mouvement intellectuel lyonnais, alors dans tout son éclat. Symphorien Champier et Ortensio lui dédient des ouvrages et le poète Eustorg de Beaulieu le célèbre comme son maître.

LE TEMPS DES FAVORIS ET DES POLITIQUES

● LE CARDINAL FRANCOIS DE TOURNON, gouverneur de 1536 à 1539

Issu d'une ancienne et illustre famille du Vivarais, fils de Jacques, comte de Tournon et de Jeanne de Polignac, il naît à Tournon en 1489 et décède à Saint-Germain-en-Laye, en 1562.
François de Tournon appartient d'abord à l'Église. Très jeune, il entre dans l'ordre des chanoines de Saint-Augustin où il s'élève dans la hiérarchie. Ses talents lui valent de multiples charges et bénéfices. Il occupe successivement les évêchés d'Embrun en 1517, de Bourges en 1525, d'Auch en 1537, de Lyon en 1551, où il demeure onze ans. Il reçoit de nombreuses abbayes en commende, notamment celles de la Chaise-Dieu, de Saint-Germain-des-Prés à Paris et d'Ainay à Lyon, qui lui procurent d'importants revenus. Enfin, il est promu cardinal en 1530 et termine sa carrière comme doyen du Sacré-Collège.
Toute sa vie il se fait l'ardent défenseur du catholicisme contre le protestantisme qui se répand sous François Ier et qui, sous Henri II, prend des proportions inquiétantes pour l'unité de la foi et du royaume. Il est partisan d'une répression dure par des mesures extrêmes, mais aussi par la prédication et l'enseignement, confiés notamment aux Jésuites, et

Cardinal François de Tournon, Gouverneur du Lyonnais (1536-1539).

par le dialogue et le compromis, comme au colloque de Poissy qu'il préside en 1561. Il combat les hérésies et tolère le massacre des Vaudois, un mouvement évangélique né à Lyon au XIIIe siècle.

Il se révèle un remarquable diplomate. En 1526, il signe le traité de Madrid qui libère François Ier, prisonnier depuis le désastre de Pavie et il négocie son mariage avec Eléonore, sœur de Charles Quint. En 1530, il participe au retour des Enfants de France, retenus comme otages en Espagne. Au cours des guerres avec Charles Quint, on l'emploie dans toutes les négociations, lors de la paix de Cambrai et à l'occasion de toutes les trêves. L'Italie est un de ses principaux champs d'activité : il joue un jeu subtil avec les principautés qu'il détache de l'alliance impériale ; il intervient auprès de la papauté, agit dans les conclaves et sera l'ambassadeur du roi Henri II auprès du Saint Siège durant de nombreuses années.

Homme politique accompli et humaniste, il se hausse au rang des favoris. Devenu un intime de François Ier qui le loge au Louvre, il est, sans le titre, le ministre des affaires étrangères, mais il s'applique à bien d'autres tâches, notamment aux questions financières : procurer de l'argent au roi sera son rôle à Lyon. Ses rivaux disparaissant, le cardinal de Tournon devient, avec l'amiral d'Annebaud, le chef de la politique française, comme le notent les ambassadeurs étrangers : «*Le roi ne fait rien sans leurs conseils ou leur avis.*» L'avènement d'Henri II entraîne une réaction qui provoque sa disgrâce. Il ne joue plus de rôle politique ; cependant il retrouve sous Charles IX une partie de son crédit. Homme de culture, il accroît la bibliothèque du roi, fonde l'imprimerie nationale et crée deux collèges, à Auch et à Tournon qui est le premier en France confié aux Jésuites. Il aide et protège les savants et les artistes, comprenant qu'ils ajoutent à la grandeur de l'Etat. François de Tournon est un des hommes les plus influents de la scène politique française, au XVIe siècle.

En février1536, François Ier, dont les rapports avec le duc de Savoie sont tendus, décide de l'attaquer. Il occupe le Piémont et la Savoie, la Bresse et le Bugey, ce qui a pour conséquence d'éloigner Lyon de la frontière, mais d'amener Charles Quint à reprendre les hostilités. La France est envahie sur trois fronts, en Provence, en Languedoc et en Picardie ; elle résiste victorieusement partout, mais la lutte continue. Le roi décide alors de scinder la direction de ses forces armées et il confie au cardinal de Tournon la défense du sud de la France.

Le 11 octobre 1536, celui-ci est nommé gouverneur de Lyon et lieutenant général des provinces de Lyonnais, Forez, Beaujolais, Dombes et Bresse, Dauphiné, Provence et

Languedoc, Auvergne et Bourgogne, Savoie et Piémont, une immense région couvrant le tiers du territoire national, sur lequel il a « la direction et conduite de toutes les affaires », ce qui fait de lui un vice-roi et de Lyon une seconde capitale. Dans le détail, ses attributions sont d'abord militaires : il doit assurer la défense du pays, veiller à la bonne ordonnance et discipline des troupes, pourvoir à leur paiement, convoquer le ban et l'arrière-ban. Il est aussi, au nom du roi, souverain justicier, faisant régner l'ordre, surveillant les états d'esprit, le respect de la foi et les imprimés ; il peut, « quand bon lui semble » assister aux séances des cours souveraines et autres justices. Il a le pouvoir de réunir les assemblées, de lever des taxes et de faire des emprunts pour conduire la guerre. Jamais aucun gouverneur, sauf peut-être le maréchal de Saint-André, n'a eu et n'aura à l'avenir une telle puissance sur une telle étendue.

La guerre continue en Italie, surtout dans le Piémont, mal soumis et que les Impériaux s'efforcent de reconquérir. Tournon dispose de peu de troupes, composées principalement de mercenaires suisses, de lansquenets allemands et d'une foule de *condottieri* et d'aventuriers italiens, à la tête de petites bandes. Aucune autorité, ni aucune coordination ne sont possibles. Les chefs se jalousent et sont en perpétuels conflits. Les soldats commettent « *larrecins, pilleries, forcements de filles et de femmes, brigandages* ». Tous cherchent à se battre le moins possible, au plus haut prix possible. Le cardinal suit les opérations de Lyon. Il ravitaille les armées, secourt les places assiégées, envoie des renforts et déplace les unités selon les besoins. Néanmoins le Piémont est perdu, sauf Turin et quelques villes qui résistent aux Espagnols. Mais François Ier arrive à Lyon, fait débloquer les places assiégées et réoccuper le pays ; la trêve de Nice met fin à la guerre. D'autres tâches difficiles accablent Tournon : la police des armées, impossibles à discipliner malgré quelques exécutions pour l'exemple ; la solde des troupes qui s'élève à deux millions de livres, dont il doit trouver sur place les moyens de paiement.

C'est dans le domaine financier que le cardinal révèle toutes ses capacités. Pour trouver les fonds nécessaires, il s'adresse aux banques et à la Municipalité lyonnaises. Vis-à-vis des banques, la réussite et l'habileté de Tournon reposent sur plusieurs facteurs : d'abord la confiance qu'il inspire par son crédit personnel ; puis l'exactitude dans le remboursement des emprunts, aux dates fixées, avec un intérêt de 12% qui est celui du marché ; enfin les disponibilités quasi inépuisables que procurent la prospérité des affaires et l'enrichissement des marchands et banquiers. Il obtient de ceux-ci des sommes très importantes : 200 000 livres pour le seul Gadagne. Concernant la Municipalité, il organise un système de rentes sur l'Hôtel de ville. « *Il cède à la ville le produit de quatre impositions indirectes pour le prix de 84 732 livres. Afin de se procurer ce capital, la ville devra créer des rentes dont le paiement serait assuré par le produit de ces impositions.* » Ces rentes étant achetées par les Lyonnais, le roi emprunte ainsi indirectement aux particuliers.

La crise terminée, les difficultés financières demeurent car les ressources provenant des impôts ne suffisent pas à combler les énormes dépenses des guerres ; il faut recourir à l'emprunt et trouver de nouvelles recettes. On fait derechef appel au cardinal de Tournon qui va créer une nouvelle politique fiscale. D'abord il établit un régime de douanes. Toutes les étoffes et les fils de soie, provenant d'Espagne et d'Italie, même en période de foire, doivent passer par Lyon et y payer une taxe de 5% de leur valeur marchande. C'est une atteinte grave aux franchises dont bénéficiaient les marchands lors des foires. Ensuite il impose aux villes l'entretien d'une armée de 20 000 hommes, pour lequel la part de Lyon est de 28 800 livres ; cette somme, levée pour un temps limité au début, devient permanente : c'est « la contribution des gens de guerre.» Enfin, plus encore que par le passé, la Municipalité lyonnaise est appelée à verser des contributions, rarement remboursées. Pour trouver l'argent, elle doit faire participer les citadins, soit directement en taxant les habitants selon leur fortune ; c'est le « denier sus,» soit indirectement, en taxant les objets de consommation courante, comme le vin et la viande, ce qui provoque une vive opposition populaire. Mais, comme tout ceci ne suffit pas, on continue à recourir à l'emprunt auprès des banques : en 1547, le total des dettes royales envers les banquiers lyonnais s'élève à 6 millions de livres, une somme importante.

JEAN D'ALBON DE SAINT-ANDRÉ, gouverneur du Lyonnais de 1539 à 1549

Petits vassaux vivant dans l'ombre des ducs de Bourbon, c'est à leur service que les d'Albon de Saint-André commencent leur carrière. Ils sont issus d'une famille lyonnaise, « une fort petite maison quant aux biens » à l'origine, dont une branche s'installe en Roannais.

Jean d'Albon, né en 1472, après avoir tâté de l'Eglise, se tourne vers les armes. Il se bat avec succès en Italie, en Espagne et en Picardie ; il se révèle courageux et bon capitaine. Ses exploits militaires s'accompagnent d'une ascension administrative. En 1502, le duc le nomme gouverneur du Roannais. Anne de Beaujeu en fait un chambellan. Il peut alors épouser une riche héritière, Charlotte de la Roche, qui lui apporte le château de Tournoël en Auvergne. Puis il est promu bailli du Beaujolais et sénéchal de Mâcon. Il évite de se compromettre dans la trahison du connétable de Bourbon et Louise de Savoie le confirme dans ses charges.

Jean d'Albon de Saint-André, gouverneur du Lyonnais (1542-1549), d'après un vitrail de Saint-André-d'Apchon (Loire).

Son élévation s'accélère au service du roi. En 1530, il participe au retour des Enfants de France, otages en Espagne. François Ier le nomme alors gouverneur du jeune Henri de Valois, second fils du roi, qui n'est pas appelé à régner, mais,

son frère aîné mourant, il devient le dauphin et sera le roi Henri II. C'est une chance inespérée pour les Saint-André. Le dauphin Henri est élevé librement en compagnie de Jacques de Saint-André, le fils de son gouverneur, et c'est sous l'influence perspicace de ce dernier que s'élabore entre les deux jeunes gens une amitié profonde et durable qui fera la fortune de la famille. Jean d 'Albon est désormais un homme de cour, comblé de faveurs. En 1560, il est promu sénéchal de Lyon, puis, suprême consécration, il est nommé gouverneur du Lyonnais. Il cumule toutes ces charges, anciennes et nouvelles et les traitements afférents. Dans l'entourage de François Ier, il est un courtisan honoré ; Henri II, son ancien élève, en fait un favori, jusqu'à sa mort, le 28 décembre 1549.
Jean d'Albon de Saint-André apparaît comme « *un homme prudent, mesuré et sage, bon administrateur, un peu avare, au reste soldat de mérite* ». Il est un exemple typique de ces petits nobles de province qui se transforment en courtisans. Néanmoins, c'est un homme de conscience qui s'est élevé par ses propres mérites. Certes il a su profiter de sa position, mais « *il semble avoir échappé au délire d'acquérir par tous les moyens* ».

Le 11 octobre 1539, Jean d'Albon est nommé gouverneur et lieutenant général du Lyonnais, Beaujolais et Dombes, avec « *les honneurs, autorité, prééminence, pouvoirs, puissances, gages, pensions, droits et profits accoutumés* ». Mais l'institution va connaître quelques turbulences. Par un édit de 1542, François Ier, inquiet de la puissance des gouverneurs et de l'abus qu'ils en font, décide de les « *révoquer, casser et annuler tous* ». Deux jours plus tard, il les rétablit, à l'exception de Montmorency, en disgrâce. Le roi rappelle aux gouverneurs que leurs pouvoirs sont fragiles et révocables à tout moment. Un nouvel édit de 1545 redéfinit leur mission : ce sont des militaires, établis « *dans les pays et provinces frontières, pour les tenir en bonne sûreté, fortification et défense* ». Treize gouvernements sont créés ; celui de Lyon est supprimé, car il n'est plus frontalier, le duché de Savoie étant occupé.
Henri II, dès son avènement, bouleverse à nouveau l'institution, afin d'avantager ses favoris. Le 21 juin 1547, il restitue à Jean d'Albon la charge de gouverneur et lieutenant général et il accroît singulièrement son gouvernement en y ajoutant les anciennes possessions des Bourbons : Forez, Auvergne, Bourbonnais, bailliage de Saint-Pierre-le-Moûtier, Marche et Combraille, un immense territoire au cœur de la France, mais en dehors des frontières, ce qui va à l'encontre des édits de François Ier. En outre, le règlement de 1547 crée trois circonscriptions, confiées chacune à un maréchal de France, pour l'administration militaire. L'une d'elles correspond exactement au gouvernement de Jean d'Albon ; elle est confiée à son fils, Jacques, si bien que la famille cumule tous les pouvoirs régionaux. Le maréchal Jacques de Saint-André, comme ses collègues, doit parcourir le pays, assurer la discipline des gens de guerre, faire les « montres », faire appliquer les ordonnances, recevoir les plaintes des sujets, contrôler la maréchaussée. Deux ans plus tard, en 1549, à la mort de son père, il lui succède dans son gouvernement réunissant sur sa tête les deux fonctions.
Le temps de Jean d'Albon est une époque de prospérité lyonnaise. En 1536, Etienne Turquet et Barthélemy Naris créent une manufacture de soie que le Consulat subventionne, que François Ier et Henri II encouragent et qui est appelée à un bel avenir. Les imprimeurs continuent à produire de nombreuses œuvres que suscite un milieu intellectuel très vivant. En 1542, Lyon devient le siège d'une généralité des finances, avec son bureau et son trésorier.

Jean d'Albon poursuit la réalisation des remparts de la colline Saint-Sébastien (Croix-Rousse) d'autant plus nécessaire qu'en 1544 les Impériaux envahissent la Champagne et menacent la ville. À nouveau on accumule les vivres, armes et munitions et on renforce la garnison. Le gouverneur organise une « montre » ou revue de la milice qui réunit 18 000 hommes des 38 pennonages. Cependant le développement du protestantisme commence à inquiéter ; en 1546, une église est constituée et les conversions se multiplient. Jean d'Albon organise avec le Consulat, en septembre 1548, l'entrée solennelle d'Henri II et Catherine de Médicis, avec une profusion de luxe, de costumes, de décors et de divertissements, sans doute la plus belle entrée jamais réalisée. Puis il a l'honneur de recevoir somptueusement le roi et la Cour dans son château de Saint -André, ce qui témoigne de la faveur où on le tient.

JACQUES D'ALBON DE SAINT-ANDRÉ, maréchal de France, gouverneur du Lyonnais de 1550 à 1559

Sa carrière est celle d'un favori, mais elle ne manque pas de complexité. Saint-André est un des plus grands capitaines de son temps. Fils du précédent, il naît en 1512 et s'adonne très jeune au métier des armes. En 1544, il prend part à la bataille de Cérisoles en Piémont, avec un réel courage. Lorsque la guerre reprend avec Charles Quint, il participe à toutes les campagnes. En 1552, pendant que Montmorency résiste dans Metz assiégé, il garde Verdun. L'année suivante, il met la Picardie en défense et arrête l'avance des Impériaux. En 1555, il s'empare de Marienbourg, puis il ravage le Cambrésis et libère la région. En août 1557, contre son avis, Montmorency livre la bataille de Saint-Quentin, lourde défaite où Saint-André est fait prisonnier. Il participe aux négociations de paix de Cateau-Cambrésis où la France abandonne l'Italie et la Savoie, mais garde les Trois Evêchés et Calais reconquis. Jacques de Saint-André a les qualités d'un grand chef de guerre. Il évalue les situations avec justesse. Il sait manœuvrer habilement, dans l'attaque, par des coups de main fulgurants et violents, et dans la défensive par une préparation minutieuse, prévoyante, et par une administration exacte. Il n'a jamais perdu de bataille où il commandait

Le favoritisme fait sa fortune. Il la doit à l'amitié de jeunesse, profonde et durable, qui le lie au jeune Henri de Valois, lequel, devenu le roi Henri II, le couvre de faveurs. Saint-André accumule les charges. Premier gentilhomme de la chambre, il a avec son souverain un rapport journalier. Maréchal de France, sénéchal de Lyon, il est en même temps gouverneur. Il acquiert la vicomté de Fronsac que le roi élève en marquisat. Il est en outre comte de Vallery, baron d'Aubeterre et d'Herment et possesseur de quarante seigneuries, principalement en Forez et en Auvergne, parfois extorquées ou mal acquises.

De son amitié royale, il tire d'énormes dons en argent et en terres. Il a, dit-on, une ambition sans borne, une avarice effrénée et une passion d'intérêt. Il vit à la cour, au milieu des intrigues et des clans qui s'opposent, comme ceux des Guise et des Montmorency, de Diane de Poitiers et de la reine Catherine. Il réussit ce tour de force de se les concilier tous, grâce à son adresse et à son doigté, une habileté servile, une éloquence convaincante, un charme désarmant et les multiples services qu'il rend aux uns et aux autres.

Il mène une vie de luxe et de plaisir. Il épouse, en 1544, une riche héritière, célèbre par sa beauté, Madeleine de Lustrac. Avide de plaisir et d'ostentation, elle rivalise avec son mari d'ambition et de manque de scrupule ; dans la cour dépravée, elle ne reste pas sans

Jacques d'Albon de Saint-André, maréchal de France, Gouverneur du Lyonnais (1550-1562).

reproche. Saint-André lui-même ne se prive d'aucune « *lascivité et profusion, d'où la justice divine lui fit porter pénitence par une carnosité qui lui vint aux génitoires et le travailla toute sa vie* ». Il habite de préférence ses magnifiques châteaux de Vallery dans l'Yonne et de Saint-André en Roannais, mais il aménage tous les autres avec un luxe ostentatoire.. Les Saint-André y sont environnés d'une véritable cour ; ils donnent des réceptions somptueuses où rien n'égale la richesse de la table, des fêtes et des chasses, auxquelles le roi aime participer.
Tout cela coûte très cher et, malgré ses immenses ressources, Saint-André ne peut faire face aux dépenses. Il emprunte beaucoup et se retrouve couvert de dettes. Après la mort du roi Henri II, son protecteur, il est harcelé par les créanciers et, après son propre décès, ses meubles sont vendus à l'encan.

Il devient le gouverneur du Lyonnais le plus puissant du siècle. Quels sont les éléments de cette puissance ? D'abord la superficie de son gouvernement qui, aux provinces traditionnelles du Lyonnais, Beaujolais et Forez, ajoute les anciennes possessions du duc de Bourbon : Auvergne, Marche, Combrailles, Bourbonnais, Dombes et le bailliage de Saint-Pierre-le-Moûtier, soit près du quart de la France de l'époque. Or, aucune de ces provinces n'est frontalière, ce qui, nous l'avons vu, est contraire à l'édit de François Ier. Ensuite, le prestige que donne à Saint-André un patrimoine considérable qui couvre une grande partie du Roannais, du Bourbonnais et de l'Auvergne. Plus important encore est son crédit à la cour, les liens personnels qui l'attachent au roi et les facilités que son rang de favori lui donne sur tous les rouages de l'État. Enfin il cumule toutes les charges administratives détentrices de pouvoir : une des trois grandes circonscriptions militaires confiées aux maréchaux, les charges cumulées de sénéchal et gouverneur de Lyon. Avec Saint-André, il n'y a plus de frein ni de contre-poids à sa toute puissance.
Dans le détail, ses pouvoirs paraissent sans limite. Les prérogatives militaires restent les plus importantes et constituent la base de la fonction. Elles sont définies dans la lettre de provision : lever le ban et l'arrière-ban, faire les montres et revues, veiller à la bonne conduite des troupes et à l'observation des ordonnances de police militaire, établir les garnisons dans les places, y désigner les capitaines, ravitailler les villes et les châteaux, construire et entretenir les fortifications. Ces attributions n'ont de raison d'être que dans les régions frontalières, à cause du danger de guerre et de l'importance des moyens de défense. Or celles-ci n'existent pas dans son gouvernement. Saint-André a aussi un rôle de représentation dont il s'acquitte volontiers car il lui permet d'agir avec ostentation. Il organise, avec le Consulat, les entrées solennelles du roi, de la reine et des grands personnages qu'il fait recevoir par la ville et à ses frais. Il communique à ses provinces les événements nationaux pour lesquels il ordonne des réjouissances ou des deuils publics. Enfin, il a de vastes attributions civiles : ainsi, il installe les officiers du roi, il réunit les assemblées provinciales, il fait des règlements de police, il lève des impôts, mais il n'intervient pas dans l'exercice de la justice. Jacques d'Albon entretient avec la ville de Lyon des relations ambiguës. Avide d'honneur, il exige une entrée solennelle, qu'on réserve d'habitude aux souverains et à de grands personnages, avec arcs de triomphe, cortèges, « estrades à histoires,» accompagnée de cadeaux : I 200 écus d'or pour lui-même, 200 pour son épouse et de petites sommes pour sa suite, au total, I 639 écus. Il se considère comme le maître de la cité et il intervient dans tous les domaines, soit par ses lettres, soit par l'intermédiaire de ses lieutenants qui le renseignent

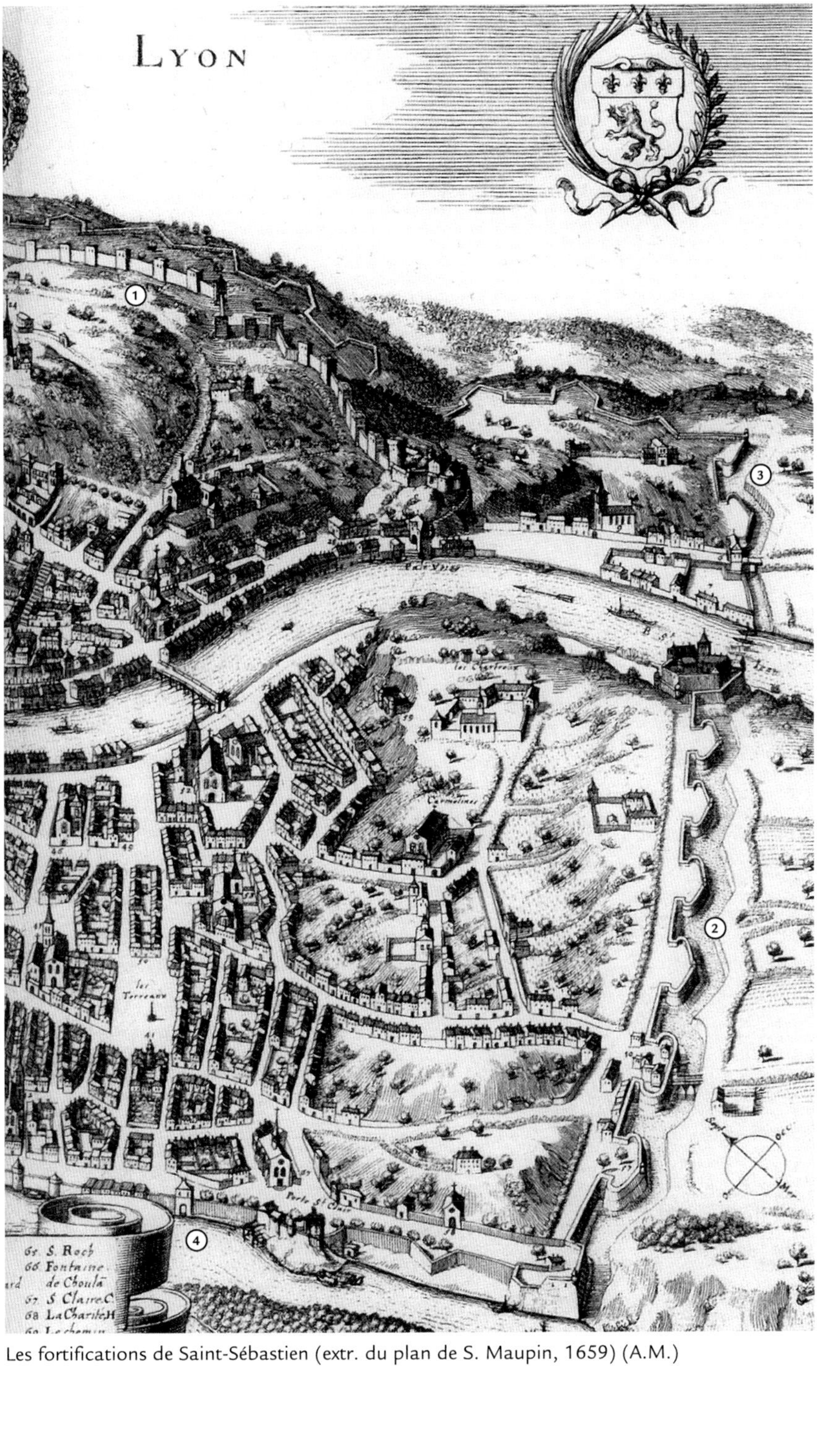

1. Mur de la Retraite (Saint-Georges, Fourvière, Pierre-Scize)
2. Enceinte de la Croix-Rousse (bastionnée au XVIe siècle)
3. Boulevard de l'Ouest ou enceinte de la Pye (XVIe siècle)
4. Rempart du Rhône.

Les fortifications de Saint-Sébastien (extr. du plan de S. Maupin, 1659) (A.M.)

et exécutent ses instructions, notamment dans la nomination des charges municipales où il impose ses candidats, et, avec lui, ses amis et sa famille.

L'argent et les finances restent cependant un problème insoluble. Le règne de Henri II commence bien, par la liquidation des emprunts, le relâchement de la pression fiscale sur la ville et surtout par un effort d'organisation avec le développement de la généralité et la création, auprès du tribunal de la sénéchaussée, d'un présidial qui évite les multiples appels au Parlement. Mais la reprise de la guerre avec Charles Quint ramène la politique des prélèvements et des emprunts auprès des banquiers lyonnais, envers lesquels la dette royale s'élève à 12 millions de livres. En 1555, les commissaires royaux proposent de *« fondre toutes ces dettes dans un contrat unique, avec un intérêt de 16% l'an et un programme d'amortissement réglé »*. Ce système, appelé le « Grand Parti », est accueilli avec faveur par les banquiers et les particuliers et le rythme des emprunts s'accélère. Mais, après la défaite de Saint-Quentin, les lourdes dépenses de l'année 1557, la dernière où l'échéance est honorée, la crise financière s'installe et les obligations royales tombent à 70%. Le Grand Parti est acculé à la faillite, malgré les efforts du gouvernement pour le renflouer. Seules, la fin de la guerre et la paix de Cateau-Cambrésis font espérer un retour à la normale.

« *La soif d'argent dévorante* » du maréchal de Saint-André ajoute à la confusion. Il fait payer au prix fort et à son profit toutes les interventions qu'il effectue auprès du pouvoir central pour la cité ou pour les particuliers, même celles qui relèvent de ses fonctions. Il faut reconnaître que la ville s'y prête. Depuis le XIVe siècle, le Consulat a pris l'habitude de distribuer des cadeaux pour s'assurer la faveur des personnages influents. La ville envoie ou entretient des députés qui s'efforcent, à coup de dons, de gagner à leur cause les fonctionnaires responsables. Sur le plan local, elle achète l'appui des officiers comme le sénéchal, des magistrats, des gens de finances et, bien sûr, du gouverneur. Dans ce cadre, le maréchal de Saint-André reçoit de nombreux dons d'argent, lors de son entrée, de ses visites dans la ville, de ses événements familiaux et de sa captivité. Ils peuvent aussi accompagner une requête particulière et c'est là que Saint-André va transformer une coutume plus ou moins spontanée en un système rigoureusement organisé et tarifié : chaque demande est précédée d'un marchandage qui fixe le prix du service. Finalement, chacun y trouve son compte : le Consulat parce que le gouverneur met tout en œuvre pour le satisfaire et y parvient souvent, celui-ci parce qu'il en tire d'énormes profits, si bien que les rapports entre l'un et l'autre sont généralement bons. Ainsi, en 1550, pour réduire la dette de la ville, Saint-André obtient du roi la levée d'une aide de six deniers contre un don de dix mille livres. Pour le droit d'aubaine, qui fait du souverain l'héritier des biens des étrangers mourant en France, il obtient du roi que les marchands qui fréquentent les foires en soient exemptés. De même, il fait supprimer, pour ces derniers, les droits appelés « foraine, rêve et passage » qui taxent la sortie des marchandises transportées hors du royaume ou de la province. Ce système de corruption ne choque pas car il n'est en rien caché ; il est public et les sommes distribuées sont inscrites dans la comptabilité de la ville au même titre que les autres dépenses budgétaires
Le problème récurrent des fortifications s'impose au maréchal de Saint-André comme à ses prédécesseurs. L'enceinte de la colline Saint-Sébastien est terminée vers 1550. Les

dispositions initiales ont été adaptées à l'usage de l'artillerie. Sept boulevards échelonnés ont des formes proches des bastions, avec une face arrondie et des oreillons sur les flancs. Les plates-formes et les casemates reçoivent des canons.
Si la colline est bien protégée, la partie nord de la ville, de part et d'autre de la Saône, n'est pas entièrement fermée. Entre le château de Pierre-Scize, qui termine le rempart de la Retraite sur la rive droite, et le fort Saint-Jean, qui amorce l'enceinte de Saint-Sébastien sur la rive gauche, un large espace de plus de 500 mètres reste ouvert et sans défense. Pour assurer la continuité des remparts sur les deux rives, le maréchal de Saint-André entreprend, à partir de 1555, de faire édifier une enceinte qui, partant de la rive droite vis-à-vis le fort Saint-Jean, tourne tout le contrefort de la montagne et vient se rattacher aux anciens murs de la Retraite vers le cimetière de Loyasse, sur la colline de Fourvière. C'est une enceinte moderne, faite de bastions avec oreillons, reliés par des courtines en angles droits, qui porte le nom de boulevard de l'Ouest ou enceinte de la Pye. Comme toujours, la réalisation est lente et ne sera achevée qu'en 1589, mais la Presqu'Ile reste ouverte de la pointe d'Ainay au pont du Rhône.

Pour remédier à ses perpétuelles absences et au cumul de ses fonctions, le maréchal de Saint-André se fait suppléer par de nombreux lieutenants, nommés par le roi pour les plus importants ou par lui-même. Les uns sont de simples adjoints du gouverneur et n'ont pas une pleine délégation de pouvoir, notamment dans le domaine militaire. Agents de transmission avec les villes, ils le renseignent sur toutes les affaires et, en retour, s'efforcent de faire exécuter ses instructions. Ainsi **Jean de Thignat,** lieutenant général de 1550 à 1555, est maître des requêtes et lieutenant général au criminel de la sénéchaussée. Il n'a d'autorité que sur le Lyonnais, et Saint-André le charge surtout de ses intérêts financiers. À propos d'une somme qui lui est due, il lui écrit : « *Je ne suis pas délibéré de rien perdre de ce qui m'a été promis et veut avoir entièrement mes cinq mil écus, sans en rabattre un seul denier.* » **Néry de Tourvéon,** né vers 1519, appartient au milieu de la bonne bourgeoisie lyonnaise. Sa famille a souvent figuré dans les fastes consulaires. Juge, magistrat au criminel à la sénéchaussée, il devient conseiller au Grand Conseil, une position éminente qui lui vaut d'être nommé lieutenant général en 1555.

Lieutenants généraux à part entière, les suivants sont les vrais suppléants du gouverneur et reçoivent les mêmes pouvoirs. Ils s'imposent après la défaite de Saint-Quentin et la captivité de Jacques d'Albon de Saint-André qui laisse sa charge vacante pour un temps indéterminé.
Louis Adhémar de Monteil, comte de Grignan est nommé « lieutenant général ès pays de Lionnais, Forez, Beaujollais, Bourbonnais, haute et basse Marche,» en l'absence de Saint-André. Il exerce ses fonctions peu de temps, car il meurt le 15 novembre 1568. Il poursuit l'aménagement des fortifications. Le Consulat souhaite la destruction des remparts des Terreaux, devenus inutiles. Le roi autorise une démolition partielle qui permet d'aménager la place des Terreaux et un passage le long des murailles jusqu'à Saint-Clair. D'autre part, les murs intérieurs qui longent le couvent des Jacobins et celui des Cordeliers sont détruits, ce qui permet d'ouvrir deux places, pour l'embellissement de la ville. Après la bataille de Saint Quentin, les Impériaux poursuivent leur offensive. En octobre 1557, sous

les ordres du capitaine Pollevilliers, ils s'avancent en Bresse jusqu'à Saint-Amour et s'apprêtent à assiéger Bourg : la ville de Lyon est à nouveau menacée. On place des garnisons à Villars, Trévoux et Montluel, on arme de canons les remparts et on creuse des tranchées Le Consulat mobilise la milice des pennonages qui est passée en revue à Bellecour par le comte de Grignan. L'arrivée de l'armée du duc de Guise, revenant d'Italie, permet de chasser les Impériaux qui lèvent rapidement le siège : tout danger est écarté.

Antoine d'Albon, lieutenant général de 1558 à 1561, est le cousin de Jacques d'Albon de Saint-André. Il accumule les bénéfices ecclésiastiques : prieur de Tarare, abbé de l'Ile-Barbe et de Savigny, il devient archevêque de Lyon en 1564. En 1558, il succède au comte de Grignan dans la même circonscription et les mêmes fonctions que précisent les lettres patentes : « *Faire vivre les manants et habitants desdits pays en paix, union et concorde, et en la vraie et due obéissance, leur ordonner et commander ce qu'ils auront à faire pour notre service, pourvoir à la sûreté et conservation des villes, châteaux et places d'iceux et donner ordre à toutes autres choses touchant et concernant le bien de notre service, avec mêmes pouvoirs, puissance et autorité que a notre dit cousin, le sieur de Saint-André et tout ainsi qu'il ferrait et faire pourrait s'il y était en personne.* »

La mort tragique d'Henri II le 10 juillet 1559 prive le maréchal de Saint-André de son protecteur et il risque de tout perdre car on songe à faire « dégorger les favoris ». L'ordonnance royale de juillet 1560 semble aller dans ce sens : « *Défendons à tous nos gouverneurs et leurs lieutenants de prendre et recevoir dons et prests d'or, d'argent ou autres espèces quels conques de nos dicts subjets, soit par forme de dons, récompense, salaires, taxations de voyages et vacations...encore que nostre dict peuple eust voulu et consenty tel don et octroy.* » Autour du jeune souverain, François II, âgé de 15 ans, la lutte pour le pouvoir oppose les protestants Condé, Coligny et les catholiques conduits par les Guise. Ceux-ci l'emportent ; Saint-André se lie ardemment avec eux, sauvant ainsi sa situation. Mais le roi meurt au bout de dix-huit mois de règne. Son frère, Charles IX, âgé de dix ans, lui succède. La régence est assurée par sa mère, Catherine de Médicis. Devant la progression du calvinisme et les menaces de guerre civile, elle s'engage dans une politique de tolérance par l'édit de Saint-Germain de 1562, qui autorise le culte protestant hors des villes. Les catholiques vont réagir. Pour défendre sa foi et pour assurer sa position, Saint-André réussit à s'unir avec François de Guise et le connétable de Montmorency, pourtant ennemis, et forme avec eux un Triumvirat catholique qui est maître de Paris et du jeune roi. Venant après les provocations nombreuses des protestants, puis le massacre des réformés à Wassy par les troupes du duc de Guise, la situation dégénère et provoque la première guerre de religion.

L'ultime campagne du maréchal de Saint-André révèle toute l'étendue de ses qualités militaires. Devant l'offensive protestante contre Lyon que nous verrons plus loin, sa première réaction est de voler à son secours. Mais le Triumvirat décide de porter la guerre dans l'ouest, Parti de Blois, en août 1562, Saint-André enlève Poitiers, qu'il livre au pillage, obtient la reddition sans combat d'Angoulême et de La Rochelle, terrorisées, puis s'empare de Bourges : toute la région est soumise. Condé, ses forces réunies, lance une offensive sur la capitale. Les triumvirs l'arrêtent à Dreux, au cours d'une brillante bataille, le 19 décembre 1562 où Saint-André se distingue. Malheureusement, son cheval abattu, il est fait prisonnier par un obscur gentilhomme qui lui fracasse la tête d'un coup de pistolet. Ainsi périt misérablement un brillant capitaine, admirable à la guerre, détestable à la cour, qui laisse cependant à Lyon le souvenir d'un grand gouverneur.

L'INSTITUTION DES GOUVERNEURS ÉVOLUE

Le recrutement se modifie : on passe du militaire au politique. Au début, les gouverneurs sont choisis parmi les chefs militaires de haut rang et sont de toutes les guerres. Par la suite, le critère de recrutement est plus politique. Ce qui compte, c'est le degré de faveur auprès du souverain, l'intimité et le favoritisme. Leur activité change également : ils sont moins concernés par les affaires militaires et davantage par des tâches administratives et surtout financières : trouver de l'argent pour le roi.

Les circonscriptions varient aussi, au gré des circonstances et des faveurs. La province traditionnelle est souvent augmentée par les anciennes possessions des Bourbons. Le lien, voulu par François Ier, qui unissait le gouvernement à la notion de zone frontalière, disparaît. La présence d'un lieutenant général suppléant le gouverneur est ancienne, mais elle était sporadique et correspondait parfois à une mission limitée et temporaire. À partir des années 1530, l'institution des lieutenants généraux devient régulière et permanente, sans que le titulaire du poste soit accaparé par des tâches impératives.

Le cumul des charges de gouverneur et de sénéchal modifie l'équilibre des pouvoirs. Si les deux institutions, au départ, jouent un rôle similaire, une répartition des tâches s'est effectuée : le sénéchal gère le quotidien et se spécialise dans la justice. Le roi, en le chargeant, souvent et directement, de certaines missions, établit un contre-poids à la toute puissance du gouverneur et il joue volontiers ce rôle d'équilibre. Mais les d'Albon de Saint-André, cumulent les deux charges pendant plus de 50 ans. Les fonctions administratives et civiles du sénéchal s'estompent et, avec elles, toute limitation des pouvoirs du gouverneur.

Chapitre 3

Au temps des guerres de religion

Si les guerres d'Italie dans la première moitié du XVIe siècle ont ruiné le trésor sans profit, du moins ont-elles épargné le pays ; Lyon n'a jamais été menacée. Plus grave est la crise qui, dans la seconde moitié du siècle, met aux prises catholiques et protestants et qui dégénère en guerres civiles, cette fois sur le sol national.

L'OFFENSIVE PROTESTANTE

La Réforme se diffuse à Lyon, où elle trouve une situation favorable. La lutte contre le protestantisme se développe sous Henri II, menée par l'autorité ecclésiastique, notamment les facultés de théologie, qui détermine la présence de l'hérésie et par les parlements qui prononcent les sentences. Or à Lyon, il n'y a ni université, ni parlement et l'officialité est peu efficace. En outre, la ville connaît un brillant mouvement intellectuel dans l'esprit des évangélistes, qui ne rompt pas avec l'Église mais crée un climat favorable aux réformes. Les imprimeurs, souvent Allemands et Suisses, diffusent les idées de Luther et de Calvin, avec une large tolérance. Enfin les foires cosmopolites permettent aux marchands convertis de répandre leur doctrine en profitant des privilèges et des libertés qui garantissent leur séjour. Le calvinisme se répand lentement à Lyon, par une secrète germination difficile à saisir. Il touche d'abord les milieux populaires, surtout celui de l'imprimerie, puis une partie des grands marchands et banquiers qui lui donnent un encadrement solide. En 1546, une église est fondée, animée par les pasteurs Pierre Fournelet et Claude Monier, qui installent un culte régulier et multiplient les prêches ; les conversions se font plus nombreuses. À la mort d'Henri II, en 1559, le calvinisme est bien implanté à Lyon, son église est « dressée,» mais les fidèles sont encore peu nombreux et, sauf quelques incidents, ils ne troublent pas l'ordre public. La répression n'a pas été poussée. Jusqu'en 1559, on ne compte qu'une douzaine d'exécutions, dont celles de Claude Monier et de cinq « escholiers » venant de Suisse.

Sous François II le protestantisme progresse. Le gouverneur Saint-André reconnaît qu'il y a plus de 900 maisons suspectes, plus de 2 000 personnes fugitives et plus de 4 000 fidèles aux prêches. En l'absence du gouverneur, **Antoine d'Albon**, abbé de Savigny, continue d'exercer les fonctions de lieutenant général et mène une lutte vigoureuse contre l'hérésie. Une première conjuration menée par les frères Maligny se prépare. Elle est dirigée contre les Guise, avec l'appui de Calvin et de la communauté calviniste locale ; son but est de s'emparer de Lyon. Profitant de l'opportunité des foires, Maligny, le 4 septembre 1560, fait entrer dans la ville de nombreux conjurés, déguisés en marchands. Antoine d'Albon, averti, réagit vigoureusement et envoie les arquebusiers saisir les rebelles rue Longue. Mais ceux-ci les repoussent et se rendent maîtres de la Presqu'Ile. Toutefois, le lendemain, devant les troupes rassemblées par le lieutenant général, ils se retirent suivis des principaux habitants compromis. On arrête quelques séditieux, de « menues gens,» dont six sont pendus. Saint-André accourt et conduit une dure répression. Catherine de Médicis fait écarter Antoine d'Albon, jugé trop dur, en le nommant archevêque d'Arles.

François d'Agoult, Comte de Sault. Lieutenant général du Lyonnais (1561-1564) (fac-similé d'une gravure de Woeriot).

François d'Agoult, comte de Sault, gentilhomme ordinaire de la chambre du roi, est désigné comme lieutenant général à sa place. Provençal de vieille famille, c'est un homme de guerre et un brave soldat. Il est envoyé à Lyon parce qu'il est jugé plus conciliant. Irrésolu, dépourvu d'initiative, il ne s'impose pas comme arbitre entre les deux camps. Il laisse faire les événements, se contentant de lancer des appels à la paix. Cette inertie est-elle volontaire ? Tous les historiens catholiques l'accusent de collusion avec les protestants. Rien ne le prouve, mais, dans sa correspondance avec le roi, il défend toujours les réformés au détriment des catholiques ; en outre, sa conversion ultérieure au calvinisme et sa mort à la bataille de Saint-Denis, où il combattait dans les rangs protestants, justifient tous les soupçons.

À Lyon, la situation se dégrade. La tolérance officielle enhardit le parti protestant qui s'organise et multiplie les provocations contre les catholiques : il trouble les messes et les processions et brise les statues qui ornent les rues. Or, ce sont là deux éléments essentiels du culte populaire, ce qui amène, en réaction, une agitation permanente et des émeutes.

Pillage de la cathédrale Saint-Jean par les huguenots du baron des Adrets, 1560 (manuscrit, 1569, B.M.L.).

La crise débouche sur l'occupation de Lyon par les protestants. Dans la nuit du 29 au 30 avril 1560, les calvinistes lyonnais, renforcés par des éléments extérieurs, prennent la ville par un coup de main que le cruel baron des Adrets transforme en occupation militaire. Lyon subit pendant treize mois la dictature des huguenots. Les institutions municipales sont entre leurs mains, cependant qu'un Conseil de l'Eglise réformée où les religieux ont large part, dirige la cité. Le culte catholique est interdit, les églises transformées en temples et les habitants obligés d'assister aux prêches des pasteurs. Le fanatisme s'acharne sur tous les témoignages du catholicisme : les cloîtres Saint-Jean et Saint-Just sont détruits, les églises profanées, les statues brisées, les objets du culte vendus et les couvents dévastés. De nombreux catholiques se réfugient en Bresse ou en Savoie, tandis que les foires sont transférées à Chalon, ce qui ruine le commerce. Rapidement, le problème des finances devient crucial. Après avoir saisi les biens ecclésiastiques, il faut procéder à des confiscations, lever des taxes sur les aisés et finalement emprunter au risque de gonfler la dette déjà très lourde. Tant parce qu'elle dispose des terrains des couvents que pour occuper les chômeurs, l'administration protestante lance un programme de grands travaux qui aère la ville par la création de places publiques et améliore la circulation en ouvrant de nouvelles rues, tel le Chemin-Neuf, entre Saint-Jean et Saint-Just. C'est le résultat le plus positif de cette période. Cependant les armées royales, commandées par le maréchal de Tavannes au nord et par le duc de Nemours au sud, menacent la cité d'encerclement. Pour « se donner de l'air », le baron des Adrets lance une offensive à travers le Forez et dans la vallée de la Saône, accumulant partout les ruines et les atrocités, au point de susciter la réprobation de Calvin lui-même et des Lyonnais. Il est remplacé par Jean de Parthenay, sire de Soubise qui réprime les excès.

Jacques de SAVOIE, duc de Nemours, gouverneur de 1562 à 1571

Jacques de Savoie, duc de Nemours. Gouverneur du Lyonnais (1562-1571) (d'après le Promptuaire des médailles, Lyon 1553).

Né en 1531 à l'abbaye de Vauluisant en Champagne, issu d'une branche cadette des ducs de Savoie, il est le neveu de Marguerite d'Autriche et de Louise de Savoie, et donc cousin de François Ier qui lui confère le duché de Nemours et l'attire à son service. Son éducation en fait un des princes les plus accomplis de son temps.

C'est un homme de guerre et Brantôme le range parmi les grands capitaines du siècle. Il participe aux campagnes contre Charles Quint. En 1552, il se distingue au siège de Lens, puis il se jette dans Metz assiégée et contribue à sa défense sous les ordres de François de Guise. Il sert ensuite en Flandre et en Italie, montrant partout un réel courage. En récompense, il est promu colonel-général de l'infanterie légère, un des plus hauts grades de l'armée. Dans les Guerres de Religion il est résolument du côté des catholiques. Il prend part aux offensives des Triumvirs. Pendant l'occupation de Lyon par les protestants, il tente de libérer la cité. Il s'empare de Vienne et s'avance jusqu'à Saint-Genis-Laval, aux portes de la ville. Il bat à deux reprises le baron des Adrets, qu'il réussit à ramener dans le camp royal, mais il n'a pas les moyens de mener un siège. La paix revenue, il succède comme gouverneur de Lyon au maréchal de Saint-André, tué à la bataille de Dreux. Il reprend du service pendant les guerres suivantes. Epuisé de fatigue, il se démet de son gouvernement en février 1571 et il se retire à Annecy où il cherche des distractions dans la culture des lettres et où il meurt le 15 juin 1585.

C'est aussi un homme de cour brillant. Brantôme le décrit comme un très beau prince, aimable et gracieux, « *bien disant, bien écrivant autant en rime qu'en prose, s'habillant des mieux... et qui l'a vu, le peut baptiser, par tout le monde, la fleur de toute chevalerie* ». Autant dire que dans cette cour des Valois si raffinée, il séduit par sa conversation autant que par son courage. Il est tombé amoureux d'Anne d'Este, fille d'Hercule II, duc de Ferrare et de Renée de France, petite-fille de Louis XII. Elle est mariée à François de Guise, mais lorsque celui-ci est assassiné par Poltrot de Méré, il s'empresse d'épouser la veuve. Il est à ce point remarqué que Madame de La Fayette, un siècle plus tard, en fera le principal personnage de son roman, La Princesse de Clèves, un héros romantique égaré au XVIe siècle.

Le 27 décembre 1562, Jacques de Savoie, duc de Nemours, est nommé gouverneur du Lyonnais, Forez, Beaujolais, Bourbonnais, Auvergne, Marche, Combrailles et Saint-Pierre-le-Moûtier. Battus à Dreux, les protestants consentent à la paix et à l'édit d'Amboise du

19 mars 1563. Celui-ci reconnaît la liberté de conscience, autorise le culte réformé dans une ville par bailliage, ordonne la restitution des églises et des biens du clergé catholique. Mais Lyon résiste jusqu'au 9 juin. Soubise a demandé que le duc de Nemours et ses troupes n'entrent pas dans la ville, craignant un massacre. De fait le roi désigne une série de brillants lieutenants généraux car tout est à rétablir, l'ordre, la religion, les institutions et l'économie :

• Le **maréchal de Vieilleville** rétablit l'ordre et la légalité. C'est un brillant militaire. Il combat en Italie sous Lautrec, notamment à Cérisoles, puis contre Charles Quint : il est l'instigateur de l'occupation des Trois Evêchés. Il lutte ensuite contre les protestants en Normandie et en Poitou. Il se met rapidement au travail. Le problème religieux est le plus urgent. Le culte catholique est rétabli, les églises rendues au clergé. Les protestants sont autorisés à construire trois temples : un aux Terreaux, un autre rue Ferrandière, appelé Temple du Paradis, et le troisième rue Bourgneuf ; ils sont encore très puissants. L'ordre est restauré, les habitants désarmés, les hôtelleries surveillées, enfin les vagabonds expulsés. Le maréchal rétablit ensuite les institutions, en particulier le Consulat qui est progressivement rendu aux catholiques. Enfin, l'économie est exsangue, les métiers et le commerce anéantis. Le maréchal rétablit les foires qui avaient émigré à Chalon et petit à petit le travail reprend. Quant aux finances, le Consulat refuse d'assumer les dettes contractées pendant l'occupation protestante. La visite de Charles IX et de Catherine de Médicis, en juin 1564, dans le cadre de la grande tournée du roi à travers le pays, clôt la période de restauration. L'entrée solennelle a lieu le 13 juin 1564, avec le cérémonial accoutumé. Resté méfiant envers les Lyonnais, le roi ordonne l'édification d'une citadelle, pourvue d'une garnison de 200 Suisses.

• **Jean Beaulieu de Losses**, lieutenant général, est l'instrument de la restauration de l'autorité royale. C'est un proche du souverain : capitaine de sa garde écossaise et il a été le gouverneur du futur Henri IV dans sa jeunesse. Il achève la construction de la citadelle de la Croix-Rousse, voulue par Charles IX. Trois mille ouvriers édifient une forteresse d'une demi lieue de périmètre, entre la montée de la Grand-Côte, le rempart et la rue Neyret. Elle abrite une compagnie de 400 hommes et on y regroupe l'artillerie. Lyon a désormais une forteresse et une garnison royales, ce qui est contraire à ses franchises. Sur ordre du roi, de Losses met sur pied la Compagnie des Chevaliers du guet, forte de 50 hommes « pour tenir main-forte à la justice ». Elle échappe à l'autorité du Consulat et c'est une nouvelle atteinte à ses droits de police. En outre, de Losses remet le collège de la Trinité aux mains des jésuites qui vont donner aux générations futures une remarquable formation. Enfin, dans l'œuvre législative de Charles IX, l'ordonnance de Moulins, de février 1566, s'efforce de circonscrire l'autorité des gouverneurs qui se conduisent en partisans et n'hésitent pas à usurper les droits régaliens. Elle tente de les confiner dans leurs fonctions militaires de défense de leur province. Elle rappelle les instructions antérieures, notamment celles de Louis XII de mars 1499, qui interdisent aux gouverneurs le droit de grâce et de rémission, la création des foires et marchés, d'accorder des lettres d'anoblissement et de légitimation, tous droits réservés au souverain, de rendre des arrêts et d'évoquer des causes qui sont du ressort de la justice. En septembre 1565, le duc de Nemours fait enfin son entrée solennelle à Lyon et, à cette occasion, le Consulat lui offre douze cents livres en argent et vingt-deux années de vin. L'année suivante la duchesse de Nemours est accueillie à son tour par des réjouissances, dont une « chevauchée de l'âne », charivari contre les maris qui se laissent battre par leur femme. Le couple est logé dans la villa de Claudine d'Aurillac, louée par le Consulat pour en faire l'hôtel des gouverneurs, sur la place du Petit-Palais qui dès lors change son nom en celui de place du Gouvernement. Jean Baulieu de Losses quitte la ville en septembre 1566.

• **René de Birague** qui lui succède poursuit la réaction catholique. Il est issu d'une noble famille milanaise et sa mère est la fille de Théodore de Trivulse. Magistrat, il préside le parlement de Turin jusqu'au traité de Cateau-Cambrésis qui rend le Piémont et la Savoie au duc de Savoie. Il remplit ensuite de nombreuses missions, participe au conseil privé du roi, exerce les fonctions de lieutenant général à Lyon de 1566 à 1571, puis devient garde des sceaux et chancelier. Après la mort de sa femme, il entre dans les ordres, est pourvu de l'évêché de Lavaur et promu cardinal. Il meurt à Paris, le 24 novembre 1583.

La reconquête du catholicisme et le reflux du protestantisme marquent cette période. Le concile de Trente suscite un renouveau spirituel qui répond aux aspirations ayant fait la force des réformés. Par la prédication, l'édition de catéchismes et l'enseignement, les conversions se multiplient et les catholiques retrouvent leur foi, leur assurance et leur combativité. La seconde Guerre de Religion débute en septembre 1567. Les huguenots complotent pour s'emparer de Lyon. Mais la vigilance de M. de Birague qui fait fermer les portes, tirer les chaînes, garnir les remparts et armer quatorze compagnies, toutes catholiques, fait échouer le projet. La réaction est brutale : la foule détruit les temples, cependant que le lieutenant général, en accord avec le Consulat, proscrit le parti protestant dont les membres doivent quitter la ville, en laissant leurs biens qui sont confisqués. Le duc de Nemours chasse les insurgés des environs, s'empare de Vienne et fait une entrée triomphale à Lyon. La paix de Longjumeau qui rétablit le culte réformé n'est pas appliquée devant l'opposition des catholiques et des autorités : le roi n'est plus obéi.

● François de MANDELOT, gouverneur du Lyonnais de 1571 à 1588

Il naît en 1529 dans une famille de bonne mais de petite noblesse champenoise. Il est élevé dans la maison de Jacques de Savoie, duc de Nemours, auquel il s'attache et sous lequel il fait sa carrière, comme lieutenant, puis gentilhomme de la chambre du roi, écuyer, enfin cornette. Il prend part aux guerres en Italie et contre Charles Quint et il se distingue au siège de Metz, à la bataille de Renti et à Thionville. Il lutte ensuite contre les protestants en guerre. Lorsque ceux-ci occupent Lyon, il rejoint l'armée de Jacques de Savoie. Avec son chef, qui fait de lui son lieutenant, il discipline ses troupes et participe à l'offensive qui tend à la délivrance de Lyon et qui bat à deux reprises le baron des Adrets. Il continue de servir dans l'armée royale et, au cours de la seconde Guerre de Religion, il se signale à la bataille de Saint-Denis. Cependant, il fréquente aussi la cour où le roi, l'ayant employé à diverses tâches, le choisit comme conseiller en son conseil privé, ce qui l'élève au rang des hauts fonctionnaires. En 1568, il est nommé lieutenant général du Lyonnais : il poursuit la lutte contre les protestants, mais ne peut appliquer l'édit de Saint-Germain devant l'opposition locale. Trois ans plus

Le Vêpres lyonnaises : le massacre des protestants, le 30 août 1572 (gravure, A. de Neuville, in Guizot, Histoire de France, Paris, 1889).

tard, le duc de Nemours démissionne et le recommande au roi pour lui succéder en qualité de gouverneur. Il le restera jusqu'à sa mort, le 24 novembre 1588. Il est le seul gouverneur lyonnais qui n'appartient pas à la haute aristocratie. Il gouverne à Lyon pendant vingt ans, la durée la plus longue du siècle. Enfin, contrairement à ses prédécesseurs, il réside continuellement dans son gouvernement qu'il administre efficacement.

Le gouvernement de François de Mandelot dure de 1571 à 1588. Pendant cette période, la France est déchirée par les Guerres de Religion, avec leurs massacres, la dissolution de l'Etat, l'abaissement du pouvoir royal qui s'accentue sous Henri III. Or, à Lyon, Mandelot réussit à protéger la ville des combats, à maintenir la fidélité au roi et la stabilité des institutions, malgré les guerres continuelles, l'oppression fiscale écrasante, la peste chronique et l'exaspération des querelles religieuses et politiques. Pourtant tout a mal commencé.

Les « vêpres lyonnaises » 30 août 1572 : depuis la fin de l'occupation protestante, la ville a une attitude d'hostilité constante envers les réformés et refuse leur culte dans ses murs. Elle n'accepte pas la politique de tolérance voulue par les édits successifs. Dans ce contexte, Mandelot va être confronté à l'une des plus grandes tragédies de son histoire. Le 29 août, Maurice du Peyrat, futur conseiller, venant de Paris, apporte la nouvelle de la Saint Barthélemy et des lettres royales qui ordonneraient l'arrestation des protestants et la saisie de leurs biens. Mandelot, après entente avec le Consulat, fait enfermer ceux-ci à la prison de Roanne, à l'archevêché et dans différents couvents, peut-être pour les protéger. Puis, Pierre d'Auxerre, avocat du roi à la sénéchaussée, se dit porteur d'un ordre d'élimination des protestants, verbalement et sans garantie. Mandelot essaye de temporiser, mais devant les manifestations de la rue, il semble qu'il laisse faire. Le lendemain, pendant que le gouverneur se rend à la Guillotière où l'on signale des menaces venant du Dauphiné, une troupe de fanatiques conduite par le capitaine des arquebusiers massacre les prisonniers, d'abord aux Cordeliers, puis à l'archevêché et à la prison de Roanne. Mandelot revient, ordonne une enquête, mais n'arrête personne. Le Ier septembre, les cadavres sont jetés dans la Saône. Le chiffre

François de Mandelot, Gouverneur du Lyonnais (1571-1588)
(d'après un médaillon gravé en 1572).

des morts, bien que les estimations varient, est de l'ordre de huit cents, parmi lesquels beaucoup de petites gens. Dans cette affaire, Mandelot n'est certainement pas le promoteur du massacre, mais il n'a pu l'empêcher et il a laissé faire. Même passive, sa responsabilité est très lourde, qu'il partage avec le Consulat dont l'inertie est tout aussi coupable.

La « méthode Mandelot » : les lettres patentes du 17 février 1571 lui donnent des pouvoirs particulièrement étendus. Bien qu'homme d'épée et non de robe longue, il peut présider le tribunal et il doit surveiller, et au besoin corriger, les juges et la justice. Il n'a besoin ni d'aide, ni de lieutenant ; il peut suffire à tout, pourvu qu'il ait des subordonnés compétents, mais il n'abuse pas de sa force. Il est toujours présent à Lyon où il habite avec sa famille dans une maison de la montée Saint-Barthélemy. Il ne s'absente que pour combattre les troupes ennemies qui s'avancent vers la ville et la menacent. Il donne à la représentation du roi à Lyon une force et une continuité inégalées. Avec le souverain, il entretient des relations multiples : celles du gouverneur bien sûr, mais aussi du conseiller, car il est membre du conseil privé et le roi continue à le consulter. Il échange avec Charles IX, Henri III et Catherine de Médicis une volumineuse correspondance : 1006 lettres dont 313 émanent de lui, les autres des souverains. On y lit la grande confiance du roi dans la loyauté et les capacités de son lieutenant et, de la part de celui-ci, le respect, le dévouement et la fidélité sans faille qu'il fait partager à la ville.
Avec les autorités locales, il établit une collaboration régulière. Alors qu'un Trivulse met à l'amende les conseillers récalcitrants, que Saint-André donne des ordres sans discussion, que certains enferment même les conseillers à la prison de Roanne, Mandelot institue un système régulier d'assemblée, une sorte de conseil d'État, qui groupe des représentants du Consulat, de la sénéchaussée, de l'archevêché, les officiers concernés par l'ordre du jour et des notables. On y étudie des problèmes variés : la défense lorsqu'une menace se dessine, la police générale et la sécurité surtout entre les communautés religieuses hostiles, les approvisionnements, lorsque les récoltes sont mauvaises et que la disette rôde, la santé publique car la peste revient de manière chronique. La réunion se termine par une prise de décision qui se traduit par la rédaction et la promulgation d'une ordonnance. En outre, chaque semaine, le gouverneur reçoit deux délégués du Consulat pour l'expédition des affaires courantes. Ce système d'assemblée est si régulier que l'historien Rubys le met au compte des institutions municipales

dans l'étude qu'il en fait. Mandelot a l'art de ne jamais imposer sa volonté à ses administrés d'une façon unilatérale et absolue, mais de partager avec eux ses responsabilités. Le Consulat y trouve non seulement une considération et des satisfactions d'amour-propre auxquelles il est sensible, mais un regain de pouvoir, un retour à ses anciens privilèges que la monarchie s'est efforcée de rogner. Sans le vouloir, Mandelot y réveille le désir d'autonomie, voire d'indépendance de l'ancienne Commune, ce qui ne sera pas sans conséquence.

Sous Henri III la situation se dégrade. Mandelot réussit à tenir le Lyonnais à l'écart des hostilités qui ravagent la France pendant les Guerres de Religion et à maintenir la ville dans la soumission au roi et dans une paix relative. Chaque conflit se termine par un édit de pacification qui établit une certaine liberté du culte réformé. Or, le Consulat et la majorité catholique refusent de s'y conformer et d'admettre la présence d'un temple dans la ville et ses faubourgs. Le gouverneur ne peut que protéger les protestants des tracasseries dont ils sont l'objet. Car la restauration catholique s'accentue avec le nouvel archevêque, Pierre d'Epinac, qui multiplie les synodes, les prédications et les statuts réformateurs, soutenu par le clergé tout entier. D'autre part les affaires vont mal. Le commerce et les foires souffrent des hostilités qui coupent les voies d'approvisionnement, notamment dans la vallée du Rhône. Enfin la ville est souvent menacée par des bandes protestantes qui s'avancent jusqu'à Andance et à Montbrison en Forez et que chaque fois Mandelot doit chasser par les armes.

Henri III est conscient que les troubles favorisent la puissance des gouverneurs qui en arrivent à se dresser contre l'autorité royale. Dans la grande ordonnance de Blois de 1579, il s'efforce de limiter leur pouvoir. Il réduit leur nombre à douze et revient à la tradition des provinces frontières. Dans chaque gouvernement, il y aura un gouverneur et un lieutenant qui n'est plus subordonné mais juxtaposé au titulaire. Dans son esprit, celui-ci, qui est choisi parmi ses fidèles, doit surveiller le gouverneur, contrôler et au besoin redresser ses actions. Tous deux doivent résider au minimum six mois dans leur province et en même temps. Les résiliations en faveur d'un successeur désigné ne sont plus admises ; la charge est une commission, donnée à temps, révocable et non héréditaire. Enfin sont rappelées les mesures antérieures concernant les grâces, les légitimations, les ouvertures de marché, les évocations de causes judiciaires et les levées d'impôts. C'est en vertu de cette ordonnance que Guillaume de Gadagne est nommé lieutenant général en 1586.

Le duc d'Anjou, dernier frère du roi, meurt en 1584 et Henri de Navarre, un des chefs protestants, devient l'héritier présomptif du trône, ce qui provoque le retour de la Ligue, dirigée par les Guise et nettement hostile à Henri III. Mandelot réussit à tenir Lyon à l'écart du mouvement, non sans mérite. Mais le duc d'Epernon, un des favoris du roi, intrigue pour s'emparer de la citadelle et peut-être du gouvernement de Lyon. Or, les Lyonnais n'ont jamais accepté cette citadelle et, en accord avec le gouverneur, s'en emparent et la démolissent si complètement que le plan même en a disparu.

Mandelot meurt le 23 novembre 1588, recommandant sa famille au Consulat, car il est pauvre et demande que ses biens ne soient pas vendus à l'encan. Il est le seul gouverneur qui ne se soit pas enrichi et ce fait mérite notre admiration. C'était un homme de bien qui sut défendre les intérêts de la ville sans rompre sa fidélité au roi. « *Il laissa un grand regret de soy à toutes les gens de bien et demeura la ville de Lyon par sa mort en grande confusion et désordre* » écrit l'historien Rubys en guise d'oraison funèbre.

Charles Emmanuel de SAVOIE, duc de Nemours, 1588 à 1595

En 1588, la Ligue catholique, conduite par le duc Henri de Guise et son frère Mayenne, est maîtresse de la capitale. Le gouvernement du duc de Nemours correspond à l'épisode ligueur de la ville de Lyon.
La succession de Mandelot avait été promise à son gendre, Charles de Neuville, marquis d'Alincourt, fils du secrétaire d'État Nicolas de Neuville, mais Henri III, désireux de ménager les Guise, nomme Charles Emmanuel de Savoie, duc de Nemours, gouverneur et lieutenant général en la ville de Lyon et pays du Lyonnais, Forez et Beaujolais. C'est un très grand seigneur, de haute noblesse ; il est le fils de Jacques de Savoie, duc de Nemours, ancien gouverneur de Lyon, et d'Anne d'Este, mère des ducs de Guise et de Mayenne dont il est le demi-frère. Homme de guerre et de cour, il fait preuve d'une incontestable bravoure et il se révèle bon capitaine et chef de guerre heureux. Parce qu'il est très jeune, né en 1567, et tout juste âgé de 21 ans, il manque d'expérience et de pondération. Imbu de son rang, méprisant pour les bourgeois lyonnais, il est surtout dévoré d'une ambition démesurée
Guillaume de Gadagne lui est adjoint comme lieutenant général, pour le surveiller et le contrôler. Les Gadagne sont issus d'une famille de Florence, adonnée à la marchandise et à la banque. Ils s'installent à Lyon, et grâce à leurs techniques commerciales, ils profitent largement du progrès des foires et de la prospérité ambiante, au point qu'on disait « riche comme Gadagne ». Guillaume se constitue un beau patrimoine, se dégage des affaires et se dirige vers le métier des armes. Il se bat contre Charles Quint, sous les ordres du maréchal de Saint-André, et contre les protestants. Depuis 1554, il est sénéchal de Lyon, charge qu'il cumule avec celle de lieutenant général. Son ascension est couronnée par l'anoblissement. Il possède avec son cousin, sur la rive droite de la Saône, le splendide hôtel de Gadagne.

Le 23 décembre 1588, Henri III fait assassiner le duc de Guise et arrêter les chefs de la Ligue dont le duc de Nemours et l'archevêque Pierre d'Epinac, ce qui agite fortement l'opinion lyonnaise, troublée par la question de l'hérésie et violemment hostile à l'éventualité d'un roi protestant. La crise éclate le 23 février 1589. Le peuple et les pennons, convoqués par le Consulat, dressent des barricades et proclament leur adhésion à la Sainte Union catholique, c'est-à-dire à la Ligue. Toutes les classes sociales y sont représentées, mais surtout le clergé, sous la direction de l'archevêque, où les moines sont particulièrement virulents et les gens des métiers, exaltés par les prédicateurs. Les ligueurs ne tolèrent aucune opposition. Les fidèles du roi, les « politiques » qui veulent la tolérance, sont arrêtés ou chassés de la cité. Guillaume de Gadagne est contraint de s'exiler.

La guerre civile prend à Lyon un caractère particulier car elle oppose trois pouvoirs et trois ambitions : celle du duc de Nemours, le gouverneur, qui va jusqu'à rêver de la couronne, celle du Consulat où se révèle la renaissance de l'esprit d'indépendance d'une ville qui a toujours regretté ses libertés et franchises d'antan ; celle de l'archevêque Pierre d'Epinac, fidèle de Mayenne avec lequel Nemours est brouillé, qui associe à sa haine des huguenots le désir de diriger Lyon, ce qui le conduira à usurper le titre de gouverneur.

Charles-Emmanuel de Savoie, duc de Nemours, Gouverneur du Lyonnais (1588-1595) (dessin anonyme, XVIe).

La ville met en place un gouvernement municipal révolutionnaire. Elle refuse l'autorité d'Henri III. Et accepte celle du gouverneur, mais elle la limite par une assemblée, appelée Conseil d'État, qui groupe autour du Consulat des représentants de toute la société et qui délibère sur toutes les affaires. Le duc de Nemours s'évade de sa prison de Blois et, bien que le roi écrive aux Lyonnais de ne pas le reconnaître et de l'arrêter, il vient prendre possession de son gouvernement ; le 22 mars 1589, il fait son entrée solennelle avec le faste accoutumé. Il remplace Gadagne comme lieutenant général par son frère, le marquis de Saint-Sorlin, un jeune homme de 16 ans. Il modifie le Conseil d'État pour réduire la place du Consulat. Mais celui-ci lui impose un partage de l'autorité car c'est lui qui gère souverainement la cité et détient la réalité du pouvoir, après s'être pérennisé en supprimant les élections, qui lève et entretient les troupes, perçoit les impôts et contrôle la justice. Afin de poursuivre la guerre, il engage des compagnies soldées pour lesquelles il faut trouver de l'argent : on saisit les biens des émigrés, on emprunte à tout-va, au risque de faire exploser la dette de la ville.

La guerre est partout : catholiques contre protestants, ligueurs contre fidèles du roi. L'assassinat d'Henri III, en août 1589 et les prétentions du protestant Henri de Navarre à sa succession exaspèrent les passions. En brillant militaire, Nemours se bat sur tous les fronts Comme Lyon est menacée d'asphyxie, il lui importe d'assurer son ravitaillement, d'ouvrir ou de garder les voies libres à son commerce. À peine arrivé, le duc de Nemours part en campagne. Au nord, il dégage la vallée de la Saône, prend Mâcon, s'avance jusqu'à Autun. Au sud, le danger vient du Dauphiné où Lesdiguières et le colonel Alphonse d'Ornano s'avancent vers Vienne, mais Mitte de Chevrières, avec les troupes lyonnaises, prend et neutralise la ville. L'axe de la Saône et du Rhône est libéré. Pendant ce temps, Nemours se bat autour de la capitale. Il participe avec courage aux batailles perdues d'Arques et d'Ivry, puis il défend Paris assiégé vainement par Henri IV. Son prestige est immense.
À Lyon, la guerre pour la possession de la vallée du Rhône continue notamment autour de Vienne. Cependant, en ville, la situation est troublée par de multiples intrigues. La cité réclame son gouverneur ; c'est l'archevêque Pierre d'Epinac qui rentre, après trois ans d'absence et qui défend le parti de Mayenne contre Nemours. Des complots royalistes sont découverts dont Guillaume de Gadagne est l'âme. La division est partout.

Le duc de Nemours dévoile ses ambitions. Il arrive enfin le 19 avril 1591 et s'installe dans l'hôtel du Gouvernement (détruit au XIXe siècle) que la ville a acquis et somptueusement meublé. Ses victoires, ses incontestables qualités guerrières et son courage lui valent une immense popularité qui décuple ses prétentions. Il aspire à se tailler un domaine souverain dans le royaume de France, autour des trois provinces lyonnaises auxquelles s'ajouteraient l'Auvergne et le Bourbonnais, qui restent à conquérir. C'est pourquoi il se lance dans des opérations lointaines, que le Consulat juge inutiles mais qu'il finance, à Autun, en Auvergne et jusque dans le Berry ; puis il soumet Vienne, attaque le Forez et s'empare de Montbrison. Il en revient auréolé de gloire et dans le menu peuple ligueur sa renommée n'a jamais été aussi grande et permet tous les rêves. Or, la France est sans souverain : le cardinal de Bourbon, le roi de la Ligue est mort. Pour le remplacer, les ligueurs convoquent des États généraux à Paris à la fin de 1592. C'est pour Nemours l'occasion de dévoiler de nouvelles ambitions. Il donne à ses amis des instructions écrites : promouvoir l'élection du duc de Mayenne, chef général de la Ligue, à la royauté. Si celui-ci refuse, ce qui est probable car il a toujours été légaliste, Nemours propose sa candidature, tout en maintenant Mayenne comme lieutenant général du royaume. Ainsi donc, il n'aspire à rien moins qu'à ceindre la couronne de France.

La situation évolue en défaveur de la Ligue. La conversion d'Henri de Navarre, qui abjure le 25 juillet 1593, lève le principal obstacle à son accession au trône. Les modérés, les politiques, les légalistes se rallient aussitôt ; des provinces et des villes les suivent.

À Lyon où la résistance continue, les conséquences des guerres sont désastreuses. Les difficultés du ravitaillement, la cherté, le chômage et la disette accablent le menu peuple. Le commerce et les foires périclitent ; les marchands étrangers s'en vont et il ne reste plus qu'une seule banque italienne. La rivalité des partisans de Nemours et d'Epinac divise le pays. Enfin Nemours, qui n'a jamais accepté le partage de l'autorité avec le Consulat et la bourgeoisie, gouverne comme un despote. Il s'appuie sur un entourage de fidèles, souvent étrangers à la ville, sur son armée, sur le château de Pierre-Scize où il a mis une garnison. Il perd sa popularité et on craint de sa part un coup de force. L'atmosphère est tendue. La crise éclate le 18 septembre 1593. Le bruit se répand d'une attaque contre le pont du Rhône. Aussitôt la population se soulève : les rues se couvrent de barricades, la milice s'arme, on tend les chaînes et on manifeste. Le Consulat prend le relais, provoque une assemblée qui se dresse contre le gouverneur. Les troupes du Consulat s'emparent du château de Pierre-Scize et, le 23, Nemours, fait prisonnier, y est conduit et enfermé, puis il est remplacé dans ses fonctions par l'archevêque Pierre d'Epinac. C'est une révolution qui fait grand bruit.

L'internement du duc de Nemours ne met pas fin à l'attachement des Lyonnais à la Ligue, ni aux troubles qui agitent la ville. Celle-ci est prise entre deux feux : d'un côté, le marquis de Saint-Sorlin ravage cruellement le plat pays ; d'un autre côté, le colonel d'Ornano, avec les troupes royalistes, s'avance vers la Guillotière. La confusion est à son comble. Les partisans de Nemours et d'Epinac qui se combattent, les exaltés de la Ligue jusqu'au-boutistes, les royalistes qui relèvent la tête se partagent la population et le Consulat.

Le 7 février 1594, quelques conseillers et notables, appuyés par des éléments de la milice, occupent les points stratégiques de la ville. De toutes parts, les royalistes sortent, arborant l'écharpe blanche, couleur d'Henri IV. Le soir même, les échevins invitent le colonel d'Ornano à faire entrer ses troupes dans la cité et le 9 février, l'assemblée des notables déclare vouloir « *désormais se soubmettre et demeurer sous l'obeyssance du roy Henry* ».

Mais tout n'est pas terminé. La Ligue garde des partisans : les frères Nemours et leurs fidèles, l'archevêque d'Epinac et le clergé, une partie du menu peuple. Pour compliquer la situation, Charles Emmanuel de Savoie s'évade de Pierre-Scize en juillet 1594. Il a pris le costume et la perruque de son laquais et il sort tout simplement, en portant un récipient de « *commodité bien rempli et malodorant* ». Il reprend la lutte contre Lyon et ne se soumettra jamais. Retiré à Annecy, il meurt de phtisie le 13 août 1595. Il a 28 ans.

Philibert de LA GUICHE, gouverneur du Lyonnais de 1595 à 1607

Les guerres et la Ligue ont profondément bouleversé la ville de Lyon et la région. Tout est à restaurer : l'ordre, les institutions, l'économie. Ce sera l'œuvre du nouveau gouverneur, Philibert de la Guiche. Celui-ci est nommé le 15 septembre 1595, bien que la ville soit ralliée depuis le 8 février 1594. Pendant dix-huit mois, Lyon reste sans gouverneur En fait, le roi partage le pouvoir entre deux de ses fidèles dont il délimite soigneusement le domaine. Alphonse d'Ornano pour les opérations militaires et Pomponne de Bellièvre, pour les affaires civiles. .

Alphonse d'Ornano est un Corse, né à Ajaccio (la Corse est génoise) dont la famille sert la France. Fidèle des rois Henri III et Henri IV, il lève des troupes en Corse, ce qui lui vaut d'être nommé colonel général des Corses, puis des Italiens. Nous avons déjà défini ce grade, un des plus hauts de l'armée française. Il lutte contre la Ligue en Dauphiné et obtient la soumission de Lyon. En 1595, Henri IV l'élève à la dignité de maréchal de France. La guerre continue. Les troupes de Nemours occupent Thoissey au nord et Vienne au sud. Elles barrent les deux routes d'accès à Lyon et peuvent l'isoler et l'affamer. Mais la résistance de la Ligue touche à sa fin. Mayenne est chassé de Bourgogne et les Espagnols sont battus à Fontaine Française. Le maréchal d'Ornano reprend Thoissey de vive force et Vienne par surprise. La résistance est plus dure dans le Forez où Montbrison ne se rend qu'en avril 1596.

Pomponne de Bellièvre (1529-1607) appartient à une ancienne famille lyonnaise d'hommes de lois qui s'est élevée par la voie des offices jusqu'aux plus hautes charges. Il se distingue par son activité diplomatique auprès des Cantons suisses, en Pologne, aux Pays-Bas et comme négociateur de la paix de Vervins avec l'Espagne. Il s'élève en même temps par les charges administratives : président du présidial de Lyon, puis du parlement de Paris, enfin chancelier de France. Il est envoyé à Lyon à cause de sa compétence et de sa connaissance du milieu, pour réorganiser l'administration et effacer les conséquences

Pomponne de Bellièvre (Gadagne Musées).

des guerres civiles. Dans l'immédiat il importe de réduire la résistance du clergé et de son chef, Pierre d'Epinac. Celui-ci est exilé hors de la ville et mettra six mois pour se soumettre. Quant au clergé, il attendra l'absolution pontificale pour reconnaître Henri IV. Les finances sont délabrées, la dette de la ville s'élève à 600 millions d'écus ; les rétablir sera le problème des deux siècles à venir, jamais résolu d'ailleurs. L'économie est en ruine. La soierie est la plus touchée, les grands marchands sont partis et les foires sont désertées. Le chômage et la misère accablent le petit peuple. Enfin, le désordre et l'anarchie sévissent dans les services administratifs. Bellièvre s'efforce de remettre de l'ordre dans la maison. Il dissout les institutions de la Ligue, tel le Conseil d'État, révoque les ordonnances de Saint-Sorlin, épure l'administration et la milice, rétablit les tribunaux. En tous ces domaines, il donne l'élan aux réformes qui seront poursuivies par ses successeurs. Le 21 septembre 1595, Henri IV fait son entrée solennelle dans la ville de Lyon, avec le déploiement du faste traditionnel, en un long cortège où le Consulat, l'Eglise et toutes les autorités défilent. La rébellion est terminée.

Philibert de la Guiche appartient à une ancienne famille du Charolais, qui détient traditionnellement le bailliage de Mâcon. Son grand-père, Pierre, fut un grand capitaine et un négociateur habile. Son père, Gabriel, était seigneur de la Guiche, Chaumont, Torchy et Saint Géran, noms que porteront ses successeurs, et bailli de Macon. Lui-même recueillera ces titres dans sa jeunesse. Il fait un beau et riche mariage : il épouse Isabelle de Chabannes, petite-fille de l'ancien gouverneur du Lyonnais, le maréchal Jacques de Chabannes, seigneur de la Palice et héritière de son importante seigneurie· En 1572, lors de la Saint Barthélemy, en tant que bailli de Mâcon, il fait interner les protestants de cette ville, mais il s'honore en s'opposant par les armes à leur massacre. Il n'en combat pas moins les réformés dans la région.

Il s'attache au duc d'Anjou, futur Henri III, l'accompagne en Pologne lorsqu'il va ceindre la couronne à Cracovie, et fait partie de la bande des jeunes gens qui l'entourent. Il participe à ses côtés aux Guerres de Religion, aux batailles de Jarnac et de Moncontour en 1569. Chevalier de l'ordre du Saint Esprit, conseiller d'État, il reçoit, en 1578, la charge de Grand Maître de l'artillerie. C'est une fonction prestigieuse qu'Henri IV fait figurer parmi les grands offices de la couronne. L'artillerie est alors une arme autonome qui ne fait pas partie de l'armée. Le Grand Maître nomme aux emplois vacants et exerce une juridiction sur l'ensemble de l'artillerie, y compris les poudres et salpêtres. Dans cette charge, La Guiche fait preuve de compétence, d'honnêteté et d'un grand désintéressement.

Parce qu'Henri III a reconnu Henri de Navarre comme son successeur, il s'attache à celui-ci et combat les ligueurs à ses côtés. Il se distingue à la bataille d'Arques, plus encore à celle d'Ivry, où il commande l'artillerie qui contribue beaucoup au succès de la journée, et à celle de Fontaine Française contre les Espagnols. C'est parce que le roi est assuré de sa fidélité qu'il le met à la tête des provinces du Lyonnais qui ont hésité longtemps à le reconnaître et qui exigent une remise en ordre énergique. Mais sa nomination est ambiguë. Le 15 septembre 1595, le roi déclare à Lyon « *qu'il a baillé le gouvernement de ceste ville à son fils* (César de Vendôme, né de Gabrielle d'Estrées, légitimé et âgé de un an) *et à M. de La Guiche la lieutenance et le gouvernement de son dit fils* ». Mais les lettres de provision de M. de La Guiche enregistrées au parlement portent que celui-ci exercera la charge de gouverneur, jusqu'à ce

Entrée d'Henri IV à Lyon, 1595 (B.M.).

3
N
4
M
F
E
D
10
11
12
14
15

que César, fils naturel du roi, soit en âge. Il est donc bien gouverneur à part entière et le reste jusqu'à sa mort, le 14 juin 1607, alors que le duc de Vendôme n'a que treize ans.
Le 26 juillet 1596, Philibert de La Guiche fait son entrée solennelle ; on le conduit en grande pompe de la porte de Vaise à son logis, rue Saint-Jean, dans l'hôtel du Gouverneur, entre deux haies de pennons. Les échevins lui offrent le cadeau d'usage, une horloge en argent avec les mouvements de la lune et du soleil et autres singularités. Madame de La Guiche fait son entrée le 27 avril 1598. Il semble que le gouverneur réside habituellement dans sa cité. En 1604, son fils, François, y vient au monde ; il est baptisé à Saint-Jean. Il est certain que La Guiche vit ses dernières années à Lyon et qu'il y meurt. L'usage est rétabli de le doubler d'un lieutenant général. C'est d'abord Guillaume de Gadagne qui, chassé par la Ligue, est réinstallé par le roi et maintenu jusqu'à sa mort en 1606. Il est remplacé comme lieutenant général par un de ses gendres, Jacques Mitte de Chevrières, fils de Jacques qui a combattu avec les troupes de la Ligue. Celui-ci doit être d'un caractère difficile, car, sitôt installé, il se prend de querelle avec le gouverneur.
Un autre personnage apparaît : l'intendant ou du moins l'un de ses prédécesseurs, car les historiens débattent encore sur l'origine de l'institution. Henri IV en délègue trois : **Méric de Vic** en 1597, **Eustache de Refuge** en 1601 et **Guillaume de Montholon.** Ces personnages jouissent de pouvoirs considérables, d'autant plus qu'ils sont mal définis, ce qui leur permet d'intervenir dans tous les domaines. Fait nouveau, ils résident plusieurs années et s'installent dans la cité. En 1598, une lettre nous apprend que Madame de Vic habite rue Juiverie avec ses enfants et que, par crainte de la contagion, elle va résider à Bellecour où l'air est plus pur.

La mainmise sur le Consulat est la grande affaire du gouverneur. Lyon a gardé, depuis le XIVe siècle, de nombreux privilèges, malgré les empiétements du pouvoir royal et elle a montré, pendant la Ligue, qu'elle aspirait toujours à ses libertés et au droit de se gouverner elle-même. Henri IV, qui est hostile aux autonomies municipales, ne l'a pas oublié et il garde une profonde méfiance envers les Lyonnais, qu'il veut soumettre totalement à son autorité. La première atteinte aux droits traditionnels concerne les clés de la ville. Ce n'est pas une question de prestige. Parce que Lyon a le privilège de se garder elle-même, les portes sont fermées chaque soir et les clés remises aux échevins. Le 21 septembre 1595, le roi décide qu'elles seront désormais portées chez le gouverneur qui les conservera durant la nuit et qui donnera le mot aux sentinelles ; c'est donc lui qui a maintenant la responsabilité de la garde de la ville, ce qui est ressenti comme une grave atteinte aux droits de la cité.
Dans la foulée, un mois plus tard, le 15 décembre, Henri IV, par l'édit de Chauny, transforme le Consulat. Estimant que le nombre de douze conseillers est trop élevé, que les affaires seraient mieux et plus rapidement traitées avec un nombre réduit, il décide que, à l'instar de Paris, l'« *eschevinage de notre dite ville de Lyon, au lieu dudit nombre de douze, il y aura dorénavant qu'un Prévost des Marchands, et quatre échevins, un procureur et un clerc, un secrétaire* » tous élus ou nommés selon les formes habituelles. En fait, cette mesure ne vise qu'à réduire l'autonomie de la ville et faciliter les ingérences du gouvernement.
Mais cela ne suffit pas à l'absolutisme du souverain. Il veut s'assurer la parfaite soumission du corps consulaire et, pour ce faire, choisir le prévôt des marchands ; il l'écrit clairement à Philibert de la Guiche qui devra imposer dans les élections les candidats du roi. Le Consulat, qui tente de résister, redoute particulièrement que celui-ci déroge à la coutume

d'élire les échevins parmi les natifs de Lyon et n'impose des étrangers, et il obtient un engagement formel à ce sujet. Or, en décembre 1598, dans la liste que le gouverneur propose à l'élection figure un certain Allard qui n'est pas né à Lyon. Aux remontrances du Consulat, La Guiche répond que « *c'est la coutume des gouverneurs de la ville d'en faire les échevins* ». Puis, au moment de l'élection, comme le procureur général de ville, Goujon, se dresse, il se met en colère, lève son bâton et menace de « lui en donner sur la tête ». Et comme Goujon ne cède pas, « *le seigneur gouverneur, montrant la plus grande colère, et portant la main à l'épée aurait menacé d'en passer le bout à travers le corps du procureur général* ». En quelques autres circonstances, le Consulat peut encore résister à la volonté royale, mais, impuissant et résigné, il finit par se soumettre. Il perd son autonomie et n'est plus qu'un instrument docile entre les mains du roi et de son gouverneur.

Les affaires militaires sont toujours du ressort du gouverneur. Celui-ci s'attache à liquider les séquelles des guerres civiles. Après la soumission de Montbrison, il va, sur ordre du roi, faire démolir sa citadelle. Il discipline les pennons : par ordonnance, il leur interdit, en cas d'alarme d'élever des barricades et d'ameuter le peuple ; il leur prescrit simplement de se préparer et d'attendre les ordres. Le roi lui demande aussi de faire réparer les fortifications. Enfin il dispose d'une garnison de 200 Suisses ; ceux-ci ont été recrutés pendant la ligue et maintenus pour la garde des portes, un service que la milice supporte mal. Ces opérations relèvent de la remise en ordre après les troubles dont le gouverneur est chargé.
Le problème de la Savoie est plus grave. Le duc de Savoie s'est emparé du marquisat de Saluces qui appartient à la France. Après de vaines négociations, Henri IV se rend à Lyon avec son armée, en août 1600, et passe à l'attaque. Ses troupes occupent Bourg, Montmélian et Chambéry, contraignant le duc à traiter. Mais plusieurs compagnies séjournent à Lyon, bien que la ville soit exempte du logement des gens de guerre, malgré les protestations du Consulat qui, l'année suivante, réclame encore leur départ, parce que les soldats, logés chez l'habitant, causent beaucoup de gêne. Pendant ce temps, les négociations avec la Savoie se poursuivent et aboutissent au traité de Lyon, le 17 janvier 1601. La France abandonne le marquisat de Saluces et reçoit en compensation la Bresse, le Bugey, le Valromey et le Pays de Gex. C'est pour le Lyonnais, qui n'est plus désormais une région frontalière, un grand avantage. Curieusement, c'est au cours de cette guerre qu'Henri IV, laissant ses troupes, vient à Lyon où l'attend Marie de Médicis qu'il épouse le 17 octobre 1600 dans la cathédrale Saint-Jean.
Au total l'administration de Philibert de La Guiche est réparatrice. « *Il rallia les partis et ramena la paix et l'abondance dans une ville qui avait été longtemps en proie à l'anarchie ; il y passa les dernières années de sa vie, et mourut le jour de la Fête-Dieu, 14 juin 1607.* »

César de BOURBON, duc de Vendôme, gouverneur de 1607 à 1612

Peut-on considérer le duc de Vendôme comme un gouverneur du Lyonnais ? Fils naturel d'Henri IV et de Gabrielle d'Estrées, il naît en juin 1594 et il est aussitôt légitimé. Il a juste un an lorsque le roi le nomme gouverneur du Lyonnais, Forez et Beaujolais et désigne Philibert de La Guiche, puis Charles d'Alincourt pour gouverner à sa place. En fait, il n'a jamais exercé sa charge et n'est probablement jamais venu à Lyon. Toute sa carrière, parfois brillante, se déroulera ailleurs.

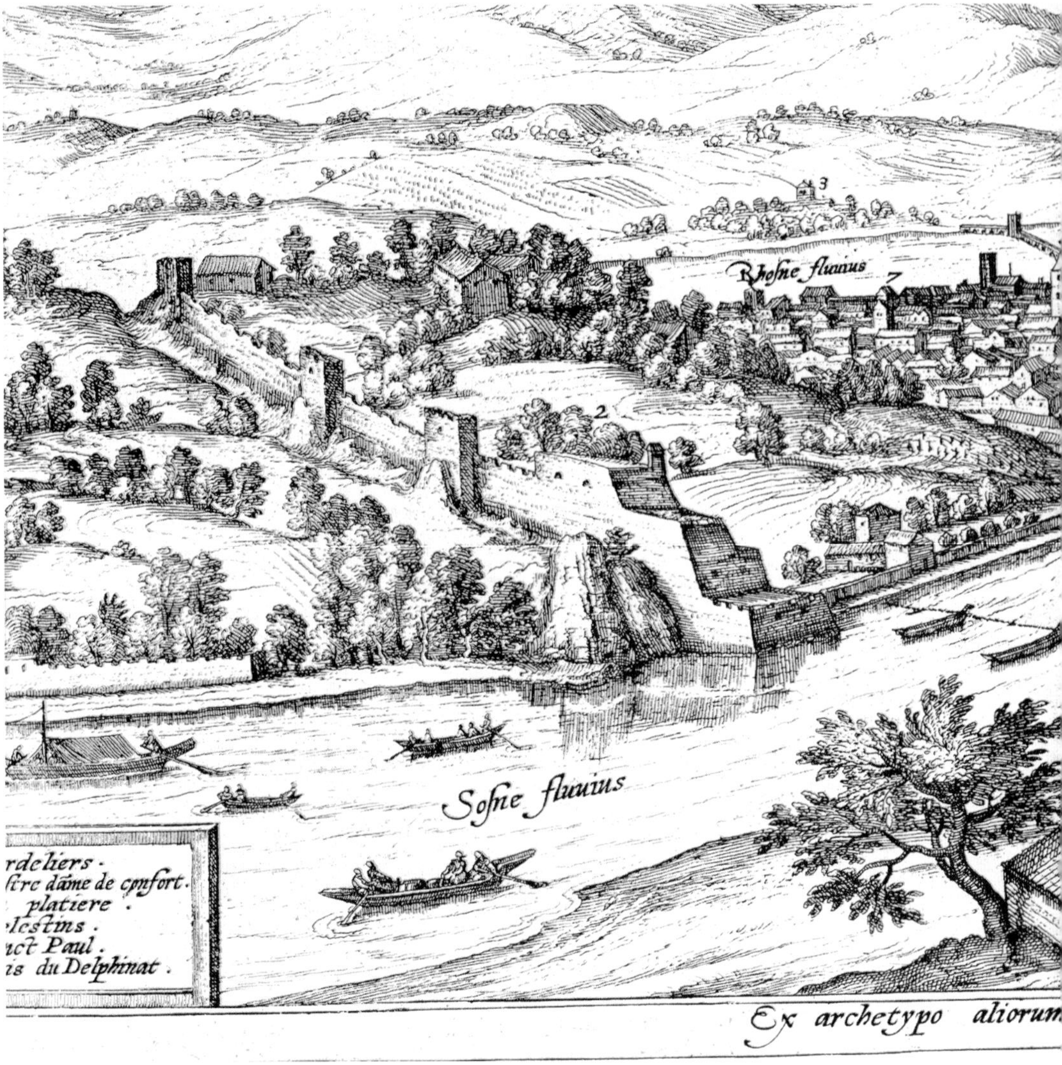

Lugdunum vulgo lion. La Saône, avec Pierre-Scize à droite, et le rempart de la Croix-Rousse à gauche (1580) (Musées Gadagne).

Les Guerres de Religion montrent jusqu'à quel degré de puissance peuvent s'élever les gouverneurs. Nemours à Lyon, mais ailleurs les Montmorency, Lesdiguières, Vendôme, etc. sont de véritables vice-rois dans leur province. Ils s'arrogent tous les pouvoirs, y compris ceux réservés au souverain : ils lèvent des armées, créent des impôts, distribuent des charges, traitent directement avec l'étranger et n'hésitent pas à prendre les armes contre le roi. Ils entraînent leur province dans leur clan, religieux ou politique, et si les Lyonnais finissent par arrêter et interner leur gouverneur, c'est une exception unique. On voit renaître l'esprit féodal, la formation de clientèles liées par un attachement qui ressemble à l'hommage, le désir de reconstituer des principautés de type médiéval, voire indépendantes, comme le projette le duc de Nemours. Le royaume est menacé d'être découpé en « satrapies », ainsi

que l'écrit un contemporain, et c'est le principe même de l'unité nationale qui est en jeu. Aucun contre-pouvoir ne se dresse plus face à l'autorité du gouverneur. Le sénéchal n'est plus qu'une ombre. Fonctionnaire de parade, respectable par l'ancienneté de son institution, il voit son autorité se réduire à commander l'arrière-ban, qu'on ne lève plus guère et à convoquer les États généraux, qui tombent en désuétude. Même le tribunal de la sénéchaussée lui échappe, accaparé par ses lieutenants au nom de la compétence juridique. Quant à la ville, dont l'autonomie jadis freinait la puissance du gouverneur, la royauté a tellement rogné ses droits et libertés qu'elle est réduite à présenter des « remontrances » dont elle sait qu'elles seront sans effet et qu'elle devra céder à toutes les exigences, surtout financières.

Même Henri IV, dans sa volonté de rétablir l'autorité royale, n'ose pas attaquer les gouverneurs de front. Pour les rallier, il doit transiger, traiter avec eux d'égal à égal, les maintenir dans leur charge, même les plus compromis, leur promettre des titres, des places et de grosses sommes d'argent, bref il est contraint de racheter chacune de ses provinces. On essaye de les affaiblir par des mesures indirectes. C'est ainsi qu'on multiplie le nombre des gouvernements pour en diminuer l'étendue, qu'on établit dans la province un fonctionnaire sûr, le lieutenant général, choisi le plus souvent parmi les officiers de fortune et chargé de surveiller le gouverneur et de contrebalancer son autorité, enfin et surtout on va développer l'institution nouvelle des intendants que les rois sauront maintenir dans une étroite dépendance et qui peu à peu accapareront tous les pouvoirs administratifs.

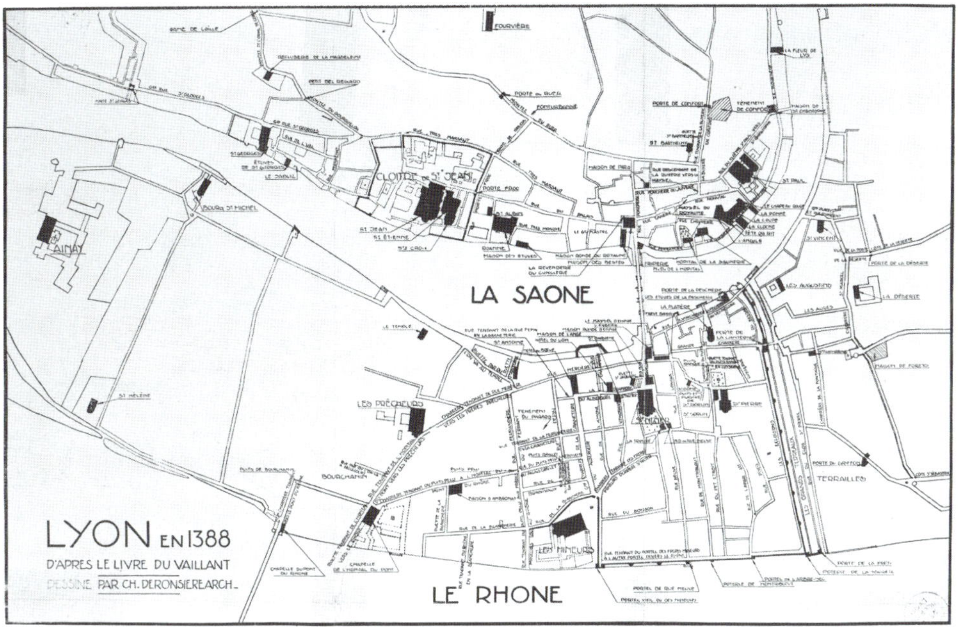

Ch. Deronsière, *Lyon en 1388*, d'après le livre du vaillant (AML).

Guerre de Cent ans. Bataille de Formigny, 1450. Miniature attribuée à Philippe de Mazerolles, tirée des *Chroniques de Charles VII* de Jean Chartier (BnF).

De Hames Hues, Bataille de Montlhéry, 1465, entre Louis XI et la Ligue du Bien Public. Indécise, elle ne décida pas du sort de la guerre (BnF).

La Bataille de Montlhéry, 1465 (BnF).

▲ Guerres d'Italie (1494-1559). Louis XII part affronter les Génois, 1499. À Lyon, il ordonne de clore la colline par de puissantes murailles. Enluminure Jean Burnichon, Paris (BnF).

◀ Guerres d'Italie (1494-1559). Théodore de Trivulse en Milanais. Il finit sa carrière comme Gouverneur de Lyon. Enluminure Jean Burnichon, Paris (BnF).

Le bastion Saint-Laurent, l'un des neuf bastions de la muraille Saint-Sébastien construite entre 1513 et 1550 à Lyon. Montée du Boulevard, Lyon.

Guillaume II Leroy, *Le Garbeau de l'Épicerie*, 1519. A droite, représentation du Consulat lors de l'investiture de Guillaume Gautheret (AML).

LES ORDŌNANCES DE LA VILLE DE LION
BAILLEES PAR MESSIEVRS LES CONCEILLIERS
A GVILLAVME GAVTHERET MARCHAT APPOTICAIRE
DE LA DICTE VILLE

▲ Manufacture d'Arras, 1530. Troisième panneau de la tenture de l'*Histoire des Gaules*. Devant le confluent du Rhône et de la Saône et la ville de Lyon, Lugdus, 13e roi des Gaules. Beauvais, Trésor Saint-Pierre, tapisserie, laine, lin.

◀ François de Tournon, gouverneur de Lyon, de 1536 à 1539.

Anonyme Fabriczy, Hendrik Gysmans, vers 1544-1612. La cathédrale Saint-Jean à Lyon, vue de la colline de Fourvière.

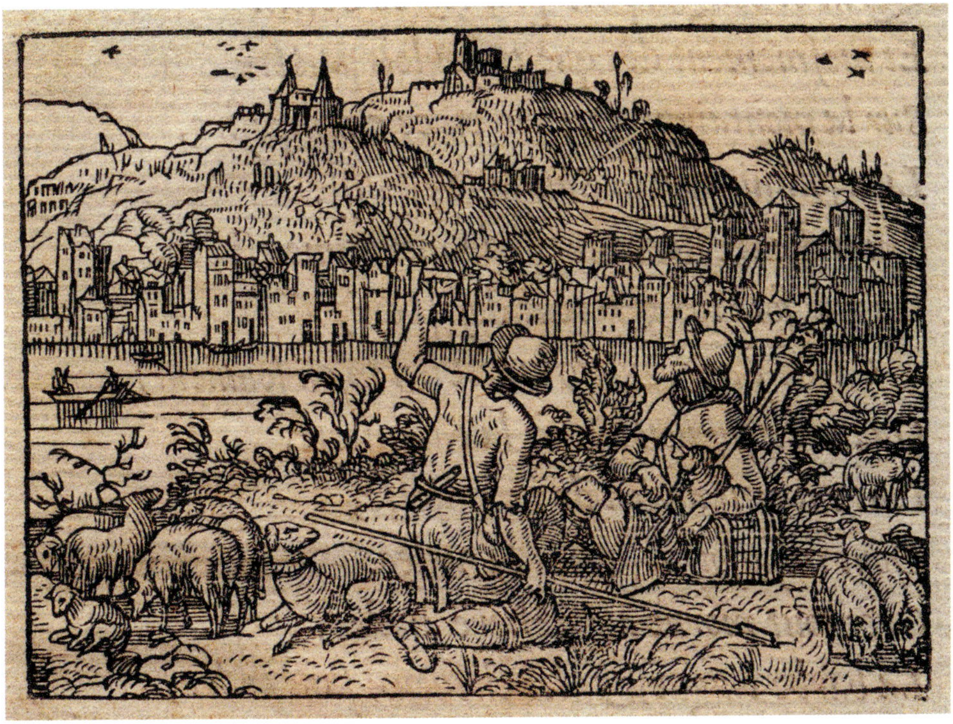

Bernard Salomon, Vue de la rive droite de la Saône au niveau de St Georges et de St Jean, 1547 (BML).

▲ Plan scénographique, 1555. Détail (AML)

◀ Lyon, 1560. La ville subit pendant treize mois l'occupation et la dictature des huguenots sous la main du Baron des Adrets.

Lyon, 1562. Le temple protestant du Paradis est l'un des trois lieux autorisés par le Maréchal de Vielleville (Musées Gadagne).

Lyon, 1562. Sac de la ville par les calvinistes, huile sur bois (Musées Gadagne).

Buste de Thomas Gadagne, J. Vérot, marbre, XVIe siècle. Son cousin Guillaume est nommé Lieutenant général en 1586.

1588. Mandelot est le seul gouverneur qui ne se soit pas enrichi (Musées Gadagne).

1586. L'Hôtel de Gadagne, sur la rive droite de la Saône, abrite cette famille influente issue de Florence, et dont Guillaume est lieutenant général.

L'archevêque Pierre d'Espinac remplace le duc de Nemours le 23 septembre 1593.

J.-F. Legendre-Heral, 1829. Tête de Henri IV, dont la volonté de rétablir l'autorité royale à Lyon passe en 1596 par celle des gouverneurs (Musées Gadagne).

Charles Emmanuel de Savoie, duc de Nemours, s'évade de la forteresse de Pierre-Scize en juillet 1594.

Warhafftige Zeytung auß der Statt Lyon waß sich für freyden Haben zugetragen nach dem sie sich dem König von Navarra er zeben den 7. tag February des 94 Jars.

DEn 7 tag Februarij des 1594 Jars. Haben Burgermeister Rath/vnd die gantze gemeind der Statt Lyon jren wolbedachten Rathsbeschluß/sich vnter den Gehorsam Heinrich/diß Namens deß vierten/von Gottes Gnaden/Königs in Fräckreich vñ Nauarra/zubegeben/glücklich vñ freydig ins Werck gerichtet. Welcher Tag in der Warheit für glückselig geachtet/vnd mit einem weissen Malzeichen gemerckt werden sol/inn massen auch das gantze Volck/die folgende acht Tag mit grossen frewden weisse Feldzeichen vmbgehangen vnd weisse Federbüsch auff gesteckt/frewdenfewer auff allen Plätzen angezündet/vñ mit heller Stim̃ von gantzen Hertzē geschrihen Vive le Roy. Glück zu dem König/auff welches der Schal der Drommeten vnd Claret/auch das schiessen vnnd donnern viler grosser Carthaunen vnd allerhand andrer Püchsen erfolget.

Deß Königes Contrafait/hat der Obristen Capitan einer auff einer Tafel/auff welcher seine Maiest. in voller Rüstung/gar eigentlich vñ nach dem Leben/von einem fürtrefflichen Maler/abgemalet/vnnd mit Lorberzweygen vmbgeben/zu Seiner Maiest. Ehr vnd Lob/an einem sichtbaren Ort/an den vmgängen des Rathauses/auff gehengt vnd dem Volck mit vnbedecktem Haupt/vnd disen worten/so er mit hoher Stim̃ zu dem selben geredet/von dañen gezeiget: Sehet das ist vnsers Königes Bildnuß/der will vns bey der Catholischen/Apostolischen vñ Römischen Religion erhalten. Dem last vns gehorchen vnd Gott für seine Gesundheit/glückselige Regierung vnnd langes Leben bitten/vñ ein helliglich mit einander schreien Vive le Roy Glück zu dem König.

Gedruckt zu Nürnberg bey Georg Lang Formschneider.

Nach diesem hat man die ermeldte Tafel auff den grossen Platz getragen/den man Nennet La Place de Change. vn alda nicht allein disen/sonder auch die folgenden Tag gelassen/allda sich das Volck in grosser anzal mit blossen Häuptern/vnd grossem/frewden geschrey versamlet/vnnd zu vilen vnd vnterschiedliche maln geschrihen/Vive le Roy. Glück zu dem König.

Zwen tag hernach/als sich die Statt für den König erkläret/ist der dapffer vnd Handveste Capitan Alphonsus d Ordano ein getrewer vnd Catholischer Diener deß Königes/beruffen/der ist der Statt zu hülff vnd beystand/mit seiner Reutterey vnd Fußvolck/gebürlicher massen in die Statt gelanget vñ hat hernach diß sein Volck für Toisley geführet Vber dieser gemeinen Frölichkeit/deren alle frommen theilhafftig sein/vnd deren Tag man mit grossem verlangen/so lang gewartet/solle sich billich die Statt vnd das gantze Land/Lyon/sampt allen Benachbarten frewen/die weil sich das Glück selbs herzu findet/vnnd alles Vngewitter vnd trübe Gewülck der Auffruhr vnd Empörung/welche die schönheit vnserer Statt vngestalt gemachet/vertreibet nicht anders/als wie zu auffgang der Sonnen/aller schatten der Nacht vnnd die/Finsternuß weichen/vnnd disem grossen Liecht der Welt platz geben müssen/Derowegen sich dann nochmals jederman erfrewen/deß vergangenen Vnfallens vnd erlittenen Elends vergessen vnd der gütigkeit Gottes dancken solle daß er vns von dem tieffen ja tödlichen Schlaff/der vnsere Augen gantz vnd gar verschlossen vnd versigelt/alle empfindligkeit hinweg genommen hette/das wir vnser übel vnd vnglück selbs nicht fühleten endlich ein mal erwecket.

DEn 16. deß Monats Februarij/haben alle Kinder der Stat auff dem Platz denn man nennet La place du change ein Pyramidem oder Hohe zugespitzte Säul in einem roten Feld auff allen seyten mit Siegzeichē vmbgeben auffgerichtet/vnd in wendig mit püscheln Reisig/Item Racketen vnd anderm künstlichen Fewerwerck außgefüllet. Den hat Man auff den Abend vnten an dem Postament angezündet/vnd ist wegen eines Rors oben an der spitzen deß Pyramidis/durch welches das Fewer hinauff gelauffen mit grossem Lust von jederman gesehen/vnnd zu einem Frewden zeichen das sich die Statt in deß Königes gehorsam ergeben/zugerichtet worden.

Lyon, 1594. Relation véritable de ce qui s'est produit comme joie dans Lyon une fois qu'elle s'est rendue au roi de Navarre, le 7 février 1594. Planche coloriée, Nuremberg, 1594 (BnF, Cbt des estampes).

L'hôtel de la Couronne, rue de la Poulaillerie, servit d'Hôtel de Ville, de 1604 à 1655.

Cl. Ménestrier, *Les réjouissances de la paix faites dans la ville de Lyon le 20 mars 1660*, (BML)

I. Silvestre, Saint-Nizier de Lion (in *Les lieux les plus remarquables...*, Paris, 1655) (BML).

Chapitre 4

La dynastie des Villeroy l'ascension familiale

De la mort de Philibert de La Guiche en 1607 à la suppression des gouverneurs par la Révolution française en 1791, pendant 184 ans, six membres de la famille Villeroy se succèdent à la tête du gouvernement du Lyonnais. Non seulement ils se transmettent la fonction de père en fils ou d'oncle à neveu, mais ils occupent aussi et généralement la charge de lieutenant général, soit par eux-mêmes, soit par leurs fidèles. Comme par ailleurs les archevêques de Lyon se recrutent dans leur famille ou leurs alliés, la dynastie des Villeroy cumule en principe tous les pouvoirs, militaires, civils et religieux pour lesquels elle a obtenu une hérédité de fait, ce qui lui confère une puissance incomparable, face à l'administration de la ville et face au pouvoir grandissant des intendants.

Charles de NEUVILLE, marquis d'Alincourt, gouverneur du Lyonnais de 1607 à 1642

La dynastie des Neuville Villeroy représente un bel exemple de l'ascension sociale sous l'Ancien Régime, qui peut mener de la basse roture à la haute noblesse par le service du roi. Les Neuville sont issus d'une famille roturière de poissonniers. Venus à Paris, ils sont encore marchands de poissons au XVe siècle, mais déjà bourgeois de la ville. Ils s'élèvent par la voie des offices administratifs et par d'heureux mariages : en 1549, Nicolas Ier épouse la fille du seigneur de Villeroy et prend le titre de cette maison. Chaque génération progresse dans la hiérarchie sociale. Vers 1560, ils accèdent à la noblesse et à la fortune. Nicolas IV de Neuville, seigneur de Villeroy, effectue une brillante carrière. Il devient secrétaire d'État, c'est-à-dire ministre, et le reste sous quatre rois, de François II à Henri

Charles de Neuville, marquis d'Alincourt, Gouverneur du Lyonnais (1560-1642).

IV. Esprit modéré, laborieux et habile, il joue un rôle important à l'époque de Catherine de Médicis et d'Henri III. Il fait un très beau mariage avec Madeleine de l'Aubépine. Jolie femme, intelligente et cultivée, très mêlée à la vie mondaine et aux cercles intellectuels de la cour, elle-même écrivain, elle décrasse la famille de sa roture et lui donne ce vernis de bonnes manières et de culture qui font le gentilhomme de ce siècle.

Charles de Neuville, connu jusqu'à la mort de son père sous le nom de marquis d'Alincourt, une terre de Champagne appartenant à la famille, naît vers 1560. Il embrasse la profession des armes, sert quelque temps sous Lesdiguières, puis entre dans la clientèle du duc de Joyeuse, devient guidon de sa compagnie et un fidèle d'Henri III. Le duc tente de balancer l'influence de Montmorency dans le Languedoc, mais il est tué à la bataille de Coutras et son entourage rejoint les ultra-catholiques. Charles d'Alincourt retombe sous la coupe de son père qui a des ambitions pour lui. Nous avons vu qu'il lui fait épouser Marguerite, une fille du gouverneur Mandelot, qui lui donnera trois enfants, avec, dans la corbeille des mariés, la promesse de la survivance de son gouvernement. Mais à sa mort, son père étant disgracié, le roi se déjuge et nomme le duc de Nemours, au grand dépit des Villeroy. Ceux-ci, pendant les troubles de la Ligue mènent un jeu louvoyant entre les partis. Ils sont incontestablement du côté des catholiques, tout en désapprouvant leurs excès. Lorsque Lyon bascule dans la révolte, Charles d'Alincourt tente de se faire une place de dirigeant, mais il ne s'entend pas avec le duc de Nemours et quitte la ville. Le duc de Mayenne, chef des ligueurs, lui donne alors le gouvernement de Pontoise. Il participe avec son père aux négociations menées avec le futur Henri IV. En 1594, ils savent monnayer leur ralliement contre la promesse d'un secrétariat d'État pour le père, le maintien du fils à Pontoise et la somme de 500 000 livres, énorme pour l'époque. L'année suivante, sa femme étant décédée, Charles d'Alincourt se remarie avec Jacqueline de Harlay, fille du baron de Sancy, colonel général des Suisses et lieutenant général de Bourgogne. Il poursuit sa carrière à la cour : en 1597, il est présenté pour la place de Grand Maître de l'artillerie, mais le roi ne le juge pas capable de remplir cette charge. En 1600, il est envoyé en Italie pour négocier le mariage d'Henri IV avec Marie de Médicis et par la suite, il est nommé ambassadeur à Rome. À la mort de Philibert de La Guiche en 1607, le roi le rappelle pour lui confier la lieutenance générale de Lyon et des provinces de Lyonnais, Forez et Beaujolais, à la place de son fils mineur, César de Vendôme, mais en fait le gouvernement, qui devient effectif en 1612.

Charles d'Alincourt gouverne le Lyonnais durant trente-cinq ans, de 1607 à 1642, sous Louis XIII. Au cours de la jeunesse du souverain, le pays voit renaître les éléments de trouble qu'Henri IV avait su contenir. Le pouvoir central, mal assuré par la régente, Marie de Médicis, est aux mains de favoris : Concini d'abord, un aventurier avide et détesté, puis, après son assassinat sur ordre du roi, de Luynes, un petit noble qui ne sait pas rétablir l'ordre ; il faut attendre, en 1624, l'arrivée au pouvoir de Richelieu pour que l'autorité royale soit restaurée. Durant cette période, l'esprit de rébellion qui avait sévi au temps des guerres de religion, renaît dans la noblesse qui se révolte et chez les protestants qui recommencent la guerre. Or, Lyon échappe à ces troubles : la ville n'a pas de noblesse, peu de protestants et surtout l'autorité et la direction ferme du gouverneur maintiennent la province dans la paix et la soumission au roi.

Maison de Vimy, château d'Ombreval, vers 1650 (Sylvestre, B.M.).

Charles de Neuville s'installe et s'impose. N'ayant ni hautes fonctions militaires, ni charges à la cour, il peut se fixer à Lyon. Il achète et habite en 1619 un hôtel place du Petit Palais, devenue place du Gouvernement, à côté du logis qui fut occupé par Mandelot et Nemours. Il aime également se rendre à Vimy, à quelques kilomètres de Lyon, où il possède une maison de campagne.
Charles d'Alincourt affirme sa maîtrise sur Lyon. Il se fait confirmer la possession des clés des portes durant la nuit, que le Consulat a cherché à reprendre. Il tente d'établir une garnison de 300 Suisses, pour la défense de la cité contre les protestants, en réalité pour surveiller celle-ci et au besoin la contraindre, mais le Consulat fait échouer le projet. Il réussit à garder l'organisation des étapes de l'armée qui, ailleurs, passe aux intendants. Pour répondre aux désirs de Richelieu, il fait démanteler de nombreux châteaux en Forez, ainsi que les murailles de Thizy. Il ne supporte aucune concurrence dans le voisinage. Ainsi, il pousse à la démolition de la citadelle de Bourg, parce que, dit Richelieu, « *elle lui faisait de l'ombre, étant trop proche de Lyon* ».
Courtisan, souple et humble envers le pouvoir central, il se révèle orgueilleux et méprisant avec ses subordonnés, notamment avec la bourgeoisie consulaire et même avec ses pairs, comme en témoigne sa longue querelle avec son lieutenant général. Celui-ci, Melchior Mitte de Chevrières, seigneur de Saint-Chamond, né en septembre 1586, est le fils de Jacques de Chevrières qui fut actif pendant la Ligue. Il appartient à la plus puissante et à l'une des plus anciennes maisons du Forez. « Premier baron du Lyonnais,» sa terre est érigée en marquisat par la régente Marie de Médicis. Il partage son temps entre sa ville de Saint-Chamond où il crée églises et couvents et la cour à Paris où il possède un hôtel. Il épouse Isabeau de Tournon dont le grand-père fut gouverneur de Lyon. En 1612, lorsque César de Vendôme abandonne sa charge de gouverneur à Charles d'Alincourt, il reçoit la lieutenance générale que celui-ci exerçait jusqu'alors. C'est un homme orgueilleux et difficile de caractère et, dès sa nomination, fier de l'ancienneté de sa maison, il entre en rivalité avec d'Alincourt qui veut lui imposer son autorité mais qu'il méprise comme un

parvenu. Chargé, en 1617, de lever un régiment, il refuse, malgré les ordres du roi d'en référer au gouverneur et n'hésite pas à prendre les armes contre lui. D'Alincourt vient à son tour assiéger et enlever Montbrison et la lutte reprend. Après plusieurs interventions royales, un accord est signé en 1619. Le gouverneur évacue le Forez ; Mitte de Chevrières abandonne ou plutôt vend, pour 225 000 livres, sa lieutenance générale qui est donnée à Henri de Villeroy, comte de Bury, second fils du gouverneur, renforçant ainsi sa mainmise sur la province.

Derrière la prééminence affichée du gouverneur se profile la montée silencieuse de l'intendant. Il s'installe de façon permanente dans un vaste hôtel à Bellecour où ses bureaux se multiplient. Ensuite, ses pouvoirs se précisent. Si Ollier, en 1617, n'est qu'intendant de justice, d'Herbelay, en 1635, a la justice, la police et les finances, le droit de présider les juridictions et les assemblées, d'assister aux élections, de surveiller les finances, de suspendre les officiers. Une sorte de partage tacite des pouvoirs s'établit avec le gouverneur. Celui-ci garde le rôle de représentant du roi, les relations avec le Consulat, les affaires militaires et une supériorité incontestée. L'intendant prend la haute main sur la justice et les finances et étend son autorité sur le plat pays, avec la formation de la généralité de Lyon, étendue sur les trois provinces, et divisée en quatre élections à Villefranche, Saint-Etienne, Montbrison et Roanne.

C'est donc Charles d'Alincourt, dont la famille n'avait pas d'attache lyonnaise, qui enracine la dynastie à Lyon, si profondément qu'elle s'y perpétue jusqu'à la Révolution et qu'elle finit par incarner la cité aux yeux du pouvoir central et aux yeux de l'histoire.

À partir de Richelieu, l'intervention du gouvernement central dans les élections consulaires, notamment celle du prévôt des marchands, devient la règle et le gouverneur est chargé d'imposer les candidatures royales. Mais périodiquement le Consulat et l'assemblée des métiers résistent, ce qui provoque la colère de Charles d'Alincourt, laquelle éclate en violences injurieuses, au point que les échevins refusent un moment de le rencontrer « *de peur qu'après tant d'opprobres, injures et menaces, il n'en vienne aux coups* ». Ils se plaignent au roi de ce que le gouverneur dispose arbitrairement des nominations aux charges municipales, qu'il impose ses candidats, n'hésitant pas à casser les élections de son propre chef et à emprisonner les opposants, sans intervention de la justice, qu'il gène la circulation des marchands et des marchandises, en imposant des passeports et des taxes à son profit, qu'il maintient des garnisons dont la ville est exempte, et ils obtiennent en partie satisfaction. Néanmoins la marche vers la centralisation, voulue par Richelieu, les dépouille de leurs libertés et de leurs droits. « *Vous n'êtes pas convoqués pour délibérer s'il faut obéir, mais pour délibérer sur les moyens à prendre* » leur rappelle durement le gouverneur. L'autonomie municipale disparaît et le Consulat ne conserve que des fonctions de gestion : la police urbaine et les pennonages, l'organisation économique et la surveillance des métiers, l'assistance publique, la voirie et l'approvisionnement de la cité.

Si le gouvernement s'efforce de soumettre la ville à sa totale obéissance, c'est avant tout pour en tirer de l'argent. La politique de Richelieu coûte très cher et les impositions de toutes sortes se multiplient et s'alourdissent. À partir de 1635, l'impôt n'a jamais été aussi écrasant. La population traduit son mécontentement par des manifestations menaçantes qui provoquent l'intervention du gouverneur. En 1632, c'est une véritable émeute qui éclate contre un fermier des douanes dont la maison est pillée et le mobilier brûlé et

La création du Régiment de Villeroy (1616) (*in* P. Massin, *Sadi Carnot, le Régiment de Lyonnais*, 1616-1794, Lyon, 1929).

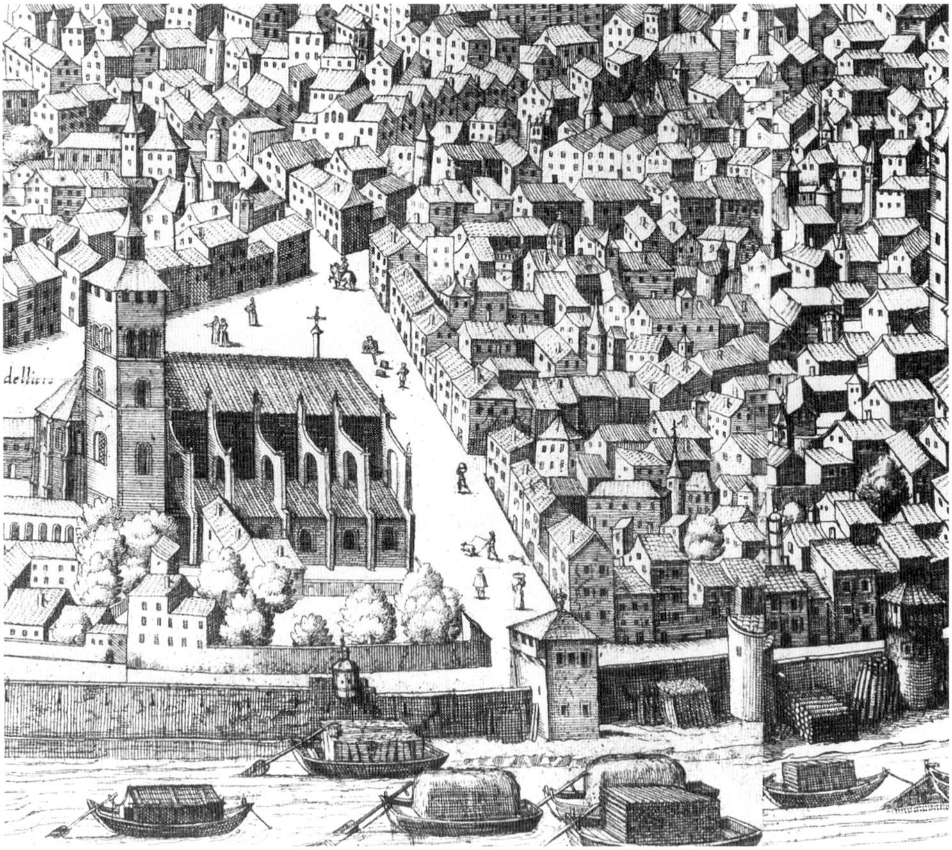

Les remparts de la rive droite du Rhône, construits au début du XVIe siècle (ext. Plan de S. Maupin, 1659, *in* D. Meynis, *Grands souvenirs de l'Eglise de Lyon*, Lyon, 1886).

Charles d'Alincourt peine à rétablir l'ordre. Pour calmer l'agitation, le roi envoie quatre régiments qui occupent la ville et y séjournent quelques mois. À ces difficultés s'ajoute, en 1628, une épidémie de peste particulièrement virulente, qui provoque la mort d'une grande partie de la population, qui bouleverse les familles, les métiers et les commerces et qui récidive périodiquement. Néanmoins, l'activité économique renaît, mais change de nature. Le commerce et la banque ainsi que les foires sont encore puissants, mais ne retrouvent pas l'immense espace commercial qu'ils ont connu. En revanche, l'industrie de la soierie se développe et Lyon est en passe de devenir une cité manufacturière. Cependant le chômage et la misère restent inquiétants : l'Aumône générale distribue 15 000 pains par semaine et l'Hôtel-Dieu doit emprunter pour subvenir au soulagement des pauvres.
Charles d'Alincourt et les siens s'engagent fortement dans le mouvement de « renaissance catholique » qui suit les luttes religieuses du XVIe siècle, principalement par la construction de nouveaux couvents. En 1616, son épouse, Jacqueline de Harlay, fonde le monastère des Carmélites sur les pentes de la Croix-Rousse. Elle s'y réserve une chapelle qui devient la chapelle mortuaire de la famille Villeroy, où beaucoup de ses membres seront inhumés.

En 1620, Charles fait venir les Feuillants et les installe sur un terrain qu'il offre au pied de la Croix-Rousse, côté Rhône ; ses fils présideront à l'érection de l'église. Il intervient pour favoriser l'implantation des Visitandines de Sainte-Marie à Bellecour, où saint François de Sales meurt en 1622, avec lequel il entretenait une sainte amitié. Ces trois fondations disparaîtront à la suite de la Révolution. Il soutient la venue des Chartreux sur le plateau de la Croix-Rousse et contribue par ses largesses à l'édification de l'Hôpital de la Charité, destiné aux pauvres. Son attachement au catholicisme est profond et sincère.

Charles d'Alincourt continue l'œuvre des fortifications de la cité. Il s'attache d'abord à moderniser l'enceinte de la Croix-Rousse, en l'adaptant aux normes nouvelles. Devant la courtine, il fait construire des demi-lunes en terre, un chemin couvert au-delà de la contre-escarpe et protéger la porte de Saint-Sébastien qui ouvre dans la muraille, par un ouvrage avancé, un ravelin. Il achève ensuite les fortifications côté Rhône par la construction d'un rempart autour de la pointe d'Ainay, prolongé jusqu'au pont du Rhône, où il se termine par le bastion Villeroy, en avant de la Charité ; puis il remet en état la muraille, des Cordeliers jusqu'aux Terreaux. Pour faciliter la circulation sur la rive gauche de la Saône, il fait ouvrir sous le fort Saint-Jean une porte fortifiée, « la porte d'Alincourt ». Elle est percée dans la roche et précédée d'un couloir voûté auquel aboutit la chaîne qui barre la rivière.

Ayant rempli sa tâche, Charles de Neuville meurt le 17 janvier 1642, à l'âge de 82 ans et il est inhumé dans la chapelle mortuaire du couvent des Carmélites de Lyon. Il laisse une importante postérité : neuf enfants, nés de ses deux mariages.

NICOLAS DE NEUVILLE, premier duc de Villeroy, Maréchal de France, gouverneur de 1642 à 1685

Fils de Charles d'Alincourt et de Jacqueline de Harley, il naît le 14 octobre 1598 à Pontoise. Promu enfant d'honneur de Louis XIII, il est élevé avec ce dernier et il restera toujours un de ses familiers. À 17 ans, il reçoit la survivance du gouvernement du Lyonnais ce qui établit une hérédité de fait dans sa famille.

Il choisit le métier des armes et il fait une carrière militaire des plus honorables. S'il n'a pas de grandes victoires à son actif, du moins se bat-il sur tous les fronts et il se révèle un bon général. En 1617, sa première campagne le mène en Piémont, sous les ordres de Lesdiguières qui soutient le duc de Savoie attaqué par les Espagnols ; il sert longtemps sous les ordres de ce chef prestigieux. À cette occasion il lève et commande un régiment qui, selon l'usage, porte son nom : le régiment de Villeroy, qui devient en 1635 régiment de Lyonnais. C'est une belle unité qui figurera dans toutes les guerres à venir avec honneur et gloire. En cette même année 1617, il épouse Madeleine de Créquy, petite-fille du duc de Lesdiguières et fille du maréchal de Créquy-Blanchefort. « C'était, dit un contemporain, le mariage des rois de Lyon avec les rois de Grenoble », grâce auquel la famille Villeroy finira par hériter l'immense fortune des Lesdiguières. En 1621, il lutte contre les protestants révoltés, aux sièges de Saint-Jean-d'Angély, puis de Montauban où il commande 6 000 hommes.

Nommé maréchal de camp, il retourne en Italie, en 1639, où la France intervient pour soutenir les droits du duc de Nevers à la succession du duché de Mantoue. Il prend part au forcement du Pas de Suse, puis à la prise de Pignerol. En 1636, la France entre dans la

Nicolas de Neuville, duc de Villeroy, maréchal de France, Gouverneur du Lyonnais (1598-1685) (*in* P. Massin, *Sadi Carnot, le Régiment de Lyonnais*, 1616-1794, Lyon, 1929).

Guerre de Trente Ans contre les Habsbourg d'Autriche et d'Espagne. Il se bat longtemps sous les ordres de Condé, en Franche-Comté, alors espagnole, en Bresse et au siège de Dole. En 1640, il revient en Savoie dont le duc s'est allié à nos ennemis, et il est au siège de Turin. Il est promu lieutenant-général en 1643. Il retourne en Franche-Comté, sous les ordres du maréchal de La Meilleraye, pour en chasser les Croates et, à nouveau, ruiner le pays et en faucher les blés en herbe. Il commande ensuite en Saintonge et en Angoumois, puis il passe en Catalogne et s'empare de Salers, dans le Roussillon. En 1645, lors de la conquête de la Lorraine, il réduit et détruit la forteresse de La Mothe, qui résiste très longtemps et l'année suivante il reçoit le bâton de maréchal.

Depuis le décès de son père en 1642, il est gouverneur de Lyon et des provinces de Lyonnais, Forez et Beaujolais. Mazarin, après la mort de Louis XIII, le nomme gouverneur du jeune Louis XIV, âgé seulement de huit ans. « *On ne sache pas qu'il ait beaucoup pesé sur la formation de son disciple, sauf à soutenir, de temps à autre, une mesure de bon sens et de fermeté de quelque subalterne.* » Toutefois, il accompagne Louis XIV dans son enfance vagabonde, et même dangereuse, au cours de la Fronde et il s'efforce d'en faire « le premier gentilhomme de France ». La loyauté bien connue de son caractère et ses qualités aimables lui méritent la bienveillance de son royal élève qui lui restera toujours attaché.
Il prend à la cour une situation politique importante, diversement jugée. Pour Saint Simon il n'est qu'un valet et un courtisan, mais Madame de Motteveille voit en lui *« l'homme le plus sage de la cour : sa plus grande qualité est de connaître mieux que personne le dedans du Royaume et d'avoir de la capacité et de la lumière pour les affaires de l'État »*. Tous s'accordent pour reconnaître sa grande adresse à louvoyer au milieu des orages du palais. « *Ce sage courtisan a toujours trouvé le moyen de se conserver et de se maintenir à la cour* », dit encore Madame de Motteville
Les honneurs s'accumulent sur sa tête. En décembre 1648, il est reçu ministre dans le Conseil du roi, où « *il y avait peu de personnes qui en capacité le pussent surpasser. Il était modéré, naturellement équitable, humble et habile tout ensemble* ». En 1661, il est nommé chef du conseil des Finances, un poste honorifique mais prestigieux. L'année suivante, il est décoré de la croix du Saint-Esprit. Enfin, en 1663, il reçoit, « *pour prix de ses leçons* », le brevet de duc et pair.
Il meurt le 28 novembre 1685 à l'âge de 87 ans et il est inhumé dans l'église des carmélites de Lyon où son frère, l'archevêque, lui élève un superbe mausolée.

Il exerce très peu ses fonctions de gouverneur, au début parce qu'il est à la guerre, ensuite parce qu'il ne quitte jamais le jeune roi dont il participe à l'éducation. Ses plus longs séjours à Lyon coïncident avec ceux de la cour qu'il accompagne, notamment à deux occasions. La première en 1642. Nommé en janvier, il fait son entrée en février, précédant le roi Louis XIII qui part combattre en Roussillon et qu'il accompagne. À son retour, il reçoit Richelieu et prend en charge ses prisonniers, Cinq Mars et de Thou, qui ont fomenté un complot. Il les fait enfermer à Pierre-Scize, puis, après un rapide procès, il donne les ordres pour leur exécution place des Terreaux. La seconde en 1658. Louis XIV vient à Lyon avec Anne d'Autriche et la cour. Pour assurer la paix avec l'Espagne, la reine souhaite le marier avec l'infante, mais le roi d'Espagne est réticent. Pendant que le jeune Louis XIV file le parfait amour, sous les ombrages de Bellecour, avec Marie Mancini, la nièce de Mazarin, celui-ci invite le duc de Savoie et sa fille qu'il semble vouloir marier au

Exécution de Cinq-Mars à Lyon, le 12 décembre 1642, sous les ordres de Nicolas de Neuville (B.N.).

souverain. Inquiet, le gouvernement de Madrid se hâte d'accorder la main de l'infante. Le duc de Savoie et sa fille sont renvoyés sans beaucoup de ménagement. Nicolas de Neuville et son épouse accompagnent la cour, organisent son séjour et multiplient les réceptions. Il agrandit l'hôtel du Gouvernement, place du Petit-Palais, en achetant la maison voisine et il y installe un théâtre dans lequel Molière fait jouer *l'Étourdi* en 1657. Il établit une messagerie royale entre Lyon et Milan par Turin. En dehors de ces événements, on ne signale guère sa présence. Il laisse son frère, Camille, exercer le pouvoir à sa place.

● CAMILLE DE NEUVILLE, archevêque de Lyon, gouverne en tant que lieutenant général

Second des cinq fils de Charles d'Alincourt, il naît à Rome où son père est ambassadeur, le 22 août 1606 et il a pour parrain le pape Paul V. Il suit sa famille à Lyon où, dès l'enfance, il reçoit en commende les deux plus importantes abbayes, celle d'Ainay à cinq ans et celle de l'Ile-Barbe à douze ; il y ajoute en 1641 l'abbaye de Mozac, en Basse-Auvergne. Après de bonnes études au collège de la Trinité, poursuivies à Rome, il obtient un doctorat de théologie. Lettré, il constitue une grande bibliothèque qu'il donne aux jésuites à sa mort et qui formera le premier fonds de la bibliothèque municipale. En 1630, il achète le château d'Ombreval à Vimy, village qui prendra le nom de Neuville, et il en fait une résidence somptueuse. Le crédit de sa famille et ses qualités reconnues le font nommer, en 1645, lieutenant général au gouvernement du Lyonnais, Forez et Beaujolais où il supplée son frère, gouverneur, mais généralement absent. Il va jusqu'à la fin de sa vie assurer pleinement l'autorité que le roi lui a déléguée. Alors que sévit dans tout le pays la guerre civile provoquée par la Fronde, il affiche sa fidélité au souverain, réussit à préserver la ville des

Camille de Neuville de Villeroy, Archevêque de Lyon, Lieutenant Général du gouvernement du Lyonnais (1606-1693).

troubles et à la maintenir en paix. La régente, Anne d'Autriche, lui propose l'archevêché de Lyon qui est vacant. Il est sacré le 29 juin 1646 et désormais il cumule tous les pouvoirs civils et spirituels.

Son œuvre religieuse est considérable. De mœurs pures, très simple dans sa vie privée, il peut, lorsqu'il représente le roi, déployer le luxe et la pompe d'un grand seigneur. Il réside constamment dans son diocèse dont il visite les 760 paroisses. Il restaure la discipline et le zèle du clergé par des synodes et des instructions, et surtout par la création de séminaires pour la formation des jeunes prêtres. Pour les fidèles, il favorise les confréries et les petites écoles. Il réforme les monastères et en crée de nouveaux : la ville se peuple de couvents. Doux, affable et compréhensif, il préserve son diocèse des excès du jansénisme, tolère

Panorama sur la Saône au niveau de Saint-Jean, vers 1674 (Vienne, Albertina).

les protestants et, lors de la révocation de l'édit de Nantes, saura obtenir de nombreuses conversions et laissera partir ceux qui veulent émigrer avec leurs biens, le tout sans le moindre trouble. Il est un bon exemple de la rénovation catholique qui succède aux guerres de religion.

Sur le plan politique, il exerce une autorité absolue dans son gouvernement. « *Tout tremblait sous lui, les villes, les troupes, jusqu'à l'intendant* » écrit Saint Simon. Il encourage le développement de l'industrie de la soie qui s'organise. Le règlement de 1667 y distingue deux catégories : les fabricants qui produisent les soieries, soit seuls soit en ateliers, et les marchands qui fournissent la matière première et vendent les étoffes ; cette distinction est appelée à durer. Colbert réglemente la profession, mais celle-ci sauvegarde ses libertés et étend sa gamme de produits : taffetas, bas de soie, crêpes à la façon de Bologne, tout est fait pour attirer les étrangers et leurs secrets de fabrication. Camille de Neuville, sur ordre royal, intéresse la ville à la création de la Compagnie des Indes Orientales. Il réunit à plusieurs

reprises les marchands réticents, les pousse à prendre des actions et il peut annoncer au roi qu'il a fait souscrire pour un million de livres. La cité, libérée de la charge des fortifications, commence à se transformer. Des ponts de bois sont jetés sur la Saône. Camille fait construire le port Neuville, en aval du pont de la Roche, qui s'abrite derrière le premier quai en pierre de la ville. Le quartier des Terreaux est aménagé et de nouvelles rues sont ouvertes. Le terrain de Bellecour est acquis, régularisé et planté d'une magnifique allée de tilleuls : il va devenir la grande place de la ville. Enfin, un nouvel hôtel de ville est édifié aux Terreaux par le voyer Simon Maupin. Commencé en 1646, il est livré en 1652 ; sa belle façade, ses quatre pavillons, ses ailes et ses jardins suscitent l'admiration. Mais, en 1674, un incendie le détruit en partie, notamment les toitures ; le Consulat en confie la reconstruction à Jules Hardouin-Mansart, qui l'orne de frontons, de dômes, de sculptures, qui confère à la façade une ampleur qu'elle n'avait pas et en fait un magnifique monument. Bien que la prospérité commerciale augmente comme le montre la croissance des douanes et des octrois, la pauvreté subsiste et les humbles restent soumis aux aléas de l'économie

Vue de Lyon du faubourg de la Guillotière, 1651 (B.M.).

et aux crises alimentaires, conséquence de la pénurie chronique des céréales. Il en résulte des tensions sociales et de nombreuses manifestations qui dégénèrent parfois en émeutes, exigeant l'intervention du gouverneur et des forces de police. En 1653, une révolte frumentaire fait un mort et quelques exécutions. En 1668, ce sont les ouvriers en soie qui se soulèvent contre les règlements qu'on veut leur imposer. Camille de Neuville se rend au cœur des attroupements et par son prestige et son éloquence, apaise les esprits. En 1693, âgé de 87 ans, il va au devant d'une nouvelle émeute de la faim et parvient difficilement à ramener le calme. Il en revient épuisé, doit s'aliter et meurt quelques jours plus tard, le 3 juin 1693. Ces troubles posent la question de la police et de la garde de la ville qui n'a pas et ne veut pas de garnison, le contingent suisse qui séjournait depuis le XVIe siècle ayant été rappelé par le roi. La milice des pennonages, composée d'artisans et de commerçants, répugne à assurer ce lourd service, notamment la garde des portes. À la demande du Consulat, Camille de Neuville obtient, en 1670, le détachement permanent d'une compagnie du régiment de Lyonnais de 50 hommes, dite compagnie franche parce qu'elle s'administre elle-même aux frais de la ville. Casernée à la forteresse de Pierre-Scize, elle est chargée de la garde des portes de la cité.

La famille Villeroy reçoit de nombreuses libéralités de la ville. Le maréchal gouverneur perçoit une pension de 6 000 livres et Camille de Neuville, en tant que lieutenant général, 4 000 livres, sans compter les nombreux dons et présents occasionnels en nature ou en argent. Tout le monde touche. En 1684, on relève les dons de 1 525 livres à la maison du maréchal Nicolas de Villeroy, 883 à celle de son fils François, 1 039 à celle de la duchesse, sa femme, 1 886 à celle de Camille de Neuville, lieutenant général, 266 à celle du marquis de Villeroy et 201 livres que se partage la domesticité. Certes, les Villeroy n'ont pas inventé le système, car depuis longtemps le Consulat distribue des dons et présents, mais ils en ont très largement profité, plus que tout autre gouverneur avant eux.

Avec Camille de Neuville, les Villeroy sont définitivement implantés à Lyon comme gouverneurs. Ils ont fait la preuve de leur capacité à gouverner les provinces du Lyonnais, à les maintenir en paix et sécurité et dans l'obéissance et la soumission au roi, ce qui représente les principales missions de leur charge.

Chapitre 5

La dynastie des Villeroy : l'apogée

LE MARÉCHAL FRANÇOIS DE NEUVILLE, DUC DE VILLEROY

Né à Lyon le 7 avril 1644, décédé à Paris le 18 juillet 1730 à l'âge de 86 ans, gouverneur des provinces de Lyonnais, Forez et Beaujolais depuis 1685 et pendant 46 ans, il se situe à l'apogée de la famille Villeroy. De tous les gouverneurs, il est celui qui cumule le plus de titres, qui incarne au plus haut point le courtisan et un de ceux qui ont le plus participé aux événements de son temps. L'Histoire l'a sévèrement jugé. Saint Simon l'évoque souvent dans ses mémoires avec son fiel habituel, mais aussi, comme toujours chez cet observateur attentif, une grande part de vérité ; il faut cependant nuancer ses jugements. Qu'en est-il en réalité ?

Son père, le maréchal Nicolas de Neuville, ayant été nommé gouverneur du jeune Louis XIV, il grandit dans la compagnie du souverain et celui-ci conservera toute sa vie une affection particulière pour le compagnon de jeux de son enfance : c'est là l'origine de sa fortune. À l'âge de 20 ans, il fait un beau mariage en épousant Marguerite, la fille du duc de Cossé Brissac, une ancienne et illustre famille qui compte plusieurs maréchaux de France. Jeune homme, il est le chef incontesté de la jeunesse de la cour par son élégance et sa magnificence. Durant toute son existence, il s'impose par son grand air et ses manières, la richesse de son habillement, sa politesse mondaine et cette conversation futile qui est le reflet de l'usage du monde, tout ce qui fait le parfait courtisan. Saint Simon en a laissé un portrait très vivant. « *C'était un grand homme bien fait avec un visage fort agréable, fort vigoureux, sain, qui sans s'incommoder faisait tout ce qu'il voulait de son corps. Toute sa vie nourri et vivant dans le plus grand monde, galant de profession, parfaitement au fait des intrigues galantes de la cour et de la ville dont il*

savait amuser le roi, il était magnifique en tout, fort noble dans toutes ses manières, grand et beau joueur sans se soucier du jeu, point méchant gratuitement, tout le langage et les façons d'un grand seigneur et d'un homme pétri de la cour, glorieux à l'excès par nature, bas aussi à l'excès pour peu qu'il en eut besoin. »
Mais derrière cette façade, il n'y a rien. Le personnage paraît peu intelligent, imbu de sa personne et vaniteux au-delà de toute expression, impropre à tout emploi important. Pour Saint Simon, « *c'était un homme fait pour présider à un bal, pour être juge d'un carrousel et, s'il avait eu de la voix, pour chanter à l'opéra les rôles des rois et des héros, fort propre encore à donner les modes, mais il n'était plus propre pour rien du tout au-delà. Nulle lecture, nulle instruction, ignorance crasse sur tout, plates plaisanteries, force vent et parfait vide* ». Ce jugement paraît outré, mais il est confirmé par l'ambassadeur Spanheim qui écrit : « *Ses vues sont très courtes et son discernement assez grossier. Il n'est point d'officier plus propre à briller dans une fête qu'à la guerre.* »
Favori du roi, il l'est aussi des dames. Mme de Coulanges, dans ses lettres à Mme de Sévigné, sa cousine, l'appelle « le charmant » et ne cache pas l'attrait qu'il exerce : « *c'est le plus joli homme et il n'y a que lui qui sache aimer* » écrit-elle. On ne compte plus ses conquêtes. Mais il est surtout épris de la comtesse de Soissons, née Olympe Mancini, nièce de Mazarin. Compromise dans l'affaire des poisons avec la Voisin, elle s'enfuit aux Pays-Bas, laissant le pauvre Villeroy au désespoir.

Les débuts militaires de François de Villeroy sont prometteurs. Il participe aux premières guerres de Louis XIV avec un incontestable courage et de réels succès, ce qui entraîne son élévation dans la hiérarchie des grades. Entre chaque campagne, il fait à la cour de longs séjours, coupés de périodes d'exil dues à son inconduite.
Il fait brillamment ses premières armes contre les Turcs en Hongrie, en 1664, où il est blessé à la bataille de Saint-Gottard. Au retour, il reçoit le régiment de Lyonnais. Le voilà mestre de camp (colonel) et c'est en cette qualité qu'il participe à la Guerre de Dévolution (1667-1668.) Il se bat en Flandre sous Turenne, puis en Franche-Comté où il se distingue au siège de Dole. Rendu à la vie de cour par le traité d'Aix-la-Chapelle, il est exilé à Lyon « *pour quelques discours tenus chez Mme la comtesse de Soissons* », dit Mme de Sévigné.
Il prend part à la Guerre de Hollande (1672-1678). Il se trouve au passage du Rhin sous Condé, puis au Palatinat avec Turenne, ce qui lui vaut, en 1674, d'être promu maréchal de camp (général de brigade). Lors de la seconde conquête de la Franche-Comté, il se met en relief au siège de Besançon, au combat de Seneffe et à la bataille de Saint-Denis. Le maréchal de Luxembourg écrit alors à Louvois : « *M. de Villeroy a fait des merveilles... Il disposa toute chose pour soutenir l'attaque, avec une capacité bien grande et toute la valeur requise en pareille occasion.* » En 1678, il reçoit la croix du Saint-Esprit et le grade de lieutenant général. La paix de Nimègue le ramène à la cour, où la légèreté et le scandale de sa conduite forcent le roi, malgré toute son indulgence, à lui imposer un nouvel exil à Lyon.
Il reprend du service pendant la Guerre de la Ligue d'Augsbourg (1689-1697.) À la bataille de Steinkerque, il charge en aveugle contre l'ennemi. « *On le trouva brave entre les braves, et on enfla sa vanité en le lui disant* » rapporte Mme de Sévigné. La victoire de Neerwinden (juillet 1693), où il déploie une rare activité, et la prise de Charleroi (29 juillet), à laquelle il préside, ont un grand retentissement à Versailles, en oubliant que Vauban menait les attaques. Villeroy, enivré par ses succès, se croit dès lors appelé à

François de Neuville, duc de Villeroy, maréchal de France, Gouverneur du Lyonnais (1644-1730).

diriger des armées. Le roi le pense aussi, peut-être de bonne foi, se laisse persuader et lui donne le bâton de maréchal en 1693. Il a alors près de cinquante ans et va commencer une nouvelle carrière guerrière.

Il est donc injuste de parler, comme Saint Simon et tant d'historiens après lui, de sa nullité militaire et de son incapacité. Il s'est révélé jusqu'ici un chef courageux et un entraîneur d'hommes et il a su se faire apprécier de ses supérieurs. Mais le courage qu'il partage avec les jeunes nobles de l'époque lui tient lieu, comme à eux, des autres qualités militaires ; l'audace et la vanité étouffent chez lui toute autre réflexion. Brave, il cherche moins à vaincre qu'à éclipser ses rivaux ; la valeur de ses subordonnés, et même de son fils, lui porte ombrage.

« *On n'est plus heureux à notre âge.* » Cette phrase, dont Louis XIV le consolera après ses défaites, caractérise bien sa carrière de maréchal. En 1695, après la mort du maréchal de Luxembourg, il reçoit le commandement de l'armée des Flandres, longtemps victorieuse et dirigée par des officiers éprouvés. Il y montre tant d'incapacité, de présomption et d'orgueil qu'il est bientôt l'homme le plus chansonné du royaume. Malgré des forces supérieures qu'il ne sait pas manœuvrer, il ne peut protéger Namur qui est emportée, mais il est plus heureux au siège et à la prise d'Ath, entrepris par Catinat. Après la paix de Ryswick, il revient à Versailles où la faveur dont il jouit est toujours aussi grande et lui vaut la charge enviée de capitaine des Gardes du Corps.
En acceptant le trône d'Espagne pour son petit-fils, Louis XIV déclenche la terrible Guerre de Succession d'Espagne (1701-1713). Villeroy reçoit le plus beau commandement, celui de l'armée d'Italie qui a mal débuté sous Catinat. À peine arrivé, malgré l'avis contraire de tous ses généraux, il attaque le prince Eugène à Chiari, dans le Milanais ; il est battu et contraint à la retraite. Le 31 janvier 1702, il se laisse surprendre de nuit à Crémone sur l'Adda par les impériaux ; dans sa précipitation, il est fait prisonnier, cependant que la garnison réussit à chasser l'ennemi. On le chansonne de plus belle et plus méchamment :

> *Palsembleu, la nouvelle est bonne*
> *Et notre bonheur sans égal !*
> *Nous avons recouvré Crémone*
> *Et perdu notre général.*

Après dix mois de captivité, il est libéré, « au poids de l'or », dit-on, et il obtient un commandement en Flandre. En 1705, dans les Pays-Bas, les lignes de défense de Wignamont qu'il a mal établies, sont forcées, le contraignant à la retraite. En mai 1706, il attaque Marlborough à Ramillies, près de Nivelle dans le Brabant. Repoussant avec hauteur l'avis de ses généraux, il dispose si mal son armée, dont une partie est immobilisée derrière des marais, qu'il subit une écrasante défaite, ce qui entraîne la perte de la Belgique. Le roi lui retire définitivement tout commandement et, à nouveau, le public le chansonne.

C'est bien dommage sur ma foi
Que Monseigneur de Villeroi
Soit déjà maréchal de France

Car, dans cette grande action,
On peut dire, sans complaisance,
Qu'il a mérité le bâton !

Ce sont ces dernières campagnes qui ont suscité le terrible jugement dont l'Histoire le poursuit. Il est clair qu'avec le grade de général il a atteint son niveau d'incompétence et l'expérience montre qu'il est incapable de commander une armée : il ne fallait pas le nommer maréchal. Son caractère renforce son incapacité : orgueilleux et vaniteux à l'extrême, imbu de lui-même, jaloux de ses confrères, notamment du maréchal de Villars qu'il rêve d'éclipser, il rejette avec mépris tous les avis et les conseils, décide seul, exige une exécution aveugle de ses subordonnés et ses défaites n'entament même pas la confiance qu'il a en lui. Dépité et amer, il indispose le roi qui le renvoie en exil dans son château où il reste cinq ans.

Mais ce vieillard de 72 ans va rebondir une dernière fois. Il revient à la cour en 1712 et retrouve sa faveur, plus grande que jamais. En 1714, Louis XIV vieillissant le promeut Ministre d'État et chef du Conseil royal des Finances. L'année suivante, il est appelé longuement au chevet du roi mourant qui le nomme gouverneur du Dauphin, son arrière-petit-fils, alors orphelin et âgé de cinq ans, parce qu'il voit en lui le gardien de la tradition et des bonnes manières. Il conserve toutes ses charges sous la Régence de Philippe d'Orléans. À la mort de Louis XIV, l'enfant-roi est confié à Mme de Ventadour, une ancienne maîtresse de Villeroy au temps où, jeune et mince, elle faisait quelque peu parler d'elle. Avec l'âge, elle avait pris du poids et de la vertu et se révèlera une bonne gouvernante.
À sept ans, selon l'usage, le roi « passe aux hommes » et le vieux maréchal assume alors pleinement son éducation. Il parvient à se faire aimer du jeune prince qu'il séduit par ses attentions soutenues et par ses flatteries, mais il ne sait pas lui apprendre ses devoirs de roi. Imbu de son importance et jaloux de son autorité, il affecte des précautions ridicules, particulièrement injurieuses pour Philippe d'Orléans qu'il tend à faire passer pour un criminel, susceptible d'empoisonner le roi afin d'hériter du trône. En 1722, alors que Louis XV approche de sa majorité, le Régent décide de chasser le maréchal. Le 12 août, celui-ci est littéralement enlevé, jeté dans un carrosse, conduit, sous la garde des mousquetaires à son château de Villeroy, puis à Lyon dont il est gouverneur de la province. Il n'en bougera pas jusqu'à la mort de Philippe d'Orléans en 1724. Il rentre alors à Paris, tente un retour à la cour où Louis XV ne lui témoigne que froideur. Déçu et amer, il se retire dans son hôtel parisien où il mène une triste vieillesse.
Le duc François de Villeroy meurt le 17 juillet 1730, à l'âge de 87 ans. Comme ses ancêtres, il est enterré à Lyon dans la chapelle des carmélites et la ville, où il était populaire, lui fait des funérailles grandioses qui lui coûtent 17 773 livres. En guise d'oraison funèbre, Saint Simon écrit ces lignes: « *Telle fut la catastrophe de cet homme si fort au-dessous de tous les emplois qu'il avait remplis, et dont l'ignorance universelle et profonde, excepté de l'art de bas courtisan,*

laissa toujours percer bien aisément la croûte légère de probité et de vertu dont il couvrait son ingratitude, sa folle ambition, pour tenir un gouvernail dont il était si radicalement incapable. » Comme toujours chez Saint Simon, ce jugement est à la fois empreint de vérité et profondément injuste. François de Villeroy ne mérite ni l'excès d'honneurs dont il a été comblé, ni l'excès d'indignités dont on l'a accablé. Il eut dans sa jeunesse des succès militaires qui en valaient d'autres ; il fit toujours preuve à l'égard du roi d'une loyauté et d'un dévouement sans faille ; il était sensible et fidèle dans ses affections ; il était sincèrement attaché à la ville de Lyon, dont il a profité, mais qu'il a toujours défendue; il incarnait un art de vivre et des traditions qui conditionnaient la civilisation de son temps. Pour son malheur et celui de la France, grande fut son incapacité en de nombreux domaines ; en outre, son orgueil, sa vanité et son immense fatuité ont inspiré sa conduite et il n'a jamais mesuré ses limites. Il a sollicité et on lui a confié des responsabilités qui dépassaient sa compétence et qu'il fut incapable d'assumer. Est-ce totalement de sa faute ?

LE GOUVERNEMENT DES VILLEROY

Le duc et maréchal François Neuville de Villeroy marque l'apogée de sa dynastie et peut-être de celle des gouverneurs du Lyonnais. Pourtant cette institution reste mal connue, d'abord parce que ses titulaires sont souvent absents, retenus au loin par les nombreuses guerres et à la cour par les charges qu'ils remplissent, mais aussi parce que leurs missions sont insuffisamment précisées. C'est le moment d'essayer de définir la façon dont ces grands personnages gouvernent : quelle est leur puissance et d'où vient-elle ? Quelle est leur place dans la province et leur rôle ? Et comment exercent-ils leur charge ? Toutes questions qui s'appliquent à tous les Villeroy, mais aussi et plus ou moins à tous les autres.
La tradition historique veut qu'à partir du XVIIe siècle les attributions des gouverneurs soient réduites, au profit des intendants. Leur rôle pendant les Guerres de Religion et pendant la Fronde a suscité la défiance des souverains dès le règne d'Henri IV. Louis XIV s'efforce, sans succès, de réduire la durée de leur mandat ; il les confine à la cour, leur interdisant de se rendre dans leur gouvernement sans son autorisation, si bien qu'ils n'y font plus que de rares apparitions. Ils ne gardent de leur ancienne domination que d'inutiles honneurs : « *du bruit, des trompettes, des violons, un air de royauté* » dit Mme de Sévigné. Les historiens modernes sont plus nuancés : « *S'il semble acquis que leur autorité décrut sous le règne personnel, il est difficile d'en évaluer le recul* », écrit Olivier Chaline. Quoi qu'il en soit, les Villeroy à Lyon, et notamment le duc François, constituent une éclatante exception à ce déclin.

Plusieurs autorités à Lyon

Plusieurs autorités se partagent et se disputent le pouvoir à Lyon. La plus ancienne est l'Église. Depuis le XIVe siècle, l'archevêque et les chanoines de Saint-Jean, qui portent le titre de comte, ont perdu leur puissance politique. Mais le clergé pléthorique, les nombreux chapitres, églises et couvents s'imposent néanmoins par les immenses possessions territoriales qu'ils détiennent et par leur rôle religieux et moral, dans une ville dont le catholicisme fervent est encore exalté par la Contre-Réforme. L'Église de Lyon n'a jamais accepté la perte de sa souveraineté et tend à intervenir dans les affaires locales et à montrer sa

puissance, souvent en opposition avec les instances municipales.
Vient ensuite le Consulat. Lors du rattachement de la ville au Royaume et de la proclamation de la Commune, Lyon est devenue une petite république quasi-autonome, dirigée par un groupe d'échevins qui forment le Consulat. Mais la monarchie n'a cessé de rogner les « droits et libertés » de la cité : elle s'est arrogée le choix du prévôt des marchands, en a largement restreint les attributions et a lourdement exploité les finances municipales. Il reste que le Consulat garde de nombreux pouvoirs : il assure la défense de la cité , il l'administre avec un personnel qu'il nomme, il lève des impôts, gère les activités industrielles et commerciales, veille à la voirie comme à la santé et à l'approvisionnement alimentaire. Il reste le corps le plus important, mais il doit constamment se défendre.
À côté de ces autorités traditionnelles, les souverains ont installé et multiplié de nombreux fonctionnaires royaux qui ont notamment en charge la justice, exercée par la sénéchaussée et le présidial, auxquels est agrégée la Cour des monnaies, et les finances, gérées par le bureau des Trésoriers de France. Tous défendent les intérêts monarchiques et empiètent continuellement sur les attributions du Consulat, surtout en matière financière dont la gestion laisse à désirer. Il en résulte de perpétuels conflits et des appels à l'arbitrage royal. Cette rivalité se traduit, au long des XVIIe et XVIIIe siècles, par une lutte de préséance opposant le corps municipal aux magistrats de la sénéchaussée, ce qui donne lieu à une série d'incidents. Ce n'est pas uniquement une question d'honneur et de vaine gloire. Dans les grandes manifestations, le rang dans lequel les autorités sont placées reflète leur classement hiérarchique dans la société et leur importance administrative. Il apparaît que les officiers royaux veulent occuper la première place et méprisent le Consulat qui représente la bourgeoisie marchande.
La mise en place des intendants et le développement de leur rôle ajoutent un rouage de plus dans ce jeu complexe de l'autorité. Ils s'installent au XVIIe siècle dans un vaste immeuble de Bellecour. La monarchie leur confie de plus en plus d'affaires particulières, si bien qu'ils finissent par s'intéresser à tout ce qui concerne la vie locale. Ils tirent leur force de leur présence permanente dans leur siège et du quadrillage régional qu'ils ont institué par la mise en place de subdélégués dans les principales villes de la généralité.

La puissance des Villeroy et des gouverneurs en général tient à plusieurs facteurs

D'abord à leur situation personnelle. François de Villeroy, comme son père et ses successeurs, cumule de nombreux titres. Il est duc et pair, ce qui fait de lui un des plus grands seigneurs du royaume, maréchal de France, le plus haut grade de l'armée, capitaine des gardes du corps, une charge de cour très enviée, et il en tire auprès des citadins et des nobles de province un prestige inégalé, alors que l'intendant, souvent, ne peut se parer que d'une noblesse de robe et le Consulat d'une noblesse de cloche, moins respectées. D'autre part, il est l'ami du roi et même son « favori » seul personnage pour lequel Louis XIV a employé ce terme. Dans l'étiquette très nuancée de la cour, il fait partie des premières entrées du lever du roi, privilège rarissime qui lui permet de voir le souverain chaque jour. À la fin du règne, il est nommé ministre, participe au Conseil d'État, premier cercle du pouvoir monarchique. Lorsque, excédé par ses abus, l'intendant s'adresse au Contrôleur général des finances pour demander son aide, que peut celui-ci, malgré tout son pouvoir, contre un personnage aussi bien en cour et de surcroît président du conseil des Finances, même si le titre est

Le château des Neuville-Villeroy à Vimy (aujourd'hui Neuville sur-Saône).

plus honorifique que réel ? Et cet intendant, à plus forte raison ce prévôt des marchands, combien de fois ont-ils eu l'occasion de voir le roi, alors que le gouverneur peut le faire journellement ? Dans la société d'ordres de l'Ancien Régime, où les titres sont primordiaux, il y a entre le modeste intendant et le prestigieux Villeroy une distance que rien ne peut combler et pour que l'intendant grandisse, il faudra que la position du gouverneur diminue. D'autre part, la famille Villeroy, comme la plupart des gouverneurs, a tissé à la cour un puissant réseau de relations ramifié, ainsi qu'en témoignent les mariages de ses membres avec de grandes lignées du royaume : Nicolas épouse la fille du maréchal de Créqui, petite fille de Lesdiguières ; François, entre dans la prestigieuse famille des Cossé-Brissac ; Louis-Nicolas s'unit à la fille de Louvois et son fils entre dans la maison des Montmorency en se mariant avec la sœur du maréchal de Luxembourg ; les frères, neveux et cousins concluent aussi des unions éclatantes avec les Boufflers, Harcourt, Armagnac, etc. Cet apparentement avec toute la haute noblesse constitue une force, car celle-ci occupe généralement de hautes charges et fait preuve d'une grande solidarité de clan, au point que le roi lui-même hésite à y toucher.

À l'échelon provincial, la puissance d'un François de Villeroy provient d'abord de ce qu'il cumule les pouvoirs civil et religieux, au moins par personnes interposées. Durant son gouvernement trois lieutenants généraux se succèdent : de 1693 à 1697, Alphonse de

Créqui, comte de Canapes, neveu de sa mère, Magdeleine de Créqui, et donc son cousin germain, puis son troisième fils, François Catherin de Villeroy, qui décède en 1700, enfin un de ses familiers, François Chateauneuf de Rochebonne. Il n'a donc rien à craindre de ses lieutenants généraux qui lui sont soumis. D'autre part, l'archevêché de Lyon est souvent entre les mains de membres de sa famille ou de ses fidèles : Camille de Neuville, de 1653 à 1693, est à la fois son oncle et son lieutenant général et l'on connaît l'importance de son rôle politique ; lui succède, jusqu'en 1714, Claude de Saint-Georges, un Forézien enraciné dans le diocèse, puis, de 1714 à 1731, François Paul de Neuville de Villeroy, troisième fils du gouverneur, enfin, jusqu'en 1740, Charles François de Chateauneuf de Rochebonne, dont le père appartient à la clientèle du maréchal de Villeroy, qui en a fait son lieutenant général. « *Ce sont des hommes sérieux, résidents dans leur diocèse, l'administrant bien et sans bruit. Ce sont aussi des hommes du cru, liés au gouverneur, au Consulat, et aux institutions locales, et fort peu à l'intendant et au pouvoir parisien.* » (Henri Hours) Nous verrons quelle est l'emprise du gouverneur sur la ville et sur la province. En outre, par sa participation à la nomination aux charges locales, comme les commandants, par ses interventions et les services rendus, par ses attentions à la noblesse régionale, le gouverneur se crée un réseau d'amis, de fidèles, d'obligés et de créatures, dont il peut jouer, avec lequel les officiers du roi doivent compter et qui couvre la province aussi bien que l'intendant avec ses subdélégués. Les Villeroy sont respectés, enviés peut-être, mais finalement populaires. On peut donc parler d'un véritable « patrimoine » comme l'écrit un intendant.

Les Villeroy ont la confiance du roi parce qu'ils font preuve à son égard d'un attachement personnel, d'une fidélité et d'une parfaite soumission, parce qu'ils ont su inspirer et maintenir sans faille ces sentiments chez leurs administrés par leur vigilance, leur action et l'exemple qu'ils donnent, et que ceux-ci sont une des constances de l'histoire de la cité depuis son ralliement à Henri IV. « *On y avait vu refleurir,* disait-on de Lyon, *une des trois fleurs de lys de l'écusson de France.* » La ville n'a pris part à aucun des troubles qui ont marqué la minorité de Louis XIII, notamment la révolte des protestants, non plus qu'à la Fronde qui ravage le pays au début du règne de Louis XIV ; le lieutenant général Camille de Neuville a bien négocié à Lyon la révocation de l'Edit de Nantes. Au XVIIe siècle et, à un degré moindre, au XVIIIe, les révoltes provinciales sont nombreuses, suscitées par les abus de la fiscalité, les crises alimentaires ou les conflits sociaux, mais elles sont moins fréquentes à Lyon et généralement maîtrisées rapidement : on se souvient que Camille de Neuville met fin, en 1668, à une émeute des ouvriers en soie par sa seule présence. François de Neuville se trouve confronté, en 1714, à une révolte provoquée par un impôt que l'intendant a mis sur le bétail de boucherie. Bien que l'émeute soit rapidement étouffée, il se croit obligé d'intervenir avec un corps de troupes, montrant ainsi qu'il lui appartient de maintenir l'ordre. Le roi, qui connaît l'importance de la ville de Lyon dans le royaume, est assez assuré de son obéissance pour exploiter sans crainte ses ressources financières et il sait la part que les Villeroy prennent dans cette situation. C'est probablement la raison pour laquelle il leur laisse le champ libre dans leur gouvernement, parfois au dépit de l'intendant.

Vue prise d'une partie de la ville de Lyon avant 1723 (Cléric, B.M.).

Comment ces gouverneurs exercent-ils leur pouvoir ?

Celui-ci s'étend sur la province entière, mais on est mal renseigné sur le détail de leur action dans les petites villes et les campagnes, sauf en matière militaire pour la gestion des troupes, des places fortes et des châteaux.

C'est à Lyon surtout que leur toute puissance se fait sentir. « *C'est parler exactement de dire que le maréchal de Villeroi est le seul roi de Lyon* » écrit Saint Simon. Le Consulat, qui dispose presque sans contrôle des deniers publics, est totalement en son pouvoir et il ne s'y fait rien sans sa volonté ou son accord, comme le dit encore Saint Simon. « *Il disposait seul de toutes les charges de la ville, il nommait le prévôt des marchands. L'intendant de Lyon n'a nulle inspection sur les revenus de la ville qui sont immenses et peu connus dans leur étendue, parce qu'ils dépendent en partie du commerce qui s'y fait et qui est toujours un des plus grands du royaume. Le prévôt des marchands l'administre seul, et n'en rend compte qu'au gouverneur, tête-à-tête, lequel lui-même n'en rend compte à personne ; il est donc aisé de comprendre qu'avec une telle autorité, c'est un Pérou, outre celle qui s'étend sur tout le reste et qui rend la protection du gouverneur si nécessaire à tous les gros négociants de Lyon comme à tous les autres bourgeois de la ville...où tout est créature des gouverneurs.* » Et il ajoute qu'avec « *le prévôt des marchands qui était son vice-roi* ad nutum, *ils mettaient dans leur poche tout ce qu'il leur plaisait de prendre... sans la moindre crainte d'aucune suite pour l'avenir* ». Ce texte montre bien que le gouverneur joue de son pouvoir aussi bien sur les institutions locales que sur les particuliers. Un curieux *Mémoire relatif aux abus qui règnent dans le gouvernement*

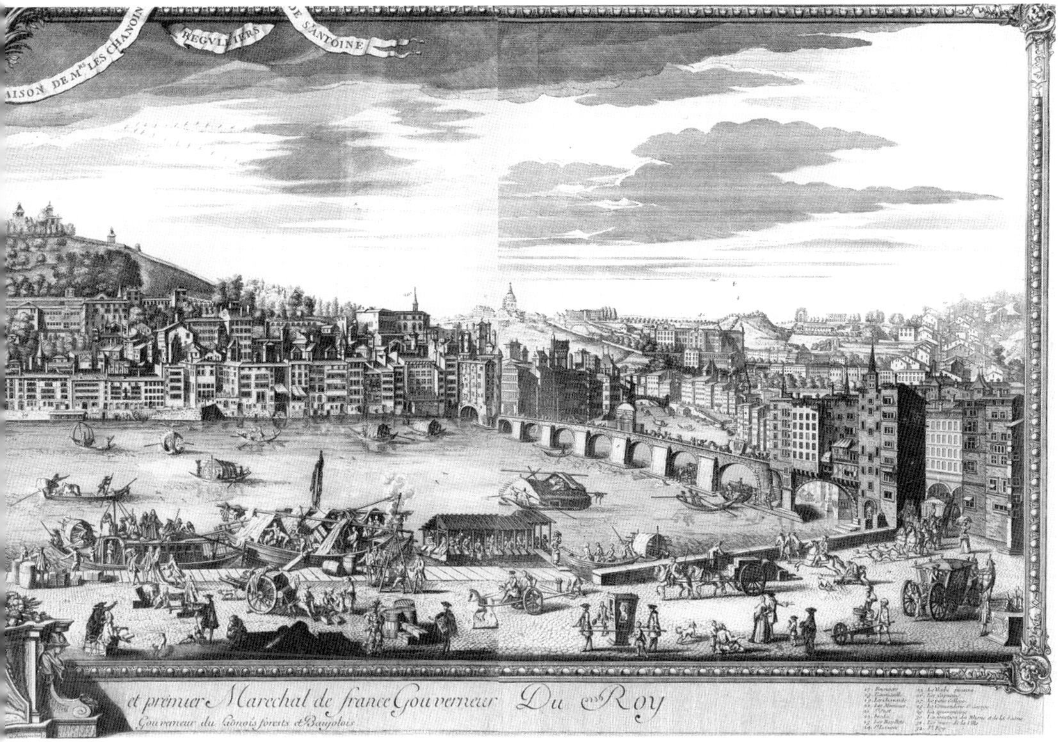

de Lyon, émanant de l'intendance, confirme ces accusations. Bien que paru en 1745, il décrit une situation qui remonte aux débuts de la dynastie des Villeroy. « *Le gouvernement de cette province est depuis le dernier siècle dans la maison des Villeroy ; père et fils l'ont eu successivement. Les charges de lieutenant général ont toujours été possédées par des Villeroy, de sorte que cette ville et cette province sont devenues comme le patrimoine des Villeroy* » y lit-on. Lorsque le maréchal de Villeroy est présent à Lyon, il n'est question que de lui. Le reste du temps, il entretient avec ses agents lyonnais une correspondance régulière qui lui permet d'être au courant de tout ce qui se passe dans la ville et de donner ses instructions.

En retour, le gouverneur se pose en protecteur et en défenseur constant de la ville et du Consulat, même à l'encontre des officiers du roi, et sa position lui permet d'être efficace. Il n'est pas de domaine dans lequel il n'intervienne. Ainsi, lorsque la ville souffre de la peste et de la disette, il se montre prévoyant et bienfaisant, s'occupant activement des hôpitaux. Il pousse à l'aménagement des rives des fleuves et la partie nord du quai Saint-Antoine, sur la rive gauche de la Saône, construite de 1711 à 1719, reçoit, en son honneur le nom de quai Villeroi. En 1709, à la demande du Consulat, il s'oppose à la création d'une succursale de la banque Law à Lyon. Peu porté sur la culture, il s'intéresse cependant à la création de l'Académie des Belles Lettres, Sciences et Arts, dans les années 1700, et il en devient naturellement le protecteur. Il agrandit le théâtre, ouvert par son

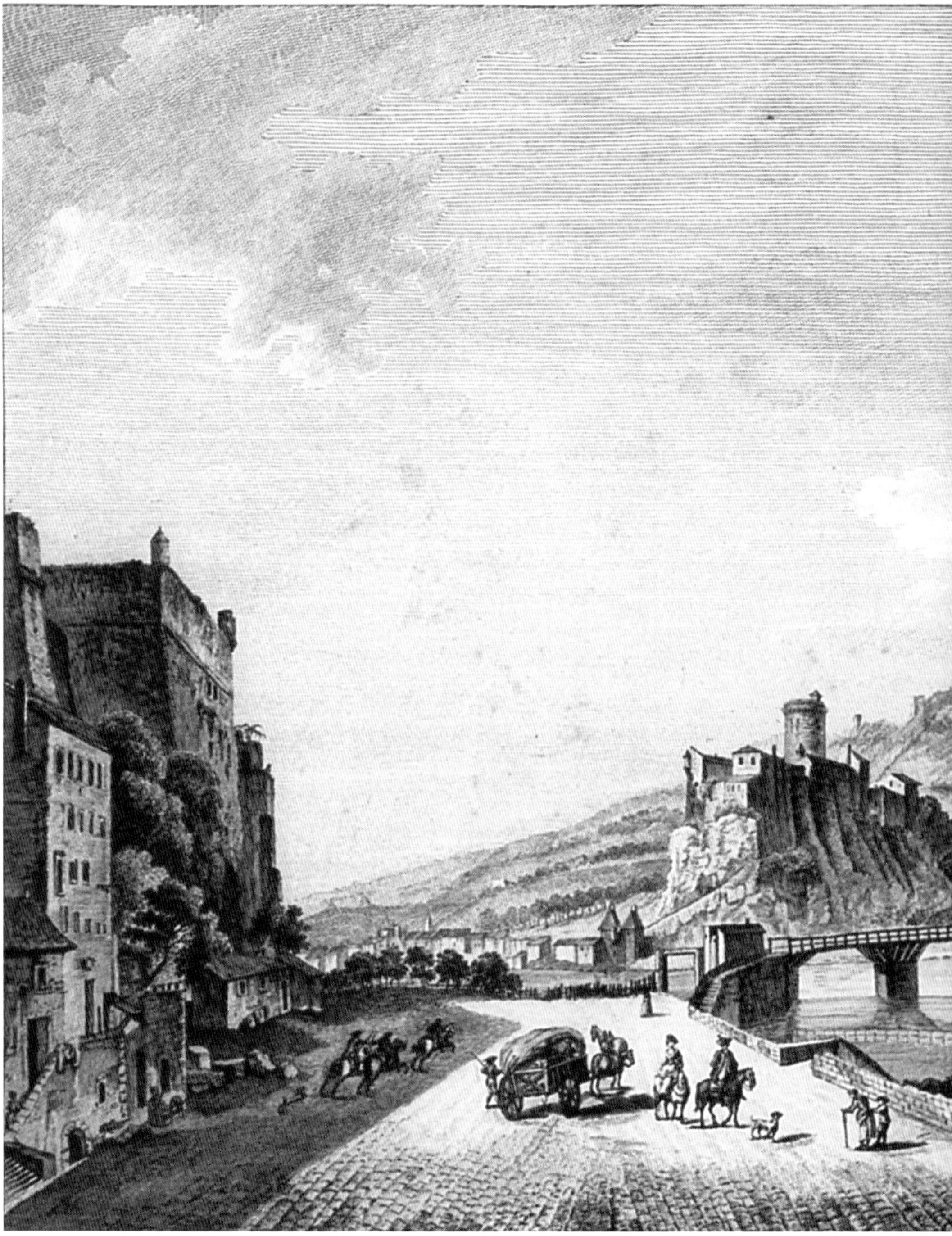

Vue de l'entrée de la ville de Lyon vers 1762 (Lallemand, B.M.).

père dans l'hôtel du Gouvernement, par l'achat d'une maison voisine et il entretient une troupe de comédiens. Ce ne sont là que quelques exemples.
Le duc de Villeroy ne cherche pas à imposer son autorité aux officiers de justice et des finances, ces matières étant affaire de techniciens. Néanmoins, son activité protectrice s'étend à ces domaines. Celui des finances d'abord. Tous les souverains, depuis Louis XI ont tiré de l'argent de la ville, réputée riche. Celle-ci est exempte de la taille, mais le souverain y supplée par des taxes et des emprunts, pas toujours remboursés. À chaque demande d'argent, le Consulat s'efforce de faire annuler la requête, à tout le moins de transiger pour obtenir un rabais et pour cela il fait intervenir le gouverneur qui, bien placé auprès du gouvernement, agit parfois avec efficacité, comme le reconnaît le roi lui-même. En 1669, Louis XIV, par lettres patentes, « *voulant donner à son cousin, le maréchal de Villeroy, des témoignages de satisfaction de ce qu'il s'est distingué à la tête de ses armées et de ce qu'il a procuré à la ville de Lyon, la décharge de l'établissement de plusieurs offices et taxes auxquels les villes du Royaume étaient sujettes, accorde au maréchal la somme de 300 000 livres à prendre sur les revenus de la ville* ». Cette gratification lui est renouvelée en 1706 et en 1713. Les interventions portent aussi sur le domaine économique. La région lyonnaise a de puissantes industries, notamment la soierie, et un système du travail particulier qui ne repose pas sur des corporations, mais sur une organisation unique et complexe des métiers, laquelle semble-t-il est assez mal comprise des bureaux parisiens. Or, le gouvernement s'immisce dans la réglementation du travail par des mesures qui contrarient parfois le modèle lyonnais au point de provoquer des troubles. Là encore l'intervention des gouverneurs peut être efficace et ils obtiennent à plusieurs reprises le retrait de certaines ordonnances. Enfin, dans la longue rivalité de prestige qui oppose le Consulat et les magistrats de la sénéchaussée, lesquels exigent partout la première place et se font appuyer par le Parlement, les gouverneurs soutiennent constamment les échevins, n'hésitant pas à faire casser ou à casser eux-mêmes les empiétements de la sénéchaussée. Et c'est finalement le lieutenant général, Camille de Neuville, qui définit avec minutie les règles du déroulement des cérémonies et les places de chacun dans un cérémonial de l'Hôtel de Ville qui durera jusqu'à la Révolution.

Les gouverneurs tirent de la ville de nombreux avantages. Comme ses prédécesseurs, notamment son père Nicolas et son oncle, l'archevêque Camille de Neuville, le duc François, ainsi que sa famille et leurs maisons, reçoivent de la ville de nombreuses libéralités. Lors de son entrée solennelle et de sa prise de fonction, le 2 mars 1686, le Consulat lui double la pension de 6 000 livres qu'il accordait à son père et qui s'ajoute aux traitements afférents à ses charges de gouverneur, maréchal et autres, payées par le trésor royal. Chaque année, la ville distribue des étrennes à tous les membres de la famille ; de 1699 à 1764, leur montant s'élève à 748 995 livres. La domesticité bénéficie des mêmes largesses : en 1722, les 103 membres du personnel du maréchal, de son fils et de la marquise d'Alincourt se partagent la somme de 8 473 livres. Il faut y ajouter les dons occasionnels, notamment lors des passages et des séjours lyonnais des Villeroy : 1 707 livres au fils du maréchal allant rejoindre l'armée ; 4 998 livres en 1700 lors d'un séjour du maréchal et 12 807 livres lors de sa venue en 1714 pour réprimer une émeute des bouchers ; 3 850 livres à la marquise allant « boire les eaux à Bourbonne » et on pourrait donner bien d'autres exemples. Enfin on sait que le Consulat distribue à de très nombreux personnages des « présents d'honneur » sous forme de cadeaux en nature. Ainsi la famille Villeroy reçoit des vins et des liqueurs, des olives et des poissons, des confitures et des pâtisseries, des fruits, des épices, des fromages, des dragées et bien d'autres denrées. Mais le Consulat lui fait aussi de plus riches présents : trois pièces d'étoffes d'or à Madame de Luxembourg, épouse du petit-fils du duc ; deux pièces d'or et d'argent à son neveu ; trois pièces d'étoffes d'or à la fiancée du marquis d'Alincourt ; pour 10 947 livres d'étoffes d'or, d'argent et de soie, en 1747, au marquis de Villeroy. En 1791, un rapport sur les finances de la ville évalue à 4 millions de livres les faveurs accordées par la Cité à la famille Villeroy, dont 750 000 livres d'étrennes, 750 000 livres de gages, 2 millions de livres de pensions.

Les relations avec l'intendant sont ambiguës, bien qu'il n'y ait pas de conflit notoire. Dans tous les domaines celui-ci apparaît en situation d'infériorité. Ainsi, tandis que la maison du gouverneur est gratifiée de 6 300 livres d'étrennes, la sienne n'en reçoit que 550. Dans le cérémonial public, il est reçu au sommet du perron de l'Hôtel de Ville, cependant que le gouverneur est accueilli au pied de son carrosse. Durant tout le XVIIe siècle et dans une grande moitié du XVIIIe, « *les intendants restent des personnages secondaires, mal installés, mal informés, en butte aux incessantes vexations que lui font subir les corps constitués de la ville, le gouverneur qui l'ignore, l'archevêque qui est un second gouverneur et le Consulat entièrement dévoué aux deux premiers* » écrit Maurice Garden dans sa thèse sur *Lyon au XVIIIe siècle*. Cependant dans le détail de l'administration, ils sont toujours présents et actifs, honnêtes et compétents. Il y a comme une sorte de partage tacite de l'autorité ; on pourrait dire d'un mot : le gouverneur « règne » et l'intendant administre.

La gestion de la ville par le prévôt des marchands, sous couvert et avec l'accord du gouverneur, laisse à désirer, ce qui provoque l'hostilité de l'intendant, formé aux règles strictes de la conduite des affaires, et l'a amené à rédiger le mémoire de 1745 sur les abus du gouvernement lyonnais. Le premier reproche concerne les finances municipales. Le Consulat dispose de tous les deniers de la ville, « *sous l'autorité du duc de Villeroy, sans que jamais le Contrôleur général en entende parler, ce qui est sujet à beaucoup d'abus : dépenses prodigieuses et mal placées, fortunes subites et singulières de ceux qui étaient en faveur, fermes des revenus de la ville données sous la cheminée et à vil prix* ». Le second grief concerne les nominations du personnel municipal. Celles-ci ne se font qu'avec l'accord du gouverneur qui y place systématiquement ses fidèles et ses obligés. Le règlement de 1679 prévoit que les principaux employés ne peuvent être nommés « *sans la participation des seigneurs gouverneur ou lieutenant général du Roi et sans leur avis et approbation* ».

Le désaccord principal provient de la gestion des affaires militaires, parce qu'il y a confusion avec les attributions de l'intendant : il est vrai que celles-ci ne sont pas clairement délimitées. Traditionnellement les gouverneurs sont de hauts officiers qui assurent, dès l'origine, le commandement militaire dans leur province. Toutes les ordonnances, celle de 1750 et encore celle de 1768 sur le service des places, le répètent : « *Les gouverneurs contiendront pareillement les gens de guerre en bon ordre et discipline ; ils commanderont aux officiers généraux employés dans l'étendue de leur gouvernement et aux troupes qui y passeront ou séjourneront et tiendront la main à l'exécution de ce qui est réglé pour le logement et autres fournitures qui devront leur être faites.* » Or l'intendant a aussi des attributions concernant le service pour la guerre, notamment la charge du logement, du paiement et de l'entretien des troupes qui passent ou qui séjournent. Il y a là matière à contestations. Par ailleurs, les gouverneurs étant vus avec défiance et étant généralement absents, on leur adjoint, sous Louis XIV, des commandants qui prennent en main, plus ou moins selon les cas, la gestion des affaires militaires de la province, en partage avec l'intendant. À Lyon, le duc de Villeroy a établi deux commandants, l'un pour la ville qui est le prévôt des marchands et l'autre pour la province. Ils sont présentés à la nomination du roi, mais choisis par le gouverneur toujours dans un rang subalterne de façon à être entièrement sous ses ordres. De plus, ils empiètent sur les attributions de l'intendant : on les voit arrêter les comptes de l'Extraordinaire des guerres, faire le logement dans les quartiers et chez les particuliers et juger les contestations, passer les marchés de fournitures d'une manière arbitraire, « *toujours portés à un prix beaucoup trop haut, parce que ceux qui s'en chargent sont protégés et qu'on veut les faire gagner* », toutes opérations qui relèvent de l'autorité de l'intendant. Cette situation est connue du gouvernement et semble être un privilège local. On lit, en effet, dans un *Mémoire* instructif conservé aux Archives : « *Le gouvernement de Lyonnais est différent des autres, en ce que depuis qu'il est dans la maison de Villeroy, sa Majesté a bien voulu que tous les ordres qui concernent son service pour la guerre fussent adressés au gouverneur et qu'il ordonnât du logement et paiement des troupes qui passent ou qui séjournent, quoique dans les autres gouvernements les ordres sont adressés aux intendants qui sont chargés de l'exécution.* » Ceux-ci, à Lyon, supportent mal cette situation.

La nature du pouvoir des gouverneurs

Ce sont des dignitaires ; ils n'appartiennent pas à un service administratif. Ils ne disposent ni de bureaux, ni d'un secrétariat conséquent et, lorsqu'ils reçoivent, c'est à leur domicile. S'ils peuvent écrire de nombreuses lettres, ils rédigent peu d'actes. Leur rôle est un rôle de représentation et d'intervention. Ils agissent surtout par des conversations avec les nombreuses autorités locales et nationales ; ils assistent à de multiples réunions, étudient les dossiers qu'on leur soumet et se contentent de donner un avis. Tout cela laisse peu de traces et peu d'archives, à la différence des intendants qui sont à la tête de nombreux bureaux où s'entassent les études, les correspondances et tout le matériel écrit ou imprimé d'une puissante administration. Il

Prévôt des marchands, 1660 (in *Revue d'Histoire de Lyon*, t. 3, 1904).

est donc difficile de décrire leur activité, au moins directement. On est réduit à chercher, ici et là, leur présence, leur action qui peut être importante ou minime, leurs interventions, nombreuses mais ne répondant pas à une politique suivie, leur place dans la cité, leur influence sur les institutions lyonnaises, le tout au travers des péripéties de l'histoire régionale. C'est souvent à l'occasion d'une autre affaire ou d'un événement local qu'ils apparaissent et c'est en entassant les petits faits de ce genre qu'on peut juger de leur action. En définitive, c'est leur carrière personnelle qui les fait le mieux connaître.

Leur activité principale est relationnelle. Ils sont les intermédiaires naturels entre le roi et son peuple, entre la province et le gouvernement central. À partir du XVIe siècle, tous les gouverneurs du Lyonnais jouent ce rôle d'intercesseur auprès du souverain et des bureaux parisiens, beaucoup plus que l'intendant qui ne s'impose qu'au milieu du XVIIIe siècle. La province n'ayant ni États provinciaux, ni parlement, les rapports sont plus directs. Ils se tissent surtout avec les villes et au premier chef avec la ville de Lyon. Le gouverneur s'appuie sur le Consulat et sur l'oligarchie bourgeoise, constituée de grands marchands et de financiers, qui dominent la Cité. Avec les Villeroy, ces liens se renforcent encore et nous avons vu qu'au temps du duc François de Neuville, rien ne se faisait à Lyon, ni nominations, ni travaux, ni décisions, sans son avis et son accord. De par leur rang, ces gouverneurs ont un accès direct au souverain. En témoigne la correspondance de Mandelot, un millier de lettres échangées avec Charles IX, Henri III et Catherine de Médicis, lesquels lui répondent personnellement. De par leur séjour et leur place à la cour, ils connaissent tous les rouages administratifs, savent à qui s'adresser et les portes des bureaux, des ministres, et même du contrôleur général des finances leur sont toujours ouvertes : on n'éconduit pas un Villeroy, duc et pair, maréchal et ami du roi. Ils interviennent non seulement pour les administrations régionales et municipales mais aussi pour les simples particuliers, pour les nombreuses personnes qui sollicitent un emploi, une faveur, une remise de peine ou d'impôt, la liste est sans fin. Le rôle relationnel des gouverneurs qui s'étend à tous les domaines a le mérite d'humaniser le pouvoir, d'éviter les crises et de maintenir la paix publique.

Vue de la ville de Lyon au XVIIe siècle (détail). (Extr. de J. Drevet, *Le Lyon de nos pères*, 1911).

Chapitre 6

La dynastie des Villeroy : la décadence

LOUIS NICOLAS FRANÇOIS DE NEUVILLE, gouverneur de 1730 à 1734

Né le 24 décembre 1663, il est promu colonel du régiment de Lyonnais à 20 ans. La même année, il est nommé lieutenant général des provinces de Lyonnais, Forez et Beaujolais.
Il effectue une carrière militaire des plus honorables. Après la paix de Nimègue, Louis XIV mène une politique agressive qui provoque, en 1663, une courte guerre avec l'Espagne. Le jeune Louis Nicolas y effectue sa première campagne et assiste à la prise de Courtrai et de Luxembourg. Lorsqu'éclate la guerre de la Ligue d'Augsbourg, il fait la campagne d'Allemagne en 1670-1672 avec assez de brio pour mériter le grade de brigadier. Puis il prend part avec son régiment aux victoires de Neerwinden et de Charleroi, sous le maréchal de Luxembourg. Il rejoint ensuite l'armée de son père et combat en Flandre. Il est nommé maréchal de camp en 1696. Lors de la Guerre de Succession d'Espagne, en 1701, il part de nouveau avec son père. Pendant la captivité de celui-ci, il révèle sa valeur au combat de Santa Vittoria et à la victoire de Luzarra, ce qui lui vaut le grade de lieutenant général. Mais, son père étant libéré, il retombe sous ses ordres et rentre dans l'obscurité. C'est à sa valeur qu'il doit son avancement, car son père, uniquement occupé de sa gloire, n'a rien fait pour lui et l'a entraîné dans ses désastres. Lorsqu'il a combattu seul, il s'est révélé un bon capitaine ; il pouvait espérer devenir maréchal, mais il a toujours choisi de se soumettre à son père.
Sa carrière à la cour est modeste, cependant le roi lui confère les titres enviés, habituels chez les Villeroy : il est fait duc et pair, reçoit la charge de capitaine des gardes du corps et l'ordre du Saint Esprit. Il fait un très beau mariage, en épousant en 1694 Marguerite Le Tellier, fille de Louvois. Moins brillant que le maréchal, plus effacé, il n'a pas non plus sa prestance et sa

magnificence. Il n'est ni l'arbitre des élégances, ni celui des cœurs, si on en croit Saint Simon : « *Lorsque mourut Mme de Villeroy (1711), il n'en fut pas longtemps inconsolable et jouit bientôt du plaisir de se croire hors de page. Il n'était pas né pour y être. Son père, trop tôt après, le remit sous son joug.* » Ayant hérité la fortune des Lesdiguières, il peut vivre avec magnificence.

Après la mort du maréchal en 1730, il reçoit le gouvernement du Lyonnais. Il ne le conserve que durant quatre ans, car il meurt en 1734, âgé de 70 ans, sans laisser de marque dans l'histoire de Lyon. On n'a guère retenu que la vente pour 12 000 livres de son privilège sur les jeux de hasard, une plaie que le Consulat voulait extirper. Il n'a pas eu dans sa vie le loisir de révéler toutes ses capacités, car il a constamment accepté la domination égoïste de son père, le vieux maréchal de Villeroy, dont Saint Simon a écrit : « *Il traitait avec l'empire le plus dur les personnes de sa dépendance ; il est incroyable les traitements continuels que, jusqu'à sa mort, il a fait à son fils qui lui rendait des soins infinis.* »

FRANÇOIS LOUIS ANNE DE NEUVILLE, duc de Retz et de Villeroy, gouverneur du Lyonnais de 1734 à 1764

Né le 13 octobre 1695, il est le fils de Marguerite Le Tellier de Louvois. À 17 ans, il est nommé lieutenant général des provinces du Lyonnais ; ainsi cette charge devient héréditaire de fait, comme celle de gouverneur. De même, en 1714, il reçoit le régiment de Lyonnais, selon une tradition familiale. Il sera fait également duc et pair, capitaine des gardes du corps et chevalier du Saint Esprit, comme ses ancêtres. Il semble que ces titres et charges soient devenus un usage attendu dans la famille Villeroy.

Il se destine à la carrière militaire. La France de Louis XIV est alors engagée dans la Guerre de Succession d'Espagne. Il fait ses premières armes en 1712 à l'armée de Flandre, aux sièges de Douai, le Quesnoy et Bouchain, puis l'année suivante, à la tête de son régiment, aux sièges de Landau et de Fribourg. La paix d'Utrecht met fin aux hostilités, mais il continue à s'occuper de son régiment dans différents camps. En 1733, la guerre reprend avec l'Autriche, à propos de l'affaire de la succession de Pologne. Affecté à l'armée de Berwick, il se distingue lors de la traversée du Rhin, ce qui lui vaut sa nomination au grade de brigadier, puis, l'année suivante, il se couvre de gloire au célèbre siège de Philipsbourg. Sa carrière militaire s'arrête là. Il n'en est pas moins promu, en 1738, au grade de maréchal de camp, mais n'ira pas plus loin dans la hiérarchie militaire.

Il réussit mieux sa vie de courtisan. Il se marie en avril 1716 avec l'héritière d'un grand nom et d'une grande fortune, Marie Renée de Montmorency-Luxembourg qui l'allie avec la famille des Montmorency, une des plus célèbres de France et avec celle des maréchaux de Luxembourg, particulièrement glorieux, mais le ménage reste sans postérité. Il prend alors le nom de duc de Retz qui est un héritage des Lesdiguières. Par la suite il y associe celui de duc de Villeroy. Il est bien en cour et plaît au jeune roi Louis XV qui lui témoigne son amitié. Il participe à la vie de salon, en particulier aux ballets sélectifs du roi. « *Vingt seigneurs de la cour, depuis l'âge du roi jusqu'à 22 ans au moins, dansent ces ballets. Le marquis de Villeroy, petit-fils du maréchal, y brille quoique fort gros* » dit le *Journal de Barbier*. Effectivement le jeune homme est pourvu d'un embonpoint important qui s'accentue avec l'âge. Il est fort aimé du roi dont il s'efforce de mériter les faveurs. Sa fortune lui permet d'entretenir sa troupe sur un pied de magnificence digne de son ancêtre, et fort admirée quoiqu'inutile. En 1764, il renonce à sa charge de gouverneur du Lyonnais et, n'ayant pas de postérité, il la fait transmettre à son neveu, le marquis d'Alincourt. Il meurt peu après, le 22 mars 1766.

François Louis Anne de Neuville, duc de Retz et de Villeroy, Gouverneur du Lyonnais (1695-1766).

L'autorité du gouverneur, qui reste le personnage le plus élevé de la province, et son emprise sur la ville persistent. Le manifeste de l'intendance, détaillant les abus du régime que nous avons évoqués, date de 1745, preuve que onze ans après la prise de pouvoir de Louis François de Neuville, ils existent toujours. Celui-ci continue à nommer le prévôt des marchands, en imposant son candidat. De même, il perçoit les pensions, étrennes et cadeaux accoutumés. Il intervient toujours dans le recrutement du personnel municipal. Les emplois les plus importants, tels procureur général, secrétaire, receveur, capitaine de la ville sont réservés aux personnes « *proposées ou qui auront l'agrément de Mgr le duc de Villeroy, ainsi que cela s'est toujours pratiqué* ». Le gouverneur reste le soutien fidèle du Consulat, dans sa lutte avec la sénéchaussée notamment, car il a conservé sa place éminente à la cour et auprès du souverain. La ville poursuit l'aménagement des rives du Rhône et donne au nouveau quai construit entre la place des Cordeliers et le pont Morand le nom de quai de Retz, en l'honneur de son gouverneur. En 1740, celui-ci abandonne le vieil hôtel du Gouvernement et s'installe, rue de la Charité, dans le magnifique bâtiment tout neuf qu'occupe aujourd'hui le musée des Tissus, où il est logé aux frais de la ville. Enfin, l'intendant peine encore à se faire reconnaître. Pallu (1739-1751) écrit au contrôleur général Orry : « *Vous savez ma position dans cette ville où je n'ai que l'autorité que me donne ma place et la considération que j'ai pu m'y acquérir, mais nul commandement et nuls ordres à donner.* »
Et pourtant cette situation privilégiée s'effrite, alors que celle de l'intendant se fortifie. Le duc de Villeroy ne vient pratiquement jamais à Lyon et perd le contact direct avec ses administrés, alors que l'intendant toujours présent et toujours disponible, s'impose par son administration exacte et tisse en ville un réseau de relations confiantes avec la haute bourgeoisie et même le Consulat. En outre, Lyon à la fin du siècle a de prestigieux intendants, tels Bertin (1755-1757) qui deviendra contrôleur général, de La Michodière (1757-1762) et Flesselles (1768-1784). Le gouverneur n'est relié aux autorités locales que par une abondante correspondance ; or son volume baisse considérablement, surtout à partir du milieu du siècle, preuve que les affaires de la ville lui échappent. D'autre part, le personnel municipal tend à une hérédité de fait. Bref, dans tous les domaines son influence diminue.

Au milieu du XVIIIe siècle, la vie politique à Lyon est profondément agitée et le gouverneur semble absent des débats et des conflits. C'est surtout avec la sénéchaussée que l'antagonisme est sérieux. Depuis toujours les magistrats qui la composent sont les adversaires du Consulat. Ils mènent contre lui une guerre de harcèlements dans laquelle ils se font appuyer par le parlement de Paris. Ils lui disputent la préséance dans les cérémonies. Deux affaires vont porter le conflit à son paroxysme. En 1759, le Consulat réunit une assemblée de notables pour répondre à une demande d'un don gratuit du souverain. La sénéchaussée prétend avoir, de droit, la présidence de l'assemblée, ce que le Consulat refuse. Puis, en 1761, les jésuites sont expulsés de France et abandonnent les deux collèges de Lyon. La municipalité, en tant que propriétaire des locaux, choisit de les remplacer par les Oratoriens. La sénéchaussée prétend qu'il lui appartient de diriger l'enseignement et de désigner le personnel et suscite une violente campagne d'agitation. Dans les deux cas, elle se fait appuyer par le parlement de Paris, qui lui donne raison. Mais le conseil royal tranche en faveur du Consulat qui « *montra une joie indécente* ». Nul doute que le gouverneur est intervenu pour soutenir les autorités municipales auprès du roi. L'attitude de la

Vue de la ville de Lyon vers 1762 (Lallemand, B.M.).

sénéchaussée est à rattacher à celle des parlements qui prétendent représenter la nation et qui mènent une petite guerre d'opposition. Les juges provinciaux, tout aussi orgueilleux et imbus d'ambitions similaires, pratiquent la même politique à l'échelon local.

Lyon, au XVIIIe siècle, est une ville prospère, grâce à l'industrie de la soierie, la Grande Fabrique, dont la ville a quasiment le monopole. Or, celle-ci pose un problème social qui va susciter des troubles. La profession comporte trois catégories : les « maîtres-marchands faisant fabriquer », qui achètent la matière première, la font tisser et en assurent la commercialisation ; les « maîtres-ouvriers », petits artisans, propriétaires de leurs métiers, travaillant à façon pour les marchands; enfin, la catégorie intermédiaire des « maîtres-ouvriers-marchands » qui œuvrent, soit à façon, soit pour leur compte et qui peuvent vendre directement leur production. Les gros marchands, pour éviter la concurrence de cette dernière catégorie, s'efforcent de la faire disparaître. Ils obtiennent « le règlement de 1744 » rédigé en Conseil d'État, qui consomme l'écrasement des maîtres-ouvriers-marchands : dans la Fabrique, il ne subsiste plus que deux catégories, les marchands et les ouvriers à façon.

Aussitôt, les travailleurs de la soie se mettent en grève, multiplient les attroupements, entraînent dans leur sillage d'autres métiers. Ils exigent la suppression du règlement. Même l'intendant est effrayé. Il demande le retrait du texte, « *sans quoi on ne pourra les calmer : ils mettent la ville à feu et à sang* ». Le gouvernement cède en apparence mais, dès que l'ordre est rétabli, la répression s'abat sur la ville. Le roi n'a pas accepté l'affront de sa défaite. Au début de 1745, il casse toutes les décisions prises, rétablit le règlement de 1744 et envoie à Lyon le comte de Lautrec à la tête de troupes qui se conduisent comme en pays conquis. Les arrestations et condamnations se multiplient. Dans cette affaire, on note l'absence apparente du gouverneur. Quelle part a-t-il prise aux événements ? Lors des troubles de 1714, c'est le duc de Villeroy qui, en tant que gouverneur, est venu rétablir l'ordre ; ce n'est pas le cas pour son petit-fils. N'est-ce pas un nouveau signe du déclin de la fonction ?

GABRIEL, FRANÇOIS, LOUIS DE NEUVILLE, gouverneur de 1764 à 1791

Il est le neveu du précédent gouverneur, mort sans postérité. Fils unique de François Camille d'Alincourt, frère cadet du duc de Retz, et de Marie de Boufflers, il naît le 8 octobre 1731. Il recevra tous les titres et distinctions qui sont devenus héréditaires dans sa famille. Il se marie à 16 ans avec la fille du duc d'Aumont, dont il n'aura pas d'enfant. Il donne l'impression d'une fin de race, par sa faiblesse physique, son mariage sans postérité, les Villeroy semblant ne plus pouvoir assurer leur descendance, par son désintérêt pour ses fonctions et même par sa fidélité hésitante envers le souverain, si contraire à la tradition de ses ancêtres. Pourtant le roi le fait lieutenant général du gouvernement à l'âge de 3 ans, preuve que cette charge n'a plus qu'un caractère honorifique.

Il se destine à la carrière militaire et fait, en 1747, avec la Maison du roi, la dernière campagne de la guerre de Succession d'Autriche, où il participe au siège de Maëstricht. Le traité d'Aix-la-Chapelle met fin au conflit et le rend à la vie de la cour. En 1756, les hostilités reprennent contre la Prusse et l'Angleterre : c'est la Guerre de Sept Ans. À la tête du régiment du Lyonnais, Gabriel de Neuville participe à l'occupation du Hanovre et à la capitulation des Anglais. Mais l'année suivante, Frédéric II, victorieux à Rossbach, nous contraint à évacuer la Hanovre. En tentant de le reprendre, les Français sont battus à Minden où le régiment de Lyonnais est fait prisonnier presque en entier, mais le crédit de son colonel n'en souffre pas, tant est grande sa faveur à la cour. Reconstitué, le Lyonnais est engagé en Allemagne, sous Condé. Après le traité de Paris, le duc de Villeroy revient à Versailles, où le roi le promeut maréchal de camp (1763.) Il s'est battu honorablement, sans que son unité ait été fortement engagée et sans actions d'éclat. Il n'aura plus d'activité guerrière. Pourtant, en 1781, Louis XVI le nomme lieutenant général, plus pour récompenser le courtisan que le militaire.

Gabriel François de Neuville partage la fin de sa vie entre Versailles où il mène une carrière de parfait courtisan et, en principe, le gouvernement du Lyonnais dont il se désintéresse. La Révolution de 1789 le surprend et l'inquiète. Sentant le vent tourner et la monarchie menacée, il abandonne le roi et démissionne de sa charge de capitaine des gardes du corps : il ne sera pas de ceux qui défendront la famille royale au Dix Août. Il se retire dans ses terres, loin de la tourmente révolutionnaire qui commence à gronder. Cependant l'Assemblée constituante bouleverse le régime politique et social de la France. Le 19 juin 1790, elle supprime les titres de noblesse : il n'y a plus de duc de Villeroy. Le 20 février 1791, elle divise le pays en départements : les provinces et les gouverneurs disparaissent. Quant au dernier des Neuville, il louvoie, et tente de préserver sa situation. « *Tremblant, se ralliant aux idées nouvelles pour sauver sa tête, il chercha d'abord à se faire oublier ; se voyant de plus en plus compromis par son nom, sa naissance et sa fortune, il se proclama et se crut sans culotte* » écrit Vingtrinier. Apparemment cette conversion ne suffit pas. Rattrapé par la grande terreur, il est arrêté, condamné par le tribunal révolutionnaire et guillotiné le 28 avril 1794. Retrouvant au moment suprême la grandeur de sa race, il meurt avec un courage et une tranquillité qui furent remarqués. Ainsi se terminent et la dynastie des Villeroy et les gouverneurs du Lyonnais.

Un gouverneur inexistant

La réforme de Louis XVI en fait une charge honorifique. L'ordonnance du 18 mars 1776 a pour but de mettre de l'ordre dans les commandements militaires territoriaux. La France est divisée en 39 gouvernements répartis en deux classes : 18 d'entre eux, dont le Lyonnais, constituent la première classe, réservée aux princes du sang et aux maréchaux de France, avec des appointements annuels de 60 000 livres ; les 21 gouvernements de seconde classe sont pourvus par des lieutenants généraux de l'armée et rémunérés 30 000 livres. Enfin, la survivance de ces charges, qui avait favorisé la dynastie des Villeroy, est supprimée. Cette réforme établit un cadre rigoureux des emplois territoriaux de l'armée. Elle confirme le caractère strictement militaire des gouverneurs. En même temps, elle semble limiter leur autorité aux questions militaires territoriales, peu importantes, surtout dans le Lyonnais. Dès lors, elle prend un caractère honorifique : le gouvernement devient une récompense lucrative couronnant une fin de carrière. Toutefois les gouverneurs en place sont maintenus jusqu'à leur disparition par décès, démission ou mutation, si bien que pour les Villeroy, dont elle annonce cependant la fin, la réforme n'aura pas l'occasion de s'appliquer.

À Lyon, le gouverneur s'efface. Gabriel de Neuville de Villeroy marque peu d'intérêt pour son gouvernement et en est régulièrement absent. Il habite en son hôtel, rue de Bourbon, faubourg Saint-Germain à Paris, et n'en sort guère que pour gagner sa résidence de Vimy, à Neuville, où il s'adonne occasionnellement à la chasse. On ne relève aucune action importante dans laquelle il soit impliqué. Même l'élection du prévôt des marchands lui

Vue du fort Saint-Clair vers 1760 (de Boissieu, B.M.).

échappe, ainsi que le recrutement des fonctionnaires municipaux. Certes, dans les institutions lyonnaises, le duc est toujours présent avec honneur, comme le répète, d'année en année, l'*Almanach de la Ville de Lyon*. Il est à la tête du gouvernement, du château de Pierre-Scize, de la compagnie de la milice bourgeoise, de la compagnie franche, de la compagnie du guet, des chevaliers de l'arquebuse et même de l'Académie des arts, belles-lettres et sciences, mais ce sont là des fonctions traditionnellement honorifiques, une sorte de présidence d'honneur qui n'implique aucun exercice du pouvoir. En l'absence du gouverneur, le lieutenant général le remplace. Gabriel de Neuville en a quatre successifs. Après son parent François Louis de Neuville, la charge échoit à l'importante famille de Castries, mais tous habitent Paris et aucun ne paraît avoir résidé longuement à Lyon et ne semble y avoir eu la moindre activité.

L'intendant monte en puissance et se substitue au gouverneur défaillant. Alors que ses débuts à Lyon furent difficiles, il s'impose définitivement à la fin de l'Ancien Régime. Cela tient d'abord à la qualité des hommes, en particulier Jacques de Flesselles qui sait se faire apprécier des Lyonnais et même du Consulat. C'est un homme éclairé, aimable et obligeant, très attaché à sa généralité. Lorsqu'il est nommé à Paris, les Lyonnais tentent de le retenir et son assassinat, au cours de la journée du 14 juillet 1789, est durement ressenti. Son successeur, Terray, est beaucoup moins populaire, mais efficace.
L'intendance a tissé, à travers les provinces lyonnaises, un quadrillage géographique. La généralité de Lyon est divisée en cinq élections, elles-mêmes subdivisées en délégation, si bien que l'intendant a des bureaux dans toutes les villes. Il a réussi aussi à enserrer la province dans un quadrillage administratif dont rend compte l'organisation de ses bureaux en huit divisions qui couvrent tous les domaines. Par rapport à nos institutions, l'intendant apparaît comme un super préfet dont les pouvoirs seraient encore plus étendus territorialement et administrativement.

Le prévôt des marchands et le Consulat connaissent aussi une montée en puissance. L'effacement du gouverneur leur profite. Ils échappent à l'emprise étroite que celui-ci exerçait sur eux. Le prévôt des marchands est élu plus librement et continue pratiquement à administrer la cité. En outre, il est commandant pour la ville et en l'absence du gouverneur et du lieutenant général, il exerce les fonctions qui leur sont dévolues, et c'est souvent le cas. D'autre part, en cette période, la charge est occupée par de fortes personnalités. Louis Tolozan de Montfort, négociant en soie, s'efforce de maintenir les prérogatives du consulat, face aux réformes de la Révolution. Lui succède Jacques Imbert-Colomès. Issu aussi d'un milieu marchand, énergique, totalement fidèle au roi, il fait résolument face aux foules révolutionnaires, qui le chassent par une émeute. Leurs relations avec l'intendant varient selon les hommes, mais sont beaucoup plus libres. Avec Terray, elles sont détestables et celui-ci se plaint au contrôleur général des initiatives intempestives du prévôt qui décide seul et de tout sans lui en référer. La situation a bien changé : en 1745, l'intendant, dans son manifeste, se plaignait des abus de pouvoir du gouverneur ; en 1785, l'intendant, dans sa correspondance se plaint des abus de pouvoir du prévôt des marchands, ce qui est symptomatique du déplacement de l'autorité dans la ville de Lyon.

Dans les années qui précèdent et qui commencent la Révolution, l'agitation grandit à Lyon et débouche sur de véritables émeutes. C'est la fin d'un régime. En 1786, les troubles sont d'origine sociale. À partir de 1750, l'industrie de la soie est atteinte par une grave crise, due à la concurrence et à un certain désintérêt pour les étoffes de soie, ce qui provoque misère et chômage chez les ouvriers. Pour éviter que leurs salaires ne fluctuent au gré de la conjoncture, ceux-ci réclament un tarif fixant les prix de façon. Ils manifestent avec bruit et se montrent si menaçants que le Consulat accorde une augmentation, mais les troubles continuent. Inquiet, le gouvernement envoie la troupe qui rétablit l'ordre après quelques exécutions, mais il annule toutes les concessions. Durant ces événements, le Consulat joue le rôle principal et le gouverneur est totalement absent.

En 1789, les émeutes qui accompagnent les débuts de la Révolution ont un caractère plus politique. Après les élections aux États Généraux, les électeurs sont restés mobilisés et groupés dans les clubs. Fin juin, l'annonce de la création de l'Assemblée Nationale provoque une effervescence qui dégénère en émeute contre les octrois dont les bureaux sont saccagés ou brûlés aux barrières de la ville. Le gouvernement décide d'envoyer des troupes, des régiments de dragons et de Suisses. Pour les commander, à l'exemple de ce qui s'est passé en 1714, il sollicite le gouverneur, et il écrit au duc Gabriel François de Neuville. Il lui rappelle que, étant considéré, respecté et craint dans cette ville, ses décisions, ses ordres et tout ce qu'il ferait seraient d'un plus grand poids et qu'il aura

Fête de la Fédération à Lyon, le 30 mai 1790 (*in* A. Balleydier, *Histoire politique et militaire du peuple de Lyon pendant la Révolution française*, Paris, 1846).

la mission de donner des ordres au prévôt des marchands et à tous les officiers de la ville. Ce n'est pas une demande extraordinaire : maintenir ou rétablir l'ordre est une tâche que les gouverneurs ont toujours assumée. Malgré la pression gouvernementale, le duc Gabriel de Neuville refuse cette mission. Ce sera le comte de la Chapelle qui commandera les troupes et qui ramènera le calme, non sans victimes. Ainsi, avant même que les gouverneurs disparaissent en même temps que toute l'administration de l'Ancien Régime, son dernier titulaire a moralement démissionné et la dynastie des Villeroy qui portait cette charge avec dignité, s'éteint dans la honte et le déshonneur.

Vingt-cinq gouverneurs se succèdent à Lyon, entre leur création par Louis XI vers 1463 et leur suppression par la Révolution française en 1791, soit pendant 330 années. C'est relativement peu, par rapport à la Guyenne qui en compte cinquante et le Dauphiné trente-sept. C'est la preuve de la grande stabilité des gouverneurs lyonnais et de la longue durée de leur charge, 13 ans et demi en moyenne, avec de grands écarts, ce chiffre allant jusqu'à 30 ans pour les Villeroy, voire 46 ans pour le duc François, mais il est vrai que presque tous les membres de cette dynastie ont une longévité exceptionnelle qui dépasse les quatre-vingts ans.

Leur personnalité les impose. Le trait commun qui les caractérise est leur recrutement. Tous, à l'exception de Mandelot qui est peu titré, mais néanmoins ami du roi, sont de grands personnages, appartenant à la haute noblesse, issus de l'entourage immédiat du souverain, voire de ses favoris. Tous sont pourvus de charges importantes qui en font de grands serviteurs de l'État. Dans la société d'ordres de l'Ancien Régime, les nobles sont par nature les dominants. Lorsqu'ils atteignent les sommets de la haute noblesse, ils imposent naturellement le respect, voire l'admiration, et la soumission. Cette position éminente leur donne une grande influence, même s'ils gouvernent peu. Nul ne peut rivaliser avec eux dans ce domaine, même les intendants, à plus forte raison les échevins Dans les provinces du Lyonnais, aucun personnage n'atteint un tel rang et ne peut porter ombrage à leur ascendant, ni à leur autorité.

L'institution a évolué, parallèlement à l'évolution de la monarchie. Une vague tradition historique veut que le rôle des gouverneurs, important dès le début, grandisse au XVIe siècle, jusqu'à concurrencer le pouvoir royal au cours des Guerres de Religion, puis qu'il diminue à partir de Richelieu et surtout de Louis XIV, au point de devenir purement honorifique. Or ce schéma ne se retrouve pas dans l'histoire des gouverneurs de Lyon. C'est au début de l'institution, et non à la fin, que ceux-ci font figure de personnages honorifiques : Tannery du Chastel, Jean bâtard d'Armagnac, César Borgia ne semblent avoir joué aucun rôle important dans la vie locale. Leur nomination correspond plus à une récompense pour services rendus ailleurs qu'aux besoins d'une administration régionale. Les gouverneurs voient leur importance grandir à partir des règnes de François Ier et Henri II, parce qu'ils sont choisis parmi les favoris des souverains et qu'ils profitent de cette situation. Les Guerres de Religion ont suscité moins de troubles à Lyon qu'en de nombreuses provinces : Saint-André et Mandelot témoignent d'une entière soumission aux monarques et maintiennent leur gouvernement dans cette voie. Seul, le duc de Nemours se dresse contre le roi, entraîne la ville dans la Ligue, jusqu'à ce que celle-ci se ressaisisse et, chose inouïe, le jette en prison, puis se soumette à Henri IV et fasse preuve, jusqu'à la Révolution, d'une fidélité sans faille. Aux XVIIe et XVIIIe siècles, avec la dynastie des Villeroy, on n'assiste nullement à la décadence des gouverneurs, mais au contraire à un regain de leur autorité et on serait tenté d'écrire que celle-ci n'a jamais été aussi grande, du moins pour les trois premiers.

Les pouvoirs et le rôle des gouverneurs nous paraissent insuffisamment définis et difficiles à saisir. Cependant, il résulte de notre étude qu'on peut déterminer quelques domaines dans lesquels leur autorité est incontestable :

• Le gouverneur représente le roi. Il est son lieutenant général, au sens propre du terme, c'est-à-dire qu'il en tient lieu. Considéré comme « le roi présent dans la province », il exerce en tout temps et en tout lieu les pouvoirs du souverain, « tout ainsi que nous même ferions si présent en personne y étions » selon la formule répétée à chaque nomination. Ces simples termes suffisent : il n'est pas nécessaire de définir les pouvoirs du roi et donc du gouverneur que tout le monde connaît et qui sont universels. À quelques exceptions près : le gouverneur ne préside pas aux activités de la justice, ni des finances. Il doit respecter « les droits et libertés » des sujets, que le roi garantit à chaque couronnement ; à Lyon, ceux de la Commune. Bien que réduits, ceux-ci subsistent jusqu'à la fin de l'Ancien Régime On oppose souvent, à partir du XVIIe siècle, au gouverneur déclinant, l'intendant dont le rôle se développe et atteint son apogée sous le règne de Louis XV. Or, dans le gouvernement du Lyonnais, on ne constate pas de réelle rivalité entre les deux personnages, En fait, ces deux dignitaires ne sont pas sur le même plan. Les intendants ont été créés au départ pour servir de ministres et de conseillers aux gouverneurs. Petit à petit, ils prennent en charge les différents secteurs de l'administration, domaines dans lesquels ils jouissent de plus de pouvoirs pratiques que les gouverneurs, mais ceux-ci gardent toujours sur eux leur supériorité protocolaire. En cas de crise, c'est le gouverneur qui intervient et ordonne, l'intendant suivant comme conseiller. Jamais celui-ci n'apparaît comme le roi dans la province ; il est seulement le représentant de l'État, c'est-à-dire de l'administration centrale, et dans la pratique du contrôleur général des finances. On assiste à une sorte de partage tacite du pouvoir : le gouverneur « règne » et l'intendant administre.

• Maintenir les sujets dans la paix, l'unité, la fidélité et la soumission au roi, constitue la mission essentielle des gouverneurs. Elle est répétée avec insistance dans toutes les lettres de nomination et dans toutes les ordonnances, parce que c'est l'essence même des prérogatives du souverain et que tout en découle : une bonne police et une bonne justice pour assurer la paix, l'obéissance au roi, notamment pour les impôts et la défense du pays, un bon état d'esprit, en matière religieuse par exemple ; on retrouve là les principaux domaines du gouvernement royal. Sauf pendant la période de la Ligue, les gouverneurs du Lyonnais ont toujours parfaitement rempli cette mission, et la ville comme la province sont toujours restées fidèles au souverain, malgré une exploitation financière lourde et durable.

• Le commandement militaire est la fonction des gouverneurs qui apparaît le mieux, d'abord parce que tous sont des officiers de haut rang, qu'on tend à confondre leur charge avec leurs campagnes guerrières souvent brillantes et que toutes les ordonnances les placent en tête de l'organisation militaire de la province. On a fatalement tendance à faire de cette activité la principale de leurs missions. Il faut nuancer ce jugement. D'abord, à partir du XVIIe siècle, la création des commandants en chef les prive d'une part de leur rôle. Ensuite, leur premier devoir est de maintenir la discipline des troupes et de protéger les populations, souvent victimes d'exactions et de violences de toutes sortes de la part de la soldatesque ; c'est une plaie endémique et la tâche assignée aux gouverneurs rejoint la précédente, celle de maintenir le pays en paix. La levée des troupes, la surveillance des recruteurs et les affaires de désertion relèvent de cette mission. Enfin, leur commandement est territorial. Ils assurent ce qu'on appelle aujourd'hui la logistique : état des places fortes et des fortifications, déplacement et cantonnement des troupes, ravitaillement et munitions. Dans les provinces du Lyonnais, où peu de troupes ont séjourné, où les cités fortifiées sont peu nombreuses, le rôle territorial du gouverneur est de peu d'importance. Reste la défense de Lyon qui est le souci militaire essentiel de l'époque, parce que la cité est la seconde du royaume et un carrefour de voies de communication qui ouvre sur tout l'est de la France. En outre, jusqu'au règne d'Henri IV, la ville se situe sur la frontière, d'où le problème récurrent des fortifications de Lyon. Mais, avec l'annexion de la Bresse, du Bugey et de Gex, la frontière et le danger s'éloignent.

Quel que soit le jugement que l'on porte sur lui, le gouverneur reste le premier personnage de la province, au moins par son prestige, souvent par son rôle, toujours par son rang social. Or, il est mal connu et les historiens se sont peu intéressés à lui : alors que les sénéchaux et les intendants ont donné lieu à de nombreux ouvrages, il n'existe aucune étude d'ensemble sur les gouverneurs. Cela tient probablement à ce que leur fonction est difficile à saisir et plus encore leur rôle dans la province, mais aussi à la concurrence des intendants. Parce que ceux-ci ont laissé d'importantes archives, ils ont attiré les recherches et, sans le vouloir, effacé le rôle des gouverneurs dont la méconnaissance a été traduite en inactivité. On les met constamment en concurrence, alors que dans l'esprit du roi, ils doivent concourir conjointement au même but : maintenir le pays en paix et tranquillité, dans la soumission et l'obéissance au souverain.

Troisième partie

Le gouvernement militaire, de la Révolution à 1873

Les commandants militaires à Lyon

Jean-Pierre Chevrier et Bernard Demotz

Chapitre premier

Commandants et gouvernements militaires territoriaux (1791-1873)

Sous l'Ancien Régime, baillis et sénéchaux, puis gouverneurs, représentaient le roi et le suppléaient dans le territoire qu'il leur avait imparti : ils s'occupaient en son nom de la justice, de l'administration de son domaine, des finances, du maintien de l'ordre et de la défense. Ces personnages eurent une réelle puissance dans les débuts quand la monarchie était encore faible, puis plus tard quand elle était affaiblie au cours de guerres, principalement civiles, au début du XVe siècle, ou pendant la seconde moitié du XVIe siècle, lors des Guerres de Religion.

Avec Henri IV, le premier dynaste de la famille de Bourbon, le pouvoir royal centralisateur tendit vers l'absolutisme qui atteignit son apogée avec Louis XIV. Concurremment, le pouvoir des gouverneurs diminue, toutefois ces importants personnages devaient être ménagés. Ils furent petit à petit dessaisis de leurs différentes missions, mais ils conservaient leur titre prestigieux, même s'il ne recouvrait qu'une supervision, plus honorifique qu'effective, des problèmes de défense de leur province, au XVIIIe siècle.

Quand, le 1er janvier 1791, le titre de gouverneur est supprimé, ce n'est plus guère qu'une sinécure qui est éliminée, mais qui, de façon virtuelle, couvrait encore toutes les fonctions territoriales civiles et militaires. Désormais, il n'y aura plus de confusion entre les pouvoirs civils et militaires. D'ailleurs, en ces débuts de la Révolution, la politique est bien de séparer les pouvoirs. Un exemple, concernant aussi l'Armée, suffit à le montrer : celui de la gendarmerie en 1791, dont le maintien de l'ordre reste la mission, mais qui perd le pouvoir judiciaire qu'exerçait la prévôté des maréchaux où elle puise ses traditions. La France est partagée en départements qui, après quelques errements, sont dirigés par des préfets exerçant le pouvoir civil de l'État. Les missions de maintien de l'ordre et de défense territoriale reviennent à des commandants militaires dont l'emprise comporte plusieurs départements, des subordonnés ayant sous leur autorité la responsabilité militaire sur un ou parfois deux départements. Désormais, le gouvernement militaire territorial dépend uniquement du ministère de la Guerre et l'évolution de la Défense et de l'Armée va l'influencer directement et cela d'autant plus nettement que la Révolution et le Premier Empire sont des périodes de conflits armés engageant la Nation toute entière.

L'ARMÉE ROYALE

Les armées, engagées de 1793 à 1815, bénéficient heureusement des avancées entamées dès l'Ancien Régime. Ainsi qu'on en verra d'autres exemples, après de graves conflits, il y a un désintérêt général du pouvoir et de la nation pour l'Armée. Ce fut le cas après les guerres constantes du règne de Louis XIV (mort en 1715). La Régence délaisse l'Armée et le recrutement devient difficile. Ce désintérêt poursuivi aboutit au désastre de la Guerre de Sept Ans. Après une première réforme par le ministère du duc de Choiseul sous Louis XV, le comte de Saint-Germain et de Sartine, au début du règne de Louis XVI (1774-1791), procèdent à une réorganisation, de l'Armée et de la Marine respectivement, qui permet une intervention décisive dans la guerre d'Indépendance américaine (1778-1783). Cette réorganisation porte sur de nombreux domaines. Ainsi sont formés des officiers d'État-Major et des Écoles militaires sont ouvertes à Paris, Mézières et Saumur. La discipline est réinstaurée, l'instruction et l'entraînement retrouvent leur importance : un camp est créé à Vaussieux, permettant de faire manœuvrer jusqu'à 6 brigades en même temps, les unités se formant à l'ordre mince ou profond, en bataille. En effet, les régiments ont été regroupés en 52 brigades d'infanterie et 32 brigades de cavalerie : plusieurs brigades sont prévues pour former une division regroupant infanterie et cavalerie, en fonction des besoins. L'artillerie est, elle aussi, rénovée et systématisée, grâce à de Vallière, puis de Gribeauval, la fonderie et l'usinage des pièces bénéficiant d'avancées techniques[1] primordiales.

Depuis 1763, ont été institués 15 départements militaires d'implantation des unités. Sous Louis XVI, on commence à organiser les grandes unités pour réunir les trois armes, infanterie, cavalerie et artillerie, en fonction de l'implantation des garnisons, des régiments et batteries. Mais en 1790, ce n'est encore qu'une tendance au cours de réalisation. Néanmoins l'armée royale, forte d'environ 200 000 hommes, va encadrer, lors de « l'amalgame », les bataillons de volontaires nationaux, pour former les armées de la Révolution, dont l'artillerie est celle systématisée par de Gribeauval.

L'ARMÉE NATIONALE (1792-1815)

La Monarchie s'écroule et l'Armée perd un grand nombre de ses officiers nobles[2]. Cela va permettre à des bas-officiers et soldats d'atteindre les plus hauts grades[3] : beaucoup seront d'excellents entraîneurs d'hommes, certains démontreront des qualités stratégiques et tactiques. Mais nombreux aussi seront ceux qui n'auront d'autres qualités que leur

engagement civique ou patriotique : quelques-uns de cet acabit seront cités plus loin dans les biographies des commandants à Lyon. Dès 1789, s'est formée la Garde nationale dans toutes les localités, petites ou grandes. Les dangers se précisant, la réquisition des gardes nationaux permet d'augmenter les effectifs de 100 000 volontaires, puis encore de nombreux autres. C'est alors (1792) qu'on procède à « l'amalgame », un bataillon de l'armée régulière intégrant 2 bataillons de volontaires pour former un régiment.
Lazare Carnot organise la victoire, crée des écoles et porte l'armée à 740 000 hommes en 1794. Quatre ans plus tard, la situation est catastrophique et le général Jourdan, ministre de la Guerre du Directoire, fait voter la conscription, pour tous les hommes de 20 à 25 ans. Une telle mesure déclenche une vague d'insoumission, ce qui n'empêche pas que, de 1792 à 1799, la Révolution a levé 1 570 000 hommes.

Quant au gouvernement territorial, il est redéfini dès 1791, le royaume étant partagé en 23 Divisions Militaires (DM). À Lyon est basé le 19e DM : curieusement, il faut attendre le début de 1799 pour relever dans les documents cette titulature spécifique. Avant cette date, de nombreuses dénominations sont utilisées : commandant militaire de/à Lyon, commandant à Lyon, commandant en chef ou supérieur de/à Lyon, peut-être même commandant la place à Lyon. Étant donné l'insuffisance documentaire et l'approximation des titulatures, la suite des commandants militaires de la 19e DM présente quelques imprécisions. De plus, cette période troublée amène les commandants titulaires à partir en campagne et à être remplacés provisoirement. Il arrive même que des commandants par intérim soient à leur tour dépêchés sur le théâtre des opérations. On retrouvera ces mêmes problèmes au temps du Premier Empire.

Après le 18 Brumaire, le Premier Consul, ayant ramené la paix, assouplit la conscription en autorisant le remplacement. Il ne s'en occupe pas moins de l'Armée, fondant l'École Militaire de Saint-Cyr, réorganisant la logistique et instituant l'Ordre de la Légion d'Honneur. Le Consulat passe au Premier Empire et c'est le retour des guerres. Napoléon institue le tirage au sort pour le recrutement : parmi ceux qui sont retenus, un pourcentage est prévu pour gagner l'armée, les autres restant sur place, en réserve (1804). En 1813, après les campagnes de Russie et d'Allemagne, il faut remplacer les grognards disparus : la garde impériale est mobilisée et ses cohortes organisées en régiments. Tout n'est pas fini en 1814, puisque Napoléon Ier revient de l'île d'Elbe pour Cent Jours en 1815, et termine sa trajectoire épique à Waterloo. Sur 130 départements [4] de 1800 à 1815, il a été levé 1 350 000 hommes.

L'ARMÉE PROFESSIONNELLE (1815-1873)

Les besoins en effectifs de l'Armée de la Restauration sont désormais beaucoup plus faibles, 200 000 hommes, d'autant que le Royaume est, du point de vue militaire, sous la surveillance des anciens coalisés contre Napoléon Ier. La conscription est rejetée, mais le recrutement par volontariat se révèle vite insuffisant. La loi de 1818, portée par le maréchal Gouvion-Saint-Cyr, crée un corps d'État-major, établit les règles de l'avancement[5] et

surtout remet en vigueur le recrutement du contingent par tirage au sort, pour un service de 6 ans, avec faculté de remplacement. À l'inverse des pratiques précédentes, il n'y a plus de grandes unités permanentes réunissant les trois armes, sauf à Paris, à Lyon et dans la Garde Royale. Les régiments d'infanterie et de cavalerie sont sous l'autorité des commandants des Divisions Militaires territoriales, suivant la répartition des garnisons. Quant à l'artillerie, il n'y a de commandements spéciaux que dans les Divisions Militaires, où se trouvent à la fois un ou plusieurs régiments d'artillerie et des arsenaux ; seule une dizaine de Divisions Militaires est concernée, sur les 23 mises en place en 1791.
L'organisation de l'Armée de la Restauration permet une préparation satisfaisante des campagnes entreprises en Espagne (1825), en Morée (1828) et à Alger en 1830. 1814 et 1815 ont démontré que le système des places fortes aux frontières ne suffit plus à retenir des armées devenues très mobiles. Les militaires proposent donc de fortifier Paris et Lyon. Dès 1816, le lieutenant-général Haxo, inspecteur du Corps royal du Génie, martèle qu'il est de la première importance stratégique que ces deux villes puissent être défendues. Le Comité de Défense, réuni par le maréchal Gouvion-Saint-Cyr en 1818, tire les mêmes conclusions. De nombreuses études d'Haxo et d'autres officiers du Génie vont en ce sens pendant toute la Restauration et serviront de base aux travaux menés sous la Monarchie de Juillet. C'est en effet sous Louis-Philippe que ces fortifications sont réalisées, en particulier à Lyon[6] sous la direction du maréchal de camp Rohault de Fleury, à partir de 1831.

Peu de modifications en profondeur de l'Armée interviennent pendant la Monarchie de Juillet (1830-1848), hormis en Algérie. Le maréchal Soult, par deux lois, se contente d'actualiser, en 1832, la loi Gouvion-Saint-Cyr. Le statut des officiers et officiers généraux est recadré, respectivement par les lois de 1834 et 1839, cette dernière organisant de plus l'État-Major Général. La seconde loi Soult (1832) modifie la distribution de la défense territoriale : ainsi la 19e DM de Lyon devient la 7e DM avec un territoire identique. Le recrutement reste inchangé. En revanche, la Garde nationale est relancée : elle représente un effectif important, mais totalement inefficace, sauf lors de l'insurrection de 1848, à laquelle elle… se rallie ! Les nouveautés militaires ressortent de la pacification de l'Algérie que Louis-Philippe aurait bien voulu éviter. Mais il faut bien combattre les insurrections qui menacent Alger et les quelques ports tenus. Trois des fils de Louis-Philippe sont des militaires, plutôt bons d'ailleurs, et ils poussent le roi. Pour lutter efficacement en Algérie, de nouveaux corps sont créés, dont certains recrutés parmi les populations autochtones : la Légion Etrangère (1831 et 1837), les Zouaves et les Chasseurs d'Afrique (1831), les Spahis (1834) et les Tirailleurs (1841). Dès 1845, Sidi Brahim est le premier fait d'armes des Chasseurs. Romantisme aidant, l'épopée napoléonienne envahit les beaux esprits et le retour des cendres de Napoléon (1840) favorise ce renouveau.

Pendant la courte Deuxième République (1848-1850), l'on assiste à des modifications rapides et transitoires de la numérotation des Divisions Militaires : à Lyon, on passe de la 7e DM à la 5e et 7e DM, puis à la 6e DM, qui durera jusqu'en 1858. Et l'on en revient aux généraux de brigade et de division.

Napoléon III réduit la garde nationale et se constitue une Garde impériale de 54 000 hommes. L'Armée reste professionnelle, même si l'exonération est substituée au remplacement lors du tirage au sort. Les effectifs augmentent, mais restent modestes : 300 000 hommes en 1870. Des progrès techniques interviennent au niveau de l'armement (le fusil Chassepot ou l'artillerie rayée) ou au niveau du transport avec le chemin de fer, désormais moyen indispensable de concentration rapide des troupes. Pour ce qui concerne le commandement en chef des Armées, il revient de droit à l'Empereur, bon connaisseur de l'Artillerie, mais qui n'a par ailleurs aucune capacité réelle. En cas de carence ou de désistement de Napoléon III, la responsabilité suprême revient au ministre de la Guerre, ce qui met en jeu des communications encore insuffisantes. En 1858, parmi les Divisons Militaires[7] six d'entre elles deviennent le centre de six corps d'armée (C.A.) : il s'agit de Paris, Lille, Nancy, Lyon, Tours et Toulouse ; un septième est basé à Alger. Les commandants de ces C.A. ont, sur le territoire de leur commandement, les régiments constituant leur grande unité. Il est à noter qu'aucune division n'a d'artillerie organique, sauf la Garde impériale. À Lyon, en 1867, on relève 12 régiments d'infanterie, 3 bataillons de chasseurs à pied, 4 régiments de cavalerie et 10 batteries d'artillerie aux ordres d'un général de brigade directement subordonné au commandant du 6e C.A.

Si les répressions des révoltes à Lyon, en 1831, 1834 et 1849, démontrent que le maintien de l'ordre reste l'une des tâches de l'Armée, la défense des frontières et les expéditions armées, coloniales ou non, restent néanmoins la première mission militaire. Pourtant, la concentration des troupes lors de la campagne d'Italie (1859) montre de graves carences. Avec la victoire de Sadowa (1866), du Royaume de Prusse sur l'Empire d'Autriche, le péril monte. Le nouveau ministre de la Guerre, le maréchal Niel, tente d'améliorer l'Armée, d'augmenter ses effectifs et de concevoir un plan de mobilisation, incluant les chemins de fer. Il fait adopter le service de 9 ans (5 ans dans l'active et 4 dans la réserve) ; il prévoit aussi une armée auxiliaire, dite garde mobile. Mais Niel meurt en 1869. Son successeur est le maréchal Leboeuf, optimiste satisfait : l'instruction et l'entraînement de la garde mobile reste sur le papier et il oublie de réunir la commission centrale des chemins de fer qui devait concourir à la mise au point de la concentration des troupes. Pourtant il ose dire qu' « *il ne manque pas un bouton de guêtre* » à l'Armée qui va subir la défaite de 1870. La mobilisation en 1870 se fait dans le plus grand désordre, les services suivent mal, la garde mobile mal préparée arrive avec retard ou n'arrive jamais. La constitution des grandes unités est lente, les régiments ne sont pas au complet et les approvisionnements rencontrent des difficultés d'acheminement. Les commandants de certaines grandes unités sont désignés au dernier moment et ne connaissent donc ni leur État-major, ni leurs hommes.

Le pays ne s'intéresse pas aux problèmes militaires et ne se réveille qu'après la défaite impériale, inévitable malgré l'insigne bravoure des hommes. Ensuite l'engagement patriotique de la nation ne peut inverser la situation catastrophique malgré le courage déployé. Et la nouvelle République doit s'emparer de la capitale tenue par la Commune (1871). Elle doit aussi réformer totalement l'Armée.

LE GOUVERNEMENT MILITAIRE TERRITORIAL

Le commandement de la Division Militaire est responsable du maintien de l'ordre et de la défense territoriale. Il commande les unités stationnées dans la Division Militaire, dont il supervise l'instruction et l'entraînement. Il est chargé avec les autorités civiles, du recrutement et est responsable des réserves. Il entretient les défenses, supervise les industries d'armement, les arsenaux, dépôts et installations militaires sises sur le territoire de la Division Militaire. Ces missions multiples nécessitent un État-major structuré et des services de valeur. En réalité, on va le voir à Lyon, tous ces objectifs ne vont entrer que lentement dans les faits.

Tout au long de cette courte période, on a à Lyon des commandants militaires. On note toutefois pendant la Restauration que deux généraux, ex-émigrés et aristocrates de haute volée, sont honorés du titre de gouverneur de Lyon, résurgence de l'Ancien Régime, pour qui il semble bien que ce soit un poste purement honorifique, comme ce fut le cas au cours du XVIIIe siècle. De même, sous Napoléon III, le maréchal de Castellane aura l'honneur d'être qualifié de gouverneur, à titre personnel.

Intéressons-nous maintenant aux personnages qui détiennent ce commandement de 1791 à 1873 à Lyon.

1. Jean Ier Maritz (mort en 1743) invente, en 1714 à Berne, un procédé de forage de la pièce coulée massive : celle-ci, horizontalement, tourne à la rencontre d'un burin fixe. Ces pièces ainsi usinées sont enfin fiables. Maritz dirige la fonderie de Vaise, près de Lyon, en 1734. Son fils Jean II (1711-1790) poursuit son œuvre et étend ses activités à Strasbourg, Douai et Rochefort. Il devient inspecteur général de l'artillerie en 1747, châtelain de La Barollière à Limonest (au nord de Lyon) en 1750, et baron en 1755. Des descendants de Jean Ier poursuivent jusqu'en 1839 à Strasbourg.

2. C'est grave pour l'armée de terre, mais pire pour la Marine : certes, de bons officiers de la marine marchande savent naviguer ; en revanche, ils ont tout à apprendre de la stratégie, de la tactique et du combat naval : ils devront l'apprendre à leurs dépens (défaites d'Aboukir et de Trafalgar).

3. Les hauts grades évoluent : ainsi le maréchal de camp devient général de brigade, et le lieutenant-général, général de division, en attendant que Napoléon Ier réinvente le maréchalat.

4. L'Empire a annexé à la France des contrées voisines, d'où le nombre de départements supérieur à ce qui existait au temps de la Révolution.

5. On retrouve les grades de l'Ancien Régime : maréchal de camp, lieutenant-général. À noter aussi, dès 1817, la création de l'Intendance, par réunion des inspecteurs aux revues et des commissaires des guerres.

6. Cf. *Les Défenses de Lyon* , 2006, F. Dallemagne.

7. Les services s'organisent auprès des commandants de C.A. ou de D.M. : un intendant ayant rang de général est à la DM ou au CA, des sous-intendants au niveau des subdivisions départementales. Le service du Génie est aux ordres d'un directeur des fortifications ; les limites de son autorité ne coïncident pas forcément à celles de la DM.

Chapitre 2

Les commandants militaires à Lyon sous la Révolution et l'Empire

LA FIN DE L'ANCIEN RÉGIME

À Lyon, la Municipalité remplace[1] le Consulat et la Garde nationale naît à partir des milices de quartiers. Son chef, Barthélemy Dervieu de Villars[2], élu le 12 février 1790, ne peut être considéré comme un commandant militaire de la ville ; d'ailleurs, il ne peut s'opposer aux désordres et, critiqué, démissionne le 24 juillet et quitte la ville. Il n'est même pas remplacé et un certain Frachon, major général, fait fonction de commandant général de la Garde nationale. En effet, la Ville « s'émeut » et devant la cherté des denrées, s'en prend les 8 et 9 juillet 1790 aux barrières d'octroi, où sont taxés les produits à l'entrée de Lyon. Le gouvernement royal et l'Assemblée constituante ne peuvent accepter cela et le maréchal de camp Le Filleul de La Chapelle est délégué pour rétablir les barrières et ramener le calme.

Alexandre-François-Marie LE FILLEUL de LA CHAPELLE, commandant militaire de Lyon d'août 1790 au 4 janvier 1791

Il est né le 12 août 1737 au château de La Chapelle-Gautier en Normandie et devient mousquetaire de la I^e^ compagnie en 1750. Second enseigne aux gardes françaises en 1751, il commande le régiment de Bessigny en 1776. Maréchal de camp le 14 janvier 1784, il est à la tête d'une brigade en Bretagne à la veille de la Révolution. Il est envoyé à Lyon pour rétablir les barrières d'octroi. Il choisit avec soin les unités qui l'accompagnent : les régiments de Sonnenberg (suisses), de La Marck (allemands), de Monsieur et de La Marine, 3 escadrons de Penthièvre, le Ier escadron de Chasseurs de Bretagne et un escadron de Chasseurs d'Alsace. En effet, il est en contact avec un complot royaliste lyonnais[3], dont le but est de faire venir Louis XVI à Lyon, pour l'exfiltrer jusqu'à Turin. La Chapelle rétablit les barrières d'octroi le 21 août. Quant au complot, il est éventé et les conspirateurs sont arrêtés en décembre. La Chapelle quitte Lyon le 5 janvier 1791 et émigre peu après. Plus tard, il est auprès de Louis XVIII à Hartwell : nommé lieutenant-général, le roi le fait ministre de la Guerre de son gouvernement en exil. La Chapelle meurt à Hartwell.

Jean-Charles HALLOT, commandant à Lyon du 10 février 1791 au 16 mai 1792

Né à Verdun le 26 juillet 1723, il est lieutenant au Régiment de La Fère-Infanterie (1746). Il obtient la croix de Saint Louis en 1771 et est nommé maréchal de camp en 1788. Après Lyon, il est envoyé à Nantes et arrêté le 20 septembre 1792, comme suspect d'émigration. Acquitté, il est mis à la retraite en 1794. Il décède à Paris en 1799.
À Paris, les événements se précipitent. Finalement Louis XVI a choisi de s'enfuir vers l'est : il est arrêté à Varennes le 20 juin 1791. L'Assemblée a élaboré une Constitution le 17 juillet et cède la place à l'Assemblée législative le 1er octobre. Le 10 avril 1792, s'installe un ministère girondin qui, dix jours plus tard, déclare la guerre à l'Empire. À Lyon, le Club Central des Amis de la Constitution, auquel se sont ralliés les 31 clubs de sections, se réunit au Grand Collège.

Les officiers du 5e Régiment de cavalerie, Royal-Pologne, en garnison à Lyon, furent arrêtés et enfermés à Pierre-Scize en 1792. Le 9 septembre ils furent assassinés par une bande d'émeutiers, décapités et leurs têtes promenées en ville et au théâtre... (*in* A. Balleydier, *Histoire politique et militaire du peuple de Lyon pendant la Révolution française*, Paris, 1846).

Charles-Constantin de ROTHENBOURG de HESSE-RHEINFELS, commandant à Lyon d'août à octobre 1792

Appartenant à une branche cadette des princes de Hesse, né à Rothenburg, il est capitaine au Royal-Allemand (1765), colonel, puis maréchal de camp (1788). Partisan déclaré de la Révolution, il est surnommé « général Marat ». À Lyon, il ne fait rien pour empêcher que neuf officiers du Royal-Pologne soient lynchés le 9 septembre 1792. Il fait un compte-rendu cynique au ministre en écrivant : « Cela fait 9 places vacantes ». En octobre 1792, il est envoyé à Besançon, puis suspendu de ses fonctions en septembre 1793. Il est emprisonné en 1794 et réintégré dans son grade en juin 1795. Il prend sa retraite peu après. En 1801, il est déporté et décède à Francfort-sur-le-Main en 1821.

Pendant ce temps, la commune insurrectionnelle de Paris met Louis XVI en prison le 10 août 1792. La foule déchaînée se livre à des massacres dans les prisons du 2 au 5 septembre 1792. Sur les frontières après des échecs partiels, intervient la victoire de Valmy de Kellermann, grâce aux bonnes dispositions prises par Dumouriez (20 septembre 1792).

LA CONVENTION GIRONDINE

Le 21 septembre 1792, la Convention remplace l'Assemblée législative et proclame la République. Dumouriez remporte la victoire de Jemmapes le 6 novembre suivant : la Belgique est annexée, ainsi que la Savoie. Mais la situation se dégrade. À l'ouest, la chouannerie entre en lutte avec la République dès la fin de 1792, et Dumouriez est défait à Neerwinden en mars 1793. La politique se radicalise : Louis XVI est exécuté le 21 janvier 1793, les Girondins sont éliminés par la Convention au profit des Jacobins le 2 juin, et le Comité de Salut Public dirige désormais le pays.
Or à Lyon, la situation évolue en sens inverse. Joseph Chalier, le chef des Jacobins de Lyon est parvenu à dominer le Club central, puis la Municipalité. Il fait peser la peur sur les modérés lyonnais. La plupart des sections sont en opposition avec le Club central et, sous la direction de Pierre Madinier, s'emparent de l'Hôtel de Ville et arrêtent Chalier et ses partisans, dans la nuit du 29 au 30 mai 1793, soit deux jours avant que les Jacobins s'emparent du pouvoir à Paris.

LA CONVENTION JACOBINE

Les autorités lyonnaises tentent en vain de convaincre de leurs sentiments républicains. Mais elles ne veulent pas libérer Chalier, qui est guillotiné le 16 juillet, malgré les injonctions de la Convention. Marseille[4] s'agite, Toulon[5] n'est pas sûre et le royaume sarde menace la Savoie. Aussi les Jacobins prennent un décret contre les villes rebelles le 29 juillet 1793, que les Lyonnais qualifient de « décret de sang ». Lyon se met en état de se défendre et se donne un chef au début de juillet 1793 : c'est Précy, un officier supérieur royaliste. Contrairement à ce que fait alors croire la propagande jacobine, Lyon n'est plus royaliste. Les principaux royalistes sont les officiers encadrant l'armée de la ville, ainsi que

400 à 500 cavaliers de Précy. Ils sont là car ils possèdent la compétence militaire voulue. La plupart des familles royalistes ont fui avant l'encerclement de Lyon. Les seuls qui ont une opinion politique avouable, sont alors des petits bourgeois ou des artisans jacobins (tels Chalier et le maire Bertrand) ou rolandistes modérés (ou pro-girondins fédéralistes). Les chefs de ces partis entraînent une part de la garde nationale et de la population. Ce sont les sections armées des quartiers qui combattent le 29 mai 1793 : les modérés, vainqueurs de cette journée, fournissent le gros des troupes de Précy, à l'exemple de leur chef, Pierre Madinier.

Il faut être objectif, tous les Lyonnais ne se sentent pas concernés par la politique. Pour la plupart au seuil de la misère, ils veulent seulement mieux vivre, quel que soit le régime. Ne restent que ceux qui ne peuvent partir, les plus modestes, qui vont subir les bombardements, les incendies et la famine : leur hostilité va grandir avec le temps et le rationnement, d'autant qu'ils pensent n'avoir rien à craindre des républicains radicaux, militaires ou commissaires de la Convention. Il ne faut pas oublier la fraction jacobine, certes minoritaire, même si elle a perdu ses chefs, Chalier guillotiné et ses lieutenants emprisonnés. Leur esprit de revanche les amène à refuser toute participation, voire à jeter des projectiles de tout type sur les défenseurs qui passent dans leur rue, à allumer des incendies, à donner des renseignements aux assiégeants... C'est donc une minorité qui défend la ville, les troupes et leurs soutiens civils, qui tente par tous les moyens, mais en vain, de trouver des alliances au dehors. Ils prévoient le ravitaillement, recherchent des hommes, des armes, des munitions. Une expédition est lancée en Forez dès le 25 juin ; celle-ci achemine à Lyon tout ce qu'elle peut récupérer : hommes, armes, munitions, vivres et troupeaux sur pied. Elle poursuit sa mission jusqu'au dernier moment, le 15 septembre, juste avant que la ville soit totalement cernée.

Pour résister, Lyon a besoin de défenses. Les remparts sur la colline de Fourvière datent du XIVe siècle, ceux de la colline de la Croix-Rousse remontent à la première moitié du XVIe : ils n'ont plus été entretenus, ni modernisés depuis le milieu du XVIIe siècle. Il faut les renforcer et surtout mettre en place des redoutes avancées. Par ailleurs, la géographie de Lyon a changé. Le pont Morand, en bois, a permis de commencer d'édifier quelques rares constructions à son débouché sur la rive gauche du Rhône. Surtout, Perrache vient d'endiguer la rive droite du fleuve, rejetant le confluent face à La Mulatière : l'allongement de la presqu'île ne ménage qu'une chaussée reliant les quais du Rhône au pont d'Oullins, le reste n'étant que marécages drainés par des canaux. C'est l'un des adjoints de Précy, de Chénelette[6] qui supervise l'édification des défenses. Il implante des redoutes devant les remparts de Fourvière et de la Croix-Rousse, à des emplacements qui seront repris entre 1831 et 1854, lors de l'édification de la première ceinture de forts. Il prévoit aussi des redoutes au pont d'Oullins et sur la chaussée Perrache, ainsi qu'un grand ouvrage au débouché du pont Morand. Par ailleurs, Chénelette et d'autres officiers artilleurs installent leurs batteries de manière à balayer le terrain et à contrebattre les batteries adverses. Le nombre de pièces mises en œuvre est important, mais reste néanmoins insuffisant : un officier, Schmidt, fabrique de petits calibres en nombre non négligeable, pour compléter le parc. Le plus gros problème reste l'effectif insuffisant de l'armée de Lyon : 12 à 14 000

Le général Précy, lieutenant colonel de l'Armée Royale, commandant les troupes lyonnaises lors de la révolte de Lyon en 1793 (*in* A. Balleydier, *Histoire politique et militaire du peuple de Lyon pendant la Révolution française*, Paris, 1846).

hommes. Seulement 3 500 sont aguerris, dont une cavalerie de 400 à 500 chevaux. Au total, Lyon a fait au mieux pour se préparer, en deux mois, à résister au siège de l'armée de la Convention.

Louis François PERRIN, comte de PRÉCY, commandant en chef de l'Armée de Lyon du 7 juillet au 9 octobre 1793

Né à Anzy-le-Duc le 15 janvier 1742, il s'engage en 1755 au régiment de Picardie. Lieutenant en 1759, il participe à la Guerre de Sept Ans jusqu'en 1763. Il suit son régiment dans ses garnisons et est nommé capitaine (1774). Promu major en 1784, il sert au régiment de chasseurs des Vosges à Sedan, où il est nommé lieutenant-colonel. Il est à Lyon de 1787 à 1788. Il appartient ensuite à la Garde constitutionnelle du Roi et participe à la vaine défense des Tuileries le 10 août 1792. Il prépare Lyon à un siège. Malgré l'insuffisance en nombre des défenseurs lyonnais, la résistance est acharnée et dure du 7 août au 9 octobre 1793. Précy est parmi les rares chefs des assiégés à sortir de la ville et à éviter la répression. Il se réfugie dans la région de Roanne, puis émigre en Suisse, puis en Italie (1795). Il séjourne en Autriche, servant Louis XVIII. Il rentre en France en 1812 et est assigné à résidence à Dijon. Le 13 août 1814, il est nommé lieutenant général, puis le 23 du même mois, il devient commandant de la Garde nationale urbaine de Lyon. Pendant les Cent Jours, il est assigné à résidence chez lui à Marcigny. Il y reste jusqu'à son décès le 25 août 1820. Sa dépouille est transférée à Lyon au monument des

Le bombardement de Lyon, août 1793 (*in* A. Balleydier, *Histoire politique et militaire du peuple de Lyon pendant la Révolution française*, Paris, 1846).

Brotteaux le 29 septembre 1820. Sans enfant, c'est un petit-neveu, René Perrin du Lac qui écrira sa biographie.

Le siège de Lyon commence le 7 août 1793, avec 25 000 hommes. Mais il n'est pas complet, l'ouest restant largement ouvert jusqu'au 17 septembre, date à laquelle les assiégeants atteignent un effectif de 60 000 hommes. Les premières attaques à La Croix-Rousse permettent des avancées peu convaincantes, les Lyonnais aux ordres du général Granval (qui meurt), puis du colonel de Virieu, contre-attaquant avec acharnement. Dans ce secteur, les combats sont quasiment quotidiens, et pourtant les troupes de la Convention sont maintenues à bonne distance du rempart de la Croix-Rousse : un artilleur, Gingenne, se distingue tout au long du siège, à la tête de sa batterie. La défense de la redoute Chénelette, au bout du pont Morand, se résoud au début par un duel d'artillerie, celle de l'assaillant étant contrebattue par des batteries installées sur le revers de la colline de la Croix-Rousse. Des coups de mains audacieux parviennent même à détruire des pièces républicaines.

Devant l'opiniâtreté de cette résistance, Kellermann est forcé, pour démoraliser son adversaire de bombarder la ville, à partir de la plaine des Brotteaux et du plateau de Caluire, et d'y porter le feu par des tirs de projectiles incendiaires. Ce pilonnage dure de la nuit du 22 au 23 août jusqu'à la fin du siège. Dès les débuts du bombardement, l'arsenal de la Rigodière brûle, ainsi que de nombreuses maisons aux alentours. De nombreux quartiers

sont atteints. Les Lyonnais combattent les incendies avec efficacité et ne sont pas encore découragés.
À la fin d'août, Toulon ouvre ses portes aux Anglais et les Sardes entrent en Savoie. Les Conventionnels sont portés à croire à un plan concerté, et leur hargne s'en augmente d'autant. Mais des mariniers courageux parviennent à détourner les brûlots menaçant le pont Morand ; la résistance à La Croix-Rousse reste opiniâtre et les habitants qui soutiennent les hommes de Précy conservent le moral et parent à tous les incendies. La famine n'a pas encore frappé. Des renforts arrivent petit à petit permettant d'attaquer à l'ouest, pendant que les combats se poursuivent à Caluire. Une attaque en force lancée de Limonest enlève la redoute de la Duchère, d'où les Républicains vont désormais pouvoir bombarder le faubourg de Vaise. Puis les défenses de La Tour de Salvagny et d'Ecully tombent. Le 14 septembre, les autorités de la Ville obtiennent des Conventionnels l'autorisation d'évacuer les bouches inutiles : un certain nombre de défenseurs en profitent pour déserter et Précy s'en plaint dès le lendemain. Ce même jour, il récupère les derniers combattants de l'expédition du Forez et le dernier convoi de vivres. En effet, le 17 septembre, le bouclage est complet. Lyon est désormais cernée par 60 000 hommes. Deux jours plus tard, Kellermann est envoyé combattre les Sardes en Savoie. Sans doute est-il jugé trop mou, parce qu'il a voulu épargner la vie de ses hommes ; mais on ne peut se priver des compétences militaires qu'il va démontrer à l'Armée des Alpes.
Doppet, son remplaçant, arrive le 26 septembre. Il est chanceux, car la nuit précédente le caporal Truchet a déserté et livré le mot d'ordre de la redoute de Sainte-Foy, dont les conventionnels s'emparent sans coup férir. Désormais ils dominent l'actuel quartier Perrache sur lequel l'artillerie peut tirer à vue. Puis la redoute de Saint-Irénée, isolée, tombe à son tour. L'assaut général est lancé les 28 et 29 octobre à Saint-Just, la Croix-Rousse, les Brotteaux et La Mulatière : le pont d'Oullins est emporté et la chaussée Perrache envahie. Précy lance ses dernières contre-attaques à la tête de sa cavalerie : il repousse l'assaillant sur la rive droite du Rhône, jusqu'aux Charpennes ; puis de retour sur la Presqu'île, il charge sur la Chaussée Perrache, reconduisant ses adversaires au-delà du pont d'Oullins. Les pertes éprouvées ce 29 octobre sont graves de part et d'autre, mais celles des Lyonnais ne peuvent être compensées. Le moral de la ville est en baisse, du fait du rationnement rigoureux : nul ne peut plus empêcher une disette tendant à la famine. L'attaque générale du 8 octobre est difficilement contenue. La résistance étant désormais vouée à l'échec, Précy ordonne une sortie en force par Vaise le 9 octobre. Mais l'adversaire est prévenu et les paysans des alentours aussi. Les 1 500 hommes de Précy sont attendus : très rares sont ceux qui pourront se perdre dans la nature, tels Précy et Madinier, la plupart étant tués ou pris entre Vaise et Limonest.
Le temps de la vengeance jacobine est arrivé : c'est la Terreur Rouge.

Nicolas DECLAYE, commandant temporaire à Lyon du 30 octobre 1793 au 16 juin 1794

Né à Liège le 8 juin 1758, il est volontaire au Régiment de Berwick (1774). Il devient lieutenant-colonel de la Légion belge (1792). Aide de camp du général de Rosières (1793), il est promu général de brigade peu après. Arrêté le 15 septembre suivant, il est rapidement acquitté le 29 octobre. C'est alors qu'il vient à Lyon dans les bagages de Collot d'Herbois : il est promu général de division le 3 mars 1794. Après avoir quitté ce commandement, il

Le Siège de Lyon. Batterie d'artillerie conventionnelle installée à La Duchère et bombardant la ville (*in* A. *Thiers, Histoire de la Révolution*, Paris, 1880).

est arrêté le 4 septembre et libéré le 12, grâce à Lazare Carnot. Réformé en 1796-1799, puis de 1799 à 1802, il est à nouveau dans les cadres de 1802 à 1805, mais au grade de chef de bataillon. À nouveau réformé et se retire à Paris. On perd dès lors sa trace.

Pendant toute la période du commandement de Declaye, se déroule la Terreur Rouge. La Convention décrète le 12 octobre : « Lyon fit la guerre à la liberté. Lyon n'est plus », doit être rasée et porter le nom de Commune Affranchie. Deux commissions de justice, l'une militaire, l'autre civile, apparaissent vite comme trop lentes à condamner. En novembre, elles sont supprimées et remplacées par la Commission des Sept, les représentants Collot d'Herbois et Fouché voulant une meilleure « efficacité » de la justice.
À Lyon arrive un détachement de l'armée révolutionnaire parisienne, près de 2 000 hommes sous le commandement de Parein, tout nouveau général de brigade et énergique révolutionnaire, que les représentants de la Convention mettent à la tête de la Commission des Sept, responsable de la plupart des 1 876 victimes de la guillotine, des fusillades et des mitraillades. Des incidents se produisent entre les troupes régulières de Declaye et le détachement révolutionnaire passé sous le commandement de l'adjudant général Maubant. Declaye a tenté, semble-t-il, de se débarrasser des Parisiens ou tout au moins d'en prendre le commandement. Mais la chute des Hébertistes à Paris amène le licenciement de l'armée révolutionnaire, effectif à Lyon le 4 avril 1794.

Mitraillage de 209 Lyonnais aux Brotteaux, le 5 décembre 1793 (*in* A. Balleydier, *Histoire politique et militaire du peuple de Lyon pendant la Révolution française*, Paris, 1846).

Un autre épisode marquant est la mitraillade aux Brotteaux : en effet, les exécutions ne vont pas assez vite entre la guillotine sur la place des Terreaux et les fusillades sur la place Bellecour. On décide des exécutions de masse aux Brotteaux par canons chargés à mitraille. Mais les victimes encore vivantes doivent être achevées au sabre. Le colonel de Beaumont, commandant du 9e dragons, chargé de cette besogne, vient protester, au soir de la deuxième journée de mitraillade, que ses hommes trouvent cette tâche indigne de soldats : Fouché fait emprisonner le colonel, qui est élargi « *manu militari* » par ses hommes et ce type d'exécutions en masse est stoppé. Elles se sont déroulées les 4 et 5 décembre 1793 et ont fait 271 victimes.

Le commandant de Lyon Declaye et ses hommes ne sont que les exécutants des condamnations prononcées par la Commission des Sept, tant pour les fusillades que pour les mitraillades. Sans doute sont-ils soulagés quand, sur protestation des Jacobins lyonnais, Robespierre ordonne d'arrêter le massacre. Le dernier guillotiné le 16 avril 1794 est le bourreau qui avait exécuté Chalier. La guerre tourne alors en faveur des armées de la République. Toulon est reprise le 19 décembre 1793 et Jourdan est vainqueur à Wattignies (16 octobre 1793), puis à Fleurus (26 juin 1794) et occupe la Belgique et la Hollande. À Paris, les Jacobins se déchirent : les indulgents (Danton) et les enragés (Hébert) sont éliminés. Trop de gens se sentent menacés : aussi le 9 thermidor (27 juillet 1794) met fin à la Terreur et Robespierre est guillotiné.

Après avoir vu fuir de nombreux habitants, Lyon a subi les dégâts d'un long siège, perdu nombre de victimes dans les bombardements subis et les combats soutenus. Lyon a payé sa révolte contre la Convention et encouru la vengeance jacobine. Le marasme économique est profond. Après le 9 thermidor, les Lyonnais se vengent de leurs malheurs en tuant ceux qui les ont fait souffrir, en massacrant les jacobins emprisonnés, dénonciateurs, juges et sympathisants : c'est la Terreur Blanche.

Raymond César OUXBET, dit CÉSAR, commandant la place de Lyon à « la commission de l'organisation et de mouvement des armées » de 1794 à septembre 1795

Né à Sommières le 2 mars 1740, il est soldat au Régiment de Bourgogne-Infanterie (1759). Sous-lieutenant (1791), capitaine (1792), il est nommé général de brigade en 1793. Il semble participer au siège de Toulon avant d'être mis en poste à Lyon, et ne pas y être toujours présent au cours de son commandement. Il apparaît, en effet, qu'il a été dans les Alpes en 1794, puis en 1795. Quoi qu'il en soit, il se montre incapable d'empêcher les massacres dans les prisons des 4 et 5 mai 1795. Il est réformé en mars 1797 et admis à la retraite en 1804. Il décède à Sommières le 8 février 1819.

La situation économique du pays reste grave, compliquée par l'abolition des maximums (fin décembre 1794) qui amène la hausse des prix et l'inflation, d'où les émeutes de la faim en prairial et germinal an III (début avril et fin mai 1795). Prusse et Espagne traitent à Bâle, mais Barras et le général Carteaux, aidés de Bonaparte, doivent châtier les Royalistes le 13 vendémiaire an IV (5 octobre 1795), alors que s'établit le nouveau régime, celui du Directoire (octobre 1795).

Jean-François CORNU de LA POYPE, commandant la place de Lyon de juin au 27 octobre 1795

Ce marquis professe des idées radicales depuis le début de la Révolution. Il est né le 31 mai 1758 à Lyon. Enseigne aux Gardes Françaises en 1777, il démissionne en 1787. Il est élu (1792) lieutenant-colonel, puis prend le commandement du 104e Régiment d'infanterie de ligne. Maréchal de camp peu après, il réprime la sédition de Chartres (1792). La Poype est nommé chef d'État-major de l'armée d'Italie. Général de division (1793), il sort Barras de Toulon au moment où cette ville ouvre ses portes aux Anglais. Sous les ordres de Carteaux, il commande une division assiégeante à l'est et s'empare de Mont-Pharon grâce au pilonnage effectué par le chef de bataillon Bonaparte. Carteaux éliminé, il assure l'intérim en attendant l'arrivée de Doppet venant de Lyon. Toulon tombe le 19 décembre 1793. La Poype est envoyé à Marseille, déclarée en état de siège. En 1794, il rejoint l'Armée des Alpes, où il assure le commandement de la 4e division. Kellermann le désigne pour assurer le commandement de la place de Lyon, tout en conservant sa division. Il ferait preuve d'un laxisme condamnable dans sa ville natale et est mis à la retraite. Il reprend du service (1797) à l'armée du Rhin, puis à l'armée de Mayence. Appelé en Italie en juillet 1798, il commande le Piémont, puis la Ligurie. En 1800, il rejoint l'Armée du Rhin et s'empare

J.-B. Monfalcon (1792-1874), *Plan reconstitué de Lyon au XVI*[e] *siècle*, d'après le plan de Ménestrier (BnF).

Église du Collège de la Trinité à Lyon, 1617 (Musées Gadagne, N_2337_126-1626).

▲ Jean Luiken, 1626, *Scène d'émeute à Lyon en 1621*, gravure sur cuivre (Coll. part.).

◀ Girard Desargues, 1650. *Escalier elliptique sans noyau à l'Hôtel de Ville de Lyon* (Simon Maupin). Cet escalier à la parfaite stéréotomie donnait accès aux salles de la Conservation du Consulat (Cl. C. Poirieux).

Veuë et Perspectiue de la Maison de ville de Lion, du costé du Jardin.

Israël Sylvestre, *Hôtel de Ville de Lyon, 1652*. Côté jardins, c'est-à-dire côté Rhône (AML).

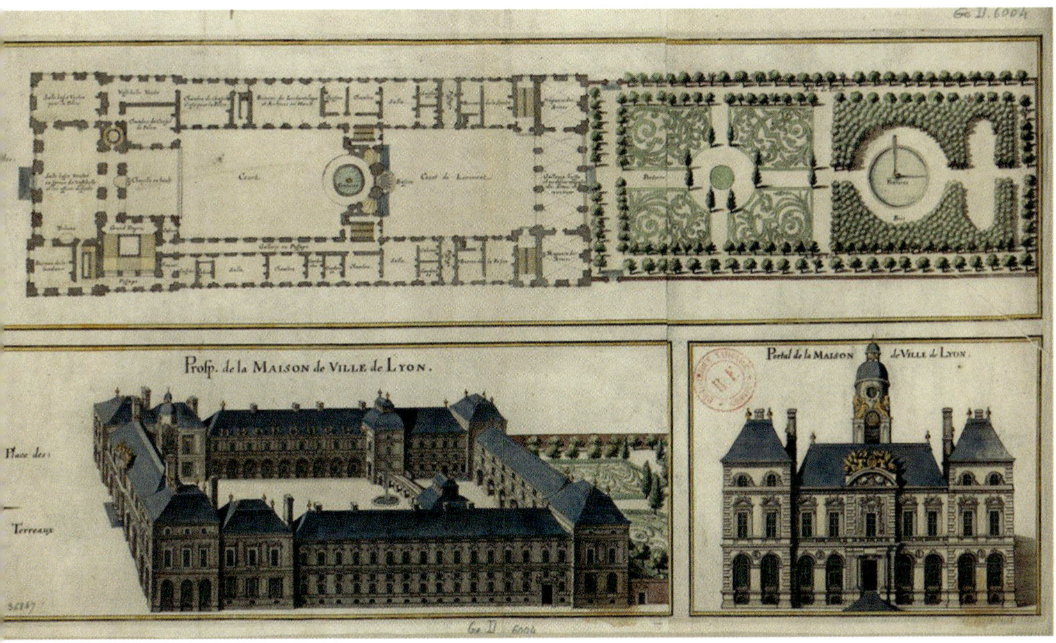

Simon Maupin, 1646. *Plan de l'Hôtel de Ville de Lyon* (Gallica, BnF).

▲ Thomas Blanchet (1614-1689), *Camille de Neuville (1606-1693), archevêque de Lyon*. Il légua sa bibliothèque, une des plus belles de France, aux jésuites de la Trinité (Musées Gadagne, Inv. 2660. Cl. C. Poirieux).

◀ Martin Hendrecy, 1653, *Nicolas de Neuville (1598-1685), gouverneur du Lyonnais* (Médailler, MBALyon. Cl. C. Poirieux).

Perspective de la place des Terreaux au XVIIe siècle. Au sud, le palais des Dames de Saint-Pierre n'existe pas encore (AMLyon).

1674. *Incendie de l'Hôtel de Ville* (Musées Gadagne).

Simon Maupin, 1625. *Lugdunum*, gravure (AML, M1032_60_6_1).

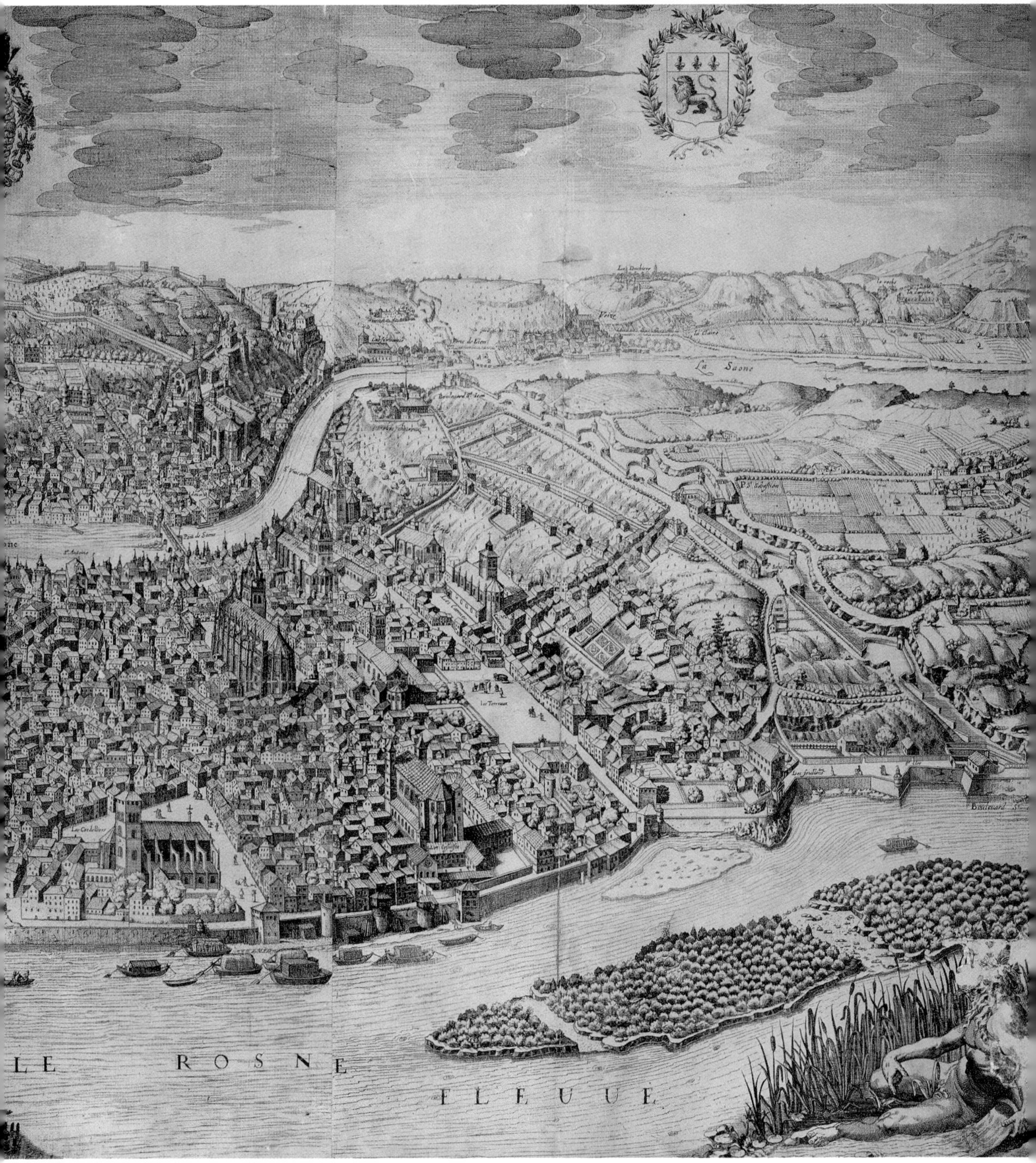
La Saone
LE ROSNE
FLEUUE

1685. *François de Neuville (1644-1730)*, duc de Villeroy, maréchal de France, gouverneur du Lyonnais.

Soldat du Régiment de Villeroy (XVIIe siècle), devenu Régiment Lyonnais (in *Le Régiment Lyonnais*, Sadi Carnot, 1929).

Anonyme, 1711. *Plan de Lyon sous le règne de Louis XIV* (Musées Gadagne).

Charles Grandon, 1713. *Inauguration de la première statue de Louis XIV* sur la place Bellecour (huile sur toile, Musées Gadagne, inv. 165).

L'hôtel de Villeroy (1730) et son porche. Louis François Anne de Neuville de Villeroy, gouverneur du Lyonnais, s'y installe en 1734. Il abrite aujourd'hui le musée des Tissus (Cl. C. Poirieux).

Charles Grandon (1691-1762), *Portrait de Louis François Anne de Neuville de Villeroy*, gouverneur du Lyonnais (musée des Tissus, Cl. C. Poirieux).

◀ Joseph Chalier (1747-1793) (Coll. part.).

Dernières paroles de J. Chalier dans les prisons de Lyon, dans les caves de l'Hôtel de Ville, gravure, 1793.

Siège et prise de la ville de Lyon, le 9 octobre 1793, gravure (Musées Gadagne, 55_74-17).

Louis-François de Précy (1742-1820) accepte de se charger de la défense de la ville au moment du siège de Lyon, gravure (Musées Gadagne, Cl. C. Poirieux).

Le Siège de Lyon, 1793. Vue optique en couleurs, Paris, rue Saint-Jacques (Musées Gadagne).

10
14
14
14
CTOBRE 1793

Le Siège de Lyon et les batteries de la rive gauche du Rhône. Sur la base du cénotaphe : « Lyon fit la guerre à la liberté. Lyon n'est plus ».

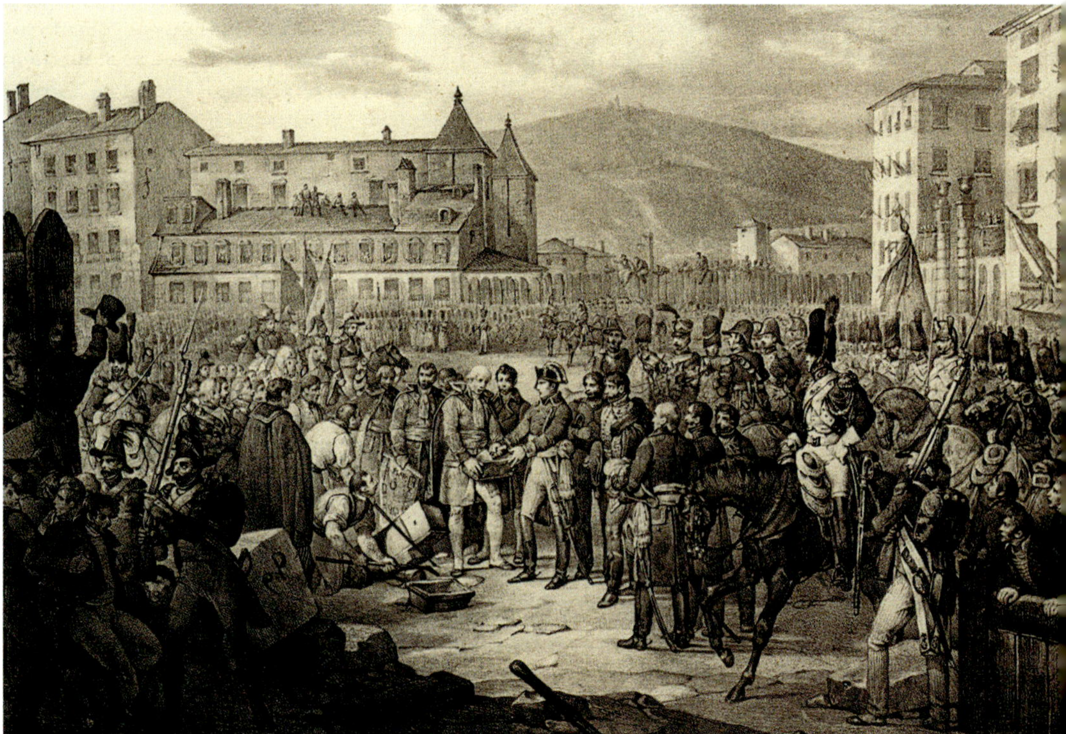

E. Adam, *Ruines de Lyon relevées*. Pose de la première pierre de la reconstruction des façades de Bellecour par Bonnaparte, juin 1800 (AMLyon, 16 Fi 527).

Nicolas André Monsiau, *La Consulta italienne réunie dans la chapelle de la Trinité*, le 24 janvier 1802 (Musée du Château de Versailles).

◀ Fortier, 1814, *Chasseur à cheval* (Musées Gadagne).

Portrait tissé de Napoléon. Il contribua à la réhabilitation des soieries lyonnaises en imposant à la cour le port de somptueux vêtements et dans les palais les plus riches décorations et tentures (Coll. B. Tassinari, Cl. C. Poirieux).

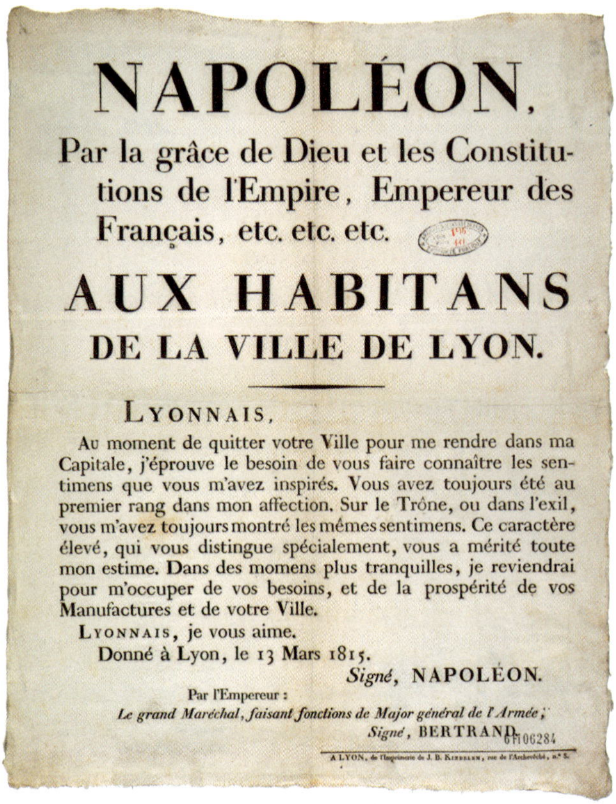

NAPOLÉON,

Par la grâce de Dieu et les Constitutions de l'Empire, Empereur des Français, etc. etc. etc.

AUX HABITANS DE LA VILLE DE LYON.

LYONNAIS,

Au moment de quitter votre Ville pour me rendre dans ma Capitale, j'éprouve le besoin de vous faire connaître les sentimens que vous m'avez inspirés. Vous avez toujours été au premier rang dans mon affection. Sur le Trône, ou dans l'exil, vous m'avez toujours montré les mêmes sentimens. Ce caractère élevé, qui vous distingue spécialement, vous a mérité toute mon estime. Dans des momens plus tranquilles, je reviendrai pour m'occuper de vos besoins, et de la prospérité de vos Manufactures et de votre Ville.

LYONNAIS, je vous aime.

Donné à Lyon, le 13 Mars 1815.

Signé, NAPOLÉON.

Par l'Empereur :

Le grand Maréchal, faisant fonctions de Major général de l'Armée;

Signé, BERTRAND.

A LYON, de l'Imprimerie de J. B. Kindelem, rue de l'Archevêché, n° 5.

Affiche. *Lyonnais, je vous aime !* Lyon, 13 mars 1814 (AMLyon, 6Fi 6284).

de Bregenz (10 mai). Avec Moncey, il traverse le Saint-Gothard pour rejoindre l'Italie et surveille le passage du Pô. Après Marengo il assiège Mantoue. En 1802, il est désigné pour commander les troupes envoyées à Saint-Domingue. Il est forcé de capituler en obtenant la reconduite en France pour ses hommes et lui. Mais les Anglais n'exécutent pas les termes du traité : il reste deux ans sur les pontons de La Jamaïque et de Portsmouth. Rentré en 1806, il est pratiquement laissé sans emploi malgré ses demandes réitérées. C'est seulement en 1813 qu'il retourne à l'activité en qualité de gouverneur de Spandau. Mais cette ville est aux mains des coalisés quand il y parvient. Il se jette alors dans Wittenberg, beaucoup plus petite et dont les remparts sont en triste état. Pourtant, en mai, il résiste à Wittgenstein et aux Russes, puis à Horsfeld et aux Prussiens (septembre-octobre), enfin, après la défaite de Leipzig à Dobschutz et ses Prussiens jusqu'en avril 1814, sentinelle oubliée sur l'Elbe. Il sort de Wittenberg avec les honneurs et rentre en France. Louis XVIII lui confère la croix de Saint Louis. Durant les Cent Jours, il se rallie à l'Empereur qui le nomme gouverneur de Lille dont il n'ouvre les portes qu'après l'abdication de Napoléon. Il est alors mis à la retraite. Il est élu député en 1821, dans les rangs des radicaux. Il fait même quatre mois de prison pour une brochure politique mal appréciée (1824). En 1831, sous la monarchie de Juillet, il est créé grand officier de la Légion d'Honneur. Mais il est ruiné par trois procès et meurt dans une quasi-misère aux Brosses, à Saint-Denis de Bron, le 27 janvier 1851. Son nom est inscrit sur l'Arc de Triomphe, côté sud. Dans sa descendance, on relève Roland de La Poype, l'un des as de l'escadrille Normandie-Niemen.

LE DIRECTOIRE

Jean-François CARTEAUX, commandant à Lyon le 9 janvier 1796

Né le 31 janvier 1731 à Gouhenans (Haute-Saône), il sert dans les Armées du Roi de 1759 à 1779. Il travaille ensuite comme peintre du Roi et reprend du service en 1789 : il se distingue le 10 août 1792. Il est nommé lieutenant-colonel peu après et commande un détachement envoyé à Marseille où il est promu général de brigade, puis général de division (1793). Il met le siège devant Toulon, puis va remplacer Doppet à la tête de l'Armée des Alpes. Il est arrêté et libéré après le 9 thermidor. Réintégré, il défend la Convention le 13 vendémiaire contre les sections royalistes avec l'aide des canons de Bonaparte. Il commande à Lyon très peu de temps et est admis au traitement de réforme. Plus tard, il est rappelé et commande dans la principauté de Piombino (1804-1805). Il meurt à Paris le 12 avril 1813.

● Louis Antoine CHOIN de MONTGAY-MONTCHOISY, commandant à Lyon du 21 février au 27 mai 1796

Né à Grenoble le 21 juin 1747, il est capitaine en 1771 et va combattre aux Amériques sous Rochambeau lors de la guerre d'Indépendance. Major en 1784, il quitte l'armée en 1789. Il est nommé général de brigade en 1793 et destitué peu après. Il reprend du service en 1795 et est promu général de division. À Lyon, en pleine « Terreur blanche », il est soupçonné d'être favorable aux royalistes et est mis en disponibilité. Il reprend du service et est créé commandant de la Légion d'Honneur et baron d'Empire en 1813. Il décède en 1814 à Gênes dont il était le commandant militaire.

À Lyon, on parle même d'un complot royaliste, celui des Compagnons de Jéhu, qui apparaît n'avoir pas existé, sauf dans les esprits surchauffés de républicains radicaux. Mais il est vrai qu'on assiste à des lynchages, qui s'expliquent, sans qu'ils soient excusables, par les exécutions, les exactions subies, lesquelles ont largement débordé le cadre des insurgés qui ont participé ou soutenu la défense de Lyon contre les troupes de la Convention.

Jacob, Job ELIE, commandant de Lyon le 2 mars 1796

Ce personnage est né le 23 novembre 1746 à Wissembourg. Il est sous-lieutenant au Régiment de la Reine quand le 14 juillet 1789, il est parmi ceux qui se distinguent lors de la prise de la Bastille, d'où son surnom de « héros de la Bastille ». Il est promu général de brigade, puis général de division en 1793. On sait qu'avec ses troupes venant de Vendée, il se déclare prêt à s'en prendre aux Muscadins de Lyon. Si on l'en croit : « envoyé à Lyon, j'y ai commandé cinq ans... », il aurait dû rester jusqu'en 1801. Il paraît difficile de le suivre, à moins qu'il ait occupé un poste autre que celui de commandant de Lyon, ou que Rey, dont la notice suit, ait été sous ses ordres ? En tout cas, on perd sa trace et il est probablement décédé en 1825.

Louis, Emmanuel REY, commandant le « camp sous Lyon » et commandant supérieur de Lyon et des départements du Rhône et de la Loire, d'avril 1796 au 22 septembre 1797

Né à Grenoble le 22 septembre 1768, il s'engage comme simple soldat (1784) et est nommé adjudant-général chef de brigade en 1795, puis général de brigade en 1796. Le commandement qu'il assume, malgré des titres ronflants, le met très probablement sous les ordres d'Elie. Par sa lettre au ministre du 2 germinal, an VI (22 septembre 1797), on apprend qu'il va céder son commandement au général Chapsat. Il vient d'être admis au traitement de réforme. Il reprend du service en 1799 à la 6e Division Militaire, puis en 1800 à la 19e Division Militaire, à Lyon, jusqu'en 1801, date à laquelle il est à nouveau mis en non-activité. En 1802, il est commandant du département de Jemmapes, puis commandant supérieur à Boulogne (1805-1808). Il est en Espagne à partir d'août 1808 et devient gouverneur de Saint-Sébastien (1811). Après la défaite de Vittoria (1813), il défend avec acharnement Saint-Sébastien, lançant des sorties, repoussant des assauts. Mais une explosion sème la panique chez les défenseurs. Il se réfugie dans le fort Lamotte, où, assiégé, bombardé et sans vivres, il est forcé de capituler. Alors qu'il est prisonnier en Angleterre, il est promu général de division. De retour en France, il est mis à la retraite le 29 septembre 1815. Mais il revient au service actif sous la Restauration et est créé baron en 1822. Il accède à la retraite (1839) et décède à Paris le 8 juin 1848. Son nom est inscrit sur l'Arc de Triomphe, côté ouest.

La guerre se poursuit : en Allemagne, Jourdan et Moreau sont arrêtés par l'archiduc Charles, alors que Bonaparte par sa géniale campagne d'Italie parvient à amener l'Empire à traiter à Campo-Formio (octobre 1797). À Paris, le Directoire se débarrasse des Royalistes par le coup d'État du 18 fructidor an V (juillet 1797). Lyon est mise en état de siège le 2 février 1798, du fait du « *mauvais esprit, qui depuis le commencement de la Révolution a existé sans relâche dans cette commune* ». Cette mesure s'explique parce que la Terreur Blanche qui sévit à Lyon est considérée par le Directoire comme royaliste. Or ce gouvernement vient, par le coup d'État du 18 fructidor an V (septembre 1797), d'éliminer les royalistes qui venaient d'être élus en nombre. Et le général Canuel, qui vient de démontrer à Sancerre son républicanisme, apparaît l'homme tout désigné pour s'occuper de Lyon.

Simon CANUEL, commandant à Lyon en février 1798

Canuel est né en Poitou en 1767 et s'engage en 1792. Vers le milieu de 1793, il est officier et envoyé à l'armée de l'Ouest. Il est nommé général de brigade, puis de division en 1793. Il montre les plus farouches sentiments jacobins jusqu'au 9 thermidor, et préfère, après cette date, se faire oublier, jusqu'à ce qu'il reprenne le service actif en 1797. Il a alors la chance de surprendre et défaire totalement le royaliste Philippeaux, qui venait de s'emparer de Sancerre. Comme ce fait d'armes correspond avec le coup d'État du Directoire contre les Royalistes du 18 fructidor an V, Canuel est récompensé et nommé à Lyon avec pleins pouvoirs pour mettre la Ville en état de siège. Il y reste probablement jusqu'au début de 1799. Le 18 brumaire l'amène à nouveau à se faire oublier. Il est même mis en non-activité en 1804, tout en étant compris dans la première promotion de la Légion d'Honneur. Du fait des campagnes de 1805-1806, il est rappelé pour des commandements territoriaux. Il est ensuite réduit au traitement de réforme. Sous la Restauration, il sera à nouveau commandant, à Lyon, de la 19e Division Militaire en 1816-1817 : la suite de la biographie de ce général sera reprise à ce moment-là.

Louis, Antoine PILLE, commandant en chef de la 19e Division Militaire en 1799

Il est né le 14 juillet 1749 à Soissons et a été nommé général de division en 1795. En date du 23 janvier 1799, on possède une lettre de lui dans laquelle il signale, à ses homologues des Divisions Militaires voisines et à ses subdivisionnaires, une troupe de brigands qui rôdent dans la région. Une autre lettre de Pille du 20 février suivant, adressée au ministre, accuse réception de ses lettres de service qui l'affectent dans la 16e DM, ainsi que celles de l'adjudant général Guillon, lui aussi muté et remplacé par l'adjudant général Junker. Cette lettre ne dit pas à quelle date il quitte Lyon, ni par qui il est remplacé. En revanche, elle précise l'étendue de la 19e DM, qui comporte alors 2 subdivisions : la 1e en Cantal et Haute-Loire, la 2e en Loire, Puy de Dôme et Rhône. Il meurt le 17 octobre 1828 à Soissons, « *ne laissant d'autre réputation que celle d'un très ardent révolutionnaire et d'un général médiocre que des circonstances extraordinaires avaient seules pu porter aux premiers rangs de l'armée* » (Michaud[7]).

Le Directoire œuvre difficilement entre difficultés financières graves et problèmes créés par les extrêmes : la conspiration des « égaux » de Babeuf (exécuté en mai 1797) et les royalistes éliminés par le coup d'État du 18 fructidor (septembre 1797). La période est aussi militairement grave. Bonaparte est en Egypte et la Seconde Coalition remporte des succès : Jourdan est battu à Stokach par l'archiduc Charles en mars 1799, Moreau est battu aussi à Cassano par Souvorov en avril. Heureusement Masséna est plus heureux à Zurich où il défait Korsakov en juin. Enfin en août, c'est la catastrophe de Novi, où est tué Joubert. Bonaparte quitte l'Egypte en août et parvient, malgré la suprématie maritime anglaise en Méditerranée, à rentrer en France.

Victor Emmanuel LECLERC, commandant à Lyon en août 1799

Leclerc est né le 17 mars 1772 à Pontoise. Il entre dans l'armée en 1791, lieutenant en second du 2e bataillon de Seine-et-Oise (19 octobre 1791) que commande le lieutenant-colonel de La Poype qu'il va suivre. Il est sous-lieutenant (1792) à l'Armée d'Italie. Puis on le retrouve au siège de Toulon, nommé capitaine et aide de camp de La Poype. Il fait alors connaissance de Bonaparte. Il est promu successivement chef de bataillon, puis adjudant-général chef de brigade (1794). Il est ensuite affecté à l'Armée du Nord et du Rhin. Il se distingue particulièrement à la bataille de Fleurus. Il est affecté ensuite au commandement de la place de Marseille, où il fait connaissance de Pauline Bonaparte. Il rejoint Napoléon Bonaparte en Italie. Il se distingue à Rivoli et est chargé de porter au Directoire la nouvelle des préliminaires de Leoben. Il est nommé général de brigade (1797). Il épouse peu après Pauline Bonaparte près de Milan. Après le traité de Campo-Formio, il devient chef d'État-Major de l'Armée d'Italie. Il est muté ensuite à l'armée de l'Ouest, sous Kilmaine, et promu général de division (le 26 août 1799). Envoyé à Lyon, il est chargé de réorganiser l'Armée d'Italie qui vient d'être défaite à Novi par les Austro-Russes. Par son audace, il contribue à la réussite du coup d'État du 18 brumaire. Il est ensuite envoyé à l'Armée du Rhin, sous Moreau, et s'empare de Landshut. Malade, il rentre en France. Après les paix de Lunéville et d'Amiens, la fin des conflits se profile : il demande alors et obtient le commandement de l'armée envoyée à Saint-Domingue. Il débarque sur la grande île le 24 octobre 1801. Toussaint-Louverture est pris le 7 juin 1802. Mais avec les fortes températures estivales, les problèmes de santé deviennent cruciaux. La guérilla s'amplifie du fait que l'esclavage est rétabli à la Guadeloupe. La fièvre jaune fait des ravages. Leclerc lui-même décède le 22 novembre 1802, laissant le commandement à Rochambeau. Pauline, son épouse, qui l'avait rejoint, rentre en France, ramenant le corps de Leclerc, enterré dans sa terre de Montgobert, près de Soissons.

LE CONSULAT

Le coup d'État du 18 brumaire (novembre 1799) était l'événement que Lyon et le pays attendaient de l'homme providentiel qu'était Napoléon Bonaparte, qui devient le Premier Consul, avec tous les pouvoirs.

Bon Adrien JANNOT de MONCEY, commandant la 19e Division Militaire du 9 novembre 1799 à mars 1800

Bon Adrien Jannot de Moncey, né à Moncey le 31 juillet 1754, s'engage de 1769 à 1773, tâte du droit et revient à l'armée de 1774 à 1776. Mais l'armée lui est indispensable. En 1779, il est sous-lieutenant. Lieutenant en premier (1785), puis capitaine (1791) à l'armée des Pyrénées occidentales (1793), nommé chef de bataillon, il défend Hendaye avec succès et est nommé général de brigade provisoire, puis général de division (1794). Le 3 août, il entre à Saint-Sébastien et reçoit le commandement en chef de l'armée. Ses actions sont décisives et rapides : les Espagnols sont repoussés derrière l'Ebre et Bilbao est prise. Cette campagne amène l'Espagne à traiter à Bâle (22 juillet 1795). Il commande la 11e Division Militaire à Bayonne. Il est destitué (1797), suspecté de relations avec Pichegru et Carnot.

Réintégré en 1799, il participe au 18 Brumaire.
Il prend alors le commandement de la 19e Division Militaire, pour peu de temps. Il est nommé commandant de l'aile gauche de l'armée en Allemagne. Après avoir, avec La Poype, regagné l'Italie par le Saint-Gothard, Moncey fait la 2e campagne d'Italie. Il est ensuite nommé inspecteur général de la Gendarmerie (1801) et institué maréchal (1804) et duc de Conegliano (1808). Il est envoyé en Espagne comme commandant du 3e corps, mais s'il prend Valence (1808), il ne réussit guère par ailleurs : il ne sera plus guère employé. Toutefois, il se signale au combat de la barrière de Clichy, le 30 mars 1814. Louis XVIII le fait pair de France, mais il est interné à Ham pour avoir refusé de présider le procès contre Ney (1815). Il est réintégré en 1816, pair en 1819, commandant de la 9e Division Militaire (1820-1830). En 1823, il occupe Barcelone et Tarragone. En 1833, il devient gouverneur des Invalides et décède à Paris le 20 avril 1842.

Jacques Laurent GILLY, commandant de la place de Lyon le 1er décembre 1799, commandant (provisoire) de la 19e Division Militaire du 1er avril à octobre 1800

Il est né à Fournes (Gard) le 12 août 1769. Volontaire au 2e bataillon du Gard (1792), il en est élu lieutenant-colonel en second. Avec son bataillon, il est à l'armée des Alpes (1792-1793), puis à celle des Pyrénées-Orientales (1793-1795). Il se distingue au col de la Perche, à Olette, puis s'empare du château de Villefranche et du camp de Prades. Il est nommé adjudant-général chef de brigade (1794). Il est blessé et capturé en défendant le château de Puycerda (1795). Libéré, il est envoyé à l'armée d'Italie en 1796-1797. Nommé général de brigade (1799), il devient commandant de la place de Lyon et de la 3e subdivision de la 19e Division Militaire.
Son attitude modérée fait que les royalistes affluent à Lyon et dans la région. Du coup, Gilly modifie sa position et fait procéder à quelques arrestations qui calment les ardeurs. Il prend le commandement de la 19e Division Militaire le 1er avril 1800. Le 20 avril, il part à l'Armée du Rhin, repasse à Lyon avant de rejoindre Moncey dans les Grisons (fin avril). Avec lui, il passe le Saint-Gothard et participe à la bataille de Marengo. Il est chargé du siège de la citadelle de Milan. De retour à Lyon vers le 30 juin, il est nommé, peu après, inspecteur de l'Infanterie et quitte Lyon pour la 2e armée de réserve dans les Grisons (1800). Il passe à l'armée du Portugal (1801). Plus tard, il est en Italie, puis en Dalmatie (1805-1806). En 1808, il rejoint l'armée d'Allemagne et est créé baron d'Empire le 27 novembre 1808. Il est blessé à Wagram (6 juillet 1809) et nommé général de division. Il rejoint la Hollande de 1809 à 1814.
Sous la Première Restauration, il commande le département du Gard. Partisan de Napoléon Ier pendant les Cent Jours, il s'oppose au duc d'Angoulême dans le Midi, puis est représentant du Gard à la Chambre et créé comte d'Empire (1815). Proscrit par l'ordonnance du 24 juillet 1815, il se retire aux Etats-Unis. Il est condamné à mort par contumace le 25 juin 1816. Il se constitue prisonnier le 2 février 1820 et est gracié lors de la grande amnistie du 11 février 1820. Il est mis en non-activité en 1820 et admis à la retraite (1824). Il décède en sa terre de La Vendée, à Aramon (Gard) le 5 août 1829. Il est inscrit sur l'Arc de Triomphe côté ouest.

Louis, Emmanuel REY, commandant provisoire de la 19e Division Militaire d'octobre 1800 au 23 septembre 1801

C'est son second commandement à Lyon, le premier remontant à 1796-1797, date à laquelle se trouve sa biographie.

Joseph PISTON, commandant du Puy-de-Dôme et des 1e et 2e subdivisions de la 19e Division Militaire à partir du 3 décembre 1799, commandant provisoire de la 19e Division Militaire en 1800-1801, commandant dans le département du Rhône et de la Loire de 1801 à 1803

Il naît à Lyon le 30 septembre 1754. D'abord apprenti-drapier, il s'engage en 1772 dans les Chasseurs à cheval de la Légion de Flandre. Brigadier en 1776, il passe avec son escadron aux Dragons de la Reine. Il est promu maréchal des logis (1780), adjudant (1784) et sous-lieutenant (1792). Le 19 mars 1793, il se fait remarquer aux avant-gardes de l'Armée du Nord, après la défaite de Neerwinden, puis lors de la retraite de Menin au début de septembre.
Le 23 septembre, il est nommé général de brigade et affecté à l'Armée des Pyrénées. En 1794, il passe à l'Armée des Alpes, dont il devient le chef d'État-Major (1794-1796). Il est ensuite muté dans les 9e, puis 10e Divisions Militaires. De décembre 1799 à 1803, il exerce divers commandements dans la 19e Division Militaire, dont il est le commandant provisoire en 1800-1801 (probablement lors des absences de Rey). Il rejoint le camp de Saint-Omer, puis, avec la Grande Armée, il entre en Allemagne et se distingue à Nuremberg. À Austerlitz, il contribue à enfoncer la cavalerie russe du grand-duc Constantin. Nommé général de division (1805), il passe à l'Armée de Hollande et devient gouverneur de la place de Wesel. Baron d'Empire (1808), commandant de la Légion d'Honneur (1809), il quitte l'armée en 1809 et se retire à Lyon. Il y demeure au 4, rue Jarente, jusqu'à son décès le 21 mars 1831. Il est enterré au cimetière de Loyasse.

Les débuts du Consulat et la fin de la 2e coalition avec la victoire de Marengo (Bonaparte) le 14 juin, puis celle de Hohenlinden (Moreau), le 3 décembre 1800, déterminent l'Empereur d'Autriche à traiter à Lunéville en février 1801, puis le roi d'Angleterre à Amiens en mars 1802. C'est aussi le début de la relance napoléonienne : le Concordat avec le Pape (1801), la Banque de France (1803), le Code civil (1804)... À Lyon, Bonaparte rétablit la Chambre de commerce, proclame la République Cisalpine dans la chapelle de la Trinité, et pose la première pierre de la reconstruction de la place Bellecour.

LE PREMIER EMPIRE

Philippe Guillaume DUHESME, commandant de la 19e Division Militaire du 21 septembre 1801 à novembre 1805

Il naît le 7 juillet 1766 à Bourgneuf (Saône-et-Loire). En 1791, il devient capitaine dans le second bataillon de volontaires de Saône-et-Loire. Il rejoint l'armée de Dumouriez, avec le grade de lieutenant-colonel. Il se distingue lors du passage de la Meuse, puis mate une insurrection chez ses hommes après la défaite de Neerwinden. En 1793, il résiste aux Autrichiens, puis est blessé le 6 juillet au combat du Bois de Villeneuve. Il est nommé général de brigade. Guéri, il rejoint l'armée de Jourdan. Il se distingue au combat de Granjean (1794), puis commande l'avant-garde du général Marceau. Lors de l'investissement de Maastricht, il rejette l'ennemi au cours de cinq sorties différentes. Jourdan et Kléber proposent sa nomination au grade supérieur : il devient général de division (1794). Employé en Vendée en 1795, il rejoint l'armée du Rhin de Pichegru, puis de Moreau. Il réussit par sa bravoure à franchir le Rhin en-dessous de Kehl, malgré les Autrichiens (1797). Il est ensuite affecté à l'armée d'Italie de Championnet. Il se met en évidence à Popoli, Fermo, Sulmona et lors de la prise de Capri. Mais Championnet est destitué et Duhesme est englobé dans la même disgrâce (1799). De nouveau en activité à l'armée des Alpes, puis à l'armée de réserve, il s'empare de Crémone. Sous Augereau, il s'empare de Bamberg et se distingue à Nuremberg (1800). Il assure ensuite le commandement de la 19e Division Militaire. Fin 1805, il rejoint l'armée d'Italie. Puis en 1808, il est dans les Pyrénées orientales et occupe l'Aragon, puis la Catalogne et Barcelone dont il emporte la citadelle par ruse. Mais il échoue à Gérone (16 août 1808). Il est alors accusé de concussions. Il semble avoir été innocent, mais les coupables étaient sous ses ordres. Il est rappelé et réformé. Napoléon Ier fait appel à lui en janvier 1814 et le crée comte d'Empire. Il combat avec toute sa valeur intacte à Saint-Nizier, Montereau. Louis XVIII le nomme inspecteur général des places d'Aire, Arras et Douai. Mais il se rallie à Napoléon Ier pendant les Cent Jours, devient inspecteur général à Lille et combat à Waterloo à la tête de la Jeune Garde. Il y est blessé, fait prisonnier et assassiné par un hussard prussien le 18 juin 1815.

Jacques JOMARD, chef d'État-Major du commandant de la 19e Division Militaire en juillet 1802, commandant (provisoire) de la 19e Division Militaire du 24 septembre 1806 au 15 novembre 1807

Il naît à Lyon le 27 janvier 1768. À 16 ans, il est admis dans les gendarmes d'ordonnance. En 1789, on le retrouve lieutenant à la Garde nationale parisienne et en 1792 il passe au 8e hussards. En 1793, il est nommé adjoint aux adjudants-généraux à l'État-Major du général Berruyer (autre Lyonnais). En septembre 1793, il est affecté à l'armée des Pyrénées-Orientales. Il y devient chef de brigade et combat avec distinction (1794-1795). Envoyé à l'Armée des Alpes, il devient adjoint au commandant de la place de Lyon. En 1798, il rejoint l'Armée dite « d'Angleterre », mais des problèmes de santé l'amènent (1799) à être mis à la disposition du général Leclerc, commandant à Lyon. En 1800, il est à Marseille. Sa santé déficiente provoque sa mise en non-activité (1801), puis il n'occupe plus que des postes sédentaires : il est chef d'État-Major du commandant de la 19e Division Militaire. Nommé général de brigade (1803), il prend le commandement militaire du département de la Loire. Remis, il devient chef d'État-Major du 3e Corps de l'Armée de Réserve. Son état de santé le ramène alors à la tête du département de la Loire, puis au commandement provisoire de la 19e Division Militaire. En 1807, il est admis au traitement de réforme. Pendant les Cent Jours, il est élu par le département du Rhône à la Chambre des Députés. De retour à Lyon, il réside rue Coustou, où il décède le 21 janvier 1817. Il était commandant de la Légion d'Honneur.

L'Empire a été proclamé le 18 mai 1804. Napoléon Ier continue l'œuvre de réforme commencée sous le Consulat. Ainsi il institue la Cour des Comptes en 1807. À Lyon, l'Empereur rétablit en 1805 la mairie centrale et crée la « Condition des Soies ». Malheureusement, les commandes restent insuffisantes et 2/3 des métiers sont arrêtés, ce qui amène un mouvement d'émeute chez les canuts (1806).
La 3e Coalition se déclenche, le débarquement prévu en Angleterre est annulé du fait de la défaite de Trafalgar (21 octobre 1805) et la Grande Armée fait mouvement vers l'Allemagne. La grande victoire d'Austerlitz (2 décembre 1805) amène l'Empire d'Autriche à traiter à Presbourg (25 décembre 1805). Mais rien n'est fini pour autant, il faut faire face à la 4e coalition. La Prusse est battue à Auerstaedt (Davout) et Iéna (octobre 1806). En 1807 à Berlin, Napoléon Ier proclame le blocus continental afin de faire céder économiquement l'Angleterre, âme et financier des coalitions.

● Louis Michel Antoine SAHUC, commandant la 19e Division Militaire du 20 mai 1807 au 8 mars 1809

Né le 7 janvier 1755 à Melle (Oise), Sahuc entre en service à l'âge de 17 ans, comme cavalier au Régiment de Royal-Lorraine. Il est remarqué par le général de Noailles qui en fait son aide de camp et lui fait obtenir le grade de chef d'escadron dans le Ier Régiment de Chasseurs à cheval. Il assiste à la malheureuse affaire de Courtrai (1792) et il est blessé en tentant de retenir les fuyards. Colonel de ce même régiment, l'année suivante, il est aux avant-gardes des Armées du Nord et de Sambre-et-Meuse. Nommé général de brigade en 1801, puis élu membre du Tribunat en 1803, il y vote la création de l'Empire en faveur de Napoléon Bonaparte. En 1805, il reprend du service en Allemagne et est promu général de division : il concourt brillamment à la victoire d'Austerlitz. Il commande la 19e Division Militaire, jusqu'à ce qu'il soit versé dans l'armée d'Italie sous les ordres d'Eugène de Beauharnais, dont il commande l'avant-garde. Mais à Sacile, le 16 juin 1809, l'archiduc Jean l'attaque aussitôt après avoir signifié la reprise des hostilités. Sahuc, surpris, perd de nombreux hommes capturés. Napoléon est furieux, puis, après enquête, lui conserve son commandement : il conduit sa division à Raab, puis à Wagram où il est blessé (juillet 1809). Dès lors, il n'occupe plus que des postes sédentaires. Baron d'Empire, il devient membre du Corps législatif, successeur du Tribunat. Il rentre à nouveau en activité en Allemagne, mais décède à Francfort-sur-le-Main le 24 août 1813.

Après avoir soumis le royaume de Prusse (1806), Napoléon s'attaque à l'Empire russe : ce sont les batailles d'Eylau (février) et de Friedland (juin) qui amènent le tsar au traité de Tilsitt (juillet 1807). Le blocus continental n'étant pas respecté par le Portugal, Junot le conquiert (1807). Cela déstabilise le royaume espagnol et déclenche la guérilla : la défaite de Bailen (1808) et l'entrée des Anglais de Wellesley, futur lord Wellington, au Portugal sont annonciateurs des futurs revers.

● Antoine François PONCET de LACOUR de MAUPAS, commandant (provisoire) de la 19e Division Militaire du 6 avril 1809 à 1811

Il naît à Châlon-sur-Saône le 17 septembre 1750. En 1769, il devient soldat au régiment de Cambrésis, puis caporal et sergent. Sous-lieutenant, il sert à la Martinique (1771-1772).

Lieutenant en 1778, puis capitaine (1779) au régiment d'artillerie de Besançon, il assiste aux sièges de Mahon, puis de Gibraltar (1780-1781). Il est adjoint à l'État-Major de l'amiral d'Estaing (1783). En 1789, il est nommé lieutenant-colonel à la 5e Division Militaire. En 1792, promu maréchal de camp, il devient chef d'État-Major de l'armée du Midi, puis de l'armée des Alpes. Il obtient sa mise à la retraite (1793). Il devient préfet du Jura en 1800, et baron d'Empire. Il est remis en activité de son grade de général de brigade en 1809 et chargé, par intérim, du commandement de la 19e Division Militaire, tout en conservant celui du département du Rhône. À la fin de 1814, il n'a plus que le Rhône qu'il conserve jusqu'à sa retraite le 1er août 1815. Il décède à Châlon-sur-Saône le 7 juin 1825.

Les armées impériales sont sur tous les fronts en 1809. Les généraux les plus opérationnels ne peuvent rester dans des postes territoriaux. On fait alors appel à des généraux forcés par leurs blessures d'être sédentaires, voire à des généraux en retraite : c'est le cas de Poncet de Lacour de Maupas. Napoléon quitte l'Espagne pour l'Autriche : ce sont les batailles d'Essling (mai 1809), la victoire de Wagram (juillet 1809) et le traité de Schoenbrünn. Dans la presqu'île ibérique, Wellesley avance, puis repousse Masséna sur les lignes de Torres Vedras (1810).

Louis BARAGUAY d'HILLIERS, commandant la 19e Division Militaire de 1811 à 1812

Il naît à Paris le 15 août 1764, de famille noble destinée à l'armée. En 1784, il est sous-lieutenant au Régiment d'Alsace, puis lieutenant en 1791. Il démissionne pour ne pas servir la Révolution. Mais le goût de l'aventure est le plus fort : en 1792, il est nommé capitaine dans un bataillon d'infanterie légère. Un mois plus tard, il est aide de camp du général Crillon, puis de Labourdonnaye, enfin de Custine, qui en fait un sous-chef d'Etat-Major en lui conférant le grade de général de brigade. Il prend part à l'invasion du Palatinat (il est blessé à Hochheim) et à la prise de Mayence (fin 1792). Mais il est entraîné dans la chute de Custine : comme lui, il est suspendu, arrêté et amené à Paris. Il est finalement acquitté (1793). Il est aussitôt réemprisonné à la prison du Luxembourg comme noble et suspect. Le 9 thermidor le libère et il reprend le service actif en 1795. Sous Pichegru, il réprime les révoltes extrémistes jacobines au faubourg Saint-Antoine (13 vendémiaire an IV). Mais il est destitué à nouveau pour avoir moins vivement réprimé les royalistes. Réintégré peu après, il rejoint Hoche dans l'Ouest, puis l'armée d'Italie, alors que la campagne de Bonaparte tire à sa fin. Ses opérations sont exemplaires et Bonaparte le nomme général de division (1797) et lui confie l'occupation de l'Etat vénitien, puis le gouvernement de Venise. Il la dépouille de sa marine et de ses œuvres d'art, tout en négociant pour livrer la ville à l'Autriche. Il commande la Lombardie (1798). Bonaparte l'emmène en Egypte. Baraguay d'Hilliers s'embarque avec sa division à Gênes et rallie la flotte principale à Malte. Après la prise de La Valette, il est chargé d'apporter la nouvelle à Paris, ainsi que nombre de richesses de Malte, sur la frégate « La Sensible », qui est prise par les Anglais. Baraguay d'Hilliers, capturé, est destitué par les Directeurs. De retour en France, il est traduit en conseil de guerre ; acquitté, il est néanmoins réformé. Il reprend du service en qualité de chef d'Etat-Major de l'Armée du Rhin, dont il commande bientôt l'aile droite. Après la paix de Lunéville, il devient inspecteur général de l'Infanterie. En

1802, Napoléon le nomme grand officier de la Légion d'Honneur et colonel général des dragons, mais le cantonne curieusement en marge de la Grande Armée : gouverneur de Venise (1808), puis sous Eugène de Beauharnais en Italie, puis en Hongrie (1809). Après la paix de Vienne, il est chargé de réduire la révolte d'Andréas Hofer en Tyrol. Il est ensuite envoyé en Espagne où il bat Campo Verde sous Figueiras (3 mai 1811). Au lieu de le laisser poursuivre en Espagne, il est nommé commandant de la 19e Division Militaire. Il ne reste pas longtemps à Lyon, appelé à la rescousse pour la campagne de Russie. Début novembre 1812, sur ordre, il quitte Smolensk en direction de Kalouga au devant de l'Empereur en retraite. Mais Napoléon est détourné de sa trajectoire, sans en avertir Baraguay d'Hilliers. Celui-ci se trouve environné de plusieurs corps russes. Une partie de sa division est forcée de capituler le 9 novembre, pendant que Baraguay et le reste de ses hommes parviennent à échapper à la nasse. Malgré tout, Napoléon, furieux, le suspend de ses fonctions le 15 novembre et lui ordonne de rentrer en France aux arrêts en attendant une enquête. Choqué, Baraguay d'Hilliers, malade, s'arrête à Berlin, où il meurt à la fin de décembre 1812. Il est le père du maréchal Baraguay d'Hilliers. Louis Baraguay d'Hilliers est probablement l'un des meilleurs tacticiens de l'époque napoléonienne, et pourtant l'Empereur ne l'a jamais bien employé depuis Malte (1798), c'est surprenant.

Antoine François PONCET de LACOUR de MAUPAS, commandant provisoire de la 19e Division Militaire de février 1812 à la fin de 1814

Sa notice précède celle de Baraguay d'Hilliers.

C'est la fin de l'épopée napoléonienne : la campagne et la retraite de Russie (1812), la défaite de Leipzig et la défaite de Soult à Vitoria (1813). Malgré des prodiges, l'armée est trop faible ; malgré des victoires partielles à Brienne, Champaubert, Montmirail, Montereau, les coalisés entrent à Paris le 31 mars 1814. Napoléon abdique le 6 avril 1814. Il quitte la France pour l'Ile d'Elbe. Venant de Lyon, sur ordre de Napoléon, le maréchal Augereau tente une diversion sur le flanc gauche des coalisés. Mais il prend du retard et à ses 24 000 hommes s'opposent les 40 000 du prince de Hesse-Hombourg. Malgré une belle résistance à Limonest[8] le 20 mars 1814, Lyon ouvre ses portes et sera occupée par les Autrichiens jusqu'au 9 juin. Lyon est à nouveau dans le marasme économique à la fin de l'Empire : déjà, en 1811, le Bureau de Bienfaisance a 15 à 16 000 indigents à sa charge, soit 1/5e de la population lyonnaise

La Monarchie est réinstaurée.

LA PREMIÈRE RESTAURATION (1814-1815)

Louis XVIII entre en France en mai 1814. Il ramène le drapeau blanc et octroie une Charte constitutionnelle qui institue deux chambres, celle des pairs héréditaires et celle des députés élus au suffrage censitaire. Mais les ultra-royalistes sont puissants et n'apprécient guère la Charte modérée. Parfois alliés aux bonapartistes, les libéraux sont quant à eux fidèles à l'héritage révolutionnaire. Dès mai 1814, par le Traité de Paris, le royaume retrouve ses frontières de 1792, y compris la Sarre et la Savoie. Les coalisés quittent la France en juin.

Joseph Elisabeth Roger de DAMAS, commandant de la 19e Division Militaire de 1814 à 1815

Il appartient à la très ancienne famille qui détenait la seigneurie de Cousan, en Roannais. Il naît en 1765. À 12 ans, il s'inscrit au régiment du Roi dont son oncle, le duc de Châtelet, est le colonel. Mais la vie de garnison ne paraît guère enthousiasmante. En 1785, peut-être après un duel, il part vers la Russie. Il se distingue dès son premier combat, en s'emparant du vaisseau amiral turc échoué. Puis il mène l'assaut décisif contre Otchakov. Il est présenté à la tsarine qui le nomme colonel. Il fait avec ce grade la campagne de 1789. Puis il rentre en France : il en repart muni de lettres de Marie-Antoinette à l'Empereur d'Autriche (1790). De retour en Russie, il se distingue à la victoire d'Akermann et surtout lors de la prise d'Ismaïl. En 1791, il devient aide de camp du comte d'Artois qu'il accompagne en Russie, puis en Angleterre. Il rejoint l'armée de Condé, qui lui confie une légion avec laquelle il se distingue en 1796-1797. Il défend en vain le Royaume de Naples (1798). En 1801, il est à la tête du corps napolitain à Rome, mais isolé, il doit faire retraite. Après la paix, il s'installe à Vienne (1802-1805). Il combat encore dans le sud de l'Italie. En 1814, il rentre en France avec le comte d'Artois. Il est nommé lieutenant-général et commandant à Lyon. Il s'oppose en vain au retour de Napoléon Ier de l'île d'Elbe (mars 1815), rejoint Louis XVIII en Belgique, passe en Suisse et rentre avec les Autrichiens. Il est élu à la Chambre des députés et nommé gouverneur de Lyon, commandement qu'il conserve jusqu'à son décès au château de Cirey en septembre 1823.

LES CENT JOURS

Napoléon Ier débarque au Golfe Juan le 1er mars 1815. Damas, qui est à Paris, revient à Lyon le 8 mars, ainsi que le comte d'Artois le même jour et le maréchal Macdonald le lendemain. Le 9 mars au matin, Napoléon quitte Grenoble et arrive à Lyon le 11 en fin d'après-midi, accueilli par Brayer, commandant en second de la 19e D.M. Le comte d'Artois a quitté Lyon le 10 mars, Damas et Macdonald le lendemain.

Brayer part en direction de Châlon-sur-Saône, en avant-garde, le 11 au soir. Le lendemain, Dessaix est nommé commandant de la 19e D.M. Napoléon quitte Lyon le 13, vers 14 heures, laissant sa fameuse proclamation : « *Lyonnais, je vous aime* ». Il arrive à Paris, que Louis XVIII a quitté, le 20 mars au soir, accompagné par Joseph Elisabeth Roger de Damas.

Au sud, le duc d'Angoulême réunit une armée et remonte le Rhône. Le général Debelle ne peut tenir Montélimar le 30 mars et décroche. Angoulême est à Valence et son avant-garde à Saint-Vallier, à 70 km de Lyon, le 3 avril. Dessaix alerte le maréchal Davout, ministre de la Guerre, le 29 mars. Le général Grouchy est expédié avec Mouton-Duvernet : ils arrivent à Lyon le 2 avril, ainsi que des renforts, suivis dans les jours suivants par la division Girard, la brigade de cavalerie Lallemand et le général Brayer. Le maréchal Suchet est prévu aussi. Mais Angoulême est forcé de rétrograder, car son armée fond par désertion de ses hommes qui se rallient à Napoléon Ier. Le 8 avril, Grouchy part vers le sud et Angoulême capitule le 10 avril à Montélimar. Grouchy est nommé maréchal le 15 avril 1815 et regagne Paris.

Suchet[9] est arrivé à Lyon le 8 avril au soir. Il doit faire face à une invasion austro-sarde et réunit son armée : 25 352 hommes, 1 835 chevaux, 28 canons. Mais ce sont des troupes peu aguerries, constituées de 60% de gardes nationaux. Le recrutement a été beaucoup plus faible que prévu et par la suite, il y aura de nombreuses désertions. Le général Dessaix et sa division sont les premiers à s'opposer aux envahisseurs à la fin d'avril, et obtiennent des succès sur les Sardes. Mais l'armée autrichienne vient les renforcer.

À Lyon, l'état de siège est instauré le 14 juin. La valse des commandants de la 19e Division Militaire commence, du 12 mars au 6 juillet, se succèdent : Joseph, Marie **Dessaix**(1764-1834), Michel, Sylvestre **Brayer** (1769-1840), Philibert, Jean-Baptiste, François **Curial** (1774-1829), François, Jean-Baptiste **Quesnel du Torpt** (1765-1819), Régis, Barthélemy **Mouton-Duvernet** (1770-1816), Charles, François **Dulauloy de Randon** (1764-1832), François, Roch **Ledru des Essarts** (1770-1844).

Régis, Barthélemy MOUTON-DUVERNET, commandant militaire de la 19e Division Militaire du 5 au 15 juin 1815, « Gouverneur de Lyon » et commandant militaire de la 19e Division Militaire du 7 au 17 juillet 1815

Né au Puy (Haute-Loire) le 3 mars 1769, son éducation est très incomplète et il s'engage à 17 ans dans le régiment de la Guadeloupe. Après quelques courses maritimes (1789-1792), il rentre en France, passe dans l'Armée des Alpes avec son régiment. Il est promu capitaine adjudant-major au siège de Toulon (1793). Il est gravement blessé au Pont d'Arcole (15 novembre 1796). Major au 64e Régiment d'Infanterie de ligne pendant les campagnes de Prusse et de Pologne, il est nommé colonel au 63e (1807). Peu après, il est en Espagne ; il emporte la ville d'Uclès (1809). Cette action d'éclat lui vaut le titre de baron. Il est général de brigade (1811), puis général de division (1813). Il se distingue lors de la campagne de Saxe. Napoléon venant de l'île d'Elbe passe à Grenoble où Mouton-Duvernet le rejoint. Il est chargé d'une mission extraordinaire en Isère (11 mars 1815). Le 24 mars, il conduit une division à Lyon. Il est député de Haute-Loire à la Chambre des Représentants. Il n'accepte pas que l'épopée napoléonienne s'arrête avec l'abdication de Napoléon Ier. Le gouvernement provisoire l'envoie à l'armée du Nord (le 24 juin 1815). Il assure 4 jours plus tard que les restes de l'armée de Waterloo forment encore une force imposante. Début juillet 1815, il est nommé gouverneur de Lyon, où il arrive le 7 : il tente de pousser Lyon à se défendre. Apprenant le retour de Louis XVIII à Paris, il envoie au ministère de la Guerre une protestation de dévouement au roi. Mais dès le 24 juillet 1815, il est compris dans l'ordonnance des traîtres qui doivent être traduits devant un Conseil de guerre. Mouton-Duvernet échappe aux poursuites jusqu'en mars 1816. Il se livre lui-même à Montbrison, espérant être acquitté. Conduit à Lyon, il est condamné à la peine de mort. Il fait appel en vain au conseil de révision. Sa femme et sa fille n'ont pas plus de succès auprès de Louis XVIII. Mouton-Duvernet est fusillé le 27 juillet 1816, sur le chemin des Etroits, en présence de la garnison sous les armes[10].

Pendant ce temps, en 1815, Napoléon Ier est battu à Waterloo le 18 juin et abdique le 29 juin. Louis XVIII est de retour à Paris le 8 juillet. Le maréchal Suchet et son armée trop inférieure en nombre reculent régulièrement sans réels combats. Des pourparlers avec les Autrichiens sont entamés le 11 juillet ; l'accord est ratifié le lendemain. Le 17 juillet, les Autrichiens sont à nouveau à Lyon et y restent jusqu'en décembre 1815. La Restauration reprend son cours.

1. Le maire Palerne de Savy est élu le 25 février 1790.

2. Dervieu de Villars (1750-1837) est réélu à la tête de la garde nationale le 17 mars 1792 : il refuse et émigre.

3. Le principal responsable est un avocat, Antoine Guillin de Pougelon (1729-1817) : il est arrêté le 4 décembre 1790, emprisonné à la prison de l'Abbaye à Paris et élargi le 5 septembre 1791. Il est le frère de Marie Aimé Guillin du Montet, seigneur de Poleymieux, lynché le 26 juin 1791 à Poleymieux.

4. Marseille cède en août 1793.

5. Toulon ouvre ses portes aux Anglais le 29 août et tient tête à l'Armée de la Convention jusqu'au 11 décembre 1793.

6. Cf : *Les Défenses de Lyon,* F. Dallemagne, Ed. Lyonnaises d'Art et d'Histoire, 2006.
Jean-Baptiste Agniel de Chénelette (Lyon 22 mars 1739-Chénelette 7 mars 1823), lieutenant-colonel d'artillerie et titulaire de la Croix de Saint-Louis.

7. *In* Michaud, *Biographie universelle.*

8. Ronald Zins, *1814, l'Armée de Lyon ultime espoir de Napoléon,* Horace Cardon, 1998.

9. Ronald Zins, *1815, l'Armée des Alpes et les Cent Jours à Lyon,* Horace Cardon, 2003.

10. Bruno Benoit, Roland Saussac, *Lyon, la Révolution, le Consulat et l'Empire,* ELAH, Lyon, 2017.

Chapitre 3

Les commandants militaires à Lyon sous la Restauration et la Monarchie de Juillet

LA SECONDE RESTAURATION

Après le retour de Belgique de Louis XVIII, les élections amènent une chambre des députés qualifiée de « Chambre introuvable », composée en majorité d'ultras. La Terreur blanche frappe : le maréchal Ney est exécuté, ainsi que d'autres généraux, dont Mouton-Duvernet fusillé à Lyon. Le second traité de Paris fait perdre la Sarre et la Savoie au Royaume (novembre 1815), qui doit payer 700 millions de francs de dommages de guerre et subir l'occupation de dix-sept places fortes. Louis XVIII (1815-1824) dissout la « Chambre introuvable » et gouverne avec les royalistes modérés en établissant un difficile équilibre entre ultras et libéraux.

Joseph Elisabeth Roger de DAMAS, gouverneur de Lyon et commandant la 19e Division Militaire de 1815 à 1823

Voir la notice lors de la Première Restauration. Il apparaît qu'en fait le gouverneur n'est pas souvent à Lyon, d'autant que des commandants de la 19e D.M. sont censés avoir le commandement effectif.

Joseph Jean-Baptiste ALBERT, commandant la 19e Division Militaire de 1815 à 1816

Il est né en 1771. Volontaire au 1er bataillon des Hautes-Alpes (1791), il est élu lieutenant peu après. Aide de camp de généraux de l'Armée des Alpes (1793), puis à l'Armée des Pyrénées (1794) il devient capitaine et aide de camp d'Augereau en Italie, qu'il suit à

L'hôtel de la Valette, résidence des gouverneurs de Lyon de 1816 à 1821, se situait à l'angle de la rue du Plat et du quai Tilsitt.

l'Armée gallo-batave (1800-1801), puis à la Grande Armée (1805-1807). Il assiste à la bataille d'Iéna. Il est nommé général de brigade au 7e corps et blessé à Eylau. Avec la 4e brigade de grenadiers, il est avec le maréchal Lefebvre au siège de Dantzig (1807), avec Oudinot en 1809 à Essling et Wagram. En 1811, il fait la campagne de Russie dans le Corps d'Oudinot. Nommé général de division (1812) et blessé à la Bérézina, il est avec Kellermann dans le Corps de réserve, puis avec Ney à Bautzen. Il commande le 5e Corps à titre provisoire, puis fait la campagne de France sous Macdonald. Il est aide de camp du duc d'Orléans en 1815 et à Lyon après les Cent Jours. Il meurt en 1822.

● Simon CANUEL, commandant la 19e Division Militaire en 1816-1817

Ce général, né en 1767, a déjà été commandant à Lyon en février 1798. En 1814, ce farouche jacobin se rallie à Louis XVIII, tournant à l'ultraroyaliste : il est réintégré dans les cadres et fait chevalier de Saint Louis. Pendant les Cent Jours, il se joint aux Vendéens, devenant le major général du marquis de La Rochejacquelein. En 1815, il est élu député de la Vienne à la Chambre des députés (la « Chambre introuvable ») et vote avec les ultras. En mars 1816, il préside à Rennes le tribunal qui juge le général Travot[1] et prononce une sentence de condamnation à mort. Créé baron en 1816, il est nommé à Lyon. Il doit y réprimer une pseudo-insurrection, qu'il est accusé ensuite d'avoir provoquée par le colonel

Fabvier, chef d'État-major du maréchal Marmont, chargé de l'enquête. Canuel est arrêté : l'instruction le lave de tout soupçon en délivrant une ordonnance de non-lieu le 3 novembre 1818. Canuel gagne ensuite le procès en calomnie qu'il avait intenté au colonel Fabvier et à d'autres accusateurs. Mais il ne parvient pas à se faire réélire député de la Vienne, malgré le soutien appuyé de Chateaubriand, et il reste en demi-disgrâce jusqu'en 1822. À cette date, le ministère Villèle le nomme inspecteur général de l'Infanterie et officier de la Légion d'Honneur. En 1823, il fait partie de l'expédition d'Espagne. Il commande la 21e Division Militaire (Bourges) et est promu devient grand officier de la Légion d'Honneur en 1825. En 1830, il ne se rallie pas à la Monarchie de Juillet et est rayé des cadres. Il meurt en 1841.

Suite à la dissolution de la « Chambre introuvable » le 5 septembre 1816, des ultras essaient de démontrer au roi qu'il a eu tort et que l'esprit bonapartiste existe bien encore. À partir d'octobre 1816, des provocateurs cherchent à déclencher un mouvement sur fond de crise économique : le grand soulèvement est programmé pour le 8 juin 1817. Cette manœuvre avorte ! Quelques excités avec de vieux fusils et des fourches réclament Napoléon II et le pain à 3 sous. À Lyon, c'est le calme plat : la procession de la Fête-Dieu n'est aucunement troublée par quelques rares provocateurs. Mais un inconnu portant un sac de cartouches est arrêté et, à 23 heures, un certain capitaine Ledoux est assassiné près de l'hôtel de ville. Cela suffit pour réclamer une répression musclée : 250 personnes sont arrêtées à Lyon et 300 à la campagne. 155 d'entre elles sont traduites devant la Cour prévôtale, qui prononce 79 condamnations, dont 23 à la peine capitale : il y a 11 exécutions, les autres sont contumaces. Comble de l'horreur à Saint-Genis-Laval, un adolescent de 16 ans est guillotiné devant le domicile de sa mère et aux frais de celle-ci. Les ultras peuvent bomber le torse !
À Paris, on a des doutes : le maréchal Marmont et le colonel Fabvier sont délégués pour enquêter et des officiers de l'État-Major de Canuel sont arrêtés. Peu après, Fabvier publie le récit des événements sous le titre « Lyon en 1817 » : il y accuse Canuel d'avoir fait fomenter la conspiration. Un commissaire général de police va dans le même sens. Canuel, qui vient d'être destitué, répond dans un opuscule au colonel Fabvier (1818) et reçoit le soutien d'un homme dont la rigueur morale est reconnue, Chabrol de Crouzol, qui était préfet de Lyon au moment des faits. Toute cette affaire montre le climat de tension politique qui prévaut alors.

Maurice David Joseph MATHIEU de LA REDORTE, commandant la 19e Division Militaire[2] le 23 octobre 1817, jusqu'à fin 1821

Né à Saint-Affrique le 20 février 1768, il entre en 1783, en qualité de cadet dans un régiment suisse, puis dans la Légion de Luxembourg, avec laquelle il part en Inde. De retour en France, il passe au Royal-Dragons et prend part à toutes les campagnes de l'Armée du Rhin (1792-1796). En 1798, il est en Italie, fait la campagne de Rome et de Naples et obtient le grade de général de brigade le 9 septembre 1798 après la prise de Terracine. Puis, lors de la reprise du conflit avec les Napolitains, il est blessé devant Capoue. Le 17 avril 1799, il est nommé général de division et prend le commandement de la 11e Division Militaire à Bordeaux. En 1805, il fait partie du Corps du maréchal Augereau en Brisgau. Il sert ensuite en Prusse et Pologne (1806-1807). Puis il va en Espagne et se distingue à Tudela où il est blessé. Il secourt en 1812 le fort de Balaguer et fait lever le siège de Terragone. Il fait retraite avec l'armée d'Espagne. Il semble s'être rallié à Napoléon pendant les Cent Jours, puis se retire sur ses terres. Par ordonnance du 9 avril 1817, il est autorisé à ajouter à son nom celui de La Redorte. Peu après, il succède au général Canuel à Lyon. Il est nommé pair de France en 1819. Il est mis en disponibilité en 1823 et meurt en 1833.

Pierre Louis François PAULTRE de LAMOTTE, commandant la 19e Division Militaire du 30 janvier 1822 au 5 août 1830

Né à Saint-Sauveur (Yonne) le 3 février 1774, il est, à 18 ans, sous-lieutenant au 26e Régiment d'Infanterie de Ligne, puis lieutenant (1792), et capitaine (1794). Il passe de l'Armée de Moselle à l'Armée du Rhin-et-Moselle. Aide de camp du général Hédouville (1795), il conserve cette fonction jusqu'en 1802 auprès de différents généraux : au cours de cette période, on le retrouve à l'Armée de l'Ouest, puis à Saint-Domingue (1798-1799) et, de retour, à l'Armée de l'Ouest. Il est nommé chef d'escadron à la suite du 7e Dragons (1800), puis major au 12e Chasseurs (1803). Ce régiment rejoint le 2e Corps de Réserve en 1805. Nommé colonel, il prend le commandement du 9e Cuirassiers (1806) : il a été fait chevalier de la Légion d'Honneur en 1804, et est nommé officier en 1807. Le colonel Paultre de Lamotte est blessé à Wagram le 6 juillet 1809 et nommé général de brigade (1811). Après le 3e Corps de la Grande Armée, il est placé au 2e Corps de Réserve de cavalerie en 1812. Au début de 1814, il commande la levée en masse du département de la Marne. Sous la Première Restauration, il est fait chevalier de l'Ordre de Saint-Louis. Il ne se rallie pas à Napoléon, pendant les Cent Jours et est promu grand officier de la Légion

La place Bellecour en 1826 (B.M.).

d'Honneur (fin 1815). Lieutenant-général le 25 juin 1821, il devient commandant de la 19e Division Militaire à Lyon, jusqu'au 5 août 1830. Admis à faire valoir ses droits, il quitte l'armée le 28 août 1830. Il décède le 6 juin 1840.

Claude, Antoine de BESIADE, duc d'AVARAY, gouverneur de Lyon et commandant la 19e Division Militaire[3] du 1er octobre 1823 au 27 avril 1829

Cet aristocrate de l'Ancien Régime est né le 15 juin 1740 à Avaray (près de Blois, Loir-et-Cher). Il est de grande famille et est nommé lieutenant-général le 11 novembre 1781. Emigré, il reprend ses fonctions militaires avec la Restauration et est nommé Gouverneur de Lyon à... 83 ans, charge honorifique conservée jusqu'à son décès en son château d'Avaray le 27 avril 1829.

En 1824, succédant à son frère Louis XVIII, le comte d'Artois monte sur le trône, après son sacre à Reims, sous le nom de Charles X. Il veut rétablir la monarchie de l'Ancien Régime et est appuyé par les ultras.

À Lyon[4], depuis 1810 environ, c'est le transfert des métiers à tisser : ils envahissent petit à petit les pentes, puis le plateau de la Croix-Rousse. À la fin de la Restauration, près de 10 000 fonctionnent, à condition d'avoir des commandes : c'est alors seulement que la Croix-Rousse devient « la colline qui travaille ». Lorsque l'évolution économique et sociale tend vers la crise, Lyon devient le théâtre d'émotions, de manifestations tournant vite à l'émeute. Ainsi en 1828, quand 4 000 ouvriers du bois en grève, charpentiers et menuisiers, sont massés aux Brotteaux : ils menacent d'envahir l'Hôtel-de-ville pour faire aboutir leurs revendications et obtenir l'élargissement de certains des leurs, imprudemment emprisonnés. On préfère alors les satisfaire. Lyon, capitale du libéralisme dans le royaume, le démontre l'année suivante : une manifestation, regroupant 20 000 personnes portant un crêpe de deuil, se dirige vers le cimetière de Loyasse pour honorer la mémoire du général Mouton-Duvernet fusillé par la Restauration.

Mais c'est à Paris que la situation se précipite, en juillet 1830. Le maréchal de Bourmont peut bien être entré à Alger le 4 juillet et la nouvelle en parvenir cinq jours plus tard : rien n'y fait. Le nouveau ministère du prince ultra de Polignac décrète les fatales ordonnances de juillet : dissolution des chambres, modification du droit de vote, censure de la presse... Aussitôt les barricades s'érigent dans Paris. Les journées intitulées les Trois Glorieuses se déroulent du 27 au 29 juillet, et entraînent l'abdication de Charles X.

À Lyon, les libéraux prônent la résistance aux ordonnances de Polignac. Puis on apprend la révolte parisienne. Le 31 juillet, la foule grossit ; certains éléments, armés, manifestent sur le quai de Retz (quai Jean-Moulin actuel). À l'Hôtel de ville sont réunis le préfet, le Conseil municipal et le lieutenant-général Paultre de Lamotte. Les troupes pactisent avec la foule et les autorités débordées acceptent la garde commune de l'Hôtel par la troupe et la garde populaire. Le 3 août, le drapeau tricolore flotte sur l'Hôtel de ville. Paultre de La Motte s'en va, remplacé par Bachelu.

Le 31 juillet, Charles X désigne le duc d'Orléans comme lieutenant-général du royaume, au nom de son petit-fils, le duc de Bordeaux. Mais le 7 août, La Fayette fait acclamer roi des Français Louis-Philippe d'Orléans et le drapeau tricolore.

Gilbert, Désiré, Joseph BACHELU, commandant la 19e Division Militaire en juillet 1830

Il est né à Salins (Jura) le 9 février 1777. Il entre en 1794 à l'Ecole du Génie de Metz. Capitaine en 1796, il fait la campagne du Rhin avec Moreau, puis participe à l'expédition en Egypte. Après s'être distingué lors du siège du Caire, il est promu chef de bataillon par Kléber en 1800. En 1801, colonel et aide de camp de Leclerc, il est de la campagne de Saint-Domingue, d'où il revient en 1803 avec le corps de son général et sa veuve. De 1803 à 1805, il est chef d'État-major au camp de Boulogne, puis commande le 11e de ligne dans le corps de Marmont (1805). En 1807, il sert en Dalmatie. Nommé général de brigade le 5 juin 1809, il combat à Essling et Wagram. Il se distingue au siège de Dantzig, dont il devient le commandant en second en 1811. Après la campagne de Russie, il commande à Dantzig et repousse Platow (1813). Il rend la place le 1er janvier 1814 et est nommé général de division. Pendant les Cent Jours, il est à la tête de la 5e division dans le corps Reille. Il est blessé à Waterloo. Au début de la Seconde Restauration, il est emprisonné, puis exilé et ne rentre en France qu'en 1817, après l'amnistie. Il reprend du service à Lyon avec l'avènement de Louis-Philippe, brièvement car il est élu député dans le Jura. Il meurt à Paris le 16 juin 1849, commandeur de la Légion d'Honneur. Son nom est inscrit sur l'Arc de Triomphe, côté sud.

François ROGUET, commandant la 7e Division Militaire en 1830-1833

Né à Toulouse le 12 novembre 1770, il s'engage à 19 ans dans le Régiment de Guyenne-Infanterie, devenu le 21e de ligne, affecté à l'Armée du Var (1792), comme adjudant. Il se distingue lors de différents combats, en particulier à Nice, puis à Savone (1795) où il est grièvement blessé. Nommé chef de bataillon, il se distingue à Rivoli. En 1799, lors de la révolte de l'Armée d'Italie, Roguet maintient ses hommes dans le devoir. Il est gravement blessé à Vérone. Nommé chef de la 33e demi-brigade, il fait des prodiges à Fossano, Novi, Coni et sur le Var. De 3 000 hommes, la 33e n'a plus que 160 soldats en état de combattre en juillet 1800. Roguet, nommé général de brigade en 1803, se distingue à Elchingen, puis à Iéna, à Eylau... Le 5 juin 1807, commandant l'arrière-garde, il contient la garde russe, mais blessé, il est fait prisonnier. Libéré après la paix de Tilsitt, il est créé baron. Il défend victorieusement Flessingue (Zélande) contre les Anglais (1807). En 1808, Roguet se distingue en Espagne (Bilbao et Santander). Nommé colonel au 2e Chasseurs à pied de la Garde Impériale, il est à Essling et Wagram. À nouveau en Espagne à la tête des tirailleurs et voltigeurs de la nouvelle Garde (1809-1811), il est nommé général de division. En mars 1812, il est avec la Garde sur le Niémen, et fait la retraite avec elle depuis Moscou. Avec sa division le 14 décembre, il ouvre un passage de nuit à toute la Garde se dirigeant sur Krasnoïë, où Napoléon peut regrouper ses forces. À nouveau la division Roguet se sacrifie le 17 décembre, permettant la poursuite de la retraite. Arrivé à Posen, il rallie la vieille et la jeune Garde franco-italienne qui s'immortalisent à Lützen, Bautzen et Wurchen. À Dresde, il est à la tête de 14 bataillons de jeunes conscrits dont le comportement rend admiratif l'Empereur. Roguet résiste à Leipzig aux charges de la cavalerie des Gardes prussienne et russe. Lors de la retraite après cette défaite, il se distingue encore à la bataille de Hanau. Créé comte le 28 novembre 1813, il prend le commandement de la Garde à Bruxelles, échoue à Bréda, mais se distingue à Anvers et surtout à Cambrai (30 mars 1814). Roguet se soumet à Louis XVIII qui lui confère la croix de Saint Louis. Il conserve son commandement dans la Garde Impériale devenue Garde Royale, mais se rallie à l'Empereur avec elle : il se distingue à Fleurus et Waterloo. La seconde Restauration le met en disponibilité. La Monarchie de Juillet le nomme commandant de la 7e D.M. Le 19 novembre 1831, il est créé pair et reçoit la Grand-croix de la Légion d'Honneur. Il réprime avec rigueur la révolte lyonnaise de novembre 1831. Puis on lui reproche d'avoir fait sortir les troupes de la ville et d'avoir négocié avec les insurgés. Le lieutenant-général comte Roguet décède à Paris le 7 décembre 1846. Son nom est inscrit sur l'Arc de Triomphe, côté sud. Son fils, le général Christophe Michel Roguet, sera aide de camp de Napoléon III.

La révolte lyonnaise de 1831 commence le 25 octobre bien calmement par une réunion des délégués patronaux et ouvriers à la préfecture, en présence du préfet, Bouvier du Molard. À 11 heures, on entend un brouhaha autour du bâtiment : 2 à 3 000 ouvriers sont là, attendant les décisions. Le préfet, de la fenêtre, obtient leur départ : « *Retirez-vous, sans cela on croira que la décision a été prise sous la pression.* » Les canuts quittent la place, espérant un réajustement des tarifs pour avoir simplement la possibilité de vivre. Le tarif est voté et les canuts crient : « *Vive le roi !* ». Mais le tarif adopté n'est pas appliqué et le mécontentement grandit : le préfet craint une émeute. Les fabricants convainquent le président du Conseil, Casimir Périer, qu'une telle augmentation les conduirait à la ruine. Périer tance le préfet et les patrons jouent du lock-out, recommandant aux ouvriers d'aller travailler à la préfecture. Les canuts préparent la manifestation du 21 novembre. Les autorités, le préfet, l'adjoint du maire Boisset et le général Roguet sont inquiets, car il y a trop peu de troupes. Le 21 novembre, les Croix-Roussiens hissent le drapeau noir, orné de la fameuse devise « *Vivre en travaillant ou mourir en combattant* ». Rue Vieille-Monnaie, les canuts se heurtent aux gardes nationaux qui tirent. Alors, on sonne le tocsin : les gardes sont phagocytés par le peuple à la Croix-Rousse. Le préfet et le général Ordonneau arrivent sur le plateau avec des troupes : on discute, mais le préfet et Ordonneau sont retenus. Le calme revient, et les ouvriers commencent même à démolir les barricades, après avoir libéré les otages.
Toutefois les canuts des Brotteaux manifestent leur désaccord et tout repart avec des combats de rues pendant deux jours. Roguet fait retraite pour ne pas être encerclé le 23 novembre : il s'éloigne par le quai Saint-Clair et se retire à Rillieux. Sur la place Tolozan, les bureaux des principaux fabricants sont saccagés. Pourtant les canuts se méfient des pillards et un couple de voleurs est même exécuté.
Le 28 novembre, le duc d'Orléans (mort accidentellement en 1842), fils aîné de Louis-Philippe, et le maréchal Soult concentrent 25 000 hommes à Trévoux. Ils entrent à Lyon le 3 décembre dans un grand déploiement de forces. Le 6 décembre, Bouvier du Molard est remplacé par André de Gasparin. Canuts et gardes nationaux sont désarmés. Soult abolit le

LYONNAIS !

Des magistrats perfides ont perdu de fait leurs droits à la confiance publique ; une barrière de cadavres s'élève entre eux et nous, tout arrangement devient donc impossible. Lyon, glorieusement émancipé par ses enfans, doit avoir des Magistrats de son choix ; des Magistrats dont l'habit ne soit pas souillé du sang de leurs frères !

Nos Défenseurs nommeront des Syndics définitifs pour présider avec toutes les corporations respectives à la représentation de la Ville et du département du Rhône.

Lyon aura ses comices ou assemblées primaires ; les besoins du peuple provincial seront enfin entendus, et une nouvelle Garde Citoyenne sera organisée.... Plus de charlatanisme ministériel pour nous en imposer.

Soldats, vous avez été égarés ; venez à nous, vos blessés vous diront si nous sommes vos frères.

Gardes nationaux, des ordres donnés par des hommes perfides et intéressés ont compromis votre habit. Vos cœurs doivent être français : réunissez-vous à nous pour maintenir l'ordre.

Nous sommes sûrs qu'au premier appel chacun de vous se trouvera sur les places d'armes respectives.

Tous les bons Citoyens s'empresseront de rétablir la confiance en rouvrant leurs magasins.

L'arc-en-ciel de la vraie liberté brille depuis ce matin sur notre ville : que son éclat ne soit pas obscurci.

VIVE LA VRAIE LIBERTÉ !

Lyon, le 23 Novembre 1831.

Pour la Commission des Ouvriers :
LACOMBE, Syndic ; FREDERIC, Vice-Président ;
CHARPENTIER et LACHAPELLE, Syndic.

LYON. IMPRIMERIE DE CHARVIN, RUE CHALAMON, N° 1.

L'appel aux Lyonnais du 23 novembre 1831 : les canuts, maîtres éphémères de Lyon (A.M.).

DIMANCHE 30 OCTOBRE 1831. N° I. — PREMIÈRE ANNÉE.

ON S'ABONNE au Bureau du Journal, place Neuve-des-Carmes, n. 14. à l'entresol, de 9 heures du matin à 5 heures du soir ;
Chez M. BARON, libraire, rue Clermont, n. 5 ; au café du Grand-Orient, allée Morand; *aux 4 Saisons* et *au Passage du Rhin*, à la Guillotière; au café du Soleil-Levant, rue Tramassac ; au café de l'Union, place Bellecour ; au café des Trophées, à Vaise ; chez M. FALCONNET, rue Tholosan, n. 6; chez MM. BONNARD et ROYER-DUPRÉ, papetiers, rue Fromagerie, n. 5, et rue Longue, n. 14 ; et à l'imprimerie du Journal.

AUX ARTS

Le prix de l'abonnement, qui se paie d'avance, est de

1 fr. 25 c. pour un mois ;
3 fr. pour trois mois ;
6 fr. pour six mois,
Et 11 fr. pour l'année.

On ajoutera, pour les frais de poste, 2 cent. par numéro pour le département, et 4 c. hors du département.
Les lettres et paquets devront être affranchis.

L'ÉCHO DE LA FABRIQUE,

Journal Industriel DE LYON ET DU DÉPARTEMENT DU RHONE.

. . . . De tous les temps
Les petits ont pâti des sottises des grands.
LAFONTAINE.

VINGT-CINQ OCTOBRE 1831.

Ce fut le 8 octobre qu'une commission improvisée des chefs d'ateliers et des ouvriers commença ses opérations. La réunion du 10 ne fut qu'une séance préparatoire, dans laquelle on maintint la formation du bureau, composé d'un président, d'un secrétaire et de quatre membres, qui avaient été élus le 8. Les commissaires de chaque quartier, réunis, le 13, au nombre de 80, nommèrent, par la voie du scrutin, un président, un vice-président et quatre secrétaires, qui déclarèrent la commission constituée. Une commission de quatre membres, prise dans son sein, fut chargée, le 14, de la rédaction et de la présentation de l'adresse à M. le préfet, en même temps que vingt-deux commissaires s'occupèrent, pour les divers genres de fabrication, divisés en huit parties, de la fixation d'un TARIF AU MINIMUM, du prix des façons, en prenant pour base le mille de fils à la chaîne, la réduction des peignes et le mille de coups de trame. Le 16, les différentes rédactions d'adresse furent lues en assemblée générale, et la majorité se prononça en faveur de celle faite par M. Bernard, et présentée à M. le préfet par le président, à la tête de la députation. M. le préfet les accueillit avec une bonté toute paternelle. Il leur assura qu'il n'ignorait point la trop grande misère qui pesait sur la classe ouvrière, mais qu'il ferait tout ce qui serait en son pouvoir pour en améliorer le sort ; qu'il les convoquerait le plus tôt possible pour discuter, contradictoirement avec MM. les négocians, la base et la fixation du tarif.

Cette première réunion eut lieu le 21. Elle fut présidée par M. le préfet, assisté des maires de Lyon, de la Croix-Rousse, de Vaise et de la Guillotière, de la chambre du commerce et de quelques membres du conseil des prud'hommes. Sur l'observation de MM. les négocians présens, qu'ils n'avaient aucun mandat pour traiter avec la commission des ouvriers, M. le préfet fit remarquer que les tarifs antérieurs avaient été consentis par un nombre bien inférieur. Les délégués des ouvriers répondirent unanimement que leur travail était fait, qu'ils avaient reçu un mandat spécial de leurs commettans pour ne traiter qu'avec des chefs de commerce, munis des mêmes pouvoirs. Tous sentirent la justesse de ce raisonnement, et M. le préfet annonça qu'une convocation de MM. les négocians aurait lieu dans le plus bref délai, à l'effet de nommer leurs délégués; ce qui fut fait le 24.

Le 25, à onze heures du matin, eut lieu cette imposante réunion des deux commissions, qui devait décider du sort de près de 80,000 ouvriers, dont l'existence se rattache à la fabrication des étoffes de soie. La séance fut ouverte par un discours de M. le préfet sur l'urgence du tarif sollicité, et le bien qui devait en résulter.

Le discours terminé, les commissions se divisèrent par catégories d'articles, et après des débats continus pendant quatre heures, les tableaux faits et présentés par la commission des ouvriers, furent signés par elle, et celle de MM. les négocians, à la satisfaction générale.

La séance levée, la multitude fut introduite dans la cour de la préfecture ; M. le préfet, en costume, s'avança au milieu d'elle et lui adressa quelques paroles de félicitation sur l'ordre et la tranquillité qui avaient présidé à toutes ses réunions, en l'invitant à maintenir une conduite jusque-là exempte de reproches. Ce digne magistrat fut souvent interrompu par les cris mille fois répétés de *vive M. le préfet, vive notre père!* L'enthousiasme alors fut à son comble, des larmes d'attendrissement coulèrent sur tous les visages. Cette époque, on peut le dire avec raison, sera une des plus belles inscrites aux fastes de notre ville, et le nom de Du Molart, devenu à jamais célèbre, sera légué à la postérité. (*Suit le Tarif.*)

Numéro inaugural du journal ouvrier lyonnais *l'Echo de la Fabrique* (A.M.).

tarif. Le maire Prunelle conduit une délégation ouvrière au duc d'Orléans, afin que celui-ci implore le pardon du roi.

Contrairement à différentes thèses, ce n'est pas à cause de cette révolte qu'en 1831 commence la construction de la première ceinture de forts[5] : la concomitance de date[6] a pu laisser croire que ces défenses étaient destinées à contenir la population lyonnaise par trop remuante. Il n'en est rien, car, on l'a vu, dès les débuts de la Restauration, des autorités militaires avaient envisagé de faire de la ville une place forte. Et si l'on se presse tant, alors que la Monarchie de Juillet débute à peine, c'est qu'on ne sait comment vont réagir les nations européennes à ce changement de régime, en particulier l'Empire d'Autriche-Hongrie.
En décembre 1830, le maréchal de camp Rohault de Fleury (1799-1866) est nommé directeur des fortifications et est chargé des travaux d'édification de la place forte :
• le secteur nord, s'appuyant sur l'ancien boulevard de Saint-Sébastien, avec les deux forts détachés de Caluire et Montessuy ;
• le secteur ouest, comportant en avant des remparts médiévaux de la colline de Fourvière, rénovés et modifiés parfois, les forts de la Duchère, Loyasse (et batterie de Vaise), Saint-Irénée et Sainte-Foy (et redoute du Petit-Sainte-Foy) ;
• le secteur est, constitué, du nord au sud, par la batterie du Haut-Rhône, le fort de la Tête d'Or, la redoute des Charpennes, les forts des Brotteaux, de Villeurbanne, de la Motte, du Colombier et de la Vitriolerie, qui sont reliés entre eux par un fossé mis en eau, complété de courtines et d'épaulement.
La plupart des travaux sont réalisés de 1831 à 1844, puis, les dernières en date, la redoute du Petit-Sainte-Foy et la batterie du Haut-Rhône en 1854.

Antoine AYMARD, commandant par intérim la 7e Division Militaire le 20 octobre 1832, commandant la 7e Division Militaire du 3 juillet 1833 au 13 octobre 1841

Né à Lézignan le 13 octobre 1773, Antoine Aymard s'engage en 1792 dans le 7e bataillon des volontaires de l'Aude, amalgamé au 4e Régiment d'Infanterie de ligne. Le 24 avril 1793, il est élu au commandement de la 4e compagnie franche de l'Aude, intégrée au 17e Régiment d'Infanterie Légère. Distingué, il est attaché en août de la même année à l'État-Major de l'Armée des Pyrénées-Orientales et est blessé. Avec le 17e Léger, il fait campagne en Italie (1795-1799). Il se distingue à Lodi, puis à Castiglione, Rivoli et La Bormida. À Novi, il est grièvement blessé (1799). Il est nommé chef de bataillon au 8e de Ligne et participe aux campagnes de 1805 à 1807. Après la bataille d'Eylau, il est nommé colonel et mis à la tête du 32e de Ligne. Il se distingue à Friedland. Avec son régiment, il est en Espagne (1808-1812) et blessé à Talavera. Le Roi Joseph obtient pour lui le titre de baron, après la prise de Madrid. Promu général de brigade le 12 avril 1813, il fait la campagne de Saxe. À la tête d'une brigade de la 4e division de la Garde Impériale, il se distingue au défilé de Naumbourg. En 1814, il est en Belgique : à Courtrai, avec le général Maison. La victoire est obtenue le jour même où les coalisés entrent à Paris. Aymard se retire à Carcassonne. Nommé par Napoléon à la Garde, il apprend à Soissons la défaite de Waterloo. Il se retire sous les Bourbons. Après la Révolution de 1830, il est nommé lieutenant-général le 30 septembre 1832 et mis à la tête de la 7e Division Militaire à Lyon. Il réprime avec rigueur l'émeute de 1834. Il est fait grand officier de la Légion d'Honneur et récompensé par la pairie. Il décède à Paris le 30 avril 1861. Son fils, le général Edouard Aymard (1820-1880) est gouverneur de Paris en 1878.

Lyon n'est pas la seule grande ville à subir des émeutes : Paris l'a suivie en 1832 et la suivra en 1834. Le 24 février 1834, la grève se déclenche dans les ateliers de soierie, sous l'influence des mutuellistes et des compagnons ferrandiers. Le 15 mars, le député-maire Prunelle dénonce, par voie d'affiche, les tisseurs qui protestent contre une diminution des salaires. Ce même Prunelle vote à l'Assemblée, le 19 mars, l'interdiction d'association revendicative ouvrière. Des ouvriers, accusés de « coalition » et d'avoir déclenché la grève de février, doivent être jugés le samedi 5 avril. Les débats sont suspendus en raison de violents incidents. La troupe paraissant peu sûre, leurs chefs la retirent rapidement.

Le mercredi 9 avril, la troupe est prête. Les accusés, défendus par Jules Favre, retournent au Palais de justice, et les manifestants, encore plus nombreux, sont là. Le ministre de l'Intérieur, Thiers, a donné des consignes de fermeté : le 7e Léger, prêt à intervenir, est massé dans les dépendances de l'archevêché. Rue Saint-Jean, une barricade s'érige : le 7e léger s'y oppose. Un coup de feu éclate, l'agent Faivre s'écroule, tué net. Et le 7e Léger tire à tout va, déclenchant la panique, puis la fureur. Les barricades montent, les postes de garde sont désarmés, les boutiques baissent les rideaux. Les manifestants manquent

La place Bellecour en 1839 (Hostein, B.M.).

de peu de s'emparer de la préfecture. La réaction est brutale : le passage de l'Argue est dégagé au canon à mitraille et la troupe fait sauter une maison, place de l'Hôpital.
L'émeute gagne les quartiers Saint-Just, Saint-Paul et le Jardin des Plantes. Le tocsin bat à tout rompre et deux casernes sont envahies et pillées. À la Croix-Rousse, une barricade est attaquée au canon : deux femmes sont tuées. À la nuit, il y a encore des barricades dans le centre. Puis, des renforts[7] arrivent de Grenoble. Ils campent place du Pont. Le 10 avril, les canuts renforcent leur action et coupent les communications avec Saint-Etienne, Paris et autres destinations. Aussi à La Guillotière, quelques barricades sont détruites au canon, ce qui déclenche un incendie non combattu : le feu s'étend et plusieurs maisons anciennes sont détruites. Le 11 avril, l'armée attaque et déblaye à coups de canons. Saint-Bonaventure est reprise à l'explosif. Vingt canuts sont exécutés sommairement et la troupe commet des exactions et des meurtres à Saint-Just. Le 12 avril, le centre est nettoyé, puis la rive droite de la Saône : le massacre de 21 personnes non-combattantes est perpétué à Vaise. La Croix-Rousse n'est totalement pacifiée que le 15 avril. On déplore environ 500 morts, dont beaucoup d'innocents. Un procès monstre se déroule à Paris, concernant plusieurs centaines d'émeutiers arrêtés. Mais le procès est clos par l'amnistie décrétée à l'occasion du mariage du duc d'Orléans en 1836.
Le régime de Louis-Philippe est un régime autoritaire. Après le décès de Casimir Périer (1831-1832), l'homme fort du gouvernement est François Guizot, chef du parti de la Résistance et champion du conservatisme et de l'autoritarisme. L'opposition peine à se faire entendre : à Lyon, on note surtout des républicains modérés, tels Hénon et Barodet, entraînant les intellectuels. C'est aussi le moment du Romantisme et l'épopée napoléonienne fait vibrer les cœurs. Louis Philippe fait procéder en 1840 au retour solennel des cendres de Napoléon Ier de l'île de Sainte-Hélène, à l'Hôtel des Invalides. Le neveu de l'Empereur, Louis-Napoléon, tente de profiter de cette ambiance. Mais ses tentatives de soulèvement à Strasbourg (1836) et à Boulogne (1840) lui valent la prison à vie au fort de Ham. Il parvient à s'évader en 1846, et se réfugie en Angleterre. Quant à l'armée, malgré le désir du roi de limiter la mainmise française à Alger et quelques ports, les insurrections le forcent à la conquête et à la confrontation avec le Maroc, que Bugeaud bat à l'Isly (1844). La reddition d'Abd-el-Kader en 1847 met fin aux grandes opérations et ouvre la voie à la pacification.

Louis Joseph Elisabeth Fortuné de RENAUD de BOULOGNE de LASCOURS, commandant la 7e Division Militaire du 27 septembre 1841 au 3 mars 1848

Né le 17 septembre 1786 au château de Lascours, près d'Anduze (Gard), il entre à l'Ecole Militaire de Fontainebleau à 17 ans. Il est blessé à Austerlitz. En 1806, en qualité d'aide de camp, il accompagne le général Sébastiani, ambassadeur à Constantinople : il se distingue dans la défense de la ville attaquée par la flotte anglaise. Il fait la campagne d'Espagne (1808-1812), puis il est en Russie et entre dans les premiers à Moscou. Pendant la retraite, il sert comme simple soldat dans l'escadron sacré qui entoure l'Empereur. Le 14 juin 1813, Napoléon le nomme adjudant commandant, chef d'État-Major du 2e corps de cavalerie (campagne de Saxe), puis du 5e corps (campagne de France). Rallié à Louis XVIII, il rentre chez lui pendant les Cent Jours. Libéral, il est élu député en 1823. Après la révolution de 1830, le colonel de Lascours prend en charge différents commandements territoriaux. Il ramène le calme à Nîmes qui avait été mise en état de siège. Il est nommé maréchal de camp le 6 septembre 1830. Promu lieutenant-général le 26 avril 1841, il est investi du commandement de la 7e Division Militaire à Lyon, qu'il conserve jusqu'en 1848, ce qui ne l'empêche pas de siéger, depuis 1831, à la Chambre des Pairs, ou d'exercer ses fonctions d'inspecteur général de l'infanterie. Il décède le 28 janvier 1850 à Lascours.

L'opposition monte et se radicalise. À Lyon, des « étrangers » à la ville, les extrémistes Raspail et Blanqui, ont des électeurs. En 1846, se forme l'association des « Voraces », pour obtenir la vente du vin au litre et non en pot ; mais le rouge ne les intéresse pas qu'en bouteille, mais aussi en politique. Dans toutes les grandes villes et surtout à Paris, l'opposition organise des banquets. Le gouvernement décide de les interdire. Cette mesure déclenche la colère et provoque trois journées de barricades à Paris, amenant, le 25 février 1848, l'abdication de Louis-Philippe Ier en faveur de son petit-fils, le comte de Paris. Mais l'opposition a gagné et proclame la République.

1. Le général Travot avait combattu en Vendée en même temps que le général Canuel, dont l'attitude est à comparer à celle du maréchal Moncey refusant de juger le maréchal Ney.

2. Au SHD/DAT de Vincennes, à la cote 7 Yd 314, il apparaît que le lieutenant général comte Mathieu de La Redorte est nommé commandant de la 19e DM « en renforcement du lieutenant-général Ledru des Essarts ». Ceci est pour le moins curieux, puisqu'il semble assuré que Ledru des Essarts a quitté ce commandement le 15 août 1815 : il faudrait alors imaginer qu'il ait repris ses fonctions à Lyon provisoirement peu après la destitution de Canuel, ce qui n'est pas impossible.

3. Vers 1825, il y a 3 subdivisions de la 19e D.M. : la 1e subdivision comporte le seul département du Rhône, le 2e ceux de Loire et Haute-Loire et la 3e le Puy-de-Dôme et le Cantal.

4. En 1827, le magasin aux poudres est transféré de l'ex-abbaye Sainte-Marie-des-Chaînes (elle passe à l'Intendance Militaire, puis à la Ville : actuelles « Subsistances ») au Fort Saint-Jean, tous deux sur la rive gauche de la Saône.

5. Cf. *Les Défenses de Lyon*, F. Dallemagne, 2006, *op. cit.*

6. C'est aussi probablement une coïncidence si la caserne de la Nouvelle Douane est transformée en 1831 en hôpital militaire. L'Hôtel de la Nouvelle Douane a été construit en 1789. Mais les douanes étant supprimées en 1790, le bâtiment devient un quartier de cavalerie, jusqu'en 1831. L'Hôpital de la Nouvelle Douane deviendra Hôpital Desgenettes en 1888 et poursuivra ses activités jusqu'en 1946. Sa première grande épidémie est le choléra en 1832. On ne peut manquer de signaler que Dominique Larrey, le fameux chirurgien de la Grande Armée, décède à Lyon en 1842, au retour d'une inspection en Algérie.

7. Parmi les troupes engagées en 1834, on relève, outre le 7e léger, le 6e, le 27e et le 28e de ligne, le 15e voltigeurs.

Chapitre 4

Les commandants militaires à Lyon sous la Deuxième République et le Second Empire

LA DEUXIÈME RÉPUBLIQUE

Un gouvernement républicain provisoire, composé de modérés (Lamartine, Arago…) et de socialistes (Louis Blanc…), s'installe. Les libertés de la presse et de réunion, le suffrage universel, sont instaurés. Les ouvriers participent à la garde nationale et à la vie politique : l'un d'eux, Albert, appartient au gouvernement provisoire.
À Lyon, on apprend la révolte de Paris le 25 février 1848 : le préfet Chaper, Reyre, premier adjoint du maire Terme, récemment décédé, et le général Duperron, adjoint de Lascours, se réunissent. Dès le 26 février, les libéraux exigent à la préfecture la formation de la garde nationale. Ce même jour, Démophile Laforest est élu maire provisoire par le Conseil municipal. À peine élu, Laforest proclame la République du balcon de l'Hôtel de ville, envahi par la foule : celle-ci impose un Conseil municipal de 88 membres formé de toutes les composantes, même des Voraces. Le général Duperron, qui a dû promettre des armes pour la garde nationale, est obligé de céder. Le drapeau rouge flotte sur l'Hôtel de ville, les fusils sont distribués au fort de la Vitriolerie, la garde nationale s'organise et occupe les forts. Dès le soir, les canuts s'en prennent aux communautés religieuses, brûlant leurs métiers à tisser, pour « concurrence déloyale ». Laforest n'a aucun moyen pour calmer les ouvriers. Quant à Chaper, il apprend que la République est proclamée à Paris : il démissionne le 27 février et transmet ses dossiers à Rittiez, rédacteur du *Censeur*, de tendance libérale.
Arago, désigné commissaire du gouvernement à Lyon, y parvient le 28 : il impose le drapeau tricolore. L'anarchie est totale. Des « rouges » sont dans le fort des Bernardines à

la Croix-Rousse et braquent les canons sur Lyon. Différents groupes se constituent, hormis les Voraces omniprésents, tels les Vautours, les Ventres Creux... La crise économique est totale. Arago se démène : il décide, le 19 mars, l'ouverture des chantiers nationaux au Grand Camp et aux Brotteaux ; les Voraces acceptent de quitter les forts, mais en emmenant armes et canons. Le 24 mars, Arago et Laforest sont à la Croix-Rousse, tentant de faire rendre les armes. Arago est molesté, car après avoir laissé les forts à l'Armée des Alpes, les Lyonnais veulent les réoccuper. Les Voraces continuent de chercher des armes : un convoi d'armes allant de Saint-Etienne à Lyon est pillé (25 mars).
De nombreux clubs sont fondés, dont le club central, aux membres socialistes, pour la plupart. Le 27 mars, une manifestation de 8 000 hommes armés se déroule en ville. Le 31 mars, 1 800 Voraces, partis « libérer » la Savoie, tiennent la ville de Chambéry pendant 24 heures. Pendant ce temps, 50 000 manifestants réclament la libération du sergent fourrier Gigou, du 4e d'artillerie, partisan des extrémistes (30 mars). Des soldats se mutinent, l'Hôtel du Commandement est investi : le général Le Pays de Bourjolly[1], menacé, cède : on va chercher Gigou à Grenoble, où il est aux arrêts de forteresse. Le 13e léger, le 22e de ligne et le 4e d'artillerie sont gangrénés. De Bourjolly demande sa mutation. Le 4e d'artillerie est envoyé sur la frontière, mais Gigou reste à Lyon, vite oublié. L'anarchie se calme petit à petit, les chantiers nationaux fonctionnent plus ou moins, mais retirent des hommes aux manifestations de rues. Le 9 avril, une commémoration aux héros de la révolte d'avril 1834 réunit encore beaucoup de participants. Arago, fatigué, mais qui a paré au plus pressé, démissionnaire, est remplacé par Martin Bernard le 15 avril.

À Paris, les élections d'avril amènent une majorité modérée à l'Assemblée Constituante et une commission exécutive de même couleur (Arago, Lamartine, Ledru-Rollin...). Mais, alors que la situation sociale est loin d'être brillante, les Ateliers nationaux (établis le 26 février) sont supprimés le 21 juin. L'insurrection des quartiers[2] ouvriers de l'est parisien (23-26 juin) déclenche une dure répression menée par le général Cavaignac. La Constitution est votée le 4 novembre. Le suffrage universel désigne le Président de la République, Louis Napoléon Bonaparte, par 5 434 000 voix contre 1 448 000 voix à Cavaignac, le principal concurrent (10 novembre 1848).
À Lyon, les élections à la Constituante se préparent, amenant des frictions entre le Comité préfectoral et les Clubs (club central, comité général des clubs, comité du quai de Retz). Le 23 avril, 14 députés sont élus. Bien qu'il ait sept des siens parmi les élus, le club central proteste et les Voraces, drapeau rouge en tête, manifestent : une charge de cuirassiers les disperse. En effet, Martin Bernard n'est pas arrivé seul. Le général Gemeau et des troupes sûres ont été mis en place. Le 30 avril, le général Gemeau passe en revue la garde nationale à Bellecour. On y crie : « *Vive la République et à bas les communistes !* » : la ville en a assez de l'anarchie. Démophile Laforest, élu député, quitte Lyon, laissant la charge de maire provisoire à son frère Emile, lequel, le 5 mai, assiste à l'érection à Perrache d'une statue à l'Homme du Peuple, symbole des Rouges et des Voraces. Martin Bernard et Gemeau doivent s'opposer à ce qu'on déboulonne la statue de Louis XIV sur la place Bellecour. Tout n'est pas fini. En effet, à la suite de désordres à Saint-Clair, le substitut Tabouret fait procéder à des arrestations (17 mai). La nuit suivante, 5 à 600 clubistes, Voraces et pillards, enlèvent Tabouret et le mettent en prison à la Croix-Rousse : il est libéré au petit matin.

Martin Bernard préfère désamorcer la situation et fait libérer les sept inculpés du 17 mai. Les Voraces se sentent vainqueurs, mais au soir du 18, quand les Voraces veulent manifester devant l'Hôtel de ville, ils sont dispersés par le capitaine Dagelay et la garde nationale. Le 21mai, Bernard, par arrêté, supprime l'association des Voraces, aussitôt chassés du comité préfectoral et du Conseil municipal, le 21 mai. Le 29 mai, le 9e dragons parvient à récupérer les armes volées sur le convoi le 25 mars.
Début juin, le Conseil municipal ayant démissionné, les élections du 13 juin amènent au Conseil surtout des « Amis de l'Ordre » et très peu d'élus du club central. Le 17 juin, Démophile Laforest est élu maire : le 19 juin, c'est le premier adjoint Grillet qui préside la première réunion du Conseil. Le général Gemeau continue à récupérer armes et canons. En réplique, des gardes nationaux de la Guillotière enlèvent des canons au fort de la Tête d'Or. Gemeau en a assez et les troupes qu'il massait autour de la ville (16 régiments) occupent Lyon et les faubourgs, le 3 juillet : le calme revient.
Le 7 juillet, Martin Bernard, commissaire du gouvernement, est remplacé par le préfet Ambert, lequel décrète le 13 juillet le désarmement de la garde nationale, puis le 15 juillet la fermeture des chantiers nationaux, où il y avait 50 000 « fainéants ». L'agitation continue, sporadique, amenant la réaction de l'armée : le 2 août à la Croix-Rousse où le Conseil municipal est rouge, le 17 septembre pour une manifestation des gardes nationaux, puis le 27 septembre après le décret de suppression de la garde nationale. Des élections municipales, décrétées le 11 juillet par le gouvernement et votées par la Chambre des députés, se déroulent le 3 octobre. Le parti des « Amis de l'Ordre » est vainqueur et Edouard Réveil est désigné maire par arrêté. C'est enfin le vote pour l'élection du Président de la République : dans le Rhône, Louis-Napoléon Bonaparte l'emporte par 106 022 suffrages contre 21 961 au général Cavaignac et 9 513 à Raspail.

Auguste Pierre Walbourg GEMEAU, commandant la 5e Division Militaire le 3 mars 1848 et la 7e Division Militaire le 13 avril 1848, commandant la 6e Division Militaire du 4 mai 1848, commandant supérieur de toutes les troupes stationnées sur la 6e Division Militaire, y compris celles de l'Armée des Alpes, le 15 juin 1849, commandant supérieur de la 5e Division Militaire, réunie au commandement de la 6e Division Militaire, le 12 février 1850

Né à Paris le 4 janvier 1790, il est élève à l'Ecole Spéciale Militaire en 1808, il en sort sous-lieutenant au 25e Régiment d'Infanterie Légère et participe aussitôt à la campagne d'Allemagne. Il passe ensuite au 4e Régiment de Voltigeurs de la Garde Impériale (1809). Il fait campagne en Espagne (1810-1812) : il y est nommé lieutenant (1811). Capitaine en 1813, il est alors en Allemagne et devient chef de bataillon à la suite de l'État-major général, puis au 6e Régiment d'Infanterie Légère, au sein duquel il est gravement blessé à Leipzig. Sous la Restauration, il obtient la Légion d'Honneur et la Croix de Saint Louis. Il se rallie à Napoléon Ier pendant les Cent Jours, et est blessé à Fleurus. En 1816, il est affecté à la Légion de la Meuse, puis, en 1819, au 1er Régiment d'Infanterie de la Garde Royale. Gemeau fait la campagne d'Espagne, en qualité de lieutenant-colonel (1823). Deux ans plus tard, il commande le 20e Régiment d'Infanterie de Ligne. Il devient maréchal-de-camp en 1833 : après divers commandements territoriaux, il arrive à Lyon, En 1850, le général

Prise de la barricade de la rue du Mail à la Croix-Rousse, le 15 juin 1849 (B.M.).

Gemeau prend le commandement de la division d'occupation à Rome. Sénateur en 1852, il est honoré de la Médaille Militaire en 1853. Grand Officier de la Légion d'Honneur, il est placé dans la section de réserve en 1855 et décède à Sens (Yonne) le 24 janvier 1868.
Le prince-président, largement élu, obtient aussi en mai 1849, une assemblée législative constituée par une majorité du parti de l'Ordre (500 députés et 180 pour la gauche). Malgré leur défaite, les opposants manifestent contre l'intervention menée à Rome par le général Oudinot, ce qui amène des mesures contre la presse et les clubs. L'Assemblée vote des lois qualifiées de réactionnaires, telles la loi Falloux (15 mars 1850) sur l'enseignement et la loi électorale (31 mai 1850) qui ne permet d'être électeur qu'après 3 ans de domiciliation dans le canton. Louis-Napoléon Bonaparte n'obtient pas la prolongation de son mandat au-delà de la durée constitutionnelle prévue de 4 ans : il se pose en défenseur du suffrage universel sans restriction et se dirige désormais vers le Coup d'État.
À Lyon passe le maréchal Bugeaud du 6 février au 21 mai 1849 : il vient d'être nommé le 20 décembre 1848 commandant de l'Armée des Alpes. Mais il meurt du choléra, le 10 juin suivant à Paris. L'agitation se poursuit. Le 9e dragons doit disperser une manifestation autour de la statue de l'Homme du Peuple le 21 février : la statue disparaît peu après. Le général d'Arbouville doit, à la fin du même mois, sévir contre 200 « blouses[3] » en colère. Et surtout, l'intervention de l'armée française à Rome, le 6 juin 1849, au profit du Pape, amène Garibaldi à abandonner ses projets de réunir les Etats Pontificaux au royaume sarde. Pourtant à Lyon, un festival de fausses nouvelles déclenche des émeutes. *Le Censeur*, puis *Le Peuple souverain* annoncent que l'armée française en Italie a été anéantie. Le 14 juin

Le XIXe siècle est le siècle d'or de la Fabrique lyonnaise. Le nombre des métiers à tisser passe de 18 000 en 1815 à 105 000 en 1876. Cette progression ne se développa pas sans motifs de conflits sociaux (Maison des Canuts, Cl. C. Poirieux).

Jacquard, dont la statue orne la place de la Croix-Rousse, est l'inventeur officiel en 1804 de la mécanique, à laquelle son nom reste attaché, destinée à suppléer les tireurs de lacs, pour la fabrication des tissus aux motifs tissés (Cl. C. Poirieux).

En 1805, Napoléon crée la Condition des Soies, organisme qui contrôlait la qualité des fils pour éviter toute tricherie. De 1814 à 1940, ce cœur de la soierie lyonnaise s'est installé 7, rue Saint-Polycarpe. L'arc de marbre noir est décoré de feuilles de mûriers et de vers à soie (Cl. C. Poirieux).

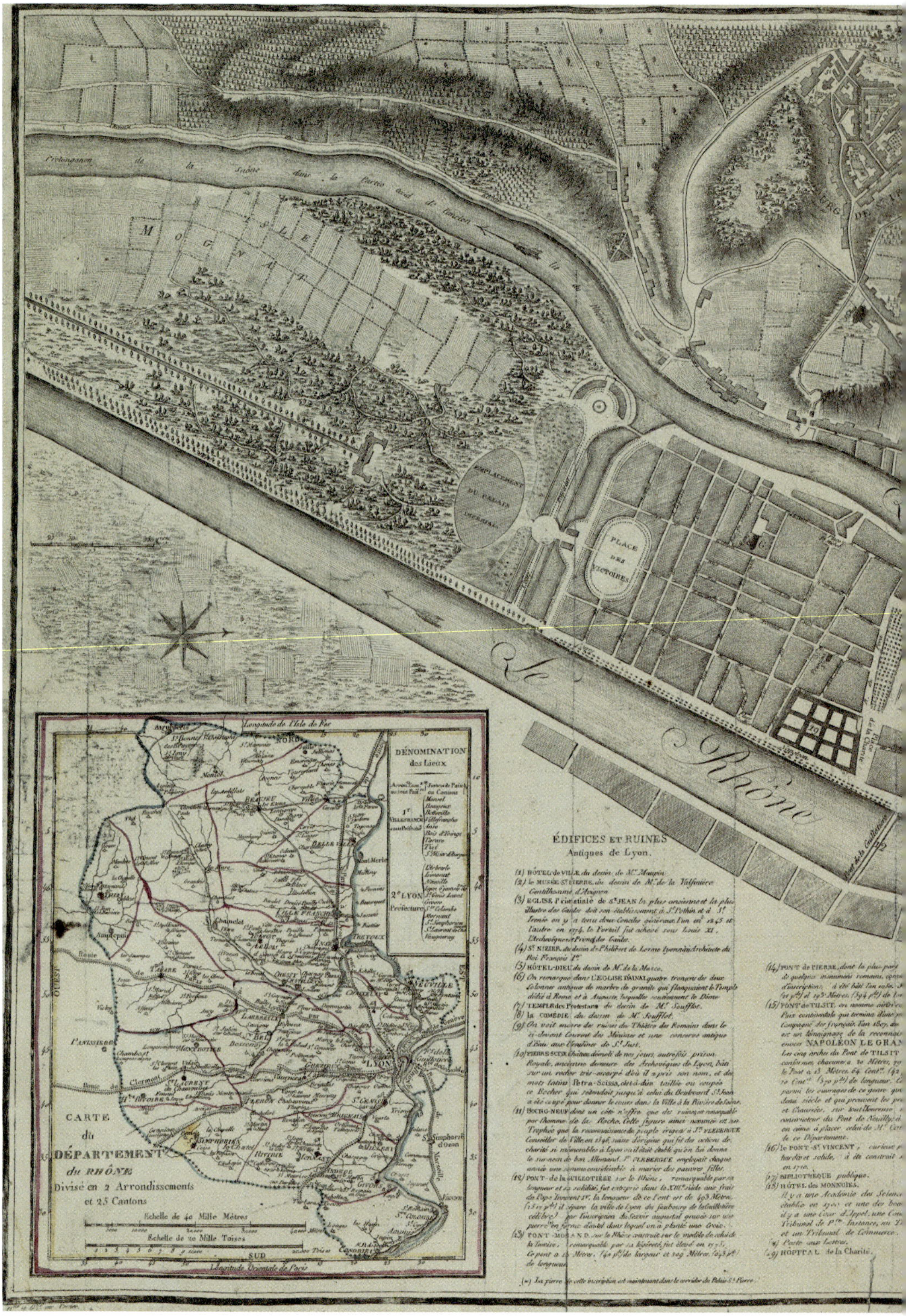
Prolongation de la Saône dans la Partie Sud de Perrache
MOGNAT
EMPLACEMENT DU PALAIS IMPERIAL
PLACE DES VICTOIRES
Le Rhône
ÉDIFICES ET RUINES
Antiques de Lyon.
DÉNOMINATION
des Lieux
CARTE
du
DÉPARTEMENT
du RHÔNE
Divisé en 2 Arrondissements
et 25 Cantons
Echelle de 40 Mille Mètres
Echelle de 20 Mille Toises
NORD
SUD
OUEST
Longitude de l'Isle de Fer
Longitude Orientale de Paris
LYON

Nouveau plan topographique et historique de la ville de Lyon, 1808. La ville se concentre surtout en presqu'île (BnF, Section Géographie).

▲ *Vue en direction de l'ouest, place Bellecour*, 1830. L'hôtel de Provence et des Ambassadeurs jouxte l'hôpital de la Charité et sa chapelle (Coll. particulière).

◀ A.-M. Chenavard, *Projet pour le rétablissement d'une statue de Louis XIV place Bellecour* (Musées Gadagne).

J.M. Darmet, 1830. *Plan de la Croix-Rousse*, qui ne fait pas encore partie de Lyon. Sur les pentes, lyonnaises, les clos des religieux laissent la place aux immeubles canuts, aux passages, escaliers et traboules qui les relient (A.M.Lyon, 2 S 571).

◀ Victor Orsel, *Tête de la ville de Lyon*, 1833 (M.B.A. de Lyon).

◀ En 1834, la maison Brunet, ou maison aux 365 fenêtres, sur les pentes de la Croix-Rousse, servit de citadelle aux insurgés durant la seconde révolte des canuts (Cl. C. Poirieux).

1834. Extrait du plan de la ville de Lyon indiquant les positions de la garnison (en bleu) et des insurgés (en rouge) (A.M.L., 3 S 732).

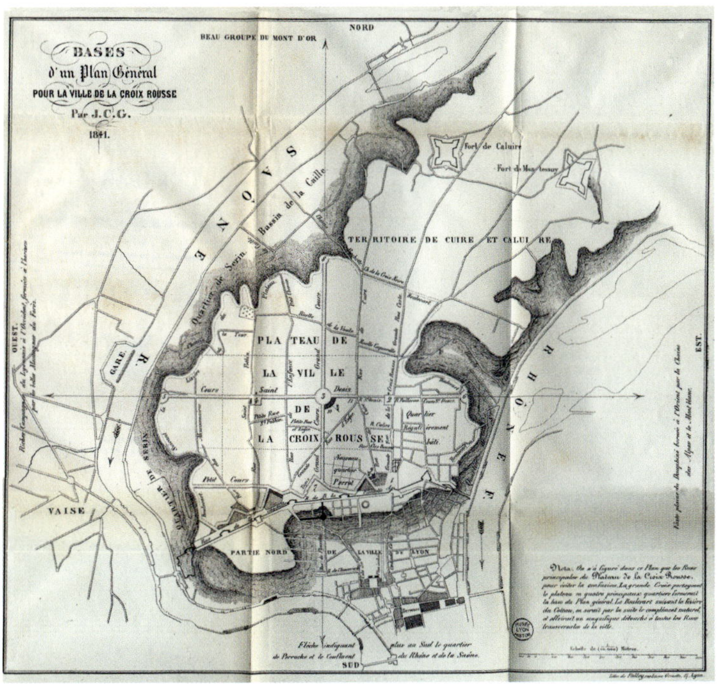

J.C. Gors, *Bases d'un plan général de la ville de la Croix-Rousse*, 1841 (Musées Gadagne).

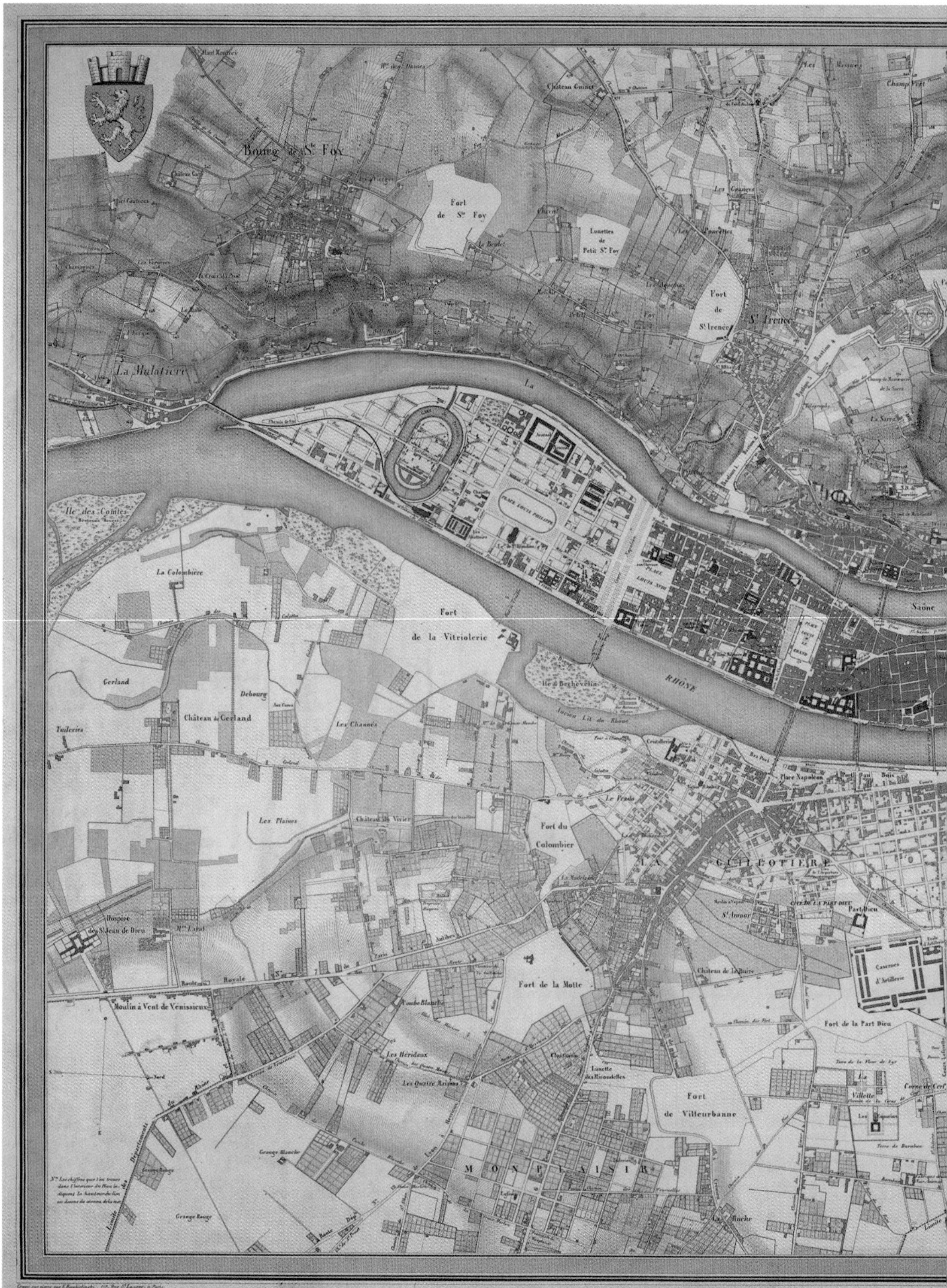
Bourg de St Foy
Fort de St Foy
Château Guinet
Lunettes de Petit St Foy
Fort de St Irenée
St Irenée
Champ Vert
La Mulatière
Ile des Comtes
La Colombière
Fort de la Vitriolerie
Gerland
Château de Gerland
Debourg
Tuileries
Les Channés
Ile de Béchevelin
RHÔNE
Saône
Place Napoleon
Les Plaines
Château du Vivier
Fort du Colombier
LA GUILLOTIERE
St Amour
Part Dieu
Casernes d'Artillerie
Fort de la Part Dieu
Hospice des St Jean de Dieu
Fort de la Motte
Château de la Buire
Moulin à Vent de Venissieux
Les Héridaux
Les Quatre Maisons
Lunette des Hirondelles
Fort de Villeurbanne
MONPLAISIR
Grange Blanche
Grange Rouge
Echelle Métrique

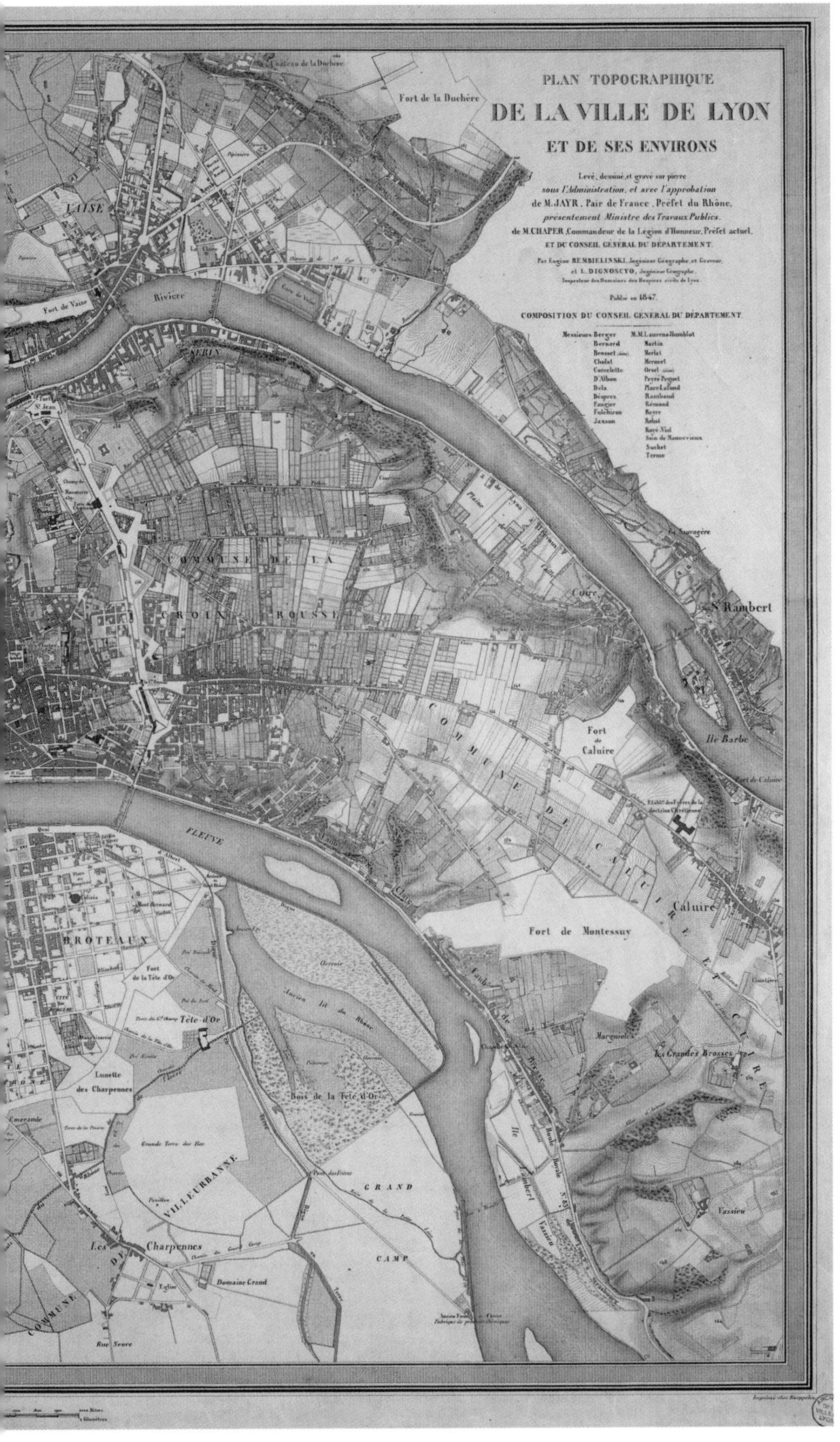

◀ L. Dignoscyo, *Plan topographique de Lyon et de ses environs*, 1847. La ville s'étend sur la rive gauche (commune de la Guillotière) et au-delà des remparts de la Croix-Rousse, alors commune indépendante (A.M.L 2 S 574).

Cotton, 1848. *Promenade des 580 citoyens de la Croix-Rousse*, estampe mettant en scène les Voraces (A.M.L. 16 FI 459).

Claude-Marius Vaïsse, préfet/maire de Lyon (1853-1864), le « Hausmann lyonnais ». Sa puissance est sans limite, il va transformer la ville (Musées Gadagne, 48_206).

Dans la cour des Voraces, cet escalier monumental abritait le local où se réunissaient les plus célèbres des révoltés lyonnais (Cl. C. Poirieux).

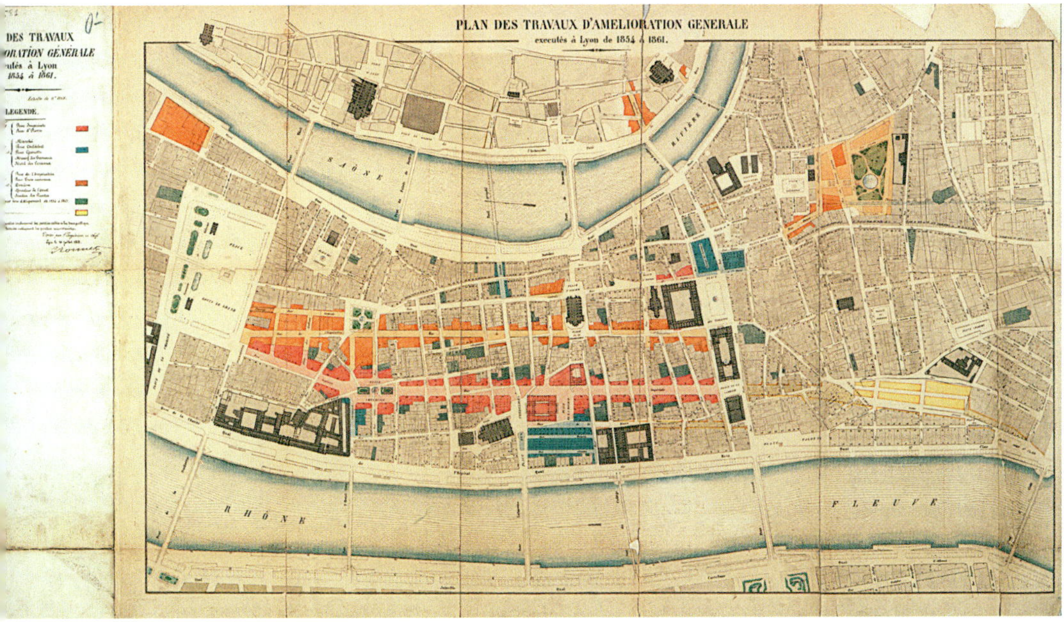

Plan des travaux d'amélioration générale exécutés à Lyon de 1854 à 1861. Percement des rues Impériale et de l'Impératrice. Les projets, en jaune, n'ont pas été réalisés.

Place Bellecour, in *La France de nos jours,* 1855 (A.D. Rhône, Fonds Galle).

Boniface de Castellane (1788-1862), gouverneur militaire de Lyon ▶ de 1850 à 1862 (Gadagne, 9_39_163).

Laurent Deroy, *Parc de la Tête d'Or*, in *France en miniature, 1860*. Les frères Bulher aménagent les 110 ha du parc en 1856. Il s'agissait aussi de donner du travail aux ouvriers en soie au chômage (Musées Gadagne, N 35073).

1860. *Vue de la rivière Saône* (© D.R).

1870. Les émeutes traversent la Guillotière, les enseignes en témoignent (Carte postale ancienne, coll. J.P. Tabey).

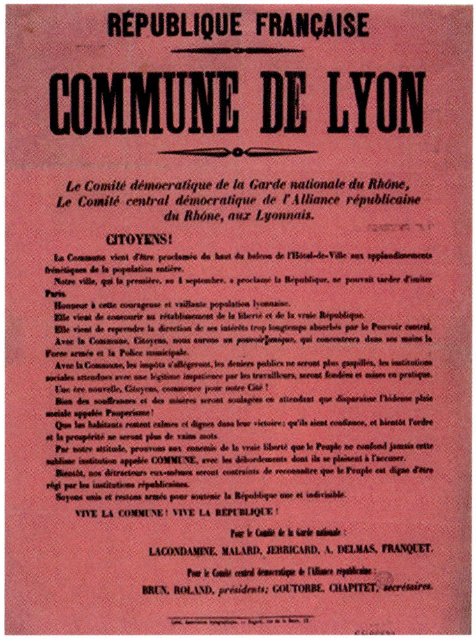

RÉPUBLIQUE FRANÇAISE

COMMUNE DE LYON

Le Comité démocratique de la Garde nationale du Rhône,
Le Comité central démocratique de l'Alliance républicaine
du Rhône, aux Lyonnais.

CITOYENS!

La Commune vient d'être proclamée du haut du balcon de l'Hôtel-de-Ville aux applaudissements frénétiques de la population entière.

Notre ville, qui la première, au 4 septembre, a proclamé la République, ne pouvait tarder d'imiter Paris.

Honneur à cette courageuse et vaillante population lyonnaise.

Elle vient de concourir au rétablissement de la liberté et de la vraie République.

Elle vient de reprendre la direction de ses intérêts trop longtemps absorbés par le Pouvoir central.

Avec la Commune, Citoyens, nous aurons un *pouvoir unique*, qui concentrera dans ses mains la Force armée et la Police municipale.

Avec la Commune, les impôts s'allégeront, les deniers publics ne seront plus gaspillés, les institutions sociales attendues avec une légitime impatience par les travailleurs, seront fondées et mises en pratique.

Une ère nouvelle, Citoyens, commence pour notre Cité !

Bien des souffrances et des misères seront soulagées en attendant que disparaisse l'hideuse plaie sociale appelée Paupérisme !

Que les habitants restent calmes et dignes dans leur victoire ; qu'ils aient confiance, et bientôt l'ordre et la prospérité ne seront plus de vains mots.

Par notre attitude, prouvons aux ennemis de la vraie liberté que le Peuple ne confond jamais cette sublime institution appelée COMMUNE, avec les débordements dont ils se plaisent à l'accuser.

Bientôt, nos détracteurs eux-mêmes seront contraints de reconnaître que le Peuple est digne d'être régi par les institutions républicaines.

Soyons unis et restons armés pour soutenir la République une et indivisible.

VIVE LA COMMUNE ! VIVE LA RÉPUBLIQUE !

Pour le Comité de la Garde nationale :

LACONDAMINE, MALARD, JERRICARD, A. DELMAS, FRANQUET.

Pour le Comité central démocratique de l'Alliance républicaine :

BRUN, ROLAND, *présidents;* GOUTORBE, CHAPITET, *secrétaires.*

1871. Avis aux Lyonnais : la Commune vient d'être proclamée du haut du balcon de l'Hôtel-de-Ville. Affiche, s.d. (A.M.L., 6_FI_06832).

Le Monuments aux enfants du Rhône, à l'entrée du Parc de la Tête d'Or est un monument aux morts, dédié aux soldats lyonnais morts lors de la guerre franco-allemande de 1870 (Cl. C. Poirieux).

La presqu'île continue sa mue. C'est au tour de l'ancien quartier Grolée de disparaître sous la pioche des démolisseurs, pour des questions d'hygiène, de sécurité aussi, il renferme trop de caches pour les émeutiers. Au fond, le nouveau palais de la Bourse (Musées Gadagne).

L.E. Fournier, *Les gloires lyonnaises*, étude préparatoire pour l'œuvre « Aux gloires du Lyonnais et du Beaujolais », 1890 (Musées Gadagne).

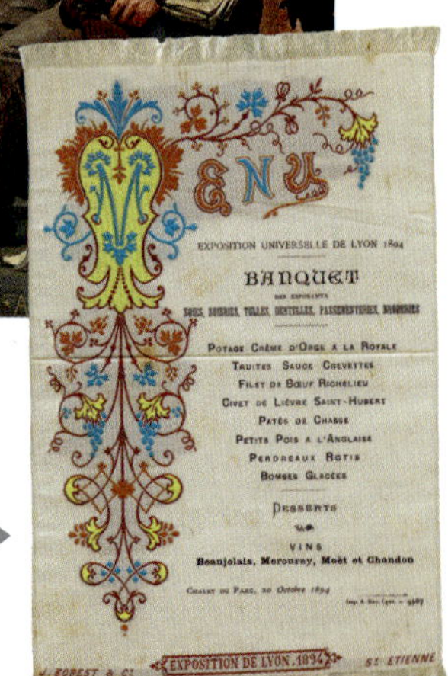

1894. Exposition universelle de Lyon. 20 octobre 1894, Dernier banquet, celui des exposants de soies. Lyon sera déclarée en 1934 « Capitale de la Gastronomie » par Curnonsky (Coll. part.).

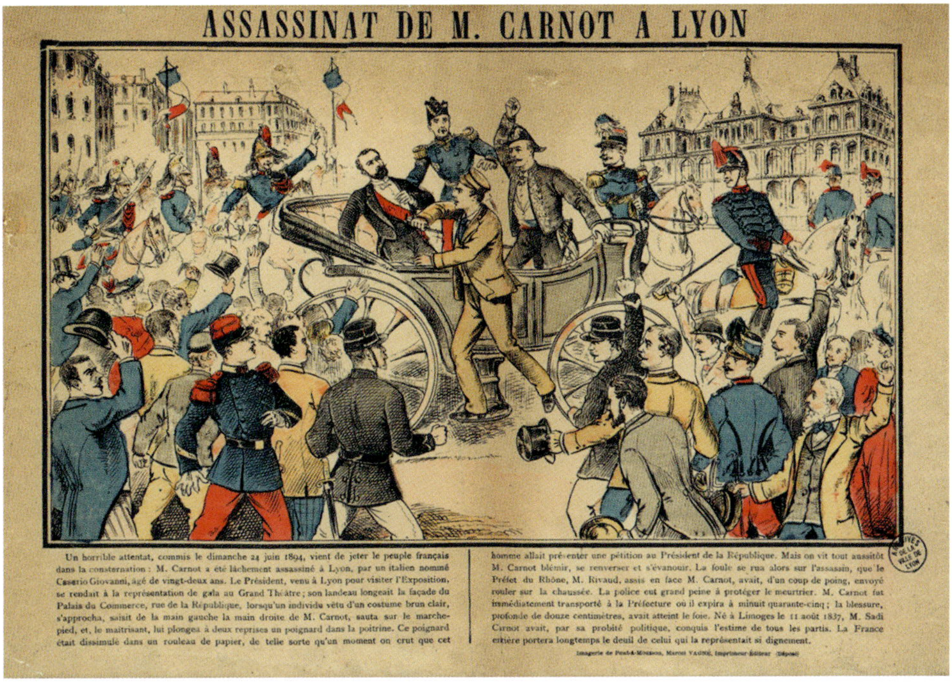

Sadi Carnot, Président de la République, est assassiné par Caserio, anarchiste italien, devant le palais de la Bourse, rue de la République, le 24 juin 1894. Il venait à Lyon inaugurer l'exposition universelle (A.M.L).

Préfecture du Rhône. *Mort de Sadi Carnot* entouré de ses médecins (Musées Gadagne, 75_6).

Procès de Caserio, août 1894. Condamné à mort, il sera guillotiné à la prison Saint-Paul, le 16 août (A.M.L.).

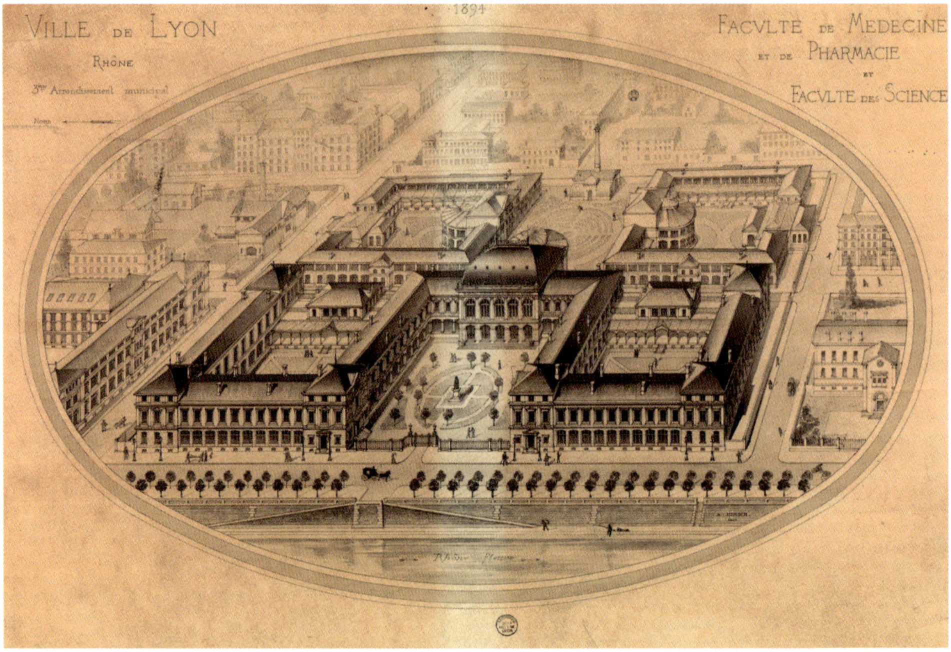

A. Hirsch, *Vue perspective de la faculté de Médecine*, 1894. Monumentalisation de la rive gauche du Rhône (A.M.L. 2 S 0464).

Le Républicain fait état d'une insurrection parisienne et de l'arrestation du prince-président. Les autorités civiles et militaires prennent leurs précautions : ainsi le 2e léger, peu sûr, est éloigné.
Le 15 juin, la Croix-Rousse bat le rappel. L'Ecole vétérinaire[4] est prise par les émeutiers, malgré le 17e léger. Tout cela est mené par le Club central et les Rouges (Voraces, Carbonari, mutuellistes), soutenus par les canuts et les étudiants vétérinaires et médecins. Les émeutiers représentent 600 fusils. Ils se barricadent sur la Croix-Rousse. Le général Gemeau fait procéder à l'investissement du site. Le général Duchaussoy avec des éléments du 6e de ligne tient le choc sur le plateau : il y est rejoint par les généraux Magnan et d'Arbouville, venant de Serin et Montessuy-Caluire, avec les 6e et 49e de ligne. Les barricades de la Croix-Rousse et de la Grand'Côte sont attaquées : 60 morts, 200 blessés, 6 à 700 prisonniers. Les militaires ont perdu 25 tués et comptent 75 blessés, sans oublier quelques déserteurs fusillés. Pendant cet assaut, la ville est tenue en respect par le 9e dragons. Au soir, la 2e division de l'Armée des Alpes arrive à Lyon, où l'état de siège est proclamé. Les Ecoles vétérinaire et de médecine[5] sont fermées jusqu'en novembre et 1 200 personnes sont arrêtées. Le 4 décembre, le conseil de guerre présidé par le colonel Ulrich prononce de nombreuses condamnations aux travaux forcés.
Le général Gemeau après avoir ramené l'ordre à Lyon de 1848 à 1850, est remplacé par le général de Castellane. Le prince-président est en visite à Lyon du 15 au 17 avril 1850. Il est mal accueilli à la Croix-Rousse et à la Guillotière, mais bien mieux par la ville de Lyon. Castellane arrive le 10 mai.
Le Coup d'État du 2 décembre 1851 permet à Louis-Napoléon Bonaparte de devenir l'Empereur Napoléon III[6], après que le plébiscite du 21 décembre ait approuvé le Coup d'État par 7 439 000 oui, contre 646 000 non. À Paris, des mouvements de protestation déclenchent la fusillade sur les Boulevards (100 morts le 4 décembre). On note aussi des émeutes dans la Drôme et les Basses-Alpes. De nombreux opposants ont été arrêtés (Thiers, Cavaignac) et 10 000 d'entre eux sont déportés en Algérie, Guyane, ou expulsés. À Lyon, Castellane a pris toutes les précautions pour que les radicaux ne puissent créer des désordres.
Le Second Empire naît grâce au suffrage universel dont le caractère se révèle alors profondément conservateur, principalement dans les campagnes qui hébergent encore la majorité des électeurs. En revanche, les grandes villes, surtout Paris et Lyon, ainsi que le sud-est du pays, présentent des tendances républicaines avancées.

LE SECOND EMPIRE

Sous Napoléon III, en une vingtaine d'années, l'avancée industrielle et technique entraîne comme corollaire une urbanisation accélérée : en 1850, les villes ne regroupent que le quart de la population, alors qu'en 1870, c'est le tiers des Français. C'est le début du développement des chemins de fer, la création de la Compagnie Générale Transatlantique et l'essor du Havre et de Marseille, la production quintuplée d'acier, en particulier au Creusot... Le capitalisme s'affirme et d'importantes banques naissent : Crédit Foncier, Crédit Mobilier, Crédit Lyonnais (1863).

Esprit Victor Elisabeth Boniface de CASTELLANE, commandant les 5e et 6e divisions, le 24 avril 1850, commandant en chef de l'armée de Lyon, le 7 décembre 1851, commandant supérieur du 4e arrondissement militaire de Lyon le 13 février 1858, commandant le 4e corps d'armée du 17 août 1859 jusqu'à sa mort

Ce maréchal appartenant à l'ancienne famille provençale des Castellane, naît à Paris le 21 mars 1788. Il entre dans l'armée comme simple soldat au 5e Régiment d'Infanterie légère le 2 décembre 1804. Il va apprendre le métier des armes en parcourant tous les grades inférieurs. Caporal, puis sergent en 1805, il est nommé sous-lieutenant à la suite au 7e dragons et titulaire au 24e dragons dès le 21 mars 1806 en Italie, en garnison à Modène : il participe à l'expédition de Naples. Le 29 janvier 1808, lieutenant et aide de camp du général Mouton, il l'accompagne sur les Pyrénées. Le 14 juillet 1808, en Espagne, le lieutenant de Castellane participe à la bataille de Medina del Rio Seco, où il est légèrement blessé, puis s'illustre à Germonal, près de Burgos, en s'emparant d'une pièce de canon. Il suit le général Mouton sur le Danube : remarqué par Napoléon lors de la campagne de 1809, cité à Abensberg, il est à Eckmühl, Ratisbonne, Essling et Wagram ; il est nommé capitaine (1810). En 1812, aide de camp du général comte de Narbonne, il sert à La Moskowa. Le 3 octobre 1812, il est nommé chef d'escadron et s'illustre pendant la retraite de Russie. À Krasnoïe, avec une poignée de cavaliers, il traverse des nuées de Cosaques et se joint au fameux escadron sacré qui protège l'Empereur jusqu'à la Bérézina : il s'en tire avec une main gelée. C'est en qualité de colonel-major du 1er régiment de gardes d'honneur (1813) qu'il combat à Dresde, à Mayence, enfin en Champagne. À 26 ans, à la chute de l'Empire en 1814, il a déjà toute « *une vie d'aventures et de gloire derrière lui* »[7].

Sous la Restauration, il est colonel et chargé d'organiser les hussards du Haut-Rhin. Après les Cent Jours, il prend le commandement des hussards du Haut-Rhin, puis du Régiment de Hussards de la Garde royale en 1822. En 1823, le colonel de Castellane participe à l'expédition d'Espagne. Il y refuse de prêter un concours aveugle aux vengeances de la réaction. Il est rappelé et nommé maréchal de camp l'année suivante et fait la campagne de Belgique en 1832. L'année suivante, il est nommé lieutenant-général. En 1837, il remplace momentanément le général Trézel dans les commandements de Bône et de Constantine, après avoir été créé pair de France

En 1848, il réprime une émeute à Rouen et est mis en disponibilité par le gouvernement provisoire de la Deuxième République (décret du 17 avril 1848). Rappelé (1849), il sert à Bordeaux, puis en Bretagne. Le 12 février suivant, Castellane commande les 14e et 15e Divisions Militaires. Le prince Louis-Napoléon lui propose de commander Paris en vue du prochain coup d'État, mais il préfère les divisions de Lyon et de Besançon. Il est nommé à Lyon le 24 avril. Il y maintient l'ordre, emprisonnant quelques opposants et empêchant toute manifestation d'hostilité au moment du retour à l'Empire, mais pendant quelques jours, Castellane et ses hommes ne se sont couchés qu'habillés et bottés. Le 7 décembre 1851, il est nommé commandant en chef de l'armée de Lyon et le 26 janvier suivant il devient sénateur. La ville de Lyon lui offre une épée d'honneur. Et la récompense suprême arrive le 2 décembre 1852, pour le rétablissement de l'Empire : Castellane est élevé à la dignité de maréchal de France. Il a alors 64 ans.

Esprit Victor de Castellane, Gouverneur militaire de Lyon (1850-1852) (Musées Gadagne).

C'est un personnage officiel de premier rang, honoré du titre de gouverneur, souvent invité par l'Empereur, qui lui-même vient à Lyon par deux fois. Dans cette ville, il appartient à une sorte de triumvirat qui rénove Lyon avec le préfet et maire Vaïsse et le cardinal-archevêque de Bonald. Castellane termine le quartier Margaron[8] et installe le camp militaire de Sathonay avec ses deux accès[9] au Rhône et à la Saône. Il tire ainsi les leçons des précédentes émeutes de Lyon, encourageant le projet de Vaïsse qui vise à percer deux grandes voies rectilignes dans la Presqu'île, permettant des charges de cavalerie.
En 1859, trop âgé (71 ans), il n'accompagne pas son armée lors de la campagne d'Italie et en exprime ses regrets. Mais il n'est pas grisé par les succès de Crimée et d'Italie et écrit à ce sujet : « *Ce que je crains, c'est que ces victoires ne soient regardées par les nombreux amateurs du laisser-aller comme une preuve de l'excellence de leur méthode. Alors, dans la première campagne un peu longue, cela sera funeste.* » Il pressent les carences du maréchal Mac Mahon, lequel, « *brillant soldat élevé à l'école d'Afrique, ne voit que la guerre de tirailleurs et se soucie peu de la solide instruction militaire et des évolutions de ligne* ». Ces jugements et d'autres se justifieront en 1870.
Grand-Croix de la Légion d'Honneur, il décède à Lyon le 16 septembre 1862. Il est enterré dans la chapelle Saint-Boniface, construite en 1857 par les soldats du camp de Sathonay. Le Conseil municipal fait ériger une chapelle[10] plus vaste, bénie en 1865 en présence du maréchal Canrobert.
Ce maréchal aux onze médailles était réputé pour son autoritarisme, son goût du protocole, des beaux uniformes et des jolies femmes. Son souvenir est resté gravé dans la mémoire des Lyonnais. Le maréchal de Castellane est le dernier commandant militaire ayant servi sous le Premier Empire.

L'hôtel Varissan, situé à l'angle de la rue Sala et de la rue Boissac, fut résidence des gouverneurs de Lyon de 1822 à 1913. Il a été démoli en 1930.

À Lyon sont jointes les bourgs de La Guillotière, la Croix-Rousse et Vaise. La destruction des remparts de Saint-Sébastien est décidée (1855), qui laisseront la place à l'actuel boulevard de la Croix-Rousse. Napoléon III vient deux fois à Lyon : le 2 juin 1856 (visite du camp de Sathonay), puis en 1860 avec l'impératrice Eugénie. Le maréchal Randon, ministre de la Guerre, visite aussi Sathonay en 1861. La « boucherie » de Magenta et Solférino, outre la fondation de la Croix-Rouge, détermine à Lyon la création d'un second hôpital militaire (1859) : les Colinettes (futur hôpital Villemanzy), à l'est de la colline de la Croix-Rousse, après l'hôpital militaire de la Nouvelle Douane (1831).

François, Certain CANROBERT, commandant Supérieur du 4e Corps d'Armée du 14 octobre 1862 au 22 juin 1865

Le maréchal Canrobert est né le 27 juin 1809 à Saint-Céré (Lot). Il entre à l'Ecole de Saint-Cyr et commence sa carrière active au 4e Régiment d'Infanterie de Ligne. Envoyé en Algérie, il s'illustre dans de nombreuses expéditions. Commandant du 2e Régiment d'Infanterie de Ligne, puis de la 2e Légion Etrangère, enfin du 2e Zouaves, ses nombreux faits d'armes lui valent la cravate de la Légion d'Honneur. Le 13 janvier 1850, général de brigade, il devient aide de camp de Louis-Napoléon et prend une part active au coup d'État du 2 décembre 1851. En 1854 en Crimée, il commande d'abord la 1e Division de l'Armée d'Orient, puis remplace le maréchal de Saint-Arnaud à la tête de l'armée : il remporte entre autres la victoire d'Inkermann. Mais il s'entend mal avec lord Raglan, commandant des troupes anglaises, et est remplacé par le général Pélissier. De retour à Paris et nommé maréchal, il effectue des missions protocolaires avant de jouer un rôle décisif lors de la victoire de Solférino le 24 juin 1859. Il remplace le maréchal de Castellane à Lyon, puis siège au Sénat et commande le 1er Corps d'Armée en 1865 à Paris. Il s'illustre pendant la guerre de 1870 : il joue un rôle essentiel lors de la bataille de Saint-Privat, mais il n'est pas soutenu par le maréchal Bazaine et doit se replier sur Metz, où il est fait prisonnier. En 1871, il devient sénateur du Lot, puis siège au Conseil supérieur de la guerre jusqu'à son décès le 28 janvier 1895 à Paris.

Charles Guillaume COUSIN de MONTAUBAN, commandant le 4e Corps d'Armée et la 8e Division Militaire à Lyon le 22 juin 1865, commandant le 9e Corps d'Armée à Lyon de juillet au 9 août 1870

Il naît à Paris le 24 juin 1796 et entame sa carrière comme garde du corps du Roi Louis XVIII en 1814. Il sert comme officier dans toutes les armes, passant de la cavalerie à l'infanterie, puis à l'artillerie et enfin à l'État-major. Il prend part en 1823 à la guerre contre l'Espagne. Il fait campagne en Algérie de 1832 à 1857, à la tête d'unités de Chasseurs d'Afrique, puis de Spahis. Il est promu général de brigade en 1853, puis général de division en 1855. À peine de retour en France, il prend le commandement en chef des forces de terre et de mer de l'expédition de Chine : il est vainqueur à Palikao, ce dont Napoléon III le récompense en le créant comte de Palikao. Pendant la guerre de 1870, il est ministre secrétaire d'État. Le 4 août, il succède à Ollivier à la tête du gouvernement qui disparaît avec l'Empire le 4 septembre 1870. Il décède à Paris le 7 juillet 1878.

L'Empire se veut d'abord autoritaire (1852-1860) avec surveillance de la presse et loi de sûreté générale (1858). Puis il se libéralise, octroyant même le droit de grève (1864). La politique coloniale est volontariste. Au Sénégal, le général Faidherbe fonde Dakar (1857) et organise des troupes supplétives. Ferdinand de Lesseps creuse le canal de Suez (1857-1869) et Obok, à l'extrémité opposée de la Mer Rouge, est achetée (1867). En Extrême-Orient, la Cochinchine est annexée (1857-1867), le Laos sous protectorat (1863) et Francis Garnier explore le Haut-Mékong (1868). La France intervient même en Chine (1859).
Hormis l'expansion coloniale, la politique extérieure de Napoléon III est interventionniste. C'est d'abord la guerre de Crimée (1854-1855) avec les Britanniques, difficile et compliquée encore par les épidémies (95.000 morts dont 75.000 de maladies). L'Armée d'Afrique s'y distingue, en particulier les Zouaves à l'Alma. Puis c'est l'Italie, où, dès 1849, des troupes françaises défendent les États Pontificaux contre les entreprises du royaume sarde. Napoléon III est favorable à l'unité italienne : les difficiles victoires de Magenta et Solférino (1859), véritables boucheries, éliminent l'Autriche du nord de l'Italie et permettent à l'Empereur d'annexer la Savoie après référendum (1860). Mais Napoléon III ne peut « lâcher » le Pape, les catholiques français ne le lui pardonneraient pas : Rome est encore défendue par les Français en 1867. C'est, enfin la très critiquable expédition du Mexique (1861-1867), où la Légion Etrangère s'illustre lors du légendaire combat de Camerone (30 avril 1863).

LA GUERRE DE 1870

L'impéritie du haut commandement français, combinée au désordre général de la mobilisation, à l'insuffisance du renseignement, à l'incapacité de l'artillerie pour une action de masse... tout cela ne peut être compensé par la bravoure des hommes. D'ailleurs, ils ne furent que 270 000 à être opposés, dans les premiers jours, aux 400 000 Allemands des quatre armées d'assaut, les transports, notamment ferroviaires, faisant défaut.
L'attaque portée en Alsace du nord et la défaite de Froeschwiller (6 août) forcent Mac Mahon à faire retraite vers l'ouest. Le même jour, Frossard, battu à Spicheren, est rejeté sur Metz. Nancy est prise le 14 août. Napoléon III remet le commandement suprême à Bazaine. Les Allemands encerclent Metz malgré de durs combats à Borny (14 août), Rezonville (16 août) et Saint-Privat (18 août) : Bazaine s'enferme dans Metz, où il capitulera le 27 octobre, après une longue inaction. Mac Mahon a rejoint Châlons (en-Champagne), où il parvient à regrouper 130 000 hommes pour défendre Paris. Mais le ministre de la Guerre ordonne d'aller au nord pour dégager Metz : poursuivi par deux armées allemandes qui le prennent en tenaille, il est forcé de capituler le 2 septembre. Napoléon III, qui était avec cette armée, est capturé. C'est la fin du Second Empire.

À Lyon, après le départ des troupes régulières, la garde mobile est réunie à Sathonay et constitue deux régiments de marche, le 16e (lieutenant-colonel Rochas) et le 65e (lieutenant-colonel de Gareyts), qui rejoignent l'armée impériale. L'artillerie de la Mobile du Rhône (ingénieur en chef Delocre), quant à elle, participe à la défense de Paris.
La République est proclamée le 4 septembre 1870. Le gouvernement de la Défense

Nationale est présidé par le général Trochu, qui décide de défendre Paris et prend avec le général Vinoy les mesures nécessaires. Il est temps car l'armée allemande encercle la capitale à partir du 18 septembre. Les défenseurs, par de nombreuses contre-attaques, tendent de desserrer le blocus : les principales se déroulent à Chatillon (19 septembre), au Bourget (28-30 octobre et 21 décembre) et à Buzenval (19 janvier 1871).
Gambetta quitte Paris en ballon le 9 octobre 1870, pour organiser la défense nationale, à Tours. Avec Freycinet, il parvient à réunir 12 corps d'armée. La première armée de la Loire sous le général d'Aurelle de Paladines est chargée de tendre la main à Paris. Elle est d'abord victorieuse à Coulmiers, mais les armées ennemies libérées par la capitulation de Metz la submergent à Loigny, et Orléans tombe le 5 décembre. Une seconde armée de la Loire sous le général Chanzy est à son tour battue au Mans (11-12 janvier 1871) et doit se retirer derrière la Mayenne. Au nord, le général Faidherbe remporte des victoires à Pont-Noyelles (23 décembre) et à Bapaume (3 janvier 1871), mais est battu à Saint-Quentin (18-19 janvier). Il parvient à se maintenir néanmoins, sauvant ainsi le nord du pays de l'occupation.
Enfin, l'armée de l'Est du général Bourbaki, partie de Tours, rejoint la Bourgogne et reprend Dijon. Elle se rabat ensuite en direction de Belfort, défendue par le colonel Denfert-Rochereau (2 novembre 1870-13 février 1871). Bourbaki est vainqueur à Nuits, puis à Villersexel (9 janvier 1871). Mais il est battu à Héricourt (15-17 janvier) par Manteuffel qui le poursuit, le forçant à passer en Suisse.

Lyon participe à ces combats avec deux légions (colonels Celler et Ferrer) qui se distinguent particulièrement à la bataille de Nuits (8 décembre) et suivent la destinée de l'armée de Bourbaki. Dans Belfort assiégée œuvre une ambulance[11] lyonnaise dirigée par le chirurgien Ollier. Une autre ambulance avec Gayet et Doyen a rejoint la 2e armée de la Loire de Chanzy. Le Monument des Enfants du Rhône rappelle le sacrifice des gardes mobiles et des légions rhodaniens.
L'armistice et la capitulation de Paris interviennent le 28 janvier 1871 et les préliminaires de la paix sont discutés à Versailles[12] en février. La paix est signée à Francfort le 10 mai 1871 : la perte de l'Alsace et du département de la Moselle est consommée ; il faut de surcroît payer 5 milliards de francs d'indemnités de guerre et subir l'occupation allemande dans les provinces conquises.

LYON, LA RÉPUBLIQUE ET LA COMMUNE PARISIENNE

À Lyon, dès le 13 août 1870, est arrêté un certain Lentilly, qui tente d'instaurer la République. Le préfet Sencier apprend la défaite impériale, le 3 septembre, et se concerte avec le général de La Villeboisnet. Ce même jour, le docteur Durand fait applaudir la République, avant même que Paris ne le fasse. Le 4 septembre, le tambour bat à la Croix-Rousse dès 6 heures du matin et la foule accompagne le député Hénon à l'Hôtel de ville où flotte le drapeau rouge. Un comité de Salut Public s'installe. Le nouveau préfet Challemel-Lacour organise des élections municipales : le 21 septembre 1870, Hénon est élu maire et son ami Barodet est l'un de ses six adjoints.

L'Internationale des Travailleurs, avec Bakounine et Cluseret, lance une manifestation armée le 28 du même mois, tentant de s'emparer de l'Hôtel de ville, bien gardé. Barodet repère Bakounine, et, avec Hénon, participe à sa prise de corps. Cette arrestation amène le désarroi et la fuite de ses partisans. Le mouvement est quelque peu déconsidéré.
Mais, le 20 décembre, l'agitation règne à la Croix-Rousse. Le commandant Arnaud, chef de la Garde nationale de ce quartier, qui refuse d'accompagner les émeutiers, est arrêté et assassiné[13] : ce crime douche les ardeurs croix-roussiennes.

Au niveau central, l'Assemblée nationale est élue en février 1871 et se réunit à Bordeaux : elle désigne Thiers à la tête du pouvoir exécutif. Tout le personnel politique décide de s'installer à Versailles. La situation financière du pays est catastrophique et des mesures d'économie sont prises. L'une d'elles supprime la solde de la garde nationale, seul salaire des ouvriers en chômage, et suspend le moratoire des loyers et effets de commerce (10 mars 1871). Pour les Parisiens sous-alimentés, mais fiers d'avoir résisté à l'ennemi et d'être invaincus, et surtout pour les ouvriers, c'est être mis dans une situation inadmissible. Cela déclenche un état d'esprit insurrectionnel, d'autant plus grave qu'ils ont conservé leurs armes, et en particulier 227 canons regroupés à Montmartre et Belleville. C'est le siège de Paris, ville tenue par la Commune, par les « Versaillais » de fin mars au 21 mai 1871, date à laquelle les derniers « communards » sont tués devant le Mur des Fédérés au Père Lachaise. Environ 20 000 Parisiens ont été tués et 877 « Versaillais ». De 1871 à 1874, plus de 40 000 personnes sont arrêtées : 24 condamnés à mort et environ 7 500 déportés en Nouvelle-Calédonie. L'extrémisme a été décimé et mettra 20 ans pour recouvrer une certaine influence.

La Commune de Paris entraîne des mouvements du même type en province, à Saint-Etienne, à Marseille surtout. À Lyon, la tentative des 22 et 23 mars 1871 est rapidement étouffée. Mais l'opposition au gouvernement Thiers reste latente. L'assemblée nationale vote le 14 avril une loi municipale permettant au gouvernement de nommer les maires des villes de plus de 20 000 habitants. Cette décision est considérée comme une provocation des « ruraux », comme Thiers, contre les populations urbaines soupçonnées de connivence avec la Commune de Paris : il ne s'agit de rien moins, dit-on, que d'une confiscation des droits républicains reconquis. Le jour des élections municipales, le 30 avril, à la Guillotière, la mairie est occupée et cela tourne rapidement à la bataille de rues. Des barricades s'élèvent sur la Grande Rue et le cours de Brosses[14]. Mais Hénon parvient à calmer les esprits et Thiers, reconnaissant, le confirme dans ses fonctions de maire de Lyon sans revenir sur son élection, l'année précédente.

● François Antoine Napoléon MAZURE, commandant de la 8e Division Militaire en septembre 1870

Né le 6 août 1802 à Niort (Deux-Sèvres), il est trop jeune pour avoir participé aux guerres impériales, on connaît mal sa carrière. Il est nommé général de brigade le 5 septembre 1855 et général de division le 31 décembre 1859, après sa conduite lors de la campagne d'Italie. Il est muté au commandement de la 8e D.M. à Lyon le 11 septembre 1870. Il semble s'être mal entendu avec le préfet Challemel-Lacour, nanti des pleins pouvoirs. Sans doute le préfet a-t-il demandé et obtenu le déplacement de Mazure, qui semble n'avoir pas reçu le télégramme le prévenant de cette mutation. Aussi est-il surpris que Challemel-Lacour lui demande de démissionner, puis le révoque et le fait arrêter (1er octobre). Le général de brigade de Montfort, nommé commandant intérimaire de la 8e D.M. par le préfet, par télégramme du 2 octobre signale au ministre de la Guerre que Mazure n'a appris sa mutation qu'à l'Hôtel de ville après son arrestation et que la dépêche officielle de nomination de Mazure à la tête de la 15e D.M. vient d'arriver dans la matinée à l'État-major de la 8e D.M. Après un séjour en prison, il est élargi le 14 octobre à midi. Commandant de la 15e D.M., nommé le 30 septembre, il prend le commandement de la Région Centre à Bourges à compter du 28 octobre, région qui reprend son ancienne appellation de 19e D.M. Il y reste jusqu'à son classement en 2e section le 7 mars 1871. Il décède le 16 avril 1889 à Cherveux (Deux-Sèvres). L'affaire Mazure démontre le désordre régnant aux niveaux central et local, ainsi que les difficultés des communications à l'époque.

Antoine Aubin BRESSOLES, commandant la 8e Division Militaire à titre provisoire le 9 octobre 1870, commandant la 8e Division Militaire à titre définitif le 6 décembre 1870, commandant le 24e Corps d'Armée du 18 décembre 1870 au 26 janvier 1871

Il naît le 1er janvier 1828 à Lavaur (Tarn) et entre à l'Ecole Spéciale Militaire en 1845 : il en sort sous-lieutenant, au 25e Régiment d'Infanterie Légère avec lequel il fait campagne à Rome (1849-1850). Lieutenant, il est affecté en Algérie. En 1854, il repart en Crimée en fin d'année : il y est promu capitaine et blessé devant Sébastopol (7 juin 1855). Sa conduite lui vaut la Légion d'Honneur. Au cours de la campagne d'Italie il est blessé, le 7 juin 1859, au combat de Montebello, où il s'est particulièrement distingué et récompensé par le grade de chef de bataillon. En 1862, il reçoit sa nomination au grade d'officier de la Légion d'Honneur et repart en Afrique (1864-1865). De retour, promu lieutenant-colonel, il est à Rome fin 1867. Colonel (1867), puis général de brigade (1870), il est mis à la disposition du préfet du Rhône, pour commander provisoirement la 8e D.M. dès le 9 octobre 1870. Il devient commandant effectif de la 8e D.M., le 6 décembre 1870, avec le grade de général de division à titre temporaire, puis commandant du 24e Corps d'Armée le 18 décembre 1870. Mis en disponibilité le 26 janvier 1871, il est réintégré le 22 septembre 1871, au grade de général de brigade, en exécution de la loi du 8 août 1871. Il prend en Algérie le commandement de la subdivision de Dellys, à Fort National, puis à Sétif en 1875. Il revient en France en 1877 et assure un certain nombre de commandements territoriaux. Après avoir été nommé commandeur de la Légion d'Honneur (1886), il passe dans le cadre de réserve (1887). Il meurt le 27 décembre 1891 dans le Tarn, probablement à Lavaur.

Charles, Denis SAUTER-BOURBAKI, commandant le 6e corps d'Armée et la 8e Division militaire le 3 juillet 1871

Le général Bourbaki (1816-1897) est le premier à porter le titre de gouverneur militaire de Lyon à partir de 1873. Sa biographie se trouve dans la partie suivante.

À Lyon, pour remercier les Suisses de l'accueil qu'ils ont réservé en 1871 à l'armée Bourbaki, au sein de laquelle se trouvaient deux Légions du Rhône, une rue est baptisée rue d'Helvétie (1872).

La défaite de 1870 et le siège de Paris amènent les politiciens et les militaires à réfléchir sur les causes qui ont amené ces désastres. Ils vont en tirer les conséquences et des lois à partir de 1872 vont modifier de fond en comble l'armée. La principale loi, celle du 24 juillet 1873, parmi de nombreuses réformes, recrée le titre de gouverneur de Lyon, toujours maintenu actuellement.

1. Ce général a remplacé le général Duperron le 8 mars. À sa demande, il est muté et envoyé à Besançon.

2. Mgr Affre trouve la mort sur les barricades en tentant de calmer les esprits.

3. Les blouses portées par les canuts et autres ouvriers leur valent ce surnom péjoratif.

4. L'ancienne Ecole vétérinaire sur la rive droite de la Saône, actuel Conservatoire de musique.

5. L'Ecole de Médecine était rue de la Barre.

6. L'abdication de Napoléon Ier en 1814, en faveur de son fils, le Roi de Rome, futur duc de Reichstadt, fait que celui-ci a été Napoléon II quelques jours.

7. Ronald Zins, « L'excentrique maréchal de Castellane », in *Revue du Souvenir Napoléonien*, n° 473, novembre-décembre 2007, et *Les maréchaux de Napoléon III*, Lyon, Horvath, 1996.

8. C'est le quartier de La Part-Dieu. Le général Margaron, né à Lyon, sert en Italie en 1799. Ce cavalier est nommé général de brigade en 1809. Il est blessé à Austerlitz et se distingue à Torres-Vedras, mais il est compris dans la capitulation de Junot. En 1809, il est en Allemagne, puis en Russie. Nommé général de division, il est chargé d'étoffer la cavalerie impériale et fait la campagne de France.

9. Les montées des Soldats et de Castellane, respectivement.

10. Le gardien de cette chapelle, un ancien militaire, est expulsé en 1870.

11. Cette ambulance est accompagnée par les abbés Faivre et Villon, prêtres lyonnais bien connus.

12. Le 18 janvier 1871 dans la galerie des Glaces du château de Versailles, Guillaume Ier est proclamé Empereur d'Allemagne en présence de tous les rois ou princes allemands.

13. L'assassin du commandant Arnaud, Deloche, est exécuté le 23 mai 1871.

14. Le cours de Brosses est l'actuel cours Gambetta.

Quatrième partie

Le gouvernement militaire territorial de 1873 à nos jours

Jean-Pierre Chevrier et Claude Sommervogel

Chapitre premier

Le gouvernement militaire de 1873 à 2019

DE 1873 À 1914

La très cuisante défaite de 1870-1871 est immédiatement suivie d'une remise à plat de la problématique militaire et d'une réforme complète de l'Armée. La réflexion approfondie amène à l'énonciation d'un certain nombre de principes et de concepts :
- la décentralisation des moyens et des unités,
- la permanence de celles-ci en temps de paix,
- l'augmentation des effectifs et l'instruction poussée de la réserve,
- la préparation approfondie de la mobilisation,
- la modernisation des places fortes (Paris, Lyon) et des points d'appui,
- l'autonomie des services, restant subordonnés au commandement,
- la meilleure préparation[1] des cadres et des officiers d'État-major,
- la réforme du haut commandement.

Ces principes et concepts sont transformés en plan, lancé et réalisé en moins de dix ans, dans une ambiance nationale favorable, patriotisme et revanche devenant les maîtres-mots : le regard est braqué en direction des Vosges, derrière lesquelles « souffrent » l'Alsace et le département de la Moselle, enlevés à la Patrie.

La principale loi d'organisation de l'armée est celle du 24 juillet 1873, dont le principe fondamental repose sur la décentralisation, qui est réaffirmée en 1882. Le plus important est la permanence de dix-huit corps d'armée, placés sous le commandement effectif des commandants de Régions Militaires[2], lesquels, en cas de conflit, partent à la tête de leur grande unité. Leurs suppléants assurent alors, au niveau des Régions, la défense territoriale, les communications et la conservation du potentiel industriel. Chaque corps d'armée est constitué de deux divisions d'infanterie, d'une brigade de cavalerie, de batteries d'artillerie, d'un bataillon du génie, des services nécessaires et d'un État-major. Chaque division comporte deux brigades, chacune de deux régiments, de même que la brigade de cavalerie. L'artillerie est aux ordres d'un général de brigade, qui fournit les batteries complètes aux diverses unités du corps d'armée. Des divisions de cavalerie indépendantes sont également prévues. En revanche, il n'y a pas d'armées à titre permanent, les corps d'armée étant réunis en fonction des circonstances et des plans d'opérations. En revanche, l'État-major Général, créé aussi en 1873, est permanent.

Les rôles des commandants de Régions ne sont désormais plus seulement territoriaux, puisqu'ils assument désormais le commandement effectif des corps d'armée correspondants. Ils sont aussi responsables de l'encadrement et de l'instruction de la Réserve, de la supervision des Services et de la préparation de la mobilisation. À Paris et à Lyon, les commandants ont de plus la haute main sur l'organisation et la défense de ces deux places fortes : cette spécificité est la raison du titre supplémentaire de Gouverneur Militaire de Paris ou de Lyon, depuis 1873.
Au total, 144 régiments d'infanterie sont mis en œuvre. À chacun d'eux sont attribuées les ressources en hommes d'une subdivision, laquelle, vu le nombre d'unités, diffère du département ; le même découpage intervient pour les Régiments de Réserve et la Territoriale, qui remplace la garde nationale mobile. Chaque subdivision est dotée d'un bureau de recrutement, qui procède à l'appel du contingent et administre le personnel de la Réserve et de la Territoriale. La périodicité de l'entraînement des réservistes, ainsi que l'instruction des troupes régulières, sont fixées, encadrées et soumises à inspection. Le mécanisme des « ordres de mobilisation » est aussi défini par la loi de 1873, ainsi que le recensement des effectifs et des moyens de locomotion (chevaux, mulets, chariots) : ainsi, en temps de paix, il faut 100 000 chevaux. Les moyens de communications, principalement les chemins de fer, le télégraphe, sont prévus pour être mis à la disposition de l'Armée en cas de mobilisation.
Telles sont les principales dispositions de la loi de l'organisation de l'Armée de 1873. Elle est précédée et suivie de nombreux autres textes. Ainsi la loi de recrutement de 1872 prévoit le service de 5 ans, mais aussi les engagements conditionnels ou « volontaires d'un an », d'où doivent être tirés les cadres subalternes de réserve. Cette loi de 1872 est complétée par celle de 1875, qui concerne le recrutement, les effectifs et les cadres. Concernant l'instruction de ces derniers, l'Ecole Militaire de Guerre est créée en 1876 : elle devient en 1880, l'Ecole Supérieure de Guerre.

Malgré la bonne orientation de l'esprit français de l'époque, tout ne fut pas simple : la bourgeoisie doit être convaincue et des affaires[3] auraient pu entraver tout le travail entrepris : le boulangisme, l'affaire Dreyfus ou le scandale des fiches. Nombre de lois nécessitent d'être précisées. Ainsi, dès 1877, les modalités de réquisition des chevaux, mulets et chariots sont précisées. Ainsi le recrutement est remanié en 1889 et 1905 : les dispositions de ces lois concrétisent le principe du service militaire obligatoire pour tous, ainsi

que l'instruction des réserves. Concernant ces dernières, il est difficile d'amener une part significative de la bourgeoisie à accepter que ses fils soient officiers de réserve. Ce n'est guère qu'à partir de 1905, qu'on y parvient. Enfin, si l'autonomie des Services et leur subordination au commandement ont bien été décidées en 1873, elles ne sont organisées qu'en 1882 et précisées en 1889[4]. Par ailleurs, les Etablissements spéciaux dépendent directement de l'État-major général : tels les Etablissements constructeurs, les Poudreries, les Etablissements de Réserve Générale des Services (munitions, armement, habillement). Les commandements de corps d'armée disposent des magasins et dépôts généraux d'approvisionnements (munitions, armes, habillement et vivres).
Ce corpus de lois militaires, établi de 1872 à 1905, a été profondément étudié et suivi d'effet, d'autant que l'esprit patriotique de toute la Nation, ou presque, est alors tourné vers la « ligne bleue des Vosges » !

LA GRANDE GUERRE

Les périls se précisent, le service obligatoire est porté à 3 ans en 1913. Il semble que, pour cette Revanche, tout ait été prévu. La mobilisation s'effectue rapidement et selon le plan élaboré. Toutefois, il n'a pas été prévu une réserve suffisante, seulement une division par corps d'armée, alors que les Allemands ont, en 1914, le même nombre d'unités d'active et de réserve : de ce fait, le nombre d'officiers réservistes ne peut assurer pleinement la relève après l'hécatombe des cadres de carrière dès les premiers mois du conflit. Les couleurs vives des uniformes rendent les hommes trop vulnérables : il faut en venir très vite au fameux bleu horizon des « poilus ». On n'avait pas prévu une guerre aussi longue et aussi dévoreuse d'hommes : mais était-ce humainement possible ?
La guerre fait apparaître le rôle primordial de la mécanisation. Jusqu'alors dans les campagnes précédentes et au début du conflit, la guerre de mouvement donnait à la cavalerie un rôle majeur. Mais la guerre de position, les tranchées, changent la donne. Les moyens mécaniques servaient aux transports, à l'exemple des chemins de fer, des taxis de la Marne (1914) ou des camions Berliet, ravitaillant Verdun en hommes, munitions et approvisionnements par la Voie Sacrée (1916). En 1917[5] apparaît l'artillerie d'assaut, appelée à un grand avenir et futur avatar de la cavalerie. Dans les airs, la toute nouvelle aviation, d'abord utilisée pour l'observation et la reconnaissance au profit des unités au sol, se diversifie en chasse, contre les aéronefs ennemis, et en bombardement, contre les concentrations de troupes. L'aviation militaire a, elle aussi, un grand avenir sur terre et sur mer.
La victoire est là au bout de quatre ans de guerre. L'Alsace et la Moselle retournent dans le giron national. Mais sur 8,5 millions de mobilisés, la France a perdu 1 390 000 de ses enfants, morts au champ d'honneur. Et jusque dans les villages les plus reculés et les moins peuplés, les listes des monuments aux morts sont impressionnantes. Il ne faut pas, non plus, oublier les 740 000 mutilés de guerre.

La démobilisation intervient très vite. L'armée doit néanmoins faire face à de nombreuses missions : présence sur le Rhin (1929-1930) et en Silésie, aide militaire aux nouveaux alliés d'Europe centrale, opérations en Syrie et Cilicie (1920, 1925-1927), au Maroc (1925-1933). Pourtant, le service militaire est rapidement ramené à 2 ans, puis il est encore diminué à 18 mois (1er avril 1923) et à un an (31 mars 1928).
Il est aussi procédé à une refonte partielle de l'organisation de l'Armée : l'ensemble de lois de 1927 et 1928 y concourt. Le « machin » du temps, la Société des Nations, prônant le désarmement, la France veut donner l'exemple : elle réduit son effort militaire, ce qui arrange bien le gouvernement aux prises avec la crise économique.

Des principes sont définis dans le texte du 13 juillet 1927 :
1. Principe de la « Nation armée », organisation de la nation en temps de guerre ; mais la loi correspondante n'est votée qu'en 1938.
2. Prépondérance de la Réserve, ce qui détermine une mobilisation moins rapide et donne toute son importance au 5e principe.
3. Séparation des troupes du temps de paix, des organes de commandement et de mobilisation territoriaux, parce qu'avec une organisation variable des grandes unités, celle du territoire doit rester stable.
4. Substitution de la division au corps d'armée comme unité de base : le corps d'armée régional devient Région Militaire (RM).
5. Protection au début du conflit, par l'armée d'active du temps de paix, de la mobilisation et de la concentration de la Réserve, ainsi que de la mise sur pied des ressources nationales. Ce cinquième principe légitime la constitution de la Ligne Maginot[6] (1927-1936) protégeant le nord-est de la France : elle ne s'étendait pas vers l'ouest, en raison de la neutralité du Luxembourg et de la Belgique.

Ces principes ressortent uniquement des enseignements de la Grande Guerre. On se prépare donc à une guerre de position, en envisageant la défense de toutes les frontières de Menton à Dunkerque. Vingt Régions Militaires sont formées, ramenées à 18 en avril 1934, pour des raisons d'économie, avec la suppression de la 10e (Rennes) et de la 12e RM (Limoges). En 1939, la 10e RM est recréée à Strasbourg et la 12e à Reims. Le général commandant la RM a autorité sur les troupes stationnées sur son territoire et sur la défense régionale en temps de paix. En temps de guerre, il commande un corps d'armée et est suppléé dans la RM par un officier général désigné d'avance : c'est le même principe qu'en 1873. Les subdivisions sont aux ordres de généraux commandant les groupes de subdivisions, qui disposent de centres mobilisateurs autonomes, afin de décharger les corps de troupes de cette mission. Il est à noter que le maintien de l'ordre va commencer à échapper à l'armée proprement dite : la Gendarmerie mobile est, petit à petit, la première à entrer en action. Elle est créée en 1926, à partir des Pelotons mobiles formés cinq ans plus tôt : l'armée ne sera plus censée intervenir qu'en soutien.

Hitler arrive au pouvoir en 1933 : il favorise le réarmement massif de la Heer, de la Luftwaffe et de la Kriegsmarine. En France, l'Armée de l'Air n'est créée qu'en 1933, mais ne peut obtenir son indépendance, même partielle, pour former de grands groupes de bombardements autonomes : ses missions restent saupoudrées au bénéfice des grandes unités terrestres. En 1935, le service militaire est porté à deux ans, mais c'est moins parce qu'on redoute un conflit que pour compenser les classes creuses (1935-1939) du fait de la Grande Guerre. Quant à l'effort d'armement, il faut attendre 1937, pour qu'il soit entrepris... bien trop tardivement.

La loi du 30 mars 1938 définit les forces :

- Forces du territoire, constituées des grandes unités et des réserves générales, soit 20 divisions d'infanterie, 5 divisions de cavalerie et 3 divisions aériennes.
- Forces d'Outre-Mer, de 7 divisions d'infanterie,
- Forces mobiles, soit 2 divisions d'AFN, une division coloniale blanche, 2 divisions coloniales noires et un groupement indo-malgache.

Comme prévu, la mobilisation des Réserves est lente, mais cela n'a pas d'importance puisque l'armée d'active veille sur toutes les frontières, que la Ligne Maginot garde le pays et surtout que la « Drôle de guerre » se poursuit pendant 8 mois : on a donc tout le temps de se préparer. On aurait même le temps de changer de stratégie : le matériel existant n'est pas regroupé en grandes unités[7].
La Pologne est submergée par une attaque allemande massive fondée sur le couple char-avion, protégé par la DCA, la fameuse Flak (Ier au 25 septembre 1939). La France déclare la guerre le 4 septembre 1939. La « Drôle de Guerre » dure jusqu'au 10 mai 1940. Pourtant rien n'est prévu pour contrer une invasion-éclair, pratiquement aucune offensive n'est entreprise[8], hormis d'entrer en Belgique pour aider nos alliés menacés et se précipiter, ainsi, dans le piège tendu de l'encerclement au nord de la Somme.
Les Allemands, en effet, Panzers et Stukas en tête, pénètrent en France par la trouée de Sedan, après avoir traversé le Luxembourg et la Belgique par les rives droites de la Meuse et de la Sambre, évitant ainsi la Ligne Maginot. Dunkerque est atteinte le 29 mai et se défend jusqu'au Ier juin, permettant l'embarquement de 340 000 Anglais et de plus de 100 000 Français. Le général Weygand a remplacé le général Gamelin, mais ses tentatives sur Bapaume n'ont pu empêcher l'ennemi d'atteindre la Manche. La Wehrmacht perce le front français rapidement rétabli, mais d'effectifs et de moyens insuffisants, pour pouvoir s'opposer efficacement (5 au 9 juin 1940). Le maréchal Pétain, nanti des pleins pouvoirs, demande l'armistice le 17 juin et l'obtient le 22, des Allemands, et le 24 des Italiens, les uns et les autres ayant été arrêtés de chaque côté des Alpes.

LA GUERRE DE 1940 À 1945

Le général de Gaulle lance de Londres l'appel du 18 juin 1940. Des individus, des groupes, un certain pourcentage de troupes rapatriées de Norvège et de celles échappées de Dunkerque, l'Afrique Equatoriale Française, se rallient à lui et forment les FFL (Forces

Françaises Libres). Elles combattent aux côtés des Britanniques[9] en Syrie, en Erythrée, à Bir Hakeim, en Egypte et Libye, ou seuls comme ceux de Leclerc. À côté de ces Français Libres de la première heure, il y a des unités en Indochine, forcées de subir l'occupation nipponne, celles de Syrie, forcées de choisir entre Pétain et de Gaulle (1942) et celles d'Afrique (AFN et AOF). Déjà, Weygand, envoyé à Alger en 1941, demande et commande à ces dernières de préparer la revanche. Il y a aussi l'Armée d'Armistice dans la zone sud non occupée de la France. Et le reste de l'armée est captive derrière les barbelés les Oflags, sauf un certain nombre d'évadés, tel le général Giraud. Et il y a la Résistance à l'occupant, qui s'étoffe surtout à partir de 1942. Pour l'armée, le général Frère est le premier chef de l'Organisation de la Résistance de l'Armée (ORA) fondée à la fin de 1942.
Le tournant est le débarquement américain au Maroc et en Algérie le 8 novembre 1942. Les troupes d'Afrique se rallient rapidement aux Alliés et sont les premières à s'opposer en Tunisie aux renforts allemands. Puis elles reçoivent le soutien des Américains, des Britanniques et des FFL. L'intégration de l'Armée d'Afrique entraîne un réflexe de méfiance des FFL, celui des premiers ralliés vis-à-vis de ceux de la deuxième heure. Le débarquement en AFN déclenche l'occupation allemande de la zone libre du sud-est de la France, le 11 novembre 1942. L'Armée d'Armistice est aussitôt dissoute et, parmi ces démobilisés, nombreux sont ceux qui rejoignent les maquis[10] de la Résistance, qui sert par le renseignement, le sabotage, la guérilla et prépare la Libération tant attendue. En AFN et en Grande-Bretagne, les Français sont rééquipés. Ils se distinguent aux côtés des Alliés en Italie (Corps expéditionnaire français en Italie, le CEFI du général Juin), en France et en Allemagne (2e Division Blindée du général Leclerc et Ie Armée du général de Lattre de Tassigny), sans oublier le rôle important joué par les résistants ou Forces Françaises de l'Intérieur (FFI).
C'est enfin la Libération, la Paix en Europe. Quant au Japon, il faut la bombe atomique américaine pour le faire plier : l'ère nucléaire vient de commencer.

DE LA SECONDE GUERRE MONDIALE À 1962

Après la victoire des Alliés, l'Armée doit être réorganisée. Autour des troupes régulières de la Libération, il faut intégrer les formations de la Résistance, ainsi qu'un certain nombre de prisonniers enfin de retour, et participer à l'occupation de l'Allemagne et de l'Autriche. Le maintien de l'ordre doit aussi être assuré. Si la Gendarmerie Mobile est toujours concernée, le ministère de l'Intérieur dispose, à partir de 1944, des Compagnies Républicaines de Sécurité (CRS). Mais en automne 1948, lors de la grève des mineurs du Nord, ces moyens sont dépassés et le gouvernement est forcé de rappeler 40 000 hommes d'Allemagne pour ramener le calme.
Et surtout en Indochine la guerre continue, alors que nos moyens sont tributaires de nos Alliés et que les États-Unis ne soutiennent l'action française en Extrême-Orient qu'à partir du moment où Mao s'empare du pouvoir en Chine (1950). Malgré des prodiges, ces combats se déroulent trop loin pour qu'on puisse continuer à les soutenir : la France est encore convalescente, l'armée insuffisamment équipée et une opinion de gauche influente chez les intellectuels et les ouvriers, en particulier dans les arsenaux et industries de

véhicules et d'armement. En 1954, c'est Diên Biên Phu et la fin de la Guerre d'Indochine, ainsi que le début de la Guerre d'Algérie.
L'armée commence à être mieux équipée et, petit à petit, à l'être de matériel français (armements, engins et aéronefs). Le temps de la décolonisation est venu : la Tunisie et le Maroc sont indépendants en 1956, les pays de l'AOF et de l'AEF, ainsi que Madagascar les suivent en 1960-1962. L'Algérie, la plus ancienne de nos possessions, celle où le plus grand nombre de Français se sont installés (les Pieds-Noirs) et qui est la plus proche, géographiquement et affectivement, se révolte (terrorisme et guérilla). En 1957, Alger retrouve un peu de son calme, après que l'Armée ait été chargée du maintien de l'ordre. La grande manifestation du 13 mai 1958 démontre que les partisans de l'Algérie française sont nombreux. Mais les attentats redoublent sur place et en France. Les opérations de 1959 permettent la destruction de beaucoup de groupements rebelles. Néanmoins, des Algérois soupçonnent que le processus d'indépendance est lancé et se révoltent (barricades de fin janvier 1960). Puis c'est le Putsch de fin avril 1961 et enfin la création de l'OAS (Organisation de l'Armée Secrète) en mai suivant : des militaires se sont ralliés à ces mouvements de rébellion. Rien n'y fait : en 1962, l'Algérie est indépendante, plus de 80 000 harkis, qui avaient lutté aux côtés de l'armée, sont massacrés et plus d'un million de Pieds-Noirs se réfugient en France. De nombreux militaires sont déçus, alors que la rébellion était jugulée, ainsi que de l'apathie, voire de l'animosité de la population à leur égard. De nombreux cadres quittent l'armée : croyant les promesses gouvernementales, ils s'étaient eux-mêmes engagés auprès de populations autochtones ; forcés de quitter l'Algérie, ils considèrent qu'ils ont failli à leur parole. Le traumatisme de l'armée fut grave, d'autant qu'un grand nombre d'unités sont supprimées. La décolonisation sonne aussi le glas de l'Armée coloniale, transformée en partie en Troupes de Marine. La Légion Etrangère rentre en France métropolitaine et d'Outre-Mer. Les Tirailleurs et les Spahis de l'Armée d'Afrique disparaissent.
Le service militaire a évidemment suivi la fluctuation des besoins : en avril 1946, il est d'un an, puis de 18 mois en 1950, augmenté de 6 à 9 mois en 1956 et amené à 2 ans et souvent prolongé. En 1962, il tombe à 18 mois.

DE 1962 À 1991

La Guerre d'Algérie est terminée. On est toujours dans la Guerre Froide entre les deux blocs, occidental et communiste. La France s'est dotée d'une dissuasion nucléaire de son niveau, laquelle est confiée aux Armées de l'Air et de Mer. Disposant de cette autonomie, elle s'éloigne en 1966 de l'OTAN (Organisation du Pacte Atlantique Nord), mais reste aux côtés de ses alliés, tout en jouant sa propre partition.
Tout cela concourt à un besoin de réorganiser l'Armée. Dès 1959, par ordonnance, une conception globale et déconcentrée voit le jour, mise en œuvre par décret en 1962. Six Zones de Défense (ZD), dix Régions de Défense (RD) et dix Régions Militaires[11] se superposent. Cette organisation complexe n'existe que pour intégrer la Défense Opérationnelle du Territoire (DOT). En ZD, comme en RD, l'officier général commandant est le conseiller de l'autorité préfectorale correspondante, notamment en ce qui concerne les plans de protection

et la participation militaire au maintien de l'ordre. L'officier général de la ZD (OGZD) en assure, par ailleurs, le commandement en cas de mise en œuvre des mesures de DOT. Enfin, les subdivisions des Régions correspondent toujours aux départements.
Cette réorganisation est remise en chantier en 1966, et pas seulement dans un but de simplification bien nécessaire : les Régions Militaires coïncident désormais aux ZD au nombre de sept. Le commandant de la RM exerce le commandement de la ZD en cas de mise en œuvre des mesures de DOT. Les subdivisions disparaissent au profit de Divisions Militaires Territoriales (DMT). Mais des chefs-lieux de départements ne sont plus le siège de DMT : en ce cas, le général commandant la DMT est représenté par un Délégué Militaire Départemental (DMD) auprès du préfet.
Les attributions des commandants de RM, des commandants de DMT et des DMD ont besoin d'être précisées en 1976. Le commandant de RM a autorité sur l'ensemble des troupes, formations et établissements de l'Armée de Terre, stationnés sur le territoire de sa région. Le commandant de DMT, outre ses responsabilités militaires de défense, est chargé des questions relatives au service de garnison, au recrutement des engagés, à la préparation militaire, à l'administration et à l'instruction des réserves. Le découpage est à nouveau modifié par décret : six Régions Militaires et six Zones de Défense.
Le service militaire diminue pendant cette période : 16 mois en 1963, puis 12 mois en 1970[12]. Les événements de Mai 1968 n'ont pas touché que la France. L'Europe qui se constitue depuis le Traité de Rome (1957), l'est aussi : elle naît vraiment en 1972. Et surtout, successivement, la chute du mur de Berlin (10 novembre 1989) et le démantèlement du Pacte de Varsovie (25 février 1991) mettent fin à la Guerre Froide.

DE 1991 À 2000

Les modifications géopolitiques se poursuivent. L'Union Européenne naît en 1993 et se donne une monnaie unique (1999) : cette lente gestation ne permet pas encore la création d'une armée européenne[13]. La France participe à la Guerre du Golfe (1990-1991)[14] et effectue un retour partiel au sein de l'OTAN en 1996. Tout cela amène une révision drastique de l'armée. Le décret du 14 juillet 1991 distingue désormais les commandements, organique et opérationnel : la préparation des forces relève de l'organique et leur emploi de l'opérationnel. De ce fait, la circonscription militaire de Défense (CMD) est instituée : son commandement est à la fois opérationnel et organique, alors que le commandement de la Région Militaire de Défense (RMD) est uniquement opérationnel.
Le commandant de la CMD est responsable dans les domaines organiques suivants : relations avec les autorités civiles, participation de l'Armée de Terre à des activités non spécifiques, discipline générale, service de garnison, infrastructure, hygiène – sécurité – prévention et conditions de travail, logement, action sociale, gestion et administration des personnels civils, répartition des militaires du rang entre les formations de la circonscription, information en vue du recrutement et action en faveur de la reconversion professionnelle ; gestion et instruction des réservistes affectés et préparation militaire, contentieux et affaires pénales militaires. Il est aussi responsable de la défense militaire terrestre : la ZD correspond à la CMD.

Le commandant de la RMD peut recevoir le commandement opérationnel dans les limites de plusieurs CMD : il s'assure de la cohérence des plans de défense entre CMD et préside le comité interarmées régional.
Il y a 3 RMD (Méditerranée, Nord-Est et Atlantique), plus la circonscription d'Ile-de-France, 8 CMD et 9 ZD.

DE 2000 À 2010

Au début de 1996, la décision de la professionnalisation des armées est prise : elle intervient dans les faits en 2000 avec la suspension effective du Service National. Une « refondation » des forces, pour ne pas parler d'une énième réorganisation, va être pratiquée et s'orienter vers la projection des forces en cas de crises et en vue de la stabilité du monde. Les décrets du 21 juin 2000 réaffirment le rôle de la Zone de Défense (ZD), cadre de la coordination, des efforts militaires et civils de défense. L'officier général de la ZD (OGZD) est placé sous l'autorité directe du chef d'État-major des Armées (CEMA), et selon les objectifs fixés par ce dernier, il coordonne les moyens des armées et des services interarmées concourant à la défense civile. L'OGZD est représenté dans chaque département par un officier supérieur délégué (DMD). Le nombre de ZD passe de 9 à 7 par suppression des ZD Centre-Ouest (Orléans) et Centre-Est (Dijon).
Ces mêmes décrets définissent l'Organisation Territoriale InterArmées de Défense (OTIAD), cadre de la DOT, reposant sur les ZD et les départements, reprenant les attributions opérationnelles des CMD ; mais elle est distincte de l'organisation propre de chaque armée. L'OTIAD est la chaîne opérationnelle qui couvre les 7 ZD, sous les ordres directs du CEMA.
Concernant l'Armée de Terre, une organisation « croisée » est instituée, séparant les responsabilités « organiques fonctionnelles » (entraînement des forces, formation et gestion du personnel, services) et « organiques décentrées » (vie courante). Elles sont assurées par la Région Terre (RT), qui se substitue à la CMD dans ses responsabilités organiques et reçoit de plus des compétences précédemment exercées au niveau central. Les 5 commandants de RT sont OGZD dans leurs ZD : chacun doit optimiser l'ensemble des moyens mis en place au niveau régional, car il est responsable de l'ensemble de la mise et du maintien en condition des formations de son ressort. Par ailleurs, il fixe les priorités aux services et coordonne leur action. Dans un contexte de ressources contraintes, il faut en effet agir avec le souci du meilleur coût-efficacité. Pour parvenir à cette optimisation de l'allocation de ressources, le « pilotage par objectifs » devient le mode d'exercice du commandement organique dans l'Armée de Terre.
Et ce n'est pas fini ! En effet, en 2008, est décidée une profonde refonte des armées. La réduction progressive des effectifs est la mesure la plus traumatisante. Elle est complétée par l'accent mis sur la recherche du renseignement, la modernisation du matériel et de l'équipement, la redistribution des garnisons et bases aériennes, le rapprochement encore plus effectif de la gendarmerie et de la police…
Le titre de Gouverneur Militaire, jugé désuet, est conservé. Malgré ce « sauvetage » d'une tradition, il est certain que cette réforme est un nouveau défi à relever par le militaire, qui en a vu bien d'autres tout au long de son histoire.

Nos armées sont de plus en plus engagées dans un grand nombre d'Opérations Extérieures, dans des combats particulièrement exigeants, tant pour nos soldats que pour leurs matériels, sur-employés en opérations et dont les obsolescences se multiplient au sein des parcs les plus anciens, devenus extrêmement difficiles à gérer et à entretenir. À cela s'ajoute, suite aux attentats de janvier 2015, la guerre contre le terrorisme sur le territoire national, amenant le soldat à être déployé en armes dans nos rues pour protéger la France et les Français (Opération Sentinelle depuis janvier 2015).

Afin de supporter la poursuite de la déflation des effectifs du soutien prévue par la Loi de Programmation Militaire 2014-2019, le concept de Base de Défense (BdD) est testé puis mis en place ; le personnel chargé des fonctions Vie courante (infrastructure, hébergement, alimentation, habillement, achats-finance, etc.) est retiré aux formations pour être mutualisé dans un groupement de soutien dont le périmètre englobe plusieurs unités au sein d'une même base de défense. Même si cela retire une partie de leurs responsabilités de commandement aux chefs de corps, cette organisation permet de conserver des expertises dans des pôles, en faisant des économies d'effectifs.

Les États-majors de RT sont également impactés, et perdent leur autorité sur les directions et services (et le personnel afférent), mais conservent par délégation du CEMAT leur rôle - qui est renforcé - de conduite de la prévention, de la programmation et du suivi des opérations d'infrastructure, de la protection des emprises et du personnel, et de la gestion des ressources humaines civiles et militaires; depuis 2017 la responsabilité de l'OGZDS dans la coordination des soutiens à l'échelon zonal est développée.

À cette occasion les RT deviennent Zone Terre : ZT Sud-Est (SE) pour Lyon, dont le périmètre comprend les régions Auvergne, Rhône Alpes, PACA, Corse et Languedoc-Roussillon, ainsi que Midi-Pyrénées en 2015 pour aligner le périmètre de responsabilités de la ZT sur les régions administratives nouvellement réorganisées (décret promulgué en août). Le COM ZT SE est donc responsable d'un quart de l'hexagone de Annecy à Tarbes et Fréjus, et de Clermont-Ferrand à Perpignan en nord-sud, soit 45 % de l'armée de Terre. En conséquence, la création d'un EMZD à Marseille est décidée en 2017, dont l'EMZD Lyon appuie la formation et la mise en place, en lui transférant progressivement ses responsabilités territoriales jusqu'à l'été 2019. À cette date, les périmètres de la ZT et de la ZDS deviennent les mêmes et couvrent la région Auvergne Rhône-Alpes.

Les Bases de Défense ont « malheureusement » l'occasion de montrer toute leur efficacité en janvier 2015, en soutenant le déploiement de 10 000 soldats en moins de 48 heures sur tout le territoire métropolitain, et notamment dans les rues de Lyon, suite au déclenchement de l'opération Sentinelle décidé en réponse aux attentats de Paris. L'emploi de ces forces est de la responsabilité de l'OGZDS en coordination avec le Préfet de Zone de Défense, et localement par la coordination entre les Préfets de Département et les DMD.

1. On dénonce alors l'insuffisance culturelle non seulement militaire, mais aussi générale, des cadres, officiers et généraux. De ce fait, l'installation de bibliothèques dans les mess et cercles est obligatoire. Le ministre attribue à ces bibliothèques les livres jugés nécessaires, les premiers étant la très importante littérature concernant la défaite de 1870 et ses causes.
2. Les Régions Militaires remplacent les Divisions Militaires précédentes. Deux régions supplémentaires avec leur Corps d'Armée sont créées, la 20e à Nancy (1898) et la 21e à Epinal (1913).
3. Affaires rappelées au chapitre suivant.
4. Ainsi, le Service de Santé, qui était administré par l'Intendance Militaire, s'individualise en 1882, et devient autonome en 1889.
5. À la bataille de Berry-au-Bac.
6. André Maginot, ministre de la Guerre de 1922 à 1924, puis de 1929 à 1932. Il faut ajouter à la Ligne de défense au nord-est du pays, les forts d'arrêt construits dans les Alpes.
7. Près d'un tiers des escadrilles françaises n'ont pas vu un avion ennemi : il n'est donc pas surprenant qu'on ait parlé de suprématie aérienne allemande. Pourtant, l'Armée de l'Air a fait mieux que jeu égal avec la Luftwaffe.
8. L'intervention franco-britannique en Norvège (27 mai-11 juin 1940), prévue avant le 10 mai, se fait alors que les Allemands déferlent en France.
9. Certains préfèrent, pour combattre plus vite l'ennemi, s'engager dans l'armée britannique.
10. Les maquis sont aussi renforcés par les réfractaires au Service du Travail Obligatoire (STO) en Allemagne.
11. Ces 10 Régions Militaires existent depuis 1946. La 10e RM d'Alger étant supprimée, elle est recréée à Tours pour soulager la 1e RM de Paris.
12. La Force d'Intervention Rapide (FAR) est constituée en 1985.
13. Une brigade franco-allemande est formée depuis janvier 1989, à Boeblingen en Sud-RFA.
14. Vigipirate, prévention du terrorisme, est instituée en janvier 1991. La France subit des attentats islamistes en 1994 et 1995.

Chapitre 2

Les Gouverneurs militaires de Lyon de 1873 à 1914

Lyon a échappé à l'occupation allemande[1] après avoir participé, par ses mobiles et ses légions[2], à la défense nationale. Elle s'éloigne de la frontière grâce au ralliement de la Savoie à la France (1860), mais les armées progressent de plus en plus vite, avant qu'elles ne se motorisent. Lyon est déjà une place-forte jugée nécessaire depuis la Restauration, réalisée sous Louis-Philippe. Mais Paris, autre place-forte, vient de démontrer qu'elle est devenue obsolète du fait de l'augmentation de portée des pièces d'artillerie : il faut repousser les forts bien au-delà de la première ligne de défense. Cela va être le cas pour Lyon qui, de ce fait, voit le commandant du corps d'armée, recevoir désormais, en plus, le titre de gouverneur militaire de Lyon.

Le général du Génie Séré de Rivières entoure la ville d'une seconde ceinture de forts[3], en deux séries de 1874 à 1885, et de 1890 à 1894, en raison de la modernisation galopante de l'artillerie :

- sur la rive droite de la Saône, et du sud au nord : fort de Millery, ouvrage de Champvillars, fort de Montcorin, fort de Bruissin, fort de Chapoly, fort du Paillet, batterie de la Freta et l'ensemble constitué par le fort du Mont Verdun et les batteries de Narcel, du Mont-Thou et des Carrières ;
- entre Saône et Rhône, de l'ouest à l'est : batterie de Sathonay, fort de Vancia, ouvrage de Neyron, batterie de Sermenaz ;
- sur la rive gauche du Rhône, du nord au sud : ouvrage de Décines, fort de Meyzieu, fort de Genas, batterie de Lessignas, fort de Bron, batterie de Parilly, fort de Saint-Priest, fort de Corbas et fort de Feyzin.

Séré de Rivières est mis à la retraite par le général ministre Farré, qui, semble-t-il, n'apprécie pas les conceptions de son camarade de l'École Polytechnique. Edouard Thiers, officier du Génie, est l'un de ses continuateurs, à la fois pour les forts des Alpes et pour ceux du Mont-Verdun et de Vancia. Thiers, qui s'était distingué lors de la défense du fort de Bellevue, à Belfort, se fait élire député de Lyon en 1885, où il a toujours son avenue.

Charles Denis SAUTER-BOURBAKI, commandant le 6e Corps d'Armée et commandant Supérieur de la 8e Division Militaire le 3 juillet 1871, commandant le 14e Corps d'Armée le 28 septembre 1873, gouverneur Militaire de Lyon et commandant les 8e et 22e Divisions Militaires le 29 septembre 1873, commandant la 14e Division Militaire le 16 août 1874, gouverneur Militaire de Lyon et commandant le 14e Corps d'Armée du 2 juin 1875 au 11 février 1879

D'origine grecque, le général Bourbaki est né le 22 avril 1816 à Pau (Basses-Pyrénées). Après Saint-Cyr, il fait campagne en Algérie de 1834 à 1854, où il est très vite remarqué par ses supérieurs pour ses qualités sur le terrain, et apprécié par ses hommes, les turcos, pour son autorité naturelle et ses qualités humaines. Les citations et les décorations se succèdent. Il s'illustre à l'Alma et Sébastopol (1854-1855), à Magenta et Solferino (1859). Il est aide de camp de l'Empereur en 1869, puis président du comité consultatif de l'Infanterie. Il commande en chef la Garde Impériale, qui subit en 1870 le désastre de Metz, mais dont il réussit à préserver le drapeau. Envoyé en mission par le maréchal Bazaine auprès de l'Impératrice, il quitte Metz, échappant à la capitulation.
Le gouvernement provisoire le nomme commandant de l'Armée de l'Est : il est vainqueur à Nuits et Villersexel, mais battu à Héricourt et forcé de se replier. Acculé à la frontière helvétique, il tente de se suicider. Il en est empêché et passe en Suisse (1871). Il prend ensuite le commandement à Lyon dont la titulature évolue rapidement, par changements successifs. Il est mis en disponibilité le 11 février 1879 et décède le 22 septembre 1897 à Cambo, près de Bayonne.

Jean FARRE, Gouverneur Militaire de Lyon et commandant le 14e Corps d'Armée, du 11 février au 28 décembre 1879

Il est né à Valence le 5 mai 1816 et entre à l'École Polytechnique en 1835 ; officier du génie en 1839, il réalise les travaux de fortification à Paris en 1840, à Lyon en 1847-1848, à Toulon en 1867, à Arras en 1868 et à Lille en 1870. Il fait campagne en Algérie de 1853 à 1859 et à Rome de 1859 à 1864, puis de nouveau de 1867 à 1868. Général de brigade en 1870 et nommé chef d'État-major de l'Armée du Nord, il la réorganise ; ses talents de tacticien sont à la base de la victoire d'Amiens (1870). Promu général de division en 1875, il remplace brièvement le général Bourbaki à Lyon. Il devient ministre de la Guerre le 28 décembre 1879, dans les gouvernements de Freycinet (1880) et de Jules Ferry (1880-1881). Il veut « démocratiser l'armée » et prend nombre de mesures impopulaires, telles que supprimer la cuirasse des cuirassiers, les tambours, réduire les prérogatives des gendarmes et des aumôniers... Mal vu par l'armée, il préfère démissionner de son poste de ministre le 14 novembre 1881. Il décède à Paris le 24 mars 1887, toujours en activité de service. Cet officier général reste mal connu et son histoire militaire mériterait d'être mieux explorée.

Le général Bourbaki, Gouverneur militaire de Lyon (1871-1879).

Alphonse Théodore LECOINTE, commandant le 14e Corps d'Armée, du 17 décembre 1878 au 27 mars 1881, Gouverneur Militaire de Lyon du 13 mars 1880 au 27 mars 1881

Le général Lecointe est né à Evreux le 12 juillet 1817 et entre à Saint-Cyr en 1837, d'où il sort dans l'infanterie. En 1855-1856, il est en Orient. Puis il est affecté de 1857 à 1859 au 23e Régiment de Ligne. Lieutenant-colonel, il participe à la campagne d'Italie (1859-1860) avec le 75e Régiment de Ligne et il est blessé au bras droit à Magenta (4 juin 1859). Nommé colonel le 12 août 1864, il commande divers régiments de Ligne, puis, en 1869, prend la tête du 2e Régiment de la Garde Impériale. Blessé le 16 août 1870 à la jambe droite et fait prisonnier à la bataille de Gravelotte, il parvient à s'évader et se met à la disposition du général Bourbaki qui le nomme général de brigade (14 novembre 1870). Bourbaki lui confie le 22e Corps d'Armée avec le grade de général de division (à titre auxiliaire). Il se distingue sous le général Faidherbe à l'Armée du Nord Confirmé général de division le 16 septembre 1871, il assure diverses fonctions territoriales (1871-1880) jusqu'à ce qu'il devienne Gouverneur Militaire de Lyon, puis de Paris en 1882. En 1884, il est nommé membre du Comité consultatif d'État-major. Il est sénateur de l'Eure en 1882 et réélu en 1885. Hors-cadre, cette même année, il meurt à Paris le 23 novembre 1890.

Simon CARTERET-TRÉCOURT, Gouverneur Militaire de Lyon et commandant le 14e Corps d'Armée du 30 mars 1881 au 5 février 1885

Cet officier général aux vingt-neuf campagnes est né le 3 janvier 1821 à Rolampont (Haute Marne). Il entre à Saint-Cyr en 1841. Il est au 56e Régiment de Ligne jusqu'en 1859. Il est avec cette unité en Afrique de 1843 à 1848, puis de 1856 à 1859. Il est alors nommé chef de bataillon au 1er Régiment de Zouaves, au sein duquel il est blessé à Magenta le 4 juin 1859. Il repart en Algérie (1859-1862) et est nommé lieutenant-colonel en 1863. Il est affecté au 58e Régiment de Ligne. Blessé grièvement par un éclat d'obus devant Puebla, le 6 avril 1863 ; guéri, il est affecté au Régiment Etranger (1864) et se distingue particulièrement au début de 1865 pendant le siège d'Oaxaca dont il gouverne ensuite l'État, pendant quelques mois. Promu colonel (26 avril 1865), il prend le commandement du 1er Régiment de Zouaves. Il revient du Mexique en 1867, pour retrouver l'Algérie avec son régiment. De retour en France, il est nommé général de brigade (12 août 1870), à la tête de la 2e Brigade de la 1e DI sur le Rhin. Il suit le destin de l'armée du maréchal de Mac Mahon. Blessé à Sedan le 1er septembre 1870, il est captif en 1871. Il prend le commandement de la 2e BI de l'Armée de Versailles qui assiège Paris. Il repart en Algérie, commandant de subdivisions. Promu général de division en 1875, il commande le 2e Corps d'Armée à Amiens (1879-1881). Il devient Gouverneur Militaire de Lyon (1881-1885). Il meurt à Paris le 5 février 1885.

La République assure sa longévité à partir de 1877, les monarchistes devenant très minoritaires. Jules Grévy succède à Mac Mahon en 1879, puis est réélu en 1885. Ce n'est pas un « revanchard » et il veut avoir un rôle politique en ne désignant à la présidence du Conseil que des politiciens timides, évitant les Gambetta et Jules Ferry. Il est forcé de démissionner après le scandale des décorations dans lequel Wilson, son gendre, est impliqué.

C'est alors que se produit la crise du boulangisme. Georges Boulanger (Rennes, 1837-Ixelles en Belgique, 1891), fringant et jeune général, est ministre de la Guerre (janvier 1883-mai 1887). Il sait plaire et obtient des soutiens politiques de tous bords. Le gouvernement « l'exile » à la tête du 13e Corps d'Armée à Clermont-Ferrand, malgré les Parisiens qui s'opposent à ce départ (8 juillet 1887). Puis il est mis à la retraite le 27 mars 1888, ce qui le rend éligible. Alors qu'augmente l'hostilité au régime (affaire des décorations), le comité républicain, dirigé par Rochefort et Déroulède, présente sa candidature à toutes les élections départementales : déjà élu par deux fois, il l'est à nouveau à Paris le 27 janvier 1889. Mais ce général n'est pas le chef d'un parti, il n'est que l'instrument pas tout à fait involontaire de factions. Au soir de cette élection, il refuse de marcher sur l'Elysée, malgré la foule et la police qui l'y incitent. Le gouvernement se ressaisit et supprime le scrutin départemental et les candidatures multiples. La Ligue des Patriotes est dissoute et Boulanger est inculpé de complot contre l'État. Le général s'exile et se suicide près de Bruxelles le 30 septembre 1891. Le parcours du général « La Revanche », surnom donné par Déroulède, indique combien était vif le sentiment anti-allemand, à cette époque : sur fond de crise économique et de régime, un fantoche a pu faire trembler la République, sans avoir d'autre véritable programme politique que de « surfer » sur sa popularité : le populisme a toujours existé.
Cette période est aussi celle de Jules Ferry, qui fut souvent au pouvoir de 1879 à 1885 à différents postes. Il fut l'homme de l'école laïque gratuite (1880-1883) et l'homme qui voulut, contre Clemenceau, l'extension de l'empire colonial pour assurer des débouchés commerciaux (1881-1885). Malgré l'affaire de Lang Son (mars 15), l'Annam et le Tonkin passent sous protectorat, ainsi que la Tunisie (1881).

Léopold DAVOUT, duc d'Auerstaedt, Gouverneur Militaire de Lyon et commandant le 14e Corps d'Armée de 1885 à 1889

Ce petit-neveu du maréchal Davout, duc d'Auerstaedt, prince d'Eckmühl (1770-1823), est né le 9 août 1829 à Escolives (Yonne). Elève à La Flèche, puis à Saint-Cyr, il sort dans l'infanterie. Il fait campagne en Algérie, en Crimée, en Italie et au Mexique. Par lettres patentes, Napoléon III l'autorise à relever le titre de duc d'Auerstaedt en 1864. Colonel en 1870, il commande un régiment dans l'armée de Metz, se distinguant particulièrement à Noisseville. Prisonnier après la reddition, il revient à Paris où il participe à la répression de la Commune. Nommé général de brigade, il se familiarise, pour augmenter ses connaissances, avec la cavalerie et l'artillerie. Général de division et chef d'État-major du ministère de la Guerre en 1880, il fait œuvre de réforme, rénovant les institutions, les techniques et même les tactiques de l'armée. Il commande le 10e Corps d'Armée à Rennes, puis le 19e à Alger, avant de devenir Gouverneur Militaire de Lyon, puis Inspecteur Général de l'Armée. En 1891, il commande l'une des deux armées[4] s'affrontant lors des manœuvres de Champagne. Il quitte peu après le service et devient Grand Chancelier de la Légion d'Honneur (1895-1901). Il décède le 9 février 1904.

Henri BERGÉ, Gouverneur Militaire de Lyon et commandant le 14e Corps d'Armée du 5 janvier 1889 au 18 septembre 1893

Fils du général baron François Bergé[5] (1779-1832), il naît le 18 septembre 1828 à Paris. Polytechnicien en 1851, il sort major de l'École d'Application de Metz avec le grade de lieutenant d'artillerie. Il s'illustre en Crimée à la bataille de Traktir. Après Malakoff, il est promu capitaine. Il se signale encore à Magenta, Solferino (1859) et au Mexique (1861-1864) où sa conduite aux côtés de Miribel, à la bataille de San Lorenzo, lui vaut de devenir chef d'escadron.

Il est blessé le 18 août 1870 à la bataille de Saint-Privat et fait prisonnier à Metz. Colonel, il est mis à la tête du 13e Régiment d'Artillerie en 1872 et devient directeur de l'artillerie du 31 août 1873 au 12 juin 1877. Il est nommé général de brigade en 1875, promu général de division en 1880. Inspecteur général des Écoles de tir et des cartoucheries, il prend une grande part dans l'adoption du fusil Lebel. Les nombreuses réformes qu'il promeut ne vont pas sans heurter l'opinion et le ministre de la Guerre, le général Farré, le punit même disciplinairement. Commandant de Corps d'Armée à Montpellier (1884), puis Gouverneur Militaire de Lyon, son action est particulièrement marquée dans les Alpes : il organise les troupes alpines[6] et favorise la construction de forteresses. En 1891, il est prolongé deux ans dans ses fonctions jusqu'à sa mise dans le cadre de réserve en 1893. Il décède le 18 décembre 1926 à Saint-Maurice (Seine) à l'âge de 98 ans.

Nicolas VOISIN, Gouverneur Militaire de Lyon et commandant le 14e Corps d'Armée du 28 septembre 1893 au 15 décembre 1895

Il est né le 15 décembre 1830 à Lyon et entre à l'École Polytechnique en 1850. Il fait toute sa carrière dans l'Artillerie. Lieutenant en second du lieutenant Bergé en 1854 au Régiment de la Garde, il est avec lui à Traktir et Malakoff. En 1858, il est chevalier de la Légion d'Honneur et promu capitaine. De 1861 à 1863, il défend les forts des États Pontificaux. Puis il prend une part brillante à l'expédition du Mexique, en particulier lors de la prise d'Oaxaca, ce qui lui vaut d'être promu officier de la Légion d'Honneur. C'est en qualité de chef d'escadron (19 juillet 1870) et d'aide de camp du général Frogeot qu'il participe aux batailles sous Metz. Il est fait prisonnier après la reddition. Lieutenant-colonel en 1875, colonel en 1878, général de brigade en 1883, enfin général de division en 1888, il commande le 5e Corps d'Armée à Orléans (1892), puis devient Gouverneur Militaire de Lyon. Il est aux côtés du Président Sadi Carnot lorsque ce dernier est assassiné le 23 juin 1894. Après son passage dans le cadre de réserve le 15 décembre 1895, il s'installe à Lyon. Candidat de la droite aux élections législatives de mai 1898, il est battu au second tour par le candidat radical. Il décède à Jallieu (Isère) le 3 novembre 1904.

Charles ZÉDÉ, Gouverneur Militaire de Lyon et commandant du 14e Corps d'Armée le 18 novembre 1895, inspecteur général du 19e Corps d'Armée et maintenu dans son commandement du 13 décembre 1901 au 14 février 1902

D'origine alsacienne, il naît le 14 février 1837 à Paris. Sorti de Saint-Cyr en 1857, il fait ses premières armes dans la Légion Etrangère, en Afrique (1857-1864), avec une interruption en 1859 pour la campagne d'Italie, où il participe à la bataille de Solférino (4 juin 1859). Dès qu'il apprend, à Sidi Bel-Abbès, qu'une expédition au Mexique se prépare, il tente en vain d'en être. Après la défaite du corps expéditionnaire devant Puebla (5 mai 1962), des renforts sont prévus, mais la Légion Etrangère n'en est pas : le lieutenant en second Zédé est parmi les signataires d'une pétition des officiers de la Légion, adressés

Le général Zédé, Gouverneur militaire de Lyon (1895-1902).

directement à l'Empereur ! Et les mises aux arrêts pleuvent, y compris pour le lieutenant Zédé. Enfin un premier renfort de la Légion part en 1864, puis un second de 500 hommes sous les ordres du lieutenant en premier Zédé quitte Mers-el-Kébir, le 1er avril 1864, en direction de Vera Cruz. Lors du siège d'Oaxaca, il est à la tête d'une patrouille qui prend tous les risques, dans un terrain particulièrement périlleux et exposé au sud de la ville : cette action lui vaut sa première citation à l'ordre de l'Armée du maréchal Bazaine. Après la prise d'Oaxaca, où il se distingue, Zédé devient officier d'ordonnance du gouverneur de l'État, le lieutenant-colonel Carteret-Trécourt, et assume la charge de commissaire impérial près le Conseil de guerre et la cour impériale de la place. Après une tentative, presque réussie, d'ascension du Popocatepelt, il met fin aux activités d'une bande de *plateados* (brigands) qui empoisonnaient l'existence des populations de la région. Le 28 mai 1865, il est affecté aux grenadiers du 3e bataillon du Régiment Etranger : il part, regretté par les Mexicains de la région d'Oaxaca[7], qui l'avaient surnommé « le senor Don Carlos ». Quittant le Mexique, il retourne en Afrique (1867-1868). En 1870, il est capitaine au 12e de Ligne au sein du 6e Corps d'Armée du maréchal Canrobert : il combat vaillamment, en particulier à Rezonville et à Saint-Privat. Après la capitulation de Bazaine, il évite la captivité en empruntant un déguisement et rejoint l'Armée du Nord, où il reçoit le commandement d'un bataillon du 2e Régiment provisoire. À Amiens, il protège avec quelques mobiles la retraite de l'armée. Il se distingue à la bataille de Saint-Quentin. Il est nommé commandant et décoré de la Légion d'Honneur (chevalier, puis officier avec deux citations). Il est avec les Versaillais lors de la répression de la Commune de Paris. À partir de 1877, lieutenant-colonel, il sert dans les Alpes, d'abord au 75e de Ligne à Gap ; puis colonel, il commande le 36e de Ligne le 30 décembre 1881. Chef d'État-major de l'Armée des Alpes et commandant la 56e Brigade d'Infanterie, il est aussi à la tête des subdivisions de Chambéry et Bourgoin. Le 4

En 1888, l'hôpital militaire de la Nouvelle Douane prend officiellement le nom d'hôpital Desgenettes.

mai 1887, il commande la brigade régionale de Lyon. Commandeur de la Légion d'Honneur le 4 mai 1889, général de division le 29 décembre 1892, commandant la 27e division à Grenoble, enfin Gouverneur Militaire de Lyon, il s'est principalement consacré pendant vingt-cinq ans à la défense et à l'Armée des Alpes. Il passe dans la section de réserve en 1902 et décède le 9 août 1908 à Sainte-Marguerite (près de Toulon).
La République continue avec son lot de scandales : c'est celui du canal de Panama en 1892, avec la mise en accusation de Ferdinand de Lesseps, déjà constructeur du canal de Suez. C'est l'assassinat du Président Sadi Carnot, en 1894. C'est surtout à partir de janvier 1898, avec le fameux article de l'*Aurore* « J'accuse » d'Emile Zola, le déclenchement de l'affaire Dreyfus : il y accuse violemment l'État-major. Zola est condamné au maximum et radié de la Légion d'Honneur. Mais l'article et le procès de Zola attirent l'attention sur le capitaine Alfred Dreyfus, condamné pour trahison en 1894 à la déportation à l'île du Diable. La France se coupe en deux autour de cette affaire. En 1899, le président Loubet gracie Dreyfus. Enfin en 1906, la Cour de Cassation casse le jugement de Rennes (1894) et réhabilite Dreyfus[8], qui est nommé commandant et décoré de la Légion d'Honneur. Cette affaire remua l'armée, mais n'entacha pas son prestige.
Hors de France, Auguste Pavie explore le Laos et les possessions françaises d'Extrême-Orient sont regroupées sous le nom d'Indochine (1886). En 1893, par le traité de Bangkok, la Grande-Bretagne et le Royaume de Siam reconnaissent le protectorat français sur le Laos. Le général Duchesne s'empare de Madagascar (1895), que le général Galliéni organise (1896-1904). En 1898, c'est l'incident de Fachoda, où arrive le commandant Marchand, précédant la colonne du général Kitchener ; le gouvernement français ordonne à Marchand de céder la place.
En 1888, la décision est prise d'implanter l'École du Service de Santé Militaire[9] à Lyon. Elle sera inaugurée en 1895. En 1888, l'hôpital militaire de la Nouvelle Douane prend le nom de Desgenettes. En 1894, la seconde ceinture des forts de la place de Lyon est terminée. Mais cette année-là est surtout marquée par l'assassinat du président Sadi Carnot, par Jeromino Santo Caserio, qui sera jugé et exécuté à Lyon en 1896.

Marie GRASSET, Gouverneur Militaire de Lyon et commandant du 14e Corps d'Armée du 14 février 1902 au 17 septembre 1903

Ce général est né le 17 septembre 1838 à Montélimar. À sa sortie de Saint-Cyr, il entame sa carrière dans l'Infanterie, d'abord en Afrique de 1857 à 1862, puis au Mexique jusqu'en 1865. Il retourne alors en Afrique jusqu'à la guerre de 1870. Capitaine, commandant la Ie Compagnie du 3e Bataillon du 2e Zouaves, il se distingue à Froeschwiller, puis à Sedan. Après sa captivité, il retourne en Afrique jusqu'en 1875. Après différents postes en France, en tant que général de division il est nommé Gouverneur Militaire de Lyon, puis placé en section de réserve. Il meurt à Montélimar le 17 septembre 1911.

Henri de LACROIX, Gouverneur Militaire de Lyon et commandant le 14e Corps d'Armée du 20 octobre 1903 au 24 juin 1906

Il est né le 30 août 1844 aux Abymes (Grande Terre, Guadeloupe). À sa sortie de Saint-Cyr en 1866, il choisit les Chasseurs à pied. Il fait partie du Corps expéditionnaire de Rome en 1867, puis combat à Froeschwiller et à Sedan. Après l'Algérie en 1875, il

L'EXÉCUTION

Dessin de TOFANI, d'après un croquis sur nature de More

L'année 1896 est surtout marquée à Lyon par l'exécution de l'assassin du Président Carnot, Caserio (A.M.).

ASERIO A LYON

spécial. — Gravure de MÉAULLE. — Voir l'article, page 270.

entre à l'École Supérieure de Guerre (1879-1881) : très bien noté, il est nommé aussitôt à l'État-major du Corps expéditionnaire du Tonkin ; il s'y illustre par la prise de Bac-Ninh en 1884. Il revient d'Haïphong en 1885. En 1902, il commande l'École Supérieure de guerre et devient membre du Comité technique de l'État-major et de l'Infanterie. Après avoir été Gouverneur Militaire de Lyon, il est nommé membre, puis vice-président du Conseil Supérieur de la Guerre (1907) et président du Comité Militaire d'État-major. Il décède le 30 août 1924 à Fleurier (Suisse).

Joseph GALLIÉNI, Gouverneur Militaire de Lyon et commandant le 14e Corps d'Armée du 24 juin 1906 au 7 août 1908

Né à Saint-Béat (Haute-Garonne) le 24 avril 1849, il sort de Saint-Cyr dans l'Infanterie de Marine en 1870 et fait ses premières armes lors de la défense de Bazeilles. En 1876, il est au Sénégal. Capitaine en 1878, il est au Niger l'année suivante : il négocie avec Ahmadou, sultan de Ségou, un traité exclusif de commerce pour la France en Haut-Niger (1881). Il devient, avec le grade de lieutenant-colonel, commandant supérieur au Sénégal. Promu colonel, il part pour le Tonkin (1893-1895) : il chasse les pirates chinois du territoire et instaure une administration vigoureuse, active et bienveillante. C'est au Tonkin qu'il prend pour proche collaborateur le commandant Lyautey, qui apprendra tout de Galliéni et le rejoint à Madagascar. Galliéni devient en effet gouverneur général de l'île (1896-1905). Il dépose la reine Ranavalo et œuvre pour mettre en valeur l'agriculture, la santé, l'enseignement et les voies de communications. Rentré en France, il est commandant du 13e Corps d'Armée, puis Gouverneur militaire de Lyon et commandant du 14e Corps d'Armée. En 1908, il devient membre du Conseil Supérieur de la Guerre. Ayant atteint la limite d'âge en 1913, il est rappelé et nommé Gouverneur Militaire de Paris le 26 août 1914 : il met en défense le camp retranché. Il apporte au général en chef Joffre une active collaboration (les taxis de la Marne), dont le résultat est la bataille sur l'Ourcq de la 6e Armée du général Maunoury sur le flanc de l'Armée Von Kluck : c'est le début de la victoire de la Marne. Ministre de la Guerre d'octobre 1915 à mars 1916, il facilite la tâche du général Joffre. Mais la maladie l'oblige à

Le général Galliéni, Gouverneur militaire de Lyon (1906-1908).

résilier ses fonctions et il meurt à Versailles le 27 mai 1916. À Lyon, un pont sur le Rhône porte son nom, attribué le 17 juillet 1916.
Il est à titre posthume, fait maréchal de France le 7 mai 1921. Sa statue est élevée depuis 1925 sur l'esplanade des Invalides. Il a publié différents ouvrages rappelant ses actions militaires et administratives dans les colonies : *Mission d'exploration du Haut-Niger* (1885), *Deux campagnes au Soudan* (1890), *Trois colonnes au Tonkin* (1899), *La pacification de Madagascar* (1899), *Madagascar de 1896 à 1905* (1905). Des écrits ont été édités par ses enfants : *Mémoires du maréchal Galliéni, Défense de Paris* (1926) et *Lettres de Madagascar* (1928).

Virgile ROBERT, Gouverneur Militaire de Lyon et commandant le 14e Corps d'Armée du 17 octobre 1908 au 19 octobre 1911

Né le 29 mai 1848 à Paris, il entre à l'École Spéciale Militaire (1867) et en sort sous-lieutenant, dans le 9e Régiment d'Infanterie de Ligne (RIL) : il y est promu lieutenant le 12 septembre 1870, après avoir été blessé à la main gauche à Rezonville, le 16 août. Captif, après la reddition de Metz (29 octobre 1870), il s'évade et reprend le combat au 12e Bataillon de Marche de Chasseurs à Pied, puis est affecté au 16e Bataillon de Chasseurs à Pied (BCP). Promu capitaine le 6 février 1874, il est envoyé en Afrique au 28e BCP. De retour, il entre à l'École Militaire de Guerre (1875-1877). Il est alors détaché en État-major (1879-1885). De 1885 à 1889, il commande une compagnie. Chef de bataillon au 2e Bataillon d'Infanterie Légère d'Afrique, il part au Tonkin (1889-1890). Il est blessé peu après au combat de Bo Pu et cité pour sa conduite contre les bandes chinoises dans la région de Cao-Bang. À son retour en France, il est promu lieutenant-colonel (1891) au 46e RI, colonel en 1894, puis nommé général de brigade en 1899 ; il est porté à la tête de la 82e Brigade d'Infanterie (41e DI, 20e CA). Suivent une série de commandements territoriaux et opérationnels. Général de division (1903), il est mis à la tête du 7e CA de Besançon (1907), et enfin Gouverneur Militaire de Lyon (1908-1911). Il est placé en section de réserve le 29 mai 1913. Rappelé, il est nommé au commandement de la 2e Région Militaire au mois d'août 1914, et replacé en 2e section le 1er janvier 1915. Il décède à Paris le 9 mai 1927.

Cette période qui court de 1900 à la déclaration de guerre est une période difficile pour l'armée. En effet, elle s'ouvre par « l'affaire des Fiches » qui va la secouer, en marge de la crise religieuse. Le ministère Waldeck-Rousseau (juin 1899-mai 1902) s'attache à mettre fin à l'affaire Dreyfus et s'attaque à l'agitation nationaliste. C'est un véritable cabinet de Défense républicaine alliant radicaux et socialistes : il traduit en Haute Cour les dirigeants nationalistes, fait gracier le capitaine Dreyfus et voter la loi sur les associations qui vise indirectement les congrégations religieuses (1901). Les élections de 1902 amènent à la Chambre une forte majorité du Bloc Républicain et Emile Combes à la tête du gouvernement (mai 1902-janvier 1905). Celui-ci, ancien séminariste, applique strictement la loi sur les associations, s'en prend aux congrégations leur faisant interdire d'enseigner (mars 1904) et dépose le projet de loi instaurant la séparation de l'Église et de l'État le 10 novembre 1904. Mais du fait du scandale des fiches, Combes démissionne. La séparation de l'Église et de l'État, basée sur la laïcité républicaine, est votée en 1905.

En 1901, le général André remplace le général de Galliffet au ministère de la Guerre et y reste jusqu'en novembre 1904. Son but est, après l'affaire Dreyfus, « de rapprocher le corps des officiers de la nation républicaine ». Cette idée l'entraîne à mettre au point le système par lequel l'avancement était subordonné aux opinions politiques et religieuses consignées sur des fiches, établies avec la collaboration, entre autres, des loges maçonniques, en dehors de toute voie hiérarchique, et envoyées directement au cabinet du ministre. En cette période de crise politique et religieuse, cette affaire déclenche de violentes polémiques dans l'armée, l'opinion publique et au Parlement : André, puis Combes, sont amenés à démissionner.
En 1905, les socialistes passent dans l'opposition et les radicaux doivent faire face à de nombreuses grèves, qu'ils répriment fermement.
Les colonies françaises s'agrandissent. En 1904, l'Afrique Occidentale Française (AOF) est créée. En 1910, c'est la constitution de l'Afrique Equatoriale Française (AEF). Malgré l'Allemagne, les Français pénètrent au Maroc à partir de 1907 et lui imposent son protectorat (1912).
Les alliances européennes se mettent en place dans les deux camps. L'alliance franco-russe est déjà ancienne (1891-1894). L'accord franco-britannique est signé le 8 avril 1904 (Entente Cordiale) ; puis c'est l'accord russo-britannique (1907) : la Triple Entente est scellée. Face à elle, la Triple Alliance regroupe les Empires d'Allemagne et d'Autriche-Hongrie, ainsi que le Royaume d'Italie. La tension monte dans les Balkans et le service militaire obligatoire est porté à 3 ans (1913).

● Pierre Alphonse Henri COURBEBAISSE, Gouverneur Militaire de Lyon et commandant le 14e Corps d'Armée du 17 octobre 1911 au 1er novembre 1913

Né le 27 novembre 1849 à Cahors, il n'a pas encore terminé sa formation à l'École polytechnique qu'il faut combattre à Sedan en 1870, où il est fait prisonnier. Libéré, il achève ses études à l'École d'État-major. À sa sortie, il choisit l'Infanterie et part en campagne en Algérie et en Tunisie (1872-1874). Chef de bataillon à l'État-major du Gouverneur Militaire de Paris, puis chef d'État-major auprès du Gouverneur Militaire de Lyon (du 12 octobre 1901 au 9 avril 1903), il prend le commandement de la 46e brigade d'infanterie (1903-1907). Le général Courbebaisse devient commandant du 16e Corps d'Armée (1911) et peu après Gouverneur Militaire de Lyon. Placé en 2e section le 1er novembre 1913, il décède à Nice le 30 mars 1939.

● Paul POURADIER DUTEIL, Gouverneur Militaire de Lyon et commandant du 14e Corps d'Armée du 1er novembre 1913 au 24 août 1914

Ce général est né le 11 décembre 1854 à la Châtre (Indre). Après sa sortie de l'École de Saint-Cyr en 1874, il poursuit une carrière d'officier d'Infanterie. Il fait campagne en Algérie de 1904 à 1907. Général de division, il devient Gouverneur Militaire de Lyon[10], jusqu'à sa mise en disponibilité de son poste le 24 août 1914. Il reçoit alors le commandement de la 13e Région Militaire et l'Inspection générale des camps et dépôts d'infanterie des 7e et 13e Régions Militaires. Le 7 avril 1915, il est relevé de son commandement, mis d'office à la retraite et rayé des contrôles. Il n'admet pas cette mesure et après de

Le général de division Courbebaisse, Gouverneur militaire de Lyon (1911-1913).

nombreuses procédures, il parvient à obtenir sa réintégration, à compter de sa date de radiation, avec maintien dans son commandement. Le 12 avril 1917, il est à nouveau placé en section de réserve, tout en conservant son commandement. Le 20 avril 1917, il est définitivement relevé et placé en 2e section. Il meurt le 15 octobre 1933 à Chapin (Indre).

La Grande Guerre va commencer : on a bien préparé la Revanche, mais nul n'a prévu les destructions et surtout le sacrifice d'une génération d'hommes.

1. Vœu du 8 octobre 1870, prononcé par Mgr Ginouilhac : si la Vierge préserve la ville de l'invasion des Prussiens, les Lyonnais s'engagent à construire un nouveau sanctuaire sur la colline de Fourvière.

2. Monument des Enfants du Rhône.

3. *Les Défenses de Lyon*, F. Dallemagne, 2006, *op. cit.*

4. L'autre armée est aux ordres du général de Galliffet.

5. François Bergé est à Fleurus à l'âge de 15 ans. Il entre à Polytechnique en 1794 et en sort officier d'artillerie. Il se signale aux Pyramides, à Austerlitz, à Iéna, au siège de Cadix et participe aux deux campagnes d'Espagne (blessé à Talavera et à Albufera). Il est nommé général de brigade en 1813, créé baron d'Empire en 1815, promu lieutenant général en 1823 et pensionné en 1831. Il meurt du choléra en 1832.

6. 12 bataillons de chasseurs alpins sont créés en 1888 et un 13e en 1889.

7. In *Camerone*, Pierre Sergent.

8. Alfred Dreyfus (Mulhouse 1859-Paris 1935), ancien élève de Polytechnique, termine sa carrière en 1917, avec le grade de lieutenant-colonel.

9. L'École du Service de Santé créée à Strasbourg ferme en 1870. L'École de Lyon s'implante avenue des Ponts (actuelle avenue Berthelot) jusqu'en 1981. Depuis lors, elle est à Bron.

10. Le général Pouradier-Duteil est le premier gouverneur militaire de Lyon à s'installer au début de 1914, dans l'actuel Hôtel du Gouverneur, situé sur l'avenue de Noailles (aujourd'hui avenue Maréchal-Foch). Cet hôtel a été construit à partir de 1857 par l'architecte lyonnais Jean-Marie-Anselme de Lablatinière, pour le baron Jonas Vitta, banquier et industriel en soie de Lyon, d'origine piémontaise. Il a été acheté par la Municipalité de Lyon, sur recommandation du maire Edouard Herriot (délibération du Conseil municipal du 30 décembre 1913), l'hôtel Varissan étant « *étroit et mesquin, indigne d'un personnage aussi important qu'un gouverneur de Lyon* » ! (renseignements tirés de l'opuscule *Hôtel des gouverneurs militaires de Lyon*, 1999, Aspirant Olivier-Frédéric Massé).

Chapitre 3

Les Gouverneurs Militaires de Lyon de 1914 à 1945

LA GUERRE DE 1914 À 1918

Lyon et sa Région sont situées très en arrière du front, mais jouent un rôle important, surtout au niveau industriel et hospitalier. En effet, les Usines Berliet fabriquent le fameux camion CBA, utilisé pour les transports militaires : son heure de gloire sonne quand les convois de camions ravitaillent Verdun par la Voie Sacrée. Berliet et d'autres constructeurs automobiles lyonnais participent à la construction des chars Renault[1], mis en œuvre à partir de 1917, en soutien de l'Infanterie, sur le front. Lyon renforce aussi Saint-Etienne et sa Manufacture d'Armes, en fabriquant des munitions, en particulier des obus à la halle de Tony Garnier : la plupart des ouvriers, qui œuvrent là sont des femmes embauchées pour remplacer les hommes mobilisés. Les terrains d'aviation d'Ambérieu-en-Bugey et de Lyon-Bron (créés, respectivement en 1909 et 1911) ont rapidement hébergé, dès 1912, des écoles d'aviation formant des pilotes militaires, d'active et de réserve. Pendant le conflit, ces écoles poursuivent les formations des aviateurs. Ces terrains servent aussi pour les essais en vol des nouveaux types d'avions de combat.
Lyon, comme toutes les grandes villes de l'arrière, sert aussi à l'accueil des nombreux blessés, évacués du front. Les blessés graves sont opérés dans les hôpitaux de campagne ou d'agglomérations proches des combats : dès qu'ils sont transportables, ils sont évacués vers l'arrière. Quant aux blessés légers, une fois pansés ou appareillés, ils arrivent dans les hôpitaux du sud. Lyon dispose de deux hôpitaux militaires, de nombreux hôpitaux publics et privés. Des formations complémentaires renforcent le dispositif hospitalier, destinées principalement à l'hospitalisation, avec un suivi de soins légers, à la

L'École du Service de Santé militaire, sur l'avenue des Ponts (avenue Berthelot), assure des formations complémentaires dans le domaine hospitalier durant le conflit de 1914 à 1918.

rééducation ou à la simple convalescence, tels l'École du Service de Santé Militaire ou des Établissements scolaires et religieux… jusqu'à des plattes (péniches) amarrées le long des rives des cours d'eau de Lyon.

Victor MEUNIER, commandant la 14e Région Militaire du 4 août 1914 au 29 avril 1916. Inspecteur Général des camps et dépôts d'Infanterie des 14e et 15e Régions Militaires (il cesse d'inspecter la 15e Région le 11 août 1915)

Né à Chalamont (Ain) le 23 avril 1848, polytechnicien, il est envoyé au front en 1870 avant d'avoir terminé sa formation en école d'application. Il se distingue à Saint-Privat et Servigny. Après sa captivité, il achève sa formation et fait carrière dans l'Artillerie. En 1875, il est aide de camp du général Bergé, chef des services de l'Artillerie et des Équipements du ministère de la Guerre. Le général Meunier fait campagne en Tunisie à deux reprises, en 1881-1884 et en 1903-1906. En 1911, il devient membre du Conseil Supérieur de la Guerre, puis il est placé dans la section de réserve en 1913. Il est réactivé au début de la Grande guerre, en qualité de commandant de la 14e Région Militaire à Lyon, sans porter le titre de Gouverneur Militaire. Il est à nouveau et définitivement placé en 2e section à sa demande en 1916. Il décède peu après à Paris le 13 juillet 1916. Ce général est le dernier commandant de la région ayant combattu en 1870.

Charles EBENER, Gouverneur Militaire de Lyon et commandant la 14e Région Militaire du 26 avril 1916 au 10 mai 1919

Il est né le 6 janvier 1858 à Wissembourg (Bas-Rhin). Sorti de Saint-Cyr en 1878, il entre dans l'Infanterie. C'est surtout en État-major que ses compétences sont utilisées : il accomplit de nombreux travaux qui lui valent six témoignages de satisfaction. Après avoir été auprès du Gouverneur Militaire de Paris en 1891, il occupe différents postes et part en Afrique en 1903. À son retour, il est au cabinet militaire du Président de la République, puis nommé général et chef de cabinet du ministre de la Guerre (1910-1911). Il prend le commandement de l'École Supérieure de Guerre. Lorsque la guerre éclate, ses qualités de chef d'État-major donnent de brillants résultats. Sa carrière s'achève au gouvernement militaire de Lyon. Il décède peu après, le 16 octobre 1919, à l'Hôpital militaire du Val de Grâce, à Paris.

L'ENTRE-DEUX GUERRES

François MARJOULET, Commandant le 14e Corps d'Armée, du 2 septembre 1916 au 21 septembre 1921. Gouverneur Militaire de Lyon et commandant de la 14e Région Militaire du 10 mai 1919 au 21 septembre 1921

Né le 21 septembre 1859 à Anduze (Gard), il entre à l'École Spéciale Militaire (1878). Sous- lieutenant au 3e Régiment de Zouaves (1880), puis lieutenant (1884), il part avec son régiment en Algérie (1880-1886) et participe aux opérations en Tunisie. Après un stage de deux ans à l'École Supérieure de Guerre, il est promu capitaine (1890) et rejoint l'Algérie (1890-1894). De retour en France, il prend le commandement, en qualité de chef de bataillon, du 27e BCP (1901). Il est mis à la tête du 4e Régiment d'Infanterie, après sa promotion au grade de colonel (1910). En 1911, il appartient à l'État-major et commande par intérim la 1e Brigade d'Infanterie. Il est nommé général de brigade (20 mars 1914). Commandant par intérim de la 35e DI, il est promu général de division, à titre temporaire, le 4 octobre (à titre définitif le 20 avril 1915) et il prend le commandement du 18e CA. Blessé à Verdun le 20 juin 1916, il est évacué. À son retour, il prend le commandement du 14e CA, de la 6e Armée (septembre 1916). Son Corps d'Armée se distingue du 23 au 26 octobre 1917. Le 10 mai 1919, il est Gouverneur Militaire de Lyon, conservant le commandement du 14e CA, à la tête duquel il s'est illustré. Il est placé en 2e section (1921) et reçoit la Grand-Croix de la Légion d'Honneur en 1933. Il décède le 18 janvier 1935 à Nice.

Léonce Marie LEBRUN, Gouverneur Militaire de Lyon, commandant la 14e Région Militaire du 21 septembre 1921 au 11 mars 1923

Né le 11 mai 1861 à Mézières (Ardennes), il entre à l'École Polytechnique en 1880. Sous-lieutenant, il suit les cours de l'École d'Application de l'Artillerie, d'où il sort lieutenant en second (1884). Stagiaire à l'ESG puis au CHEM, il est promu colonel le 23 mars 1914, il commande l'artillerie du 20e Corps d'Armée. En 1915, il est mis à la tête de la 77e Brigade d'Infanterie. Il est nommé général de brigade (juin 1915). Peu après, il prend le commandement de la 4e DI. Il est promu général de division à titre temporaire le 28 avril 1916 (à titre définitif le 18 mai) le lendemain de sa prise de commandement du 3e Corps d'Armée. Il conduit des contre-attaques refoulant l'ennemi vers la Marne, qu'il traverse le 19 juillet 1918, continuant son avancée jusqu'à la Vesle, puis l'Aisne. En 1919, il est commandant militaire de la 3e Région militaire ; puis en 1921, il devient Gouverneur Militaire de Lyon, jusqu'à son passage en 2e section. Il est élevé à la dignité de grand officier de la Légion d'Honneur le 12 juillet 1923 et décède 19 novembre 1950 à Versailles.

Edme PHILIPOT, Gouverneur Militaire de Lyon, commandant la 14e Région Militaire du 11 mai 1923 au 23 novembre 1927

Né le 23 novembre 1865 à Châtel-Gérard (Yonne), il entre à l'École Spéciale Militaire en 1884. À l'issue il choisit l'infanterie où il sert de 1886 à 1909. Major, il est affecté au 4e Régiment de Tirailleurs (1909), au sein duquel il se distingue en particulier à Tafoudert (1912). Promu lieutenant-colonel, il rejoint le 140e RI, puis le 340e RI (1914). Colonel le 22 février 1915, il assure, déjà depuis près d'un mois, le commandement par intérim de la 58e Brigade d'Infanterie. En 1916, il est porté à la tête, par intérim, de la 14e DI, alors qu'il vient d'être nommé général de brigade à titre temporaire. À Verdun, il défend son secteur avec opiniâtreté, et en payant de sa personne. Général de brigade à titre définitif, en avril 1917, il prend le commandement de la 4e DI en pleine bataille de la Somme et remporte d'importants succès. Le 11 juin 1918, il est promu général de division, à titre temporaire, et prend le commandement du 2e Corps d'Armée : lors de l'offensive du 18 juillet, après avoir progressé de 40 km en 11 jours de combat, il atteint l'Aisne (général de division à titre définitif, le 29 décembre 1918).

À l'issue de la Grande Guerre, il devient commandant de la 2e Région Militaire, à Amiens (1919), puis Gouverneur Militaire de Lyon (1923). Il atteint la limite d'âge le 23 novembre 1927 et quitte Lyon. Mais sa carrière est prolongée et il n'est versé dans la 2e section que le 23 novembre 1930, après avoir été décoré de la Médaille Militaire le 8 juillet précédent. Il était Grand Officier de la Légion d'Honneur depuis 1920. Il décède le 20 janvier 1945 à Bourgneuf-Val-d'Or (Saône-et-Loire).

Charles JACQUEMOT, Gouverneur Militaire de Lyon et commandant la 14e Région Militaire du 4 janvier 1928 au 3 octobre 1929

Né le 9 août 1869 à Paris, il sort en 1892 de Saint-Cyr au 2e Régiment de Tirailleurs algériens. Dès le premier mois de la Grande guerre, commandant le 5e B.C.P., il est cité deux fois. Blessé puis rétabli, il est à nouveau cité 3 fois à la tête du 152e Régiment d'Infanterie. Nommé chef d'État-major de l'Armée d'Orient en 1915, il est encore cité pour avoir permis la prise de Monastir. En Albanie, à la tête de la 57e Division d'Infanterie, il est à nouveau cité en 1917. Une huitième citation lui est décernée, en qualité de commandant de la 60e Division d'Infanterie, pour l'attaque menée à Montdidier en 1918. Il participe ensuite à l'occupation de la Ruhr à la tête des 13e et 77e Divisions d'Infanterie. De retour en France, il devient chef de cabinet du ministre de la Guerre avant d'être nommé Gouverneur Militaire de Lyon. Il est enfin membre du Conseil Supérieur de la guerre le 3 octobre 1929. Il décède le 5 septembre 1931 à Barcelonnette (Basses-Alpes).

Bernard SERRIGNY, Gouverneur Militaire de Lyon, Commandant la 14e Région Militaire du 4 novembre 1929 au 1er avril 1932

Né le 16 août 1870 à Labergement-les-Seurres (Côte-d'Or), il sort de Saint-Cyr en 1892, dans l'Infanterie. Ayant fait des études sociales, économiques et militaires approfondies, il est choisi par le général Pétain pour être son collaborateur lors de la préparation des offensives d'Artois, de Champagne, et de la défense de Verdun. Il est cité en 1915. En 1916, lorsque le général Pétain devient commandant du Groupe d'Armées du Centre, il devient son chef d'État-major, puis son chef de cabinet au Grand Quartier Général en 1917. Il est ensuite chef d'État-major du général Fayolle en Italie : il arrête l'ennemi à Orvillers-Sorel et défend le Piémont. En 1918, à la tête de la 77e Division d'Infanterie, il est cité pour ses succès en Belgique. Après la guerre, il réorganise l'instruction militaire et les Grandes Écoles Militaires, puis en 1921, il dirige la Section Générale du Conseil Supérieur de la Défense Nationale, qui vient d'être créée. Il termine sa carrière à Lyon en 1932 et décède le 13 novembre 1954 à Paris.

Edmond Louis DOSSÉ, Gouverneur Militaire de Lyon et commandant de la 14e Région Militaire du 15 avril 1932 au 25 mai 1936

Né le 3 juin 1874 à Embrun (Hautes-Alpes), il entre à Saint-Cyr en 1893. Affecté au 6e bataillon de chasseurs à pied (BCP), où il est nommé lieutenant (1897), il part en Tunisie (1899-1902) au 4e Régiment de Tirailleurs Algériens. En 1902, il est à l'École de Guerre, puis est muté dans différents RI (1903-1907) et au 10e BCP (1907-1910). Il enseigne ensuite à l'École Militaire de l'Artillerie (1911-1914).

Le général Dossé, Gouverneur militaire de Lyon (1932-1936).

Le 2 août 1914, il est affecté à l'État-major de la 2e Armée et nommé chef de bataillon le 1er novembre suivant. Pendant deux ans, il sert en qualité d'officier de liaisons de la 2e Armée sur les lignes avancées. Blessé au cours d'une mission, il reprend son poste avant guérison complète. Lieutenant-colonel (1916), il prend le commandement du 160e RI. Il est nommé sous-chef d'État-major de l'Armée d'Orient, où il se distingue (1917-1918). Colonel le 29 décembre 1918, il commande le 99e RI. En 1920, il est affecté à l'EMA. Il est envoyé en Lituanie, où, de Tilsitt à Chavli, il est chargé de faire cesser les hostilités entre Allemands et Lituaniens au nom de la Commission Interalliée (1920). Envoyé au Maroc en 1925-1926, ses aptitudes manœuvrières lui valent quatre citations ; à la tête de la 3e Division de Marche, il entre en plein cœur du Rif, portant un coup fatal à Abd-el-Krim, et donne la main aux Espagnols (8-25 mai 1926). Général de brigade (1925), il commande la 53e BI à Annecy, ainsi que le Centre d'Etudes de Montagne (1927-1930). Promu général de division (1929), il prend la tête de la 27e Division. Général de Corps d'Armée (1931), il commande la 16e RM (Montpellier), et, en 1932, la 14e RM avec le titre de Gouverneur Militaire de Lyon: il s'intéresse particulièrement à la défense de la frontière des Alpes, supervisant l'entraînement des troupes alpines et la construction des forts Maginot. Général d'Armée le 12 janvier 1936, il est maintenu en activité jusqu'au 3 juin 1939. Il est ensuite nommé inspecteur des formations militaires jusqu'au 1er juillet 1940. Il décède le 27 avril 1949 à Annecy (Haute-Savoie).

Joanny GARCHERY, Gouverneur Militaire de Lyon, commandant la 14e Région Militaire du 25 mai 1936 au 21 mai 1938

Né le 16 juin 1876 à Moulins, il sort de Saint-Cyr dans l'Infanterie. Il fait deux ans en Tunisie (1900-1901) et est affecté en Métropole. En 1914, il est cité pour ses opérations périlleuses de reconnaissance aérienne. En 1915, il est grièvement blessé lors d'assaut de tranchées et reçoit la Légion d'Honneur. De 1918 à 1919, il est à l'État-major des Armées Alliées en Russie Méridionale. Ses compétences en logistique en font un responsable du ravitaillement dans les Pays Rhénans (1923-1925). En 1925, il est cité pour sa mise en exploitation du transport ferroviaire dans le Djebel-Druze. Il participe à l'œuvre de pacification du Levant (1925-1929) : il obtient une nouvelle citation en 1927. Au Levant, il obtient une dernière citation en 1933, pour avoir maintenu l'ordre sans effusion de sang, à Damas, lors des troubles de novembre. Il est promu en 1936 général de corps d'armée et nommé Gouverneur Militaire de Lyon. Général d'Armée, il devient membre du Conseil Supérieur de la guerre le 21 mai 1938. Maintenu en activité, il est nommé Inspecteur Général de l'Infanterie (16 juin 1938) et membre de la Commission Mixte de Travaux Publics (4 septembre 1938). Commandant de la 8e Armée le 2 septembre 1939, il est remis à la disposition du ministre le 21 mai 1940 et placé dans la section de réserve le 20 août 1940, en application de l'article 1er de la loi du 2 août 1940. Il décède à Paris le 25 avril 1961.

Robert TOUCHON, Gouverneur Militaire de Lyon, commandant la 14e Région Militaire du 25 juin 1938 au 13 février 1940. Commandant le 14e Corps d'Armée du 2 septembre 1939 au 13 février 1940

Né le 18 décembre 1878 à Paris, il sort de Saint-Cyr en 1901 et sert dans les unités de chasseurs jusqu'en 1919. C'est un alpiniste et un skieur remarquable, un combattant et un meneur d'hommes exceptionnel. Il se distingue au Maroc (1913) et pendant la Grande guerre (quatre blessures, sept citations). Après 1919, il se consacre à l'enseignement de la tactique d'infanterie à l'École Supérieure de Guerre, jusqu'en 1931, avec un arrêt de deux ans pour commander le 159e Régiment d'Infanterie Alpine. Il est nommé commandant de la 4e Division d'Infanterie en 1936, puis Gouverneur Militaire de Lyon en 1938. Lors de la mobilisation, il a le commandement du 14e Corps d'Armée, chargé de la surveillance de la frontière des Alpes. Promu général d'Armée le 13 février 1940, il prend le commandement de la 6e Armée. Le 14 mai, avec son État-major, mais sans troupes organiques, il est chargé de rétablir la liaison entre la 2e et la 9e armées, après la percée de Sedan. Manquant de moyens et d'hommes, il organise une ligue de défense sur l'Aisne, en aval d'Attigny. C'est sur l'Aisne et le canal de l'Ailette que du 5 au 8 juin, il s'efforce de résister à l'offensive de deux armées allemandes. Le 1er juillet 1940, il reprend le commandement de la 14e Région Militaire. Il quitte le service actif le 20 août 1940. Il décède le 11 juillet 1960 à La Tronche (Isère).

LA GUERRE DE 1939 À 1940

Jules HARTUNG, Commandant la 14e Région Militaire du 2 septembre 1939 au 1er juillet 1940

Né le 27 août 1876 à Meyriez (Suisse), il entre à l'École Polytechnique en 1897, puis est formé à l'École d'Application de l'Artillerie (1899) et à l'École d'Application de la Cavalerie (1904). Pendant la Grande Guerre, il est successivement à l'État-major de l'Armée d'Alsace (1914), au 43e Régiment d'Artillerie (1916), à l'État-major du 35e Corps d'Armée (1917), à l'État-major du Groupe d'Armées de Réserve, au 233e Régiment d'Artillerie, à l'État-major général, au 105e puis au 355e Régiments d'Artillerie Légère : il obtient deux citations. En 1924, il est au cabinet militaire du Président de la République puis professeur à l'École de Guerre, dont il prend le commandement en 1932. En 1935, il est adjoint au général commandant la 14e Région Militaire et placé dans la réserve en 1938. Il est rappelé et nommé commandant la 14e Région Militaire en 1939 et définitivement versé dans la réserve en 1940. Il décède le 30 mai 1971 à Paris.

Robert TOUCHON, Commandant la 14e Région Militaire du 1er juillet au 20 août 1940

Le général Touchon a déjà été Gouverneur Militaire de Lyon le 25 juin 1938, puis commandant du 14e Corps d'Armée du 2 septembre 1939 au 13 février 1940. Sa biographie a été donnée lors de ce premier commandement à Lyon.

Après « la Drôle de Guerre », de septembre 1939 à mai 1940, l'offensive-éclair allemande met rapidement fin au conflit[2]. Le maréchal Pétain demande l'armistice le 17 juin au soir. Les Italiens n'ont attaqué dans les Alpes que tardivement. Malgré leur importante supériorité numérique, ils ne peuvent déborder les positions de défense : les unités alpines sont restées invaincues, sous les ordres du général Olry.

Mais Lyon est menacée par l'avancée allemande et nombreux sont les habitants qui se jettent sur les routes du sud, se joignant aux réfugiés qui traversent la ville depuis une dizaine de jours. Le préfet du Rhône est inquiet et alerte le député-maire de Lyon,

Edouard Herriot, pour qu'il obtienne du gouvernement que Lyon soit déclarée « ville ouverte » pour éviter les bombardements et les combats, ainsi que la destruction des ponts que l'armée doit effectuer. Edouard Herriot, qui a suivi le Gouvernement et l'Assemblée Nationale qu'il préside, à Bordeaux, court dans cette ville pour trouver le ministère de la Guerre, puis finalement réveille le maréchal Pétain : il est deux heures, ce 18 juin 1940, et Herriot voit sa supplique acceptée. L'après-midi suivant, le général Weygand ordonne au général Hartung d'évacuer ses troupes et de ne pas faire sauter les ponts.
Des troupes en retraite au nord de Lyon reçoivent l'ordre de faire front à l'ennemi. Ces combats du 19 juin se soldent par un massacre de Sénégalais par les Allemands : ces valeureux combattants assassinés ont leur cimetière à Chasselay, le « Tata ». Les vainqueurs entrent à Lyon, dès l'après-midi du 19 juin, dans une ville morne et silencieuse.
Une autre bataille se livre à l'est de Lyon : en effet, les unités des Alpes qui ont arrêté les Italiens craignent d'être prises à revers par les Allemands. Mais le général Olry a organisé une solide ligne de défense du Fort l'Ecluse près de Bellegarde jusqu'à Valence. Les Allemands sont à leur tour bloqués partout, notamment à la bataille de Voreppe où la 3ème Panzer du XVIe corps mécanisé subit un échec sévère face à un puissant barrage d'artillerie. L'armée des Alpes reste invaincue et, en accord discret avec le général Frère, elle va songer à la revanche à l'exemple précoce du commandant du 27ème BCA, Vallette d'Osia.
L'armistice est effectif le 25 juin et les Allemands quittent Lyon le 6 juillet. La France est dès lors coupée en deux par la ligne de démarcation. Au nord et à l'ouest, c'est la zone occupée. Au sud de la Loire et dans le sud-est, c'est la zone libre, où une armée dite d'armistice est maintenue et les Italiens occupent les Alpes.

LA GUERRE DE 1940 À 1945

● Aubert FRÈRE, Gouverneur Militaire de Lyon, commandant la 14e Région Militaire le 17 août 1940 et Commandant la 14e Division Militaire à Lyon du 10 novembre 1940 jusqu'au 13 juillet 1941

Né 21 août 1881 à Grevillers (Pas-de-Calais), il entre à Saint-Cyr en 1900 : il en sort sous-lieutenant au 2e Régiment de Tirailleurs Algériens à Mostaganem (1902). Il combat au Maroc de 1907 à 1913. (Légion d'Honneur en 1908). Il est promu capitaine et muté au 1er RI à Cambrai en 1913.
Au début de la Grande Guerre, le 1er RI entre en Belgique : à la bataille de Charleroi (21 août), il est blessé. À son retour au front, il prend le commandement d'un bataillon du 84e R.I en Champagne, puis sur la Woëvre, où il soutient d'âpres combats de tranchée. Chef de bataillon le 12 août 1915, commandant le 2e bataillon du 1er RI, près de Trigny (fin 1915), il pressent qu'une mine va exploser sous sa première ligne de tranchées : il évacue ses hommes. Le lendemain elle saute en effet : cette prescience lui vaut une citation à l'ordre de l'Armée (janvier 1916).

À Verdun, le bataillon Frère tient la côte de Poivre pendant plus d'un mois (mars-avril 1916). À la bataille de la Somme, le 1er RI est chargé de s'emparer de Maurepas (nuit du

Le général Frère, Gouverneur militaire de Lyon (1940-1941).

24 au 25 août). Frère sort le premier de la tranchée, coiffe son calot rouge bien connu et part à l'assaut : Maurepas est prise. Frère est promu officier de la Légion d'Honneur avec une 5e citation.

En mars 1917, le commandant Frère est mis à la tête du 6e Bataillon de Chasseurs Alpins, dans le secteur exposé de Craonne. Le 6e BCA défile à Paris le 14 juillet 1917. Puis au Chemin des Dames, le 31 juillet, le bataillon s'empare de la tranchée de la Gargousse, objectif convoité. Il en est délogé le 10 août ; quelques heures plus tard, par une attaque surprise, le 6e BCA reprend la tranchée et anéantit les assaillants du matin. Le commandant Frère est gravement blessé à la Malmaison (octobre 1917). De retour à son unité, il est à nouveau grièvement blessé à la tête en Picardie, le 19 mai 1918. Il reçoit la cravate de la Légion d'Honneur le 20 mai. Il est promu lieutenant-colonel, le 28 juin. Le 13 août, Frère qui marche avec deux cannes, fait ses adieux au 6e BCA, devant lequel il reçoit la Croix de Guerre. En 1919, il commande le 1er R.I. à Cambrai. Promu colonel en 1925, il prend le commandement de l'École des Chars[3]. Il insiste sur l'observation et le renseignement, demande la construction de chars rapides, bien armés et mieux blindés, dotés de la transmission sans fil. Selon lui, les chars ne doivent pas seulement accompagner l'infanterie et, de même que l'aviation, doivent constituer des groupements autonomes.

Le 31 mai 1931, nommé général de brigade, il prend le commandement de l'École de Saint-Cyr. Promu général de division, le 11 septembre 1934, il prend le commandement de la 11e Division (la Division de Fer), à Nancy. Il est élevé à la dignité de grand-officier de la Légion d'Honneur en 1935. En 1937, général de Corps d'Armée, il est à la tête de la 3e RM (Rouen), puis de la 10e RM (Strasbourg) en 1939.

À la déclaration de la guerre, il commande le 8e Corps d'Armée dans le secteur de Strasbourg et des Vosges. Il manifeste son impatience et ses divergences avec le Haut-Commandement. Le 17 mai 1940, le général Georges lui confie la 7e Armée, à créer à partir d'éléments disparates. Il doit barrer la route de Paris sur la Somme et l'Aisne. La 7e Armée est attaquée le 5 juin. Le lendemain, il obtient l'action de 50 avions qui dispersent une concentration de 800 chars ennemis. La 7e reste ferme sur ses positions, mais les armées voisines cèdent : Weygand ordonne le repli. Suit la période désastreuse de la retraite, faite de journées de combats, suivies de marches de nuit. La 7e reste opérationnelle jusqu'au bout ; dans son ordre du jour du 25 juin 1940, il encourage et félicite ses hommes : « *Soldats de la 7e Armée, conservez le cœur fier et la tête haute, vous n'avez pas connu la défaite* ».

Le général Frère commande la 12e RM (Limoges). Il affirme dès lors sa volonté de revanche. Le 2 août, il préside à Clermont-Ferrand le Conseil de Guerre qui juge le général de Gaulle, condamné à mort par contumace. Il est muté à Lyon en qualité de Gouverneur Militaire. Il donne, en sous-main, l'ordre de camoufler des armes et de se préparer à l'action clandestine. Promu général d'Armée, il part à Royat en juillet 1941, prendre la tête du 2e groupe de Divisions Militaires, ce qui lui donne autorité sur la moitié de l'Armée d'Armistice. Le 7 août 1942, il reçoit la Grand-Croix de la Légion d'Honneur, mais est atteint par la limite d'âge le 1er septembre, grâce à un décret, qui vient de diminuer d'un an l'âge du passage en seconde section, décret très probablement paru pour se débarrasser de lui. Il est toutefois maintenu en activité pendant 6 mois pour assurer la présidence de la Commission d'enquête sur la guerre et les causes de la défaite. Il est placé dans le cadre de réserve, sans emploi, le 15 janvier 1943.

Le 11 novembre 1942, les Allemands entrent dans la zone libre et le 27 novembre suivant, l'Armée d'Armistice est dissoute. Les généraux Verneau et Olleris, respectivement chef et sous-chef d'État-major, et le général Revers, chef de l'État-major particulier de l'amiral Darlan, mettent sur pied l'ORA (l'Organisation de Résistance de l'Armée) en 1942. Ces trois chefs font appel au général Frère pour qu'il prenne la tête du mouvement. Il vit toujours à Royat et y demeure très surveillé. Il refuse de partir à Londres et fait rechercher le contact avec les autres mouvements de Résistance.
Le général Frère est arrêté le 13 juin 1943 à Royat, jugé et finalement déporté au camp du Struthof, où il meurt pour la France de mauvais traitements, de maladie et d'épuisement le 14 juin 1944. Son épouse, arrêtée en même temps que lui, rentre du camp de Ravensbruck en 1945. Elle assiste en 1949, à Saint-Cyr, au baptême de la promotion « Général Frère ». Elle demande au général Weygand d'écrire la biographie de son mari. Lyon a donné son nom à une avenue, le long du Rhône, et le quartier militaire de la Vitriolerie est devenu le Quartier Général Frère.

Louis Robert de SAINT-VINCENT, Adjoint au général commandant la 14e Division Militaire, le 8 novembre 1940. Commandant la 14e Division Militaire du 13 juillet 1941 au 1er septembre 1942

Né le 30 novembre 1882 à Saint-Léger-en-Bray (Oise), il sort de l'École Polytechnique en 1905 et de l'École d'Application de l'Artillerie en 1907. Il sert dans différents régiments d'Artillerie jusqu'à la Grande guerre, au cours de laquelle il s'illustre en méritant sept citations. Entre les deux guerres, il occupe différents postes de responsabilités en État-major. Il est chef d'État-major de la 6e Armée à la mobilisation, puis dans cette même armée, à la tête de la 64e, puis de la 17e Division Légère en 1940. Il est ensuite en poste à Lyon, comme adjoint, puis commandant de la 14e Division Militaire, avec le grade de général de Corps d'Armée. Le 31 août 1942, le général de Saint-Vincent est admis à faire valoir ses droits à la retraite pour avoir refusé la participation de l'armée dans la déportation des juifs[4]. Il est rappelé à l'activité à compter du 29 août 1944 et replacé dans la 2e section du cadre de l'État-major général. Il décède le 28 juillet 1954 à Forges-les-Bains (Seine-et-Oise).

Jean MER, commandant la 14e Division Militaire du 1er septembre à novembre 1942

Né le 29 novembre 1885 à Alger, il sort de Saint-Cyr en 1907, et s'illustre dans l'Infanterie pendant la Première guerre mondiale (huit citations). Professeur (1937), puis Commandant en second et Directeur des Études de l'École Supérieure de Guerre (1938), il est affecté, lors de la mobilisation, à la tête de la 64e Division d'Infanterie. Le général Olry, commandant l'Armée des Alpes, fait appel à lui pour être son chef d'État-major : ensemble, ils préparent la campagne défensive face aux Italiens et mettent en œuvre les moyens et les hommes pour contenir les Allemands, prenant à revers leur dispositif. Le général Mer commande ensuite la subdivision de la Drôme, puis il est nommé chef d'État-major de la 14e Division Militaire, adjoint au commandant de la 16e Division Militaire, enfin à Lyon, avant d'être démobilisé et renvoyé dans ses foyers fin 1942. Il décède le 17 septembre 1949 à Chambéry (Savoie).

1944. Destruction des ponts de Lyon par les Allemands. Pont Tilsitt, sur la Saône..

L'appel du 18 juin 1940 lancé par le général de Gaulle sur les ondes de la BBC est peu entendu, mais l'écoute de la radio anglaise joue un rôle capital et donne une notoriété au chef de la France Libre. Les débuts de la Résistance ressemblent à une « Fronde » et les premiers journaux clandestins se passent sous le manteau. Mais elle a déjà ses premiers martyrs. Des filières permettent le passage de la ligne de démarcation qui coupe la France en deux zones, occupée et libre. D'autres se préoccupent des israélites menacés et des évadés des camps de prisonniers. Mais beaucoup, parmi ceux qui veulent la revanche, placent leurs espoirs dans le maréchal Pétain et son gouvernement de Vichy.
En zone occupée, les services spéciaux de l'Armée d'Armistice créent et soutiennent les premiers réseaux de renseignements. En zone libre, l'Armée d'Armistice camoufle des armes et, en AFN, le général Weygand entretient la flamme de la revanche. L'attaque allemande de la Russie, le 22 juin 1941, amène les communistes du « Front national » à entrer en Résistance : les FTP (Francs Tireurs et Partisans) en sont le bras armé. De Londres, le BCRA (Bureau Central de Renseignements et d'Actions) envoie des émissaires, tels Estienne d'Orves (fusillé en août 1941), ou Manuel au sud, Passy et

1944. Destruction des ponts de Lyon par les Allemands. Passerelle pour piétons sur le pont Wilson, sur le Rhône.

Brossolette (suicidé, pour ne pas parler en 1944) au nord, ainsi que Jean Moulin, délégué général, qui tentent d'unifier les différents mouvements.
Le 11 novembre 1942, l'occupation de la zone libre sonne le glas des espoirs mis dans le maréchal Pétain. Les généraux Frère, Verneau, Olleris et Revers lancent l'Organisation de Résistance de l'Armée (ORA). Différents mouvements, « Combat », « Libération », et « Franc-Tireur », s'unissent dans le MUR (Mouvements Unis de la Résistance), dont le bras armé est l'Armée Secrète (AS) sous les ordres du général Delestraint. Les maquis naissent en nombre à partir de la fin de 1942, dans les régions reculées, les massifs forestiers principalement. De nombreux hommes refusent de partir en Allemagne pour le STO (Service du Travail Obligatoire), créé le 5 février 1943 : ces réfractaires rejoignent les maquis. Quant à Jean Moulin, il crée le CNR (Conseil National de la Résistance), gouvernement clandestin de la France, le 27 mai 1943. Il est arrêté peu après à Caluire et meurt en cours de transfert en juin. Mais l'unification progresse et au printemps 1944, naissent les Forces Françaises de l'Intérieur (les FFI), sous les ordres du général Koenig. Dans notre région, des groupes de maquisards se sont formés rapidement en Haute-Savoie, Savoie, Isère, Drôme et Ain. Dans ce dernier département, Romans-Petit monte

le fameux défilé du 11 novembre 1943 à Oyonnax. Ce même jour, d'autres manifestations démontrent l'esprit de résistance. Le commandant Vallette d'Osia, ancien chef de corps du 27e BCA et chef de l'AS en Savoie, est arrêté en septembre : évadé peu après, trop marqué, il rejoint l'AFN. Les Italiens, qui occupent les Alpes, attaquent en vain les maquis du Vercors en avril 1943. Les Allemands s'implantent dans le massif alpin en septembre 1944, après l'armistice signé avec les Alliés par l'Italie.
Entre milice et Gestapo, les chefs tombent : Delestraint le 9 mars 1943 à Paris, Frère le 13 juin à Royat, Moulin à Caluire le 21 juin 1943. Les Allemands interviennent en Haut-Bugey fin 1943, puis en février et avril 1944 : la dispersion des groupes permet d'éviter de graves pertes. Ils attaquent **le plateau des Glières** en février 1944 avec plus de succès, les maquis étant concentrés, sur ordre supérieur[5], pour un fallacieux « abcès de fixation », en ce point de la Haute-Savoie.

Après le débarquement en Normandie du 6 juin 1944, les FFI deviennent téméraires, principalement les FTP qui veulent obtenir de rapides résultats, négligeant les risques encourus pour la population civile. Le Haut-Bugey est à nouveau assailli en juillet 1944 et **surtout le Vercors**, attaqué avec de puissants moyens, tombe à la fin de ce même mois. À Lyon, le colonel Chambonnet, chef des FFI de la Région, est exécuté le 7 juillet 1944, et remplacé par Alban-Vistel, le lieutenant-colonel Descour assurant le commandement militaire. Le 15 août, les troupes franco-américaines débarquent en Provence. Le chef des FFI du Sud-Est, le colonel Zeller, avait rejoint l'AFN et rencontré le général Patch pour lui conseiller d'utiliser non seulement la vallée du Rhône, mais aussi le route Napoléon à travers les Alpes, qui doit lui permettre une avancée rapide, grâce à l'aide des maquis. Quant à Hitler, il donne ordre le 17 août à toutes ses unités au sud de la Loire de se replier en direction d'Autun, pendant que les unités du sud-est doivent retenir l'assaillant franco-américain.
Descour ordonne aux groupes FFI l'attaque générale sur la RN7. Ainsi le sabotage du pont de Livron sur la Drôme provoque un embouteillage monstre des Allemands bloqués sur les routes jusqu'à Montélimar, ce qui permet une action efficace de l'aviation alliée. Les maquis libèrent la Haute-Savoie le 19 août. Des combats en Tarentaise ont commencé dès le début de juillet et la vallée est enfin libre le 23 août. Grenoble voit arriver les Américains le 28 août. La Maurienne n'est libérée que le 14 septembre grâce aux renforts du 5e RTM et de trois Tabors.

Lyon est l'objectif[6] de tous, Américains du VIe Corps d'Armée, Français de la Ie Armée du général de Lattre de Tassigny et FFI du lieutenant-colonel Descour. Lyon, qui a subi des bombardements[7] faisant de nombreuses victimes, va assister impuissante à la destruction de ses ponts par les Allemands. Le 28 août, Descour ordonne aux FFI de converger vers Lyon : ceux de l'Ardèche et de la Loire à l'ouest, ceux du Rhône et de l'Ain au nord et ceux de l'Isère et de la Drôme au sud-est. Les FTP tentent trop tôt de libérer Villeurbanne[8] le 24 août : la réaction allemande est rapide, faisant de nombreuses victimes. Dans la région de Meximieux[9], des unités du VIe Corps d'Armée américain, assistées par les résistants de l'Ain du capitaine Colet, sont accrochées par les Panzers ennemis, parvenant à retarder leur progression (Ier septembre). Les ponts sautent le 2 septembre au matin et l'après-midi, le commandant Bousquet à la tête de « ceux du Vercors » tient la rive gauche du Rhône.

Le 3 septembre, le groupe Vigier, comportant des éléments de la Ie DFL et de la Ie DB, entre à Lyon avec les FFI. Le général Brosset[10], commandant la Ie DFL, suit de près, et est désigné Gouverneur Militaire de Lyon coupée en trois par la destruction de ses ponts et y établit l'ordre. Bourg-en-Bresse est libérée le lendemain. Le général Patch avait prévu la Libération de Lyon à J + 90 après le débarquement. Elle est effective à J + 19.
Le général de Lattre de Tassigny charge le colonel Vallette d'Osia de prendre le commandement de la Division Alpine en cours de regroupement à partir des maquis[11] : la 27e DIA, forte de 20 000 hommes, va se battre tout l'hiver sur les cols et dévaler vers Turin au printemps 1945[12]. Au nord, la progression alliée est rapide et la jonction avec les armées venant de Normandie se fait à Châtillon-sur-Seine le 12 septembre 1944.
À Lyon, le lieutenant-colonel Descour est nommé Gouverneur Militaire et commandant de la 14e Région Militaire.

1. En 1918, Berliet, à Vénissieux, fournit 15 chars Renault par jour.

2. Cf. Général Bruno Chaix « En mai 1940, fallait-il entrer en Belgique ? Décisions stratégiques et plans opérationnels de la campagne de France », *Economica*, 2000.

3. Son second est le lieutenant-colonel Delestraint.

4. Le 4 août 1942, la direction générale de Vichy ordonne au préfet de Lyon, Angeli de transférer les juifs étrangers en zone occupée. Une fuite en avise l'association Amitiés Chrétiennes, patronnée par le cardinal Gerlier, le pasteur Boegner, le maire Georges Villiers et le général de Saint-Vincent. Le but de l'association était l'aide aux réfugiés. 4 000 juifs devaient être arrêtés, mais 3 000 échappent aux rafles. Angeli ne fut pas dupe du rôle joué par les dirigeants de l'association dans l'échec de son opération policière.

5. La même « faute » amène la concentration et le sacrifice de résistants au Mont-Mouchet en Auvergne, puis en Vercors. La population civile est, elle aussi, gravement touchée.

6. Général François Lescel, *Objectif Lyon*, 2004.

7. Bombardements britanniques de nuit le 29 mars sur Vénissieux et américains de jour le 26 mai sur les quartiers de Vaise et de la Guillotière.

8. Malgré les ordres de Descour.

9. Général François Lescel, *Objectif Meximieux*, 2000.

10. Le général Diégo Charles Brosset est né à Buenos-Aires en 1898. Il s'engage en 1916, sert en Afrique et en 1933 dirige les Affaires indigènes au Maroc. En mission en Colombie en 1939, il se rallie dès juin 1940 au général de Gaulle, commande une brigade en Libye, puis la Ie DFL en Italie et en France. Il meurt accidentellement près de Belfort en 1944. La famille paternelle du général Brosset est originaire de Lyon.

11. Le 17 novembre 1944, la Division Alpine devient la 27e DIA :
Ie Demi-Brigade de Savoie (lieutenant-colonel de Galbert), avec 2 bataillons des Glières du commandant Godard, nés des traditions du 27e BCA.
2e Demi-Brigade de la Drôme (lieutenant-colonel de Lassus).
3e Demi-Brigade de l'Isère (lieutenant-colonel Le Ray), avec le 6e BCA du Vercors.
4e Demi-Brigade du Rhône et de l'Ardèche (lieutenant-colonel Marielle-Tréhouart), futur 159e RIA.
5e Demi-Brigade de l'Ain (lieutenant-colonel de Susy).
(*in* P. Montagnon, *Les maquis de la Résistance*, 2000, Pygmalion).

12. L'ensemble des unités engagées dans les Alpes est aux ordres du général Doyen.

Chapitre 4

Le Gouvernement militaire de Lyon depuis la Libération

Lyon est libérée le 3 septembre 1944.

Marcel DESCOUR, Gouverneur Militaire de Lyon, Commandant de la 14e Région Militaire du 3 septembre 1944 au 4 septembre 1945. Gouverneur Militaire de Lyon, Commandant de la 8e Région Militaire du 17 août 1956 au 6 novembre 1960

Né le 6 novembre 1899 à Paris, il est appelé au 3e Régiment de Dragons en 1918. Détaché à l'École Spéciale Militaire (ESM), il en sort brigadier. En 1919, il s'engage pour 8 ans, rejoignant de nouveau l'ESM (1920), puis l'École d'Application de la Cavalerie. Sa carrière se poursuit au 3e Dragons, puis au 6e Cuirassiers jusqu'à l'École de Guerre en 1934. Quand la guerre est déclarée, il est capitaine à l'État-major.

Démobilisé le 29 novembre 1942, il est déjà chef d'escadrons dans la Résistance, chef de l'Organisation de la Résistance de l'Armée (ORA) de la 14e RM, puis chef des FFI des 7e et 14e R.M. en juin 1943. Lieutenant-colonel, c'est très naturellement qu'il est nommé Gouverneur Militaire de Lyon (1944). Promu colonel, il est affecté au ministère de la Guerre. Il commande à divers niveaux les troupes d'occupation en Autriche avant de devenir à nouveau, avec le grade de général de Corps d'Armée, Gouverneur Militaire de Lyon en 1956. Général d'Armée (1959), il est placé en 2e section le 6 novembre 1960. Il décède le 2 avril 1995 à Montbrison-sur-Lez (Drôme).

Le général Descour, Gouverneur militaire de Lyon (1944-1945, 1956-1960).

Paul DOYEN, Commandant provisoire la 14e Région Militaire du 23 juin au 1er juillet 1940. Adjoint au Commandant la 14e Région Militaire le 3 juillet 1940. Commandant de la 14e Région Militaire du 20 août au 2 septembre 1940. Gouverneur Militaire de Lyon, Commandant la 14e Région Militaire et Commandant du 4e Corps d'Armée du 4 septembre 1945 au 15 mars 1946

Né le 21 juin 1881 à Cabanac-Villagrains (Gironde), il entre à l'ESM en 1901 et en sort sous-lieutenant au 11e Bataillon de Chasseurs (BC). Pendant la Grande guerre, il est au 11e BC : blessé trois fois, il obtient deux citations à l'ordre de l'Armée, est promu capitaine (1914) et chef de bataillon (1916). Il entre à l'École de Guerre et est promu chef de bataillon à titre définitif (1922). Il poursuit ensuite une carrière en État-major (1923-1931). Général de brigade en 1936, il prend le commandement de la 27e Division d'Infanterie du Dauphiné et du groupe de subdivision de Grenoble. Général de division (1939), il est mis à la tête du 18e CA (mai 1940) et chargé d'une mission retardatrice (14-15 juin), malgré des moyens insuffisants, pour contrôler les coupures de l'Aube et de la Seine. Il remplit totalement sa mission, permettant le repli d'importants effectifs.

Il passe rapidement à Lyon et prend rang et appellation de général de corps d'Armée le 10 septembre 1940. Il préside la délégation française auprès de la Commission allemande d'Armistice à Wiesbaden. Le général Doyen et la délégation restent détenus en Allemagne jusqu'en juillet 1941. À son retour, il est versé dans la section de réserve. Il participe activement à la Résistance, est arrêté, puis libéré de la prison d'Evaux-les-Bains (Creuse) en 1944 par les FTP. Rappelé à l'activité le 1er février 1945, il prend le commandement du détachement de l'Armée des Alpes le 21 mars et franchit les Alpes en vainqueur malgré la résistance des Allemands. Le général Doyen termine sa carrière active comme Gouverneur Militaire de Lyon. Il décède le 3 septembre 1974.

René de HESDIN, Gouverneur Militaire de Lyon, Commandant la 8e Région Militaire du 15 mars 1946 au 30 septembre 1949

Né le 30 septembre 1890 à Chailly-en-Brie (Seine-et-Marne), il s'engage pour quatre ans en 1911, il est l'année suivante à l'ESM. Sous-lieutenant, il est affecté au 72e RI. En 1914, il est promu lieutenant à titre temporaire (définitif en 1915) : il se distingue et mérite quatre citations. Blessé grièvement en 1915 et promu capitaine (1916), il devient instructeur des chefs de section de la 6e Armée (1916-1917), puis est affecté à l'État-major de la 14e Division d'Infanterie.

Après le conflit, il est muté à l'Armée d'Orient (1919-1920), puis au Levant où il se distingue et mérite une citation (1920). À partir de 1922, il passe dans l'arme de l'Artillerie. Après l'École de Guerre, il est promu chef d'escadron en 1929. En État-major à partir de 1934, lieutenant-colonel en 1936, puis colonel en 1940, sa conduite en Belgique lui vaut une citation. Il prend le commandement du 68e R.A.A. à Tlemcen en 1941. Après le débarquement américain en AFN, il est à la tête de l'artillerie en Tunisie (1942), engagé contre les troupes de von Arnim et est nommé général de brigade à titre temporaire. Commandant l'artillerie de la 3e DIA en Italie, il est général de brigade à titre définitif en 1944. Au début de 1945, il prend le commandement de la DMM et est promu général de division. Sa division fait jonction à Rouffach avec le 21e CA-US, réalisant l'encerclement

d'unités ennemies dans les Vosges. De Hesdin est blessé près de Cernay. Le 15 avril, la DMM franchit le Rhin et participe à la destruction du XVIIe CA ennemi. La division atteint ensuite l'Autriche et nettoie le Voralberg.
Le général de Hesdin est à Lyon en 1946 et prend rang et appellation de général de corps d'Armée. Il est élevé à la dignité de grand officier de la Légion d'Honneur et placé en 2e section en 1949. Il décède le 7 juillet 1966 à Louviers (Eure) dans un accident de la circulation.
Pendant ce temps-là, à 10 000 km de la métropole, par le coup de force du 9 mars 1945, les Nippons occupent toute l'Indochine. Soutenu par les Japonais, le Viet-minh proclame l'indépendance du Viet-Nam (1945) et le général Giap organise son armée avec le soutien indirect des USA, relayés par la Chine nationaliste. Le général Leclerc bloque l'attaque de Giap sur le Tonkin, que le général Salan reconquiert en 1947. Le désastre de la RC4 (1950) amène le général de Lattre de Tassigny en Indochine. La victoire de Mao en Chine déclenche l'aide américaine à partir de 1951. Mais Giap s'est suffisamment renforcé et emporte Dien Bien Phu en 1954.

Roger NOIRET, Gouverneur Militaire de Lyon, Commandant la 8e Région Militaire du 30 septembre 1949 à août 1951

Né le 10 août 1895 à Prosnes (Marne), il sort de Saint-Cyr en 1913. Au début de la Première guerre mondiale, il combat au sein du 27e Chasseurs. En 1917, il entre à l'École d'Artillerie, puis est affecté au 252e Régiment d'Artillerie de Campagne, avec lequel il s'illustre (cinq citations). Entre les deux guerres, il effectue de nombreuses missions en mer, en Allemagne et au Proche-Orient. En 1939, il travaille au 3e bureau du Grand Quartier Général. Démobilisé en 1942, il rejoint l'Afrique du Nord, où il est affecté au dépôt de guerre du Groupement de FTA/44. Ensuite il remplit d'importantes fonctions d'État-major au Maroc, puis à Londres. À la Libération, il commande la 10e DI, puis la 3e Division Blindée : il reste 4 ans en Allemagne parmi les forces d'occupation. Promu général de corps d'Armée, il est nommé Gouverneur Militaire de Lyon, commandant la 8e Région en 1949. Il devient membre du Conseil Supérieur de la Guerre le 1er janvier 1951 et est promu général d'Armée en juin 1954. Il décède le 8 août 1976 en son château de Hardoncelle, à Romilly-les-Pothées (Ardennes).

Pierre MAGNAN, Gouverneur Militaire de Lyon, Commandant la 8e Région Militaire, Inspecteur et Commandant de la ZD n°4 du 28 août 1951 à août 1954

Né le 11 janvier 1896 à Decize (Nièvre), il s'engage en 1915 et entre au Centre d'Instruction de Joinville. Il est cité après une dangereuse mission de liaison (1916). Muté au 56e RI (1917), il y mérite sept citations. Il est blessé le 1er août 1918 lors d'un assaut à Tracy-le-Val. Sous-lieutenant à titre définitif le 1er février 1918 et lieutenant le 28 juin 1918, il entre à Saint-Maixent en 1919 et est décoré de la Légion d'Honneur en 1920. Il fait campagne en AOF (1922-1924) et est cité pour son action aux confins du Niger. Capitaine en 1924, il repart au Maroc où sa conduite lui vaut deux citations (1925-1927). Chef de bataillon en 1933, après l'École Supérieure de Guerre, il est muté en AOF (1935-1938). Lieutenant-colonel il rejoint l'Indochine (1938-1941).

Il prend le commandement du 1er RICM en 1941 et est promu colonel en 1942. Le 5 février 1943, il commande le Corps-Franc d'Afrique et entre le premier à Bizerte, reprise aux Allemands. Général de brigade le 8 mai 1943, il prend en 1944 le commandement de la 9e DIC et s'empare de l'île d'Elbe en juin. La 9e DIC débarque en Provence le 19 août et participe à la prise de Toulon. Puis ce sont les opérations de la vallée du Rhône et celles aboutissant en novembre 1944 à la percée des lignes allemandes dans la région comprise entre le Doubs et la frontière suisse, ainsi qu'à la libération de Mulhouse. Il est promu général de division à titre temporaire le 31 août et honoré de la Distinguished Service Order.

Le général Magnan est nommé commandant des troupes d'AOF (1945-1949) et prend rang et appellation de général de corps d'Armée en 1947. En 1949, il prend le commandement de la 9e RM à Marseille, puis devient Gouverneur Militaire de Lyon. Général d'Armée le 1er septembre 1954, il devient inspecteur général de la Défense. Grand Officier de la Légion d'Honneur (1947), en 2e section le 11 janvier 1957, il décède le 10 juin 1976 à Strasbourg.

Albert LAURENT, Gouverneur Militaire de Lyon, Commandant la 8e Région Militaire du 13 août 1954 au 5 août 1956

Né le 5 août 1896 à Velaines (Meuse), il prépare l'École des Chartes. Appelé en qualité d'élève officier de réserve de la classe 1916, il est incorporé au 106e Régiment d'Infanterie. Il sert ensuite, comme officier de renseignements, au 25e Régiment d'Infanterie, puis au 2e bureau de l'État-major de la 10e Armée. À l'issue de la guerre, il est activé, sert au Maroc dans la Légion Etrangère. Puis, formé à l'École d'artillerie, est affecté au 93e Régiment d'Artillerie de Grenoble et de nouveau au Maroc. Après l'École de Guerre, de nombreux stages et le Centre des Hautes Etudes Militaires, il est au Grand Quartier Général en 1939. Après la défaite, il est conservé à la Direction du Service de l'Armistice, et devient sous-chef d'État-major en 1942. Il

Le général Laurent, Gouverneur militaire de Lyon (1954-1956).

est chef du 2e bureau de l'Organisation de la Résistance de l'Armée, après l'occupation de la zone libre. Après la libération de Paris, il devient chef du 2e Bureau des Forces Françaises Libres, puis commande la 3e Brigade d'Artillerie lors des derniers combats en Alsace. En 1947, il est chef de cabinet de plusieurs secrétaires d'État et du ministre de l'Armée (1947-1949). Il est à la tête de la Division d'Alger en 1949 et commence des travaux d'archéologie sahariens. Nommé à Lyon en 1954, puis général de Corps d'Armée le 1er avril 1955, il passe en 2e section le 5 août 1956. Membre de l'Académie de Lyon, il en devient le président après sa cessation d'activité militaire. En 1959, il organise une importante mission d'exploration scientifique. Il prend aussi part à la vie politique municipale, puis se retire à Nice, où il décède le 15 mars 1972.

Marcel DESCOUR, Gouverneur Militaire de Lyon, Commandant de la 8e Région Militaire du 17 août au 6 novembre 1960

Le général Descour a déjà été gouverneur de Lyon et commandant de la 14e Région Militaire, avec le grade de lieutenant-colonel, puis de colonel du 3 septembre 1944 au 4 septembre 1945. Voir sa biographie lors de ce précédent commandement. Général d'Armée en juin 1959, il décède le 2 avril 1995, à 95 ans, à Montbrison-sur-Lez (Drôme). Il est le dernier gouverneur militaire de Lyon ayant participé aux deux guerres mondiales.

Pierre CONZE, Gouverneur Militaire de Lyon, Commandant la 8e Région Militaire, Inspecteur et Commandant de la ZD n°4, du 9 janvier 1961 au 1er février 1964

Né le 1er février 1903 à Billon (Puy-de-Dôme), il est à l'École Polytechnique en 1921, puis à l'École d'Application de l'Artillerie en 1923. Il sert dans l'Artillerie jusqu'en 1939, date à laquelle il est affecté à l'État-major de l'Amiral Commandant en Chef des Forces Maritimes, puis au Groupement de la Défense Aérienne Terrestre jusqu'en 1942. Après dissolution, il est maintenu à l'organe liquidateur du Groupement des Forces Terrestres Antiaériennes, puis mis en cessation d'activité. Il rejoint la résistance. Lieutenant-colonel, puis colonel des Forces Françaises de l'Intérieur, il prend le commandement du 421e Régiment des Forces Terrestres Antiaériennes, en 1944, puis de l'ensemble des Forces Terrestres Antiaériennes. Il est major général de l'Armée de Terre, puis commande la 13e Division Légère. Général de corps d'Armée, il est nommé à Lyon (1961-1964), devient membre titulaire du Conseil Supérieur de la Guerre et général d'Armée le 1er juillet 1962. Il est versé dans la 2e section des Officiers Généraux le 1er février 1964 et décède le 27 février 1980.

En Algérie, la situation se dégrade depuis 1945. Des événements amènent l'instauration de l'état d'urgence en Algérie (1955). L'année suivante, la Tunisie[1] et le Maroc obtiennent leur indépendance. C'est aussi l'époque de l'affaire de Suez, interrompue par les deux grands, États-Unis et URSS. En 1957, le général Massu, chargé du maintien de l'ordre à Alger, parvient à ramener le calme dans l'agglomération. Le FLN, basé en Tunisie, s'infiltre dans les confins algériens et au cours d'une embuscade, tue 16 hommes. Cette opération déclenche le bombardement du camp FLN de Sakhiet en Tunisie (8 février 1958) : l'ONU s'émeut ! Et le 13 mai, une foule algéroise énorme manifeste ses sentiments pro-français. Le général de Gaulle, revenu au pouvoir, remplace le général Salan par un responsable civil assisté par le général Challe. Celui-ci lance des opérations en 1959, d'abord en Oranie, puis dans toute l'Algérie[2], qui ramènent la tranquillité pour les populations du « Djebel ». Mais les partisans de l'Algérie française prennent conscience de ne pas être soutenus par le gouvernement : c'est la semaine des barricades à Alger (fin janvier 1960). Rien n'y fait et, un an après (janvier 1961), est organisé un référendum sur l'autodétermination en Algérie. Le putsch des 4 généraux[3] à Alger secoue l'Armée et l'OAS (Organisation de l'Armée Secrète) est fondée. Les pourparlers d'Evian (mai 1961-18 mars 1962) instituent le cessez-le-feu dès le lendemain. L'Algérie est indépendante, amenant le départ des Pieds-Noirs et le massacre de plus de 80 000 Harkis, supplétifs ralliés à la France.

Adolphe VEZINET, Gouverneur Militaire de Lyon, commandant la 8e Région Militaire du 1er février 1964 au 1er mars 1967 (la 8e R.M. devient la 5e Région Militaire le 11 juin 1966)

Né le 1er mars 1906 à Montjaux (Aveyron), sous-lieutenant de réserve après son service en 1927, il reste un peu plus de deux ans au Sénégal et en Mauritanie. Il est retenu en 1930, en qualité d'officier de l'Infanterie Coloniale, et sert au Maroc, en Algérie et en Indochine. A partir de 1938, il est au Tchad, dont il est l'un des artisans du ralliement à la France Libre. En 1941, sous les ordres de Leclerc, il participe aux campagnes de Libye. Il est mis à la tête du 1er Régiment de Marche du Tchad (1942), qui s'illustre en Afrique du Nord. Il devient ensuite chef d'État-major du groupement Tactique Dio, de la 2e Division Blindée, dont il sera l'un des chefs au cours des combats de la Libération. Après la guerre, il commande les Troupes Coloniales, puis occupe différentes fonctions d'État-major, avant de commander le Corps d'Armée d'Alger. Il est interné par les généraux putschistes en 1961. Général d'Armée, il est à Lyon en 1964 comme Gouverneur Militaire et placé en 2e section le 1er mars 1967. Il décède à Marseille le 13 janvier 1996. Compagnon de la Libération, grand-officier de la Légion d'Honneur, il était titulaire de huit citations et de nombreuses décorations.

Jean SIMON, Gouverneur Militaire de Lyon, commandant la 5e Région Militaire (1967-1969)

Né le 30 avril 1912 à Brest, il sort en 1935 de Saint-Cyr, et est versé dans l'Infanterie Coloniale, d'abord au Sénégal, puis, très vite, en Mauritanie, pays dont il est passionné. En 1939, il est au 42e Bataillon de Mitrailleurs Malgaches, puis en 1940, est observateur-avion. Il se lie avec Pierre Messmer, avec lequel il refuse l'armistice. Ils s'emparent d'un bateau italien et rejoignent Londres. Il accomplit de nombreux faits d'armes, comme chef de section dans la 13e Demi-Brigade de la Légion Etrangère. En 1945, il est attaché au cabinet du Général de Gaulle. Dès 1947, il retourne au combat : il est à Cao-Bang, avec le 3e Régiment Etranger d'Infanterie. Après l'École de Guerre en 1951, il participe à l'opération de Suez en 1956. Il remplit ensuite plusieurs missions d'attaché militaire et participe à la Conférence sur le Désarmement en 1957. Il assume de lourdes responsabilités en Algérie (1960) et participe à la conclusion des accords d'Évian (1962). Il commande l'École Spéciale Militaire et l'École Militaire Inter-armes, puis met sur pied et commande le Ier Corps d'Armée. Gouverneur Militaire de Lyon (1967-1969), il fait face aux mouvements de Mai 1968. Inspecteur Général de l'Armée de Terre (1969), il est nommé général d'Armée, l'année suivante. Membre du Conseil Supérieur de la Guerre, Secrétaire Général de la Défense Nationale, il développe l'enseignement de la défense à Paris et en province. À partir de 1978, il est Chancelier de l'Ordre de la Libération. Il décède en 2003.

André, Libéral, Emile LALANDE, Gouverneur Militaire de Lyon et commandant de la 5e Région Militaire du 14 octobre 1969 au 26 mai 1973

Né à Rennes le 26 mai 1913, il entre à l'ESM en 1931. Promu lieutenant (1935), il rejoint le 6e Bataillon de Chasseurs Alpins (1937), dont il commande la SES[4]: il obtient sa première citation pour avoir porté secours à des skieurs en difficulté au col de la Ponsonnière. Le 6e BCA est engagé dans l'intervention en Norvège (29 avril au 22 mai 1940) : le capitaine Lalande est cité deux fois pour son engagement et blessé. De retour en Angleterre, il se rallie aux F.F.L. Envoyé en Syrie, il est affecté à la 13e D.B.L.E. En Egypte, il se distingue (citation) à Bir Hakeim (27 mai-11 juin 1942). Il est blessé par deux fois à El Alamein (24 octobre 1942), mais poursuit la campagne jusqu'en Tunisie. Le chef de bataillon Lalande prend le commandement de la compagnie de canons du 105e d'Infanterie (1944), avec laquelle il fait la campagne d'Italie jusqu'à Bolsena et Radicofani. Le 17 août 1944, il est à Cavalaire et participe à la réduction du Mont Pharon, à Toulon. Le commandant Lalande est mis à la tête du 3e bataillon de la DBLE à sa formation, fin 1944 : il participe aux âpres combats de Haute-Alsace et à la Libération de Colmar. Après cette campagne éprouvante, le bataillon est envoyé dans les Alpes de Haute-Provence, pour d'autres succès (avril 1945). Le chef de bataillon Lalande quitte la Légion Etrangère le 8 mai 1945.

Titulaire de la Croix de la Libération (20 novembre), promu lieutenant-colonel (1946), il est délégué dans diverses missions à l'étranger, puis est stagiaire à l'École Supérieure de Guerre (1949-1951). Il est alors affecté à l'État-major du Commandant en chef des FTA/Centre-Europe.

Au Nord-Vietnam, en 1953, le lieutenant-colonel Lalande prend le commandement du 3e Régiment Etranger d'Infanterie et du secteur de Bac Ninh. Le 13 décembre, il prend en charge le GM6 à Dien Bien Phu. Il défend avec opiniâtreté le CR « Isabelle », contre-attaquant et retardant l'assaut final : Isabelle tombe, quand privé de l'appui de l'artillerie par la chute préalable du CR central, il succombe sous le nombre, après avoir tenté une sortie désespérée. Captif du 8 mai au 3 septembre 1954, il avait été promu colonel à titre exceptionnel le 23 avril.

Il est affecté à la Délégation française au groupement permanent du Pacte Atlantique à Washington (1955-1958), puis passe à la 10e RM (subdivision de Tiaret). Il est auditeur à l'IHEDN et au CHEM en 1960. Puis il retourne en AFN, en qualité de commandant de la 1e brigade d'intervention du Corps d'Armée d'Alger. Le 20 juillet 1961, il fait mouvement sur Bizerte en crise, par voie aérienne : il est cité pour la conduite de cette opération et nommé général de brigade (1961).

Le 15 février 1962, il prend le commandement de l'Aviation Légère de l'Armée de Terre (ALAT), puis celui de la 11e Division Militaire (1965). Général de division (1966), il prend les fonctions de chef d'État-major particulier du Président de la République (1967-1969).

Victor Augagneur, maire de Lyon de 1900 à 1905, date à laquelle il démissionna en laissant la place à Edouard Herriot (Musées Gadagne , 1378_3).

Edouard Herriot, maire emblématique de Lyon de 1905 à 1940 et de 1945 à 1957, date de sa mort (Musées Gadagne).

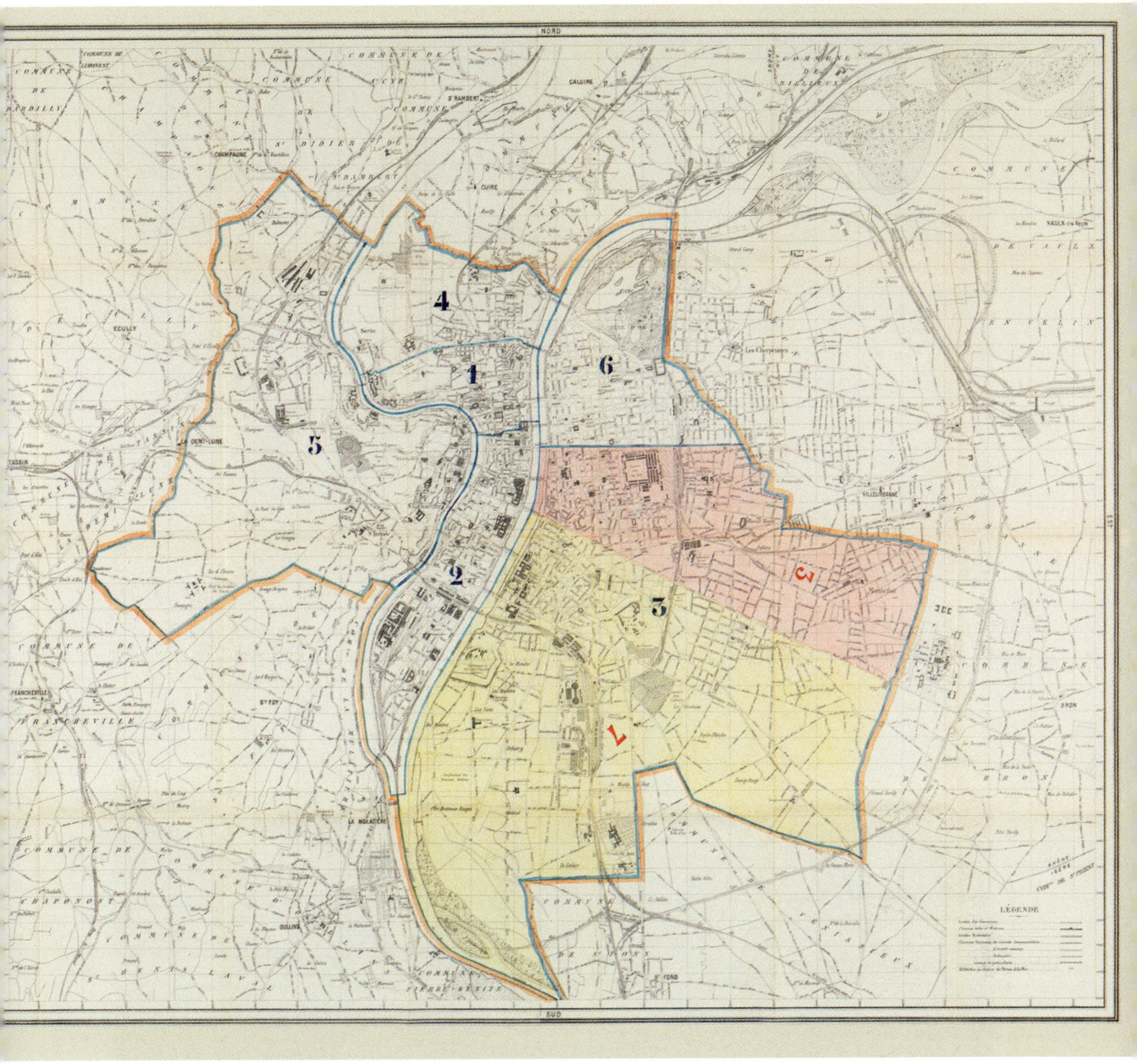

P. Saint-Denis, *Plan général de la commune de Lyon*, 1909. Les 3e et 7e arrondissements actuels sont à l'étude, issus d'un découpage de l'ancien 3e arrondissement, ex commune de la Guillotière, dont avait déjà été réservé le 6e. Le 8e et le 9e ne sont pas encore créés (A.M.L. C_1119 WP).

Contini et Angelini, *Affiche de l'Exposition internationale de Lyon* (1er mai 1914-1er novembre 1914). Lyon, ville bénie des dieux... (A.M.L.)

Leonetto Cappiello, *Affiche de l'exposition internationale de Lyon*, 1914. Le Rhône et la Saône mêlent leurs eaux amoureusement... (Musées Gadagne, N 349.1).

L'Eclairage Electrique, usine d'armement, s'installe dans la halle des Abattoirs de Gerland (Carte postale ancienne, A.M.L.)

◀ Programme officiel de l'Olympia, café-concert de la rue Duquesne, saison 1915 (Musées Gadagne).

▼ Construit en béton armé au tout début des années 30, dans le style de l'époque, le garage Citroën de la rue de Marseille a été classé «Monument historique» et reconverti en divers usages. C'est «la plus grande station-service du monde», disait un dépliant publicitaire de l'époque (Cl. C. Poirieux).

L'appel du 8 juin 1940 du général de Gaulle, devenu historique.

AUJOURD'HUI : 8 PAGES

Vendredi 14 Mars 1941

GUIGNOL

Le Numero 50c

JOURNAL HEBDOMADAIRE HUMORISTIQUE

Aucun manuscrit n'est rendu.

"A TOUS ET POUR TOUS"

Victor LORGE, Fondateur (1914-1926)
Joanny LORGE, Directeur

Boîte aux Lettres : 15, rue Emile-Zola, LYON

Téléphone : Franklin 21-28

ADMINISTRATION ET REDACTION :
37, Quai Fulchiron, 37
LYON — 23, Rue de la Quarantaine, 23 — LYON
Vente en gros :
Agence HACHETTE, 3, Rue des Quatre-Chapeaux, Lyon

ABONNEMENTS :
France et Colonies :
Un an, 24 frs — Six mois, 13 frs
Etranger : Un an, 54 fr. — Six mois, 30 frs
Compte Chèque Postaux : LYON 136-06

L'AMUSEMENT DES COMMERÇANTS

LE PIPA BIOLLEY. — Je colle... je colle... Oui je colle sans arrêt...
Je colle... Tu colles... Nous collons tous... nous collons des Tickets !

Journal de Guignol, 14 mars 1941. Les restrictions deviennent omniprésentes dans la vie quotidienne des Lyonnais.

1942. Les journaux clandestins fleurissent à Lyon, qui devient une plaque tournante de la Résistance.

Buste de Jean Moulin. CHRD, Lyon. Venu à Lyon pour unifier les différents mouvements de la Résistance, Jean Moulin est arrêté par la Gestapo à Caluire le 21 juin 1943 (Cl. C. Poirieux).

Dans la prison de Montluc, geôle de Jean Moulin (Cl. Poirieux).

◀ Le Veilleur de Pierre de Georges Salendre (1948) perpétue la mémoire de cinq jeunes résistants abattus le 2 juin 1944 par la Gestapo, à l'angle de la rue Gasparin, en réponse à un attentat au Moulin à Vent, café-restaurant de la place Bellecour (Cl. C. Poirieux).

▼ Le 3 septembre 1944, le général Diego Brosset libère Lyon et administre la ville durant quelques jours. Carte La Poste Premier Jour (Coll. part.).

Le 14 septembre 1944, le général de Gaulle déclare Lyon Capitale de la Résistance du balcon de l'hôtel de ville. Une du fascicule *La Libération de Lyon*, éditions Braun & Cie, 1945.

Louis Pradel, maire de Lyon de 1957 à 1976.

Francisque Collomb, maire de Lyon de 1976 à 1989.

Trente Glorieuses. 1960, Antoine Pinay est présent pour l'ouverture de la Foire de Lyon.

◀ Michel Noir, maire de Lyon de 1989 à 1995.

◀ Raymond Barre, maire de Lyon de 1995 à 2001.

◀ Gérard Collomb, maire de Lyon de 2001 à 2017 et à partir de 2018.

Depuis l'origine des Journées du Patrimoine en 1984, l'Hôtel de Ville de Lyon fait partie des visites qui ont le plus grand succès (Cl. C. Poirieux).

2010. À Caluire, la maison du Docteur Dugoujon, où fut arrêté Jean Moulin, devient Mémorial (Cl. C. Poirieux).

Façade : L'Hôtel du Gouverneur (38, avenue Foch, Lyon 6e) abrite l'officier général de la zone de défense et de sécurité Sud-Est, également commandant de la Zone Terre Sud-Est; autorité militaire compétente pour les relations entre les armées et les autorités civiles, il coordonne avec le Préfet de région les moyens des Armées concourant à la défense civile et à la défense du territoire (Cl. C. Poirieux).

Façade intérieure : Construit de 1858 à 1861 par l'architecte Jean-Marie Anselme de Lablatinière, dans le style du Second Empire, c'était l'hôtel du Baron Vita, banquier et marchand de soie piémontais (Cl. C. Poirieux).

Façade des écuries : Il s'ouvre sur une cour intérieure dont les écuries ont été préservées, où l'on retrouve l'empreinte florentine voulue par son propriétaire (Cl. C. Poirieux).

L'intérieur de l'hôtel du Gouverneur se visite lors des journées du Patrimoine selon un circuit qui met en valeur les pièces d'apparat (Cl. C. Poirieux).

Le général Lalande, Gouverneur militaire de Lyon (1969-1973).

Il devient Gouverneur Militaire de Lyon (1969-1973) et prend rang et appellation de général de corps d'Armée le 1er mars 1970. Il est admis en 2e section le 26 mai 1973. Il décède le 9 octobre 1995 à Brive-la-Gaillarde (Corrèze). Il était Grand Officier de la Légion d'Honneur et Grand Croix de l'Ordre National de Mérite.

Robert, Charles LOUISOT, Commandant la 51e Division Militaire (1966-1970), Gouverneur Militaire de Lyon commandant la 5e Région Militaire du 26 mai 1973 au 19 septembre 1974

Né le 19 septembre 1914 à Lunéville (Meurthe-et-Moselle), engagé volontaire en 1934. Elève officier de réserve, il est nommé sous-lieutenant et affecté au 20e Régiment de Tirailleurs Tunisiens. Admis au concours de 1937 à l'École Militaire de Saint-Maixent, il y entre comme EOA. En 1939, il est à Bizerte au 8e, puis au 12e Régiment de Tirailleurs Tunisiens avec lequel il part au Levant. Commandant le 15e Escadron léger Tcherkess, il est cité en 1941.
Après un retour en métropole, il rejoint le 4e RTT à Sousse (1942). L'assaut qu'il mène le 22 décembre, à la tête de sa compagnie, contre la position allemande de Ragoubet el Morra est admirable et décisif : cette action d'éclat lui vaut une citation à l'ordre de l'Armée. À titre exceptionnel, il est promu capitaine à titre temporaire le 25 mars 1943. Il débarque à Naples le 13 janvier 1944. Son comportement lui vaut deux citations. Il est grièvement blessé lors de l'attaque du mont Leucio (citation à l'ordre de l'Armée et Légion d'Honneur). Rapatrié à Oran le 4 juillet, il est affecté à Alger à l'État major général Guerre avec lequel il rejoint Paris en octobre 1944.
En 1946, il est promu capitaine à titre définitif et affecté à l'EMA (1947-1949). Chef de bataillon (1951), il part au Sud-Vietnam en 1954 (citation). Il quitte Saigon en 1956, est muté à l'État-major des Forces françaises en Allemagne et promu lieutenant-colonel (1956). Colonel (1959) il prend en Algérie le commandement du 21e Régiment d'Infanterie. Son activité lui vaut une première citation. Puis il prend le commandement du secteur du Telagh (1961) : il mérite par son œuvre pacificatrice une deuxième citation en 1962.
Il est nommé général de brigade (1964) et devient chef de cabinet du général C.E.M.A.T. Nommé commandant de la 51e Division Militaire à Lyon en 1966, il est promu général de division (1968). Il prend les fonctions de commandant de la 2e Région Militaire à Lille (1970). Il prend rang et appellation de général de corps d'armée (1971) et est nommé Gouverneur Militaire de Lyon en 1973. Il est admis en 2e section du cadre des officiers généraux en 1974. Il est commandeur de la Légion d'Honneur et Grand Officier de l'Ordre National du Mérite. Il décède le 1er février 2011.

Michel, Benjamin THENOZ, Gouverneur Militaire de Lyon, commandant la 5e Région Militaire du 19 septembre 1974 au 31 janvier 1976

Né le 21 février 1917 à Boujailles (Doubs), il entre à Saint-Cyr (1936). Au 13e BCA en 1939, il est promu lieutenant (1940). Il rejoint le Maroc en 1940. Avec le 8e RTM, il débarque à Naples le 22 novembre 1943. Il est blessé et mérite deux citations au cours de la campagne d'Italie. Toujours avec le 8e RTM, il débarque à Cavalaire le 30 août 1944 et participe à la campagne de France et d'Allemagne. Il est promu capitaine (1944). Après

différentes affectations en métropole, il part en Indochine (1952). Il prend le commandement de l'école militaire khmère (1952-1953). Chef de bataillon, à la tête du 9e bataillon de chasseurs cambodgiens, il assure le commandement du quartier de Svay Rieng Prey Veng (1953-1954). Deux citations soulignent ses remarquables résultats à ce poste.
Au retour, il est affecté à Chambéry (1954-1956), puis est stagiaire à l'Ecole Supérieure de Guerre (1957). À l'EM de la subdivision de Mostaganem, il obtient une citation pour son action pacificatrice. Lieutenant-colonel (1958), il rejoint l'École Supérieure de Guerre, puis devient chef d'État-major de la 5e DB en Algérie (deux citations).
En 1961, il est affecté à l'État-major du gouverneur militaire de Lyon. Promu colonel, il retourne en Oranie en qualité de chef d'État-major du corps d'Armée : il est à nouveau cité. Après être passé à l'EMAT, il est affecté en 1963 à la 27e Brigade Alpine à Grenoble, dont il prend le commandement en 1965 : il est nommé général de brigade. En 1966, il devient chef de cabinet du général C.E.M.A.T. Promu général de division (1969), il est nommé commandant de l'École Supérieure de Guerre et de l'École d'État-major (1970). Il prend rang et appellation de général de corps d'Armée le 1er juillet 1971 et devient Chef de l'État-major particulier du Président de la République.
Général d'Armée (1973), il devient Gouverneur Militaire de Lyon. Il est nommé inspecteur général de l'armée de terre (1976). Grand Officier de la Légion d'Honneur (1977), il est admis en 2e section en 1978.

Guy-Michel LE BORGNE, Gouverneur Militaire de Lyon et commandant la 5e Région Militaire du 1er février 1976 au 7 janvier 1980

Né le 6 janvier 1920 à Rennes, il entre à Saint-Cyr en 1939 et est affecté à Meknès en 1940. Il termine l'école à Aix en Provence en 1941 et choisit l'Infanterie Coloniale. Promu lieutenant en 1942, il est affecté au régiment du Soudan à Bamako, puis au 15e RTS à Casablanca (1943).
Volontaire pour l'organisation parachutiste dénommée « Jedburgh », il part en Grande-Bretagne. Après son stage à Peterborough, il est parachuté en Bretagne le 9 juillet 1944. Grâce à son action, trois mille hommes sont armés et organisés en compagnies et des réseaux de renseignements sont mis sur pied (2 citations et Légion d'Honneur). Après un court passage en Grande-Bretagne, il est affecté au 2e RCP, brigade SAS, et participe aux opérations dans les Ardennes pour lesquelles il est à nouveau cité.
Fait prisonnier avec son groupe parachuté en Hollande, après plusieurs heures de combat, il est mis en stalag ; il y reste peu et organise des sabotages en avril 1945 (citation). Promu capitaine, il est affecté à l'EMA (1946-1948), puis il rejoint le bataillon de choc à Montlouis et l'État-major du CSTAP (1949).
En Indochine (1950-1953), il sert au 8e BPC, dont il prend le commandement en 1952 : deux ans de combats et de succès lui valent cinq citations. Il est officier de la Légion d'Honneur. En métropole, il est promu chef de bataillon (1954). Stagiaire à l'ESG, il est détaché à l'État-major de la zone des Aurès-Nementcha : il mérite encore une citation. BTEMS en 1958, il est affecté à l'État-major de la 10e RM : il prend une part active dans les opérations menées dans toute l'Algérie en 1959. Lieutenant-colonel en 1960, il sert au 3e RPIMa dont il prend le commandement en 1961. Avec son régiment, il est à Bizerte, le 19 juillet,

où son action est déterminante (citation). Il est commandeur de la Légion d'Honneur. Ses opérations en ouest-Algérois (fin 1961) et en sud-Algérois (début 1962) obtiennent des résultats remarquables (citation).
En août 1962, il prend le commandement de la base Ecole des TAP à Pau et est promu colonel. Muté à l'EMA, il est mis à la tête du Service Interarmées de l'Entraînement Physique et des Sports en 1966. A la 25e brigade aéroportée de Pau, en 1969, il est nommé général de brigade en 1970. En 1971, il rejoint l'EMA, prend le commandement de la 11e Division Parachutiste en 1973 il est promu général de division en 1974.
Gouverneur Militaire de Lyon, il prend rang et appellation de général de corps d'Armée le 1er mai 1976. Il est admis dans la 2e section des officiers généraux en 1980. Promu Grand-Croix dans l'Ordre National du Mérite en juillet 1987, Grand-Croix de la Légion d'Honneur en 2004, il était titulaire de la Military Cross.
Le général Le Borgne était également connu et apprécié comme peintre sous le nom de Lezachmeur. Peintre officiel de l'Armée depuis 1985, peintre de l'air et de l'espace depuis 1996, il a pris en 1990 la tête de l'Association des peintres officiels de l'Armée. Ancien élève d'Yves Brayer, il a obtenu plusieurs médailles ainsi que le prix Taylor. Il a publié en 2006 *Le peintre et le soldat*. Il est décédé le 12 décembre 2007. Les honneurs militaires lui ont été rendus aux Invalides.

Wilfrid BOONE ARDOD BORSSAT de LAPEROUSSE, Gouverneur Militaire de Lyon et commandant la 5e Région Militaire à Lyon du 7 janvier 1980 au 14 septembre 1983

Né le 19 avril 1923 à Versailles, après avoir été incorporé en 1943 aux Chantiers de Jeunesse, il s'engage pour la durée de la guerre au 9e RCA le 4 octobre 1944. Blessé grièvement dans la forêt de la Harth, il est fait prisonnier, interné au stalag VII A et libéré par les forces alliées le 29 avril 1945 (citation). Il rejoint Coëtquidan en 1946 et à l'issue choisit l'Infanterie. Il part au Maroc à la 8e Demi-brigade de Zouaves en 1948, avec laquelle, il embarque pour l'Indochine. À Haïphong, il est affecté au 8e bataillon Thaï : ses qualités manœuvrières en Haut Tonkin lui valent deux citations, dont une palme. De retour en métropole (1951), il est affecté au 15e BCA, en Autriche. En septembre 1952, il rejoint l'ESMIA de Coëtquidan comme chef de section. En octobre 1953, promu capitaine, il rejoint à Haïphong le 2e bataillon de la 13e DBLE. Trois citations, dont deux palmes, récompensent ses résultats. Il est nommé chevalier de la Légion d'Honneur en 1954.
En mai 1955, il est affecté au 8e RI, successivement à Offenbourg, puis en Algérie en 1956, où il obtient deux citations. Affecté en 1958 à Coëtquidan, stagiaire à l'École Supérieure de Guerre de 1960 à 1962, il est promu chef de bataillon (1961). En 1962, il est affecté à la 8e Division à Compiègne. En 1964, il est au 35e RI Méca à Belfort, en 1966 il rejoint l'EMAT. Colonel en 1968, il prend le commandement du 153e RI Méca à Mutzig (1969), et, en 1972, de l'Ecole Nationale des sous-officiers d'active de Saint-Maixent. Nommé général de brigade en 1973, commandeur de la Légion d'Honneur en 1974, il quitte l'ENSOA en 1975 pour devenir adjoint au général commandant la 3e RM à Rennes.
En 1976, il prend le commandement de la 1e Division à Trèves, et en 1977 est promu général de division. Il est nommé inspecteur des Réserves et de la Mobilisation de l'Armée de Terre. Général de corps d'Armée (1979). Il est nommé Gouverneur Militaire de Lyon

Le général Boone, Gouverneur militaire de Lyon (1980-1983).

en 1980 et est élevé aux rang et appellation de général d'Armée le 1er novembre 1981. Il est admis à sa demande et par anticipation dans la 2e section. À Lyon, il adressait une lettre mensuelle à ses nombreux grands subordonnés car « *commander c'est aussi informer et s'informer* »[5]. Dans sa dernière lettre, il leur donne les raisons de sa démission : « *ne pouvant admettre, ne daignant me soumettre, je dois me démettre*[6] ». Le général Boone est le dernier gouverneur à avoir participé à la Deuxième guerre mondiale.

Jean, Paul, Louis CUQ, Gouverneur Militaire de Lyon, commandant la 5e Région Militaire du 15 septembre 1983 au 26 août 1987

Né le 26 août 1927 à Naucelle (Aveyron), reçu à Saint-Cyr en 1945, ayant choisi l'artillerie, il rejoint l'EAA à Idar-Oberstein (1948). Lieutenant en 1949, il est affecté en 1950 au 1/41 RAC au Centre Vietnam : son efficacité lui vaut une citation pour ses actions, en particulier dans la région de Son Qua. Rapatrié sanitaire en 1951, il est muté au 3/24 RA en juin. En 1952, affecté à l'EAA à Idar Oberstein, puis à Châlons-sur-Marne, lorsque l'école y est transférée, il est promu capitaine en 1956.
À l'issue du stage à l'École d'État-Major, il sert en Algérie à l'E.M. de la 29e DI (citation). Au 1/66e RA (1959), ses résultats remarquables dans le sous-secteur de Saïda lui valent une citation. Stagiaire à l'École Supérieure de Guerre (1961-1963), il rejoint ensuite l'État-major de la 5e RM à Toulouse. Chef d'escadron (1963), il est affecté au 35e Régiment d'Artillerie Parachutiste à Tarbes (1966-1968).
À l'État-major de l'Armée de Terre en 1968, il est promu lieutenant-colonel en 1969, puis colonel en 1972. Il prend le commandement du 35e RA de 1973 à 1975. À nouveau affecté à l'EMAT, il est nommé général de brigade en 1977. Il prend le commandement de la 1e brigade parachutiste à Auch.
Commandant adjoint et chef d'Etat-major de la Force Intérimaire des Nations Unis au Liban (FINUL), il est cité à l'ordre de l'armée (1978). En 1979, il est nommé adjoint « opérations » du général commandant la 11e DP et la 44e D.M.T. En 1980, il prend le commandement de la 5e DB à Landau et est promu général de division. Général adjoint au général commandant la 1ère Armée et gouverneur militaire de Strasbourg, il est élevé aux rang et appellation de général de corps d'Armée en 1983. Le 15 septembre il est nommé Gouverneur Militaire de Lyon. Promu commandeur de la Légion d'Honneur en 1985, il passe dans la 2e section des officiers généraux en 1987. Il est décédé à Rodez le 11 mars 2006.

Jean, Marcel, Georges GOSSOT, Gouverneur Militaire de Lyon commandant la 5e Région Militaire du 4 juillet 1987 au 1er août 1989

Né le 7 août 1929 à Paris 12e, il est reçu à Saint-Cyr en 1949. À la sortie, ayant choisi l'Arme Blindée Cavalerie, il est muté à l'EAABC à Saumur et nommé sous-lieutenant. En 1953, il rejoint l'Indochine, au 1er bataillon Muong au Nord Vietnam. Deux citations récompensent son courage et son sens du combat. Il quitte l'Indochine pour l'Algérie en 1955. Comme chef de peloton, sa participation efficace aux opérations dans le sous-quartier des Ouled Ali lui vaut une citation. Grièvement blessé en 1957 (citation), il est évacué sur le Val de Grâce. Légion d'Honneur en 1958, il est affecté à l'EAABC à Saumur et promu capitaine. Après le stage à l'École d'État-Major, il sert au 6e Régiment

de Spahis, puis au 6e Régiment de Cuirassiers (1962-1963). Le 1er novembre, il est affecté à l'État-major du Commandant en Chef des FFA à Baden. Promu chef d'escadrons en 1965, il est affecté comme stagiaire en septembre 1967 à l'Ecole Supérieure de Guerre. En 1969, il rejoint à Pforzheim le 3e Régiment de Hussards, dont il devient le commandant en second. En 1971, il est muté à l'École Supérieure de Guerre comme professeur et promu lieutenant-colonel. Il prend le commandement du 4e Régiment de Cuirassiers à Bitche (1973-1975). Colonel en 1975, il est à l'EMAT au bureau Planification-Finances, dont il devient le chef. En 1980, il est adjoint opérations du général commandant le 6e DB-62e DMT et est nommé général de brigade. En août 1981, il devient chef d'État-major du général commandant la 1e Armée et gouverneur militaire de Strasbourg. Muté à l'EMA en 1982, il est commandeur de la Légion d'Honneur et promu général de division (1984). Il prend le commandement de la 10e DB - 62e DMT en 1985 à Châlons-sur-Marne.
Le 1er juillet 1987, il prend rang et appellation de général de corps d'Armée et est nommé Gouverneur Militaire de Lyon. Commandeur de la Légion d'Honneur et Grand Officier de l'Ordre National du Mérite, il est admis en 1989 en 2e section. Le général Gossot est le dernier gouverneur ayant servi en Indochine.

Yves BECHU, Gouverneur militaire de Lyon et commandant la 5e Région Militaire du 1er août 1989 au 4 mai 1990

Né le 21 juillet 1932 à Pommeuse (77), après Saint-Cyr en 1952, il entre à l'École d'Application de l'Infanterie de Saint-Maixent (1954). Dirigé sur l'AFN, il rejoint le 9e RCP (1956). Il est blessé à Mac Mahon en octobre. En juillet 1958, une citation à l'ordre du Corps d'Armée vient récompenser trois actions d'éclat dans l'Est-Constantinois. Affecté à l'EAI de Saint-Maixent (1959), il est promu capitaine en 1961 et rejoint le 4e REI en Algérie.
En 1963, il est affecté à Pau à la Base Ecole des Troupes aéroportées, et en 1964, stagiaire à l'École d'État-Major à Paris. En 1965, il est muté à l'État-major de la 1e Brigade Mécanisée à Offenburg (FFA). Promu chef de bataillon en 1968, il est affecté au Groupement Écoles à Coëtquidan. Admis comme stagiaire à l'École Supérieure de Guerre (1970), breveté (DEMS) en 1972, il est réaffecté au Groupement Écoles à Coëtquidan. Promu lieutenant-colonel en 1974, il est affecté en 1975 à l'Inspection Générale de l'Armée de Terre à Paris. En 1977, il prend le commandement du 9e RCP à Toulouse et est promu colonel.
En 1979, il est affecté à l'État-major du 3e Corps d'Armée de la 1e Région Militaire. En 1980, il rejoint Bangui (République Centrafricaine). Il est désigné comme auditeur du CHEM et de l'IHEDN (1981-1982), puis est affecté à l'État-major de la 8e DI et de la 22e DMT à Amiens en août 1982. Il est nommé en décembre général de brigade. En 1984, il devient général adjoint au Gouverneur Militaire de Paris, puis il prend les fonctions de commandant des éléments français stationnés en République du Tchad. En septembre 1985, il commande l'École d'Application de l'Infanterie et la 14e Division Légère Blindée. Il est promu général de division en 1986.
En 1988, il est nommé adjoint au général gouverneur militaire de Strasbourg, commandant la 1e Armée. Prenant rang et appellation de général de Corps d'Armée en juillet

1989, il est nommé Gouverneur Militaire de Lyon. Il décède subitement à Lyon le 4 mai 1990.

Henri Alain SALAÜN, Major Régional de la 5e Région Militaire à Lyon du 1er août 1989 au 30 juin 1990, Gouverneur Militaire de Lyon, commandant la 5e Région Militaire, du 1er juillet 1990 au 31 août 1990, Gouverneur Militaire de Lyon, commandant la Région Militaire de Défense Méditerranée et la CMD de Lyon du 1er septembre 1990 au 27 octobre 1993

Né le 27 octobre 1933 à Saint-Goazec (Finistère), il entre à Saint-Cyr en 1951. À la sortie, il est affecté à Saint-Maixent (1953), puis est muté au 24e RIC à Carcassonne (1954), puis à Batna. Promu lieutenant (1955), il est dirigé sur l'AEF au Groupement Saharien du Tchad (GST) à Zouar (1955-1958). Au retour, il est affecté à Bayonne au groupement d'instruction de la brigade parachutiste d'Outre Mer (GIBPCC) et rejoint le 8e RPIMa à Bône. Il se distingue particulièrement, ce qui lui vaut trois citations dont une palme.

Il est promu capitaine (1961) et rapatrié avec le 8e RPIMa à Nancy. Il part en Côte Française des Somalis (1962). Il est affecté au Groupement Service Motorisé, il prend le commandement de la 4e compagnie. Le GSM/CFS devient le 6e RSM, puis le 57e RIAOM. Il est affecté à l'École d'État-Major en 1965 et, à l'issue du stage, à la Direction des Centres d'Expérimentations Nucléaires (DIRCEN). Chef de bataillon le 1er octobre en 1968, diplômé technique en 1970, BTEMS en 1971, il est affecté à l'EMA division Etudes Générales (1971).

En 1974, il est muté au 8e RPIMa à Castres où il prend les fonctions de commandant en second et est promu lieutenant-colonel. À La Réunion, il prend le commandement du 2e RPIMa (1976). Colonel en 1978, il rejoint l'EMAT où il est affecté à la section d'automatisation des Travaux. Il est à l'État-major à Toulouse comme adjoint opérations au général commandant la 11e DP - 44e DMT en1981.

Auditeur stagiaire au CHEM et à l'IHEDN en 1982, il est en juillet 1983 chef d'État-major de la 1e Armée à Strasbourg. Il est nommé général de brigade le 1er janvier 1984. La 1e A rmée est transférée à Metz. Il prend les fonctions de chef de la division Emploi à l'EMA (1985).

Promu général de division, il est nommé commandant de la 9e DIM et de la 33e DMT à Nantes (1987). En 1989, il devient Major Régional de la 5e Région Militaire. Le 4 mai 1990, après le décès subit du général de corps d'armée Béchu, Gouverneur Militaire de Lyon, il exerce provisoirement les fonctions de GML et de commandant la 5e RM, avant de le devenir en titre peu après. Commandeur de la Légion d'Honneur le 9 juillet 1991, il est admis en 2e section du cadre des officiers généraux en 1993.

Jean Joseph PINCEMIN, Major régional de la 5e Région Militaire du 1er au 31 août 1990, Adjoint Major au Général Gouverneur Militaire de Lyon commandant la Région Militaire de Défense Méditerranée et la CMD de Lyon du 1er septembre 1990 au 27 octobre 1993, Gouverneur Militaire de Lyon commandant la Région Militaire de Défense Méditerranée et la CMD de Lyon du 28 octobre 1993 au 22 août 1995

Né le 22 août 1935 à Plelo (Côtes d'Armor), il est engagé volontaire en 1953. Sergent, il est affecté au 5e RI (FFA) en 1954. Il fait mouvement avec son unité vers le Maroc (1955). Rengagé de 3 ans, il est admis à l'ESMIA de Coëtquidan en 1957. Sous-lieutenant (1958), il est affecté à l'EAI et rejoint à l'issue le 1er RE à Sidi Bel Abbès (1959). Muté au 3e Régiment Etranger d'Infanterie, dans l'ouest algérois, lieutenant en 1960, sa conduite, en particulier dans le secteur de Tenès, lui vaut une citation.
Il est affecté au 5e Régiment d'Infanterie à Blois le 1er août 1962. Il est muté en 1963 à l'EAI/ENSOA à Saint-Maixent et promu capitaine en 1964. Après un stage à l'École d'État-Major (1967), il est affecté au 1er Régiment d'Infanterie Motorisé à Bitche, puis à l'État-major de la 7e RM à Marseille (1969), où il est promu chef de bataillon (1971). Il fait un stage d'appui aérien à Baden-Oos (1971-1972), puis devient instructeur d'Infanterie à l'EAABC de Saumur.
De 1973 à 1975, il est stagiaire à l'École Supérieure de Guerre. Il est affecté en 1975 au 42e RI mécanisé à Wittlich-Trèves comme commandant en second (1975). Il est promu lieutenant-colonel en 1976 et muté à l'ESG comme professeur (1977). Chef de corps du 150e RI de Verdun (1979), il est promu colonel en 1980 et muté au Service d'Information et de Relations Publiques des Armées (1981).
En 1984, il est affecté au CHEM/IHEDN comme auditeur. Nommé général de brigade en 1985, il devient chef d'État-major du 2e CA aux FFA. Il prend en 1988 le commandement de la 6e Division Légère Blindée à Nîmes et est promu général de division (1989). Officier de la Légion d'Honneur en 1990, il arrive à Lyon en qualité d'adjoint major au général Gouverneur Militaire. Elevé aux rang et appellation de général de corps d'Armée (1992), il est nommé Gouverneur Militaire de Lyon en 1993. Commandeur de l'Ordre National du Mérite (1993), il est admis dans la 2e section en 1995.

Claude Jean GENEST, Gouverneur Militaire de Lyon, commandant la Région Militaire de Défense Méditerranée et la CMD de Lyon

Né le 1er septembre 1937 à Paris, il entre à Saint-Cyr en 1956. À la sortie, il rejoint l'EAABC à Saumur et est nommé sous-lieutenant. Muté au 25e Dragons, il est chef de peloton d'un commando de chasse, avec lequel il se distingue dans l'Ouarsenis, ce qui lui vaut une citation. Il prend les fonctions d'officier renseignements et est promu lieutenant (1960). À la dissolution du 25e Dragons, il est affecté, en 1961, au 12e Régiment de Chasseurs d'Afrique. Son efficacité en tant qu'officier renseignements du quartier N'Sila est reconnue par une nouvelle citation.
Affecté à l'EAABC de Saumur (1962), il est promu capitaine en 1964. Il est en 1965 stagiaire à l'École d'État-Major. Diplômé en 1966, il est affecté à l'État-major du commandement des sites militaires au Sahara à Colomb-Béchar où il reste jusqu'à la fermeture du Centre Interarmes d'Essais d'Engins Spéciaux (CIEES). En 1967, il est muté au 501e Régiment de Chars de Combat à Rambouillet, où il prend le commandement d'un escadron. Affecté au SIRPA (1969), il est promu chef d'escadrons (1971). Il est stagiaire à l'EMSST (1972-1975). Lieutenant-colonel (1975), il sert en 1977 au 4e Régiment de Chasseurs à La Valbonne comme officier opérations puis commandant en second.
Muté à l'EMAT en 1979, il est promu colonel (1981). En 1982, il prend le commandement du 501e RCC à Rambouillet. En 1984, il est auditeur au CHEM-IHEDN. En

1985, il est affecté comme chef d'État-major de la 3e RM à Rennes. En 1988, il est nommé général de brigade et prend les fonctions d'adjoint au général commandant la 1e DB à Trèves. Il devient chef de cabinet du général CEMAT en 1991. Promu général de division, il prend le commandement de la CMD de Limoges et de la 15e Division d'Infanterie. Il est commandeur de la Légion d'Honneur en 1994.
Elevé aux rang et appellation de général de corps d'armée en 1995, il est nommé Gouverneur Militaire de Lyon. Il est admis à sa demande dans la 2e section (1997). Le général Genest est élevé à la dignité de grand-officier de l'Ordre National du Mérite en 1998.

Georges William PORMENTE, Gouverneur Militaire de Lyon, commandant la Région Militaire de Défense Méditerranée et la CMD de Lyon du 1er août 1997 au 31 juillet 1999

Né le 23 octobre 1939 à Saint-Omer (Pas-de-Calais), il entre à Saint-Cyr en 1958 et en sort major de sa promotion. Nommé sous-lieutenant (1960), après un court passage à l'EAI de Saint-Maixent, puis au centre de perfectionnement à Philippeville, il est affecté en Algérie au 7e Régiment de Tirailleurs (1961). Sa conduite et ses talents d'entraîneur d'hommes dans le djebel lui valent deux citations élogieuses. Il est affecté le 1er juillet 1962 à Metz au 1er RCP qui est transféré à Pau quelques jours après.
Diplômé d'État-Major en 1968, il est muté à la 1e Brigade blindée à Trèves. Il rejoint l'État-major de la 16e Brigade Mécanisée à Metz en 1970. Reçu à l'École Supérieure de Guerre, il est promu chef de bataillon en 1974. Il est affecté à l'ESM-EMIA de Coëtquidan pour commander la promotion de Saint-Cyr « Maréchal Davout ». Il est promu lieutenant-colonel en 1978.
De 1979 à 1981, il est commandant en second du 8e RI à Noyon, puis sert à Paris à l'EMAT. Promu colonel (1982), il prend le commandement du 9e RCP à Pamiers (Ariège) en 1983. Il est affecté à l'Inspection Générale de l'Armée de Terre (1985-1987), puis est désigné comme auditeur au CHEM-IHEDN. Chef d'Etat-major de la 3e RM à Rennes, il est nommé général de brigade en 1989. Il rejoint Montpellier comme adjoint au général commandant l'EAI et la 14e DB. De mai à septembre 1993, il sert au Cambodge comme officier général adjoint opérations du général commandant l'APRONUC. Ses qualités de chef militaire, d'organisateur et de conciliateur, ainsi que sa conduite lors d'une attaque, sont reconnues par une citation.
Il prend ensuite le commandement de la 2e DB et est promu général de division en 1994. En 1995, il est général adjoint major au général Gouverneur Militaire de Paris. En 1997, il prend rang et appellation de général de corps d'armée. Commandeur de la Légion d'Honneur en juillet 1997, il est nommé Gouverneur Militaire de Lyon le 1er août 1997. De 1998 à 1999, il expérimente le concept de Région Terre. Il quitte ses fonctions le 31 juillet 1999. Il est l'initiateur de ce livre. Le général Pormenté est le dernier gouverneur ayant participé à la guerre d'Algérie.

Jean-Michel, Marie DE WIDERSPACH-THOR, Gouverneur Militaire de Lyon, Commandant la Région Militaire de Défense Méditerranée et la CMD de Lyon du 1er août 1999 au 30 juin 2000, Commandant la Région Terre Sud-Est et officier général de la Zone de Défense Sud-Est du 1er juillet 2000 au 1er octobre 2001

Né le 10 août 1943 à Les Attafs (Algérie), il entre à Saint-Cyr (1962), puis rejoint l'EAABC à Saumur (1964). Affecté au 43e RBIMa à Offenburg, il est nommé lieutenant. Désigné pour la Côte d'Ivoire (1966-1968), il sert au 4e RIAOM. Versé dans les Troupes de Marine en 1968, il est muté au Régiment de marche du Tchad à Pontoise. Promu capitaine (1971), il suit un stage à l'École d'État-Major en 1972 et retourne au Régiment de Marche du Tchad. Affecté à la Mission Militaire Française au Cameroun à Yaoundé (1974-1976), il rejoint l'EMSST comme stagiaire BTEMS en 1976. Chef de bataillon (1977), il est affecté en 1981 au Commandement des Écoles de l'Armée de Terre (CEAT) et promu lieutenant-colonel

En 1982, il est muté au Régiment d'Infanterie de Marine du Pacifique comme commandant en second. En 1984, il est affecté a l'État major de la 1e Armée à Strasbourg. Il est promu colonel en 1985. De 1986 à 1988, il commande le RICM à Vannes. À l'EMAT de 1988 à 1990, il suit le stage de l'IHEDN et du CHEM en 1990.

Il est affecté à Metz comme chef d'État-major de la 6e RM en 1991, et nommé général de brigade (1992) ; il est affecté à l'EMAT en 1993 comme sous-chef « opérations logistique ». En 1995, il commande la 9e Division d'Infanterie de Marine à Nantes, et, en 1996, est promu général de division et officier de la Légion d'Honneur. Il est nommé général adjoint au général commandant le 3e Corps d'Armée à Lille (1997) et adjoint au général commandant la Force d'Action Terrestre le 1er juillet 1998. Les rang et appellation de général de corps d'Armée lui sont conférés le 1er décembre 1998.

En 1999, il est nommé Gouverneur Militaire de Lyon et promu commandeur de l'Ordre National du Mérite. Il est admis dans la 2e section par anticipation et sur sa demande en 2001.

Gilles Marie BARRIE, Adjoint Major au Général Gouverneur Militaire de Lyon et Commandant la Région Terre Sud-Est du 1er août 2000 au 30 septembre 2001, Gouverneur Militaire de Lyon et Commandant la Région Terre Sud-Est et officier général de la Zone de défense Sud-Est du 1er octobre 2001 au 30 septembre 2004

Né le 15 février 1945 à La Tronche (Isère), il entre à Saint-Cyr en 1966 et rejoint l'EAI à Montpellier (1968). Affecté au 7e BCA en 1969 à Bourg-Saint-Maurice, il est promu lieutenant. Sur sa demande, il est admis en 2e section des TAP en 1970. Désigné pour suivre le stage de chef de détachement de haute montagne, il rejoint l'EMHM de Chamonix en juillet 1970, où, après son stage, il devient instructeur ski-montagne et chef de section ESOA. En 1973, il est affecté au 13e BCA à Chambéry où, promu capitaine, il prend le commandement de la 2e compagnie (1975). Après un stage au Canada, à Toronto (1977-1978), il est affecté aux Ecoles de Coëtquidan (1978-1982) : il y est promu chef de bataillon (1980).

En 1982, il est affecté à l'EMAT, puis, en 1984, promu lieutenant-colonel, il est stagiaire à l'École Supérieure de Guerre. De retour à l'EMAT (1986-1989), colonel, il prend ensuite à Annecy le commandement du 27e BCA (1989-1991) avant de revenir à l'EMAT (1991-1995).

En 1995, il est affecté comme chef d'État-major de la RMD-NE/CMD de Metz et nommé général de brigade. À l'EMAT (1998), il prend les fonctions de sous-chef d'État-major « organisation ressources humaines ». Il est officier de la Légion d'Honneur en 1999. Il est nommé en 2000 général adjoint major au général Gouverneur Militaire de Lyon. Le 1er octobre 2001, il prend rang et appellation de général de corps d'Armée et est nommé Gouverneur Militaire de Lyon. Le 1er octobre 2004, il est admis dans la 2e section par anticipation et sur sa demande.

Thierry Frédéric de BOUTEILLER, Chef d'Etat Major de la RMDME et CMD de Lyon du 15 août 1998 au 31 juillet 2000, Général Adjoint Major au Général Gouverneur Militaire de Lyon du 1er août 2003 au 30 septembre 2004, Gouverneur Militaire de Lyon commandant la Région Terre Sud Est et officier général de la Zone de Défense Sud Est du 1er octobre 2004 au 31 août 2006

Né le 21 mai 1948 à Neuilly-sur-Seine, il est reçu à Saint-Cyr en 1969. Sous-lieutenant, il entre à l'EAI de Montpellier. En 1972, il est lieutenant au 27e RI à Dijon. Affecté au 99e RI à Sathonay en 1976, il est promu capitaine. Affecté à l'ENSOA à Saint-Maixent en 1981, il est reçu au concours de l'ESG en 1982 et rejoint la DEMSAT/ESG et est promu chef de bataillon. En 1984, affecté à l'Etat-major du général Gouverneur Militaire de Metz, commandant le 1er corps d'armée 6e RM, il y est promu lieutenant-colonel 1986. En 1987 au 110e RI à Donaueschingen, il est chef du bureau « opérations instruction ». En 1989 il rejoint l'EMAT au bureau « organisation mobilisation ». Il est promu colonel en 1991. Affecté au 92e RI à Clermont-Ferrand, il en prend le commandement en juillet 1992. Du 22 avril au 7 novembre 1993, il est chef de corps du Bataillon d'Infanterie de Bihac (Force de protection des Nations Unies) en Bosnie-Herzégovine. Il revient à l'EMAT (1994-1998), puis est chef d'État-major de la RMD Méditerranée-CMD de Lyon et nommé général de brigade le 1er octobre 1998. Après une nouvelle affectation à l'EMAT (2000-2003), où il est promu général de division, il devient général adjoint major à Lyon. Nommé Gouverneur Militaire de Lyon, il prend rang et appellation de général de corps d'Armée (2004).

En 2006, il est nommé inspecteur général des Armées et inspecteur de l'École Polytechnique et élevé aux rang et appellation de général d'Armée, commandeur de la Légion d'Honneur. Il est admis dans la 2e section le 1er septembre 2008.

François-Pierre, Joseph JOLY, Gouverneur Militaire de Lyon, commandant la Région Terre Sud-Est, officier général de la Zone de Défense Sud-Est du 1er octobre 2006 à juillet 2008

Né le 16 mai 1951 à Angers (Maine-et-Loire), il est reçu à Saint-Cyr en 1971 et nommé sous-lieutenant en 1972. Il est affecté en 1973 à l'École d'Application du Génie à Angers. Muté au 2e Régiment du Génie à Metz, il est promu lieutenant en 1974. Il est à Mururoa en 1977, au 3e Régiment mixte du Pacifique, puis aux Écoles de Coëtquidan en 1978 où

il est promu capitaine. En 1980, il est au 71e RG à Oissel. En 1982, affecté à l'EMSST comme stagiaire, il est promu chef de bataillon (1983), muté à la DTG de Versailles en 1984. Il rejoint en 1985 la DEMSAT et est stagiaire à l'ESG avec la 102e promotion. Il est promu lieutenant-colonel en 1988.
Breveté d'Etudes Militaires Supérieures et Techniques, il est affecté en 1990 à l'EMAT au bureau « planification finances ». Promu colonel en décembre 1992, il prend le commandement du 3e Régiment du Génie à Charleville-Mézières en 1994. En 1996, il est affecté à nouveau à l'EMAT au bureau « planification finances » dont il devient chef en 1999. Officier de l'Ordre National du Mérite, il est nommé général de brigade en 2001. Il prend les fonctions d'adjoint au sous-chef « organisation ressources humaines ». En 2002, il devient sous-chef « études planification finances », fonction qu'il quitte en 2004, général de division.
Général adjoint major au commandant de la Région Terre Nord-Ouest à Rennes, il est officier de la Légion d'Honneur en novembre 2004. Général de corps d'Armée, il est nommé Gouverneur Militaire de Lyon (2006). En juillet 2008, il devient Major Général de l'Armée de Terre puis, en 2010, Inspecteur Général de l'Armée de Terre. Il a soutenu le projet de ce livre.

Xavier BOUT de MARNHAC, gouverneur militaire de Lyon, commandant de la Région Terre Sud-Est, Officier général de la zone de Défense Sud-Est, depuis le 1er septembre 2008 à juillet 2010

Xavier de Marnhac entre à 20 ans à Saint-Cyr en 1971. À la sortie de l'École Spéciale Militaire, officier de cavalerie, il commande le peloton blindé de renseignement du 7e Régiment de chasseurs, basé à Arras (1974-1977). Il est affecté ensuite à Bayonne au 1er RPIMa, en qualité de chef de détachement spécialisé (service action du SDECE) de 1977 à 1981. À Laon, les trois années suivantes, au 4e Régiment de hussards, il commande le 2e escadron blindé de reconnaissance, puis devient officier supérieur adjoint du chef de corps. De 1984 à 1986, au 13e Régiment de dragons parachutistes en RFA, il est à la tête du 2e escadron blindé de recherche et de la garnison de Langenargen. Xavier de Marnhac passe à l'État-major de la 1e Armée à Strasbourg (1987), puis est ensuite stagiaire au Command and General Staff College (Fort Leavenworth, Kansas, USA) et à l'École Supérieure de guerre (1987-1989). Après quatre années en État-major à Baden-Baden, puis à la DPMAT, il est affecté en 1993 au cabinet du ministre de la Défense, en qualité d'adjoint, puis de chef du bureau Réserve. Après avoir été auditeur au CHEM/IHEDN (1998-1999), il devient chargé de mission à la Direction des opérations de la DGSE, puis Directeur des opérations (1999-2004). En 2005, il sert à l'Etat-major du CFAT à Lille, puis est nommé général commandant l'État-major de Force n° 2, à Nantes. En 2007-2008, il commande la KFOR (Kosovo Force de l'OTAN), puis est nommé à Lyon, avec rang et appellation de général de corps d'Armée depuis le 1er septembre 2008. Commandeur de la Légion d'Honneur et de l'Ordre National du Mérite, titulaire de nombreuses décorations françaises et étrangères, sa biographie officielle résume bien sa carrière : « *officier de cavalerie, dont la carrière, largement centrée sur le renseignement aux niveaux tactique, opérationnel et stratégique dans un environnement politico-militaire, a également alterné engagement opérationnel et gestion des ressources humaines* ». Il rejoint la 2e section en juillet 2010.

André HELLY, Gouverneur Militaire de Lyon, commandant de la Région Terre Sud-Est, officier général de la Zone de Défense et de Sécurité Sud-Est du 1er septembre 2010 au 31 juillet 2012

Né le 7 mars 1955 à La Tronche (Isère), André Helly sort de l'ESM et est nommé sous-lieutenant le 1er août 1978. En 1979, lieutenant, il est chef de section au 8e RPIMa. Il effectue des séjours au Gabon, puis en République Centrafricaine (1980-1981). Breveté chuteur opérationnel, il rejoint le 2e RPIMa à La Réunion, puis en 1984, le 3e RPIMa, avec lequel il participe à l'opération MANTA au Tchad. Il est muté en 1988 à l'Ecole d'Application de l'Infanterie à Montpellier où il est promu chef de bataillon. Après un stage à l'EMSST, il est promu lieutenant-colonel et intègre l'ESG (1988). En 1994, il est affecté au commandement des opérations spéciales à Taverny. Deux ans plus tard, il prend le commandement du 2e RPIMa à La Réunion. Promu colonel, il sert en État-major, puis commande les forces terrestres de Nouvelle Calédonie (2001-2003). Il sert ensuite à la Direction centrale des télécommunications et de l'informatique au Kremlin-Bicêtre. Nommé général de brigade le 1er juillet 2005, il commande la brigade des forces spéciales-Terre à Pau. En 2007, il est à l'EMAT et est nommé général de division (2009) puis directeur central adjoint à la direction des réseaux d'infrastructure et des systèmes d'information de la Défense au Kremlin-Bicêtre. Elevé aux rang et appellation de Général de Corps d'Armée (2010), il est nommé Gouverneur Militaire de Lyon, fonction qu'il quitte en juillet 2012.

Martial Marie Pierre de BRAQUILANGES, Gouverneur Militaire de Lyon, Commandant la Région Terre Sud-Est, Officier général de la Zone de Défense et de Sécurité Sud-Est, du 1er août 2012 au 31 juillet 2014.

Le général de Braquilanges est né à Paris le 8 décembre 1955. Élève-officier de la Promotion Capitaine de Cathelineau, à l'ESM Saint-Cyr (1976-1978), il est affecté au 3e RPIMa à Carcassonne où il encadre une section de combat parachutiste. Il participe à différentes Opérations Extérieures : la mission Tacaud au Tchad, la mission Barracuda en République Centrafricaine (1981-1983). Affecté en 1987 à l'État-major de la 2e DB à Versailles en tant que chef du bureau Instruction, il suit à l'issue la scolarité de l'École Supérieure de Guerre, puis du Cours supérieur interarmées de 1990 à 1992 à Paris. Muté à la Réunion, au 5e RIAOM (1993-1994), il participe à l'Opération Iskoutir à Djibouti et à l'Opération Oryx pour l'ONUSOM en Somalie. De 1994 à 1997 il sert au Bureau planification des ressources humaines de l'EMAT, où il participe notamment aux travaux liés à la professionnalisation des Armées.

Il commande ensuite le 8e RPIMa de Castres (1997-1999) et participe aux Opérations Epervier au Tchad et Malachite au Congo, puis, de retour en Europe, à l'Opération Trident en Macédoine. Nommé général de brigade le 1er juillet 2006, il devient chef conduite au CPCO (Centre de Planification et de Conduite des Opérations). En 2008, il est affecté en Nouvelle-Calédonie en qualité de commandant interarmes. Général de division le 1er avril 2009, il devient commandant de l'État-Major de la Force n°3 à Marseille. Il est élevé aux rang et appellation de Général de Corps d'armée le 1er août 2012 et nommé Gouverneur Militaire de Lyon à la même date. Commandeur de la Légion d'Honneur, grand officier de l'Ordre National du Mérite et Croix de la Valeur

Militaire (3 citations), le général de Braquilanges fait ses adieux aux Armes à l'Hôtel du Gouverneur le 10 juillet 2014.

Pierre CHAVANCY, Gouverneur Militaire de Lyon, Commandant de la Zone Terre Sud-Est, Officier général de la Zone de Défense et de Sécurité Sud-Est, du 1er août 2014 au 31 mai 2018.

Le général Chavancy est né le 4 février 1960 à Tuléar (Madagascar). De la promotion Montcalm, en sortant de Saint-Cyr, il choisit l'Infanterie et va à Montpellier. Il rejoint, en 1983, le 110e RI à Donaueschigen (Allemagne), puis le 3e REI à Kourou (Guyane), en qualité de chef de section de combat. En 1987, il est à Nîmes au 2e REI où il commande une compagnie de combat : il participe à l'Opération Épervier au Tchad, puis poursuit en Centrafrique et enfin à la Guerre du Golfe. Il est muté à Paris, en 1991, comme aide-de-camp du CEMAT, puis, promu chef de bataillon (1992), il devient officier supérieur adjoint au SIRPA et rejoint la FORPRONU à Sarajevo (Yougoslavie). Après réussite au concours (1995) il intègre le Collège Interarmes de Défense.
En 1997, il revient au 2e REI, en qualité de chef du bureau Opérations-Instruction, et retourne au Tchad (Opération Epervier). De 1999 à 2002, il est affecté au bureau des Études générales de la Direction du Personnel Militaire et est promu colonel en 2001. Il commande ensuite la 13e DBLE à Djibouti, puis, en 2004, il est muté à l'EMAT comme chargé d'études à la cellule d'études et de prospectives. Auditeur au CHEM et stagiaire à l'IHEDN en 2006, il est ensuite affecté à l'EMA à la division Etudes et Stratégie militaire générale. Nommé général de brigade le 1er juillet 2009, il prend le commandement de la 3e Brigade légère blindée à Limoges : en Afghanistan, il commande la Brigade La Fayette (Opération Pamir). En 2011, il prend les fonctions de chef de la division Emploi des Forces à l'EMA et est promu général de division le 1er août 2013. Il est élevé aux rang et appellation de Général de Corps d'armée le 1er août 2014 et nommé Gouverneur Militaire de Lyon à la même date.
Après les attentats de 1995, le Plan Vigipirate a mis en œuvre les forces de sécurité sous l'autorité du ministère de l'Intérieur et celle des préfets. Depuis 2012-2013, le terrorisme islamiste a repris ses actions terroristes, culminant en 2015, d'où le lancement de l'opération militaire Sentinelle en janvier 2015. La mise en œuvre de cette opération a été l'une des principales tâches du général Chavancy, ainsi que la réforme des Services, soutiens des Forces, et enfin la conduite de l'action de l'Armée en direction des entreprises et des jeunes pour une meilleure éducation à la citoyenneté, dans le sens du lien Armée-Nation.
Commandeur de la Légion d'Honneur, Commandeur de l'Ordre National du Mérite, titulaire de la Croix de Guerre des Opérations Extérieurs et de la Croix de la Valeur Militaire (4 citations), le général Chavancy fait ses adieux aux armes le 31 mai 2018.

Philippe LOIACONO, Gouverneur Militaire de Lyon, Commandant de la Zone Terre Sud-Est, Officier général de la Zone de Défense et de Sécurité Sud-Est, depuis le 1er juillet 2018.

Le général de corps d'armée Philippe Loiacono est né le 29 juillet 1962 à Castres. Saint-Cyrien de la promotion lieutenant-colonel Gaucher (1983-1986), il choisit l'arme des Troupes de Marine et poursuit sa formation à Draguignan. Il sert au 3e Régiment d'artillerie de marine à Verdun, puis au 5e Régiment Interarmes d'outre-mer à Djibouti comme officier de tir et officier de reconnaissance. Il est affecté au 11e Régiment d'artillerie de marine à la Lande d'Ouée où il prend le commandement d'une batterie. Il participe à différentes opérations dans la corne de l'Afrique, en ex-Yougoslavie et au Rwanda. Breveté d'études militaires supérieures, il est promu colonel en juillet 2004, et prend l'année suivante le commandement du 4e Régiment du Service Militaire Adapté à la Réunion.

À l'été 2007, il rejoint l'Inspection de l'Armée de Terre pour y exercer les fonctions d'assistant militaire auprès du général inspecteur. Il participe notamment aux travaux du Livre Blanc sur la Défense et la Sécurité Nationale ainsi qu'à la montée en puissance de la Mission pour la Coordination de la Réforme (MCR) portant réorganisation du ministère de la Défense. Auditeur du CHEM et stagiaire à l'IHEDN en septembre 2008, il devient adjoint au sous-chef « performance-synthèse » de l'EMAT en 2009 avec en particulier la responsabilité de conduire l'ensemble du chantier « participation pleine et entière » de la France dans l'OTAN pour la partie Terre. À l'été 2010, il rejoint l'EMA pour y exercer les fonctions de chef de bureau Relations internationales au sein de la division Cohérence Capacités de la chaîne Plans. Dans ce cadre, il porte les positions françaises au sein de l'agence européenne de défense, participe pleinement à la montée en puissance de la coopération franco-britannique et apporte sa contribution aux principaux travaux de l'Alliance atlantique. Nommé général le 9 juillet 2012, il prend le commandement du Service Militaire Adapté. Le 1er août 2015, il prend les fonctions de commandant du Centre Interarmées de Coordination du Soutien. Il est promu général de division le 1er août 2017. Il est élevé au rang et appellation de général de corps d'armée le 1er juillet 2018, et nommé Gouverneur militaire de Lyon, officier général de zone de défense et de sécurité Sud-Est et commandant de zone Terre Sud-Est.

Le général LOIACONO est Commandeur de la Légion d'honneur et de l'ordre national du Mérite et est titulaire de deux citations.

Conclusion générale

Bernard Demotz

Pour mettre fin à une excessive discrétion que rien ne justifie, ce livre traite du gouvernement territorial militaire de la France en s'appuyant sur l'exemple de Lyon et sa région. Les appellations des territoires concernés varièrent au cours des siècles, d'abord bailliages ou sénéchaussées, puis provinces sous l'Ancien Régime, ensuite Régions Militaires jusqu'à nos Zones de Défense actuelles : ce furent et ce sont les bases fondamentales, sans lesquelles ni défense, ni opérations frontalières ou extérieures ne sont possibles.
Evidemment les charges des gouvernants territoriaux, avant la Révolution, englobaient d'autres missions que la défense, le maintien de l'ordre et l'entraînement des militaires, qui restent seuls aux gouvernants militaires depuis 1791. Il n'en demeure pas moins que les personnages en fonction ont été le plus souvent des hommes de haut grade militaire ou ayant exercé d'importants commandements dans l'Armée.
L'exemple de Lyon et de sa Région nous est apparu caractéristique, voire exemplaire, pour suivre cette évolution pendant sept cents ans. Et pourtant, au cours des siècles, on relève de notables exceptions concernant le haut commandement de ces territoires. Mais on trouve dans les autres provinces ou régions d'autres différences qui ressortent, comme à Lyon et dans sa région, de la position géographique et de l'histoire spécifique de chaque pays composant la France.

Ainsi Lyon eut une véritable dynastie de gouverneurs, les Villeroy, pendant près de deux cents ans, qui ont exercé un pouvoir sans partage, surtout au XVIIe et au début du XVIIIe siècle. Le titre de gouverneur disparaît en 1791. Il reparaît transitoirement à Lyon pour deux officiers généraux appartenant à la haute noblesse, lors de la Seconde Restauration, et pour le maréchal de Castellane au Second Empire. Mais officiellement, ce n'est que depuis 1873, que ce titre est porté par les commandants militaires de Lyon, parce que cette ville devient alors une place forte.
Ce titre est resté, bien que Lyon n'ait plus cette fonction. C'est une tradition qui a bien failli disparaître dernièrement. Elle remonte pourtant à 1274 : à cette date et pour la première fois en France, le duc Robert de Bourgogne fut gouverneur du Lyonnais, province qui ne rentra dans la royaume qu'à partir de 1310. Actuellement, le Gouverneur Militaire de Lyon, dit « le GML », ne représente peut-être, pour certains, qu'une tradition désuète. Mais pour les férus d'histoire comme pour un bon nombre de Lyonnais, c'est un rappel de plus de sept siècles d'événements contrastés.
À l'échelon national, il apparaît légitime que les militaires, s'appuyant sur leurs traditions comme gage de cohésion, puissent bénéficier de titres prestigieux. Nul ne trouve à redire quand les civils obtiennent l'équivalent, et ceci est de tous les temps.

Cette contribution s'inscrit parmi les tentatives de démonstration de la pérennité d'institutions tout au long de notre Histoire de France, qui a commencé au Moyen Age, bénéficiant de fondements encore plus anciens. Or, les institutions s'appuient sur des réalités humaines profondes, qui se traduisent par une géopolitique fixe. Ainsi, malgré des évolutions constantes, nos provinces définies sous l'Ancien Régime, vivent encore sous le vocable de nos Régions administratives actuelles.

L'institution de gouvernement militaire territorial méritait bien d'être à son tour étudiée. Derrière cette longue histoire se profile constamment la question-clé des rapports Armée-Nation. Puisse ce livre contribuer à une réflexion profonde sur ce sujet en temps de paix : le dieu de la guerre est si capricieux.

1. Bizerte reste à la France pendant 10 ans. Une tentative tunisienne pour s'emparer de ce port est découragée par une opération combinée le 21 juillet 1961. Finalement, Bizerte est cédée en 1963.

2. Opérations « Courroie » en Ouarsenis et en Algérois, « Etincelle » en Hodna, « Jumelles » en Kabylie et « Pierre Précieuse » en Constantinois.

3. Généraux Salan, Challes, Zeller et Jouhaud.

4. SES : Section d'Eclaireurs-Skieurs.

5. Lettre du 1er septembre 1980, en guise de présentation.

6. « *Restez et travaillez* » leur dit-il. Ceux-ci ont conservé précieusement l'ensemble de ses lettres à « *Mon cher ami* » : instruction, capacité opérationnelle, rigueur, discipline, rapports humains, lutte contre la désinformation, compétence… mission : Servir

Annexe 1

Liste alphabétique des gouverneurs de Lyon

(avec la date de nomination à ce poste)

ADRETS (de BEAUMONT, baron des) ... 1562
AGOULT (d'), comte de Sault ... 1562
ALBERT ... 1815
ALBON (d'), seigneur de Saint-André ... 1539
ALBON (d'), seigneur de Saint-André ... 1550
ALBON (abbé d') ... 1558
ARCHIMAND ... 1346
ARMAGNAC (Bâtard d'), comte de Comminges ... 1468
ARMAGNAC (d'), comte de Pardiac ... 1423
ATTAINVILLE (d') ... 1382
AUDREHEM (d') ... 1364
AVARAY ((de Bésiade, duc d') ... 1823
AVENIERES (des) ... 1320
AYMARD ... 1832

BACHELU ... 1830
BARAGUAY d'HILLIERS ... 1811
BARRIE ... 2001
BEAULIEU de LOSSES ... 1564
BECHU ... 1989
BERGE ... 1889
BERRY (duc de) ... 1367
BIRAGUE (de) ... 1566
BLANCHEFORT(de) ... 1459
BONNAY (de) ... 1413
BONNAY (de) ... 1415
BOONE-ARDOD BORSSAT de LAPEROUSE .. 1981
BORGIA, duc de Valentinois ... 1498
BORNEVILLE (de) ... 1366
BOURBAKI (Sauter-) ... 1871
BOURBON (de) ... 1381
BOURBON (duc de) ... 1469
BOURBON (duc de Vendôme) ... 1595
BOUTEILLER (de) ... 2004
BRAQUILANGES (de)... 2012
BRAYER ... 1815
BRESSOLES ... 1870

CANROBERT ... 1862
CANUEL ... 1798 et 1816
CARTEAUX ... 1796
CARTERET-TRECOURT ... 1881
CASTELLANE (de) ... 1850
CESAR (Ouxbet dit) ... 1794
CHABANNES (de), sire de La Palice ... 1523
CHANDIEU (de) ... 1434
CHAPELLE (Le Filleul de La) ... 1790
CHASTEL (du) ... 1462/1463
CHASTELUS (de) ... 1409
CHATEAUMORAND (de) ... 1411
CHATEAUNEUF du LAU (de) ... 1463
CHAUVERON ... 1389
CHAUVIREY (de) ... 1333
CHAVANCY ... 2014
CHOLAY (de) ... 1343
COMBORN (de) ... 1371
CONZE ... 1961
COURBEBAISSE ... 1911
COUSIN-MONTAUBAN ... 1865
CREQUI (de) ... 1697
CROIX (de La), marquis de Castries ... 1764
CROIX (de La), comte de Charlus ... 1782
CROIX (de La), duc de Castries ... 1785
CUQ ... 1983
CURIAL ... 1815

DAMAS (comte de) ... 1814 et 1815
DAVOUT, duc d'Auerstaedt ... 1885
DECLAYE ... 1793
DESCOUR ... 1944 et 1956
DESSAIX ... 1815
DOSSE ... 1932
DOYEN ... 1945
DUHESME ... 1801
DULAULOY de RANDON ... 1815

EBENER ... 1916
ELIE ... 1796
ESTUER (d'), seigneur de La Barde ... 1473
FARRE ... 1879
FAY (du) ... 1372
FAYETTE (Mottier de La) ... 1418

Annexe 2
Sigles utilisés

AEF : Afrique Equatoriale Française
AFN : Afrique (Française) du Nord
AOF : Afrique Occidentale Française
AS : Armée Secrète
BCA : Bataillon de Chasseurs Alpins
BCRA : Bureau Central de Renseignements et d'Actions
BEMS : Brevet d'Etudes Militaires Supérieures
BEMST : Brevet d'Etudes Militaires Supérieures et Techniques
CA : Corps d'Armée
CEAT : Commandement des Ecoles de l'Armée de Terre
CEMA : Chef d'État-major des Armées
CEMAT : Chef d'État-major de l'Armée de Terre
CFAT : Commandement de la Force d'Action Terrestre
CHEM : Centre des Hautes Etudes Militaires
CMD : Circonscription Militaire de Défense
DB : Division Blindée
DBLE : Demi-Brigade de Légion Etrangère
DEMSAT : Direction de l'Enseignement Militaire Supérieur de l'Armée de Terre
DGSE : Direction Générale de la Sécurité Extérieure
DMD : Délégué Militaire Départemental
DMM : Division Marocaine de Montagne
DMT : Division Militaire Territoriale
DOT : Défense Opérationnelle du Territoire
DPMAT : Direction des Personnels Militaires de l'Armée de Terre
DTG : Direction des Travaux du Génie
EAA : Ecole d'Application de l'Artillerie
EAABC : Ecole d'Application de l'Arme Blindée Cavalerie
EAG : Ecole d'Application du Génie
EAI : Ecole d'Application de l'Infanterie
EM : État-major
EMA : État-major des Armées
EMAT : État-major de l'Armée de Terre
EMIA : École Militaire Inter-Armes
EMSST : Enseignement Militaire Supérieur Scientifique et Technique
EOA : Élève Officier d'Active
EOR : Élève Officier de Réserve
ESG : École Supérieure de Guerre
ESM : École Spéciale Militaire
FFA : Forces Françaises en Allemagne
FFI : Forces Françaises de l'Intérieur
FFL : Forces Françaises Libres
FINUL : Force Intérimaire des Nations Unies au Liban
FLN : Front de Libération Nationale
FTP : Francs-Tireurs et Partisans
GIBP : Groupement d'Instruction de Brigade Parachutiste
IHEDN : Institut des Hautes Etudes de Défense Nationale
KFOR : Kosovo Force

MUR : Mouvements Unis de Résistance

OAS : Organisation de l'Armée Secrète

OG : Officier Général

ORA : Organisation de Résistance de l'Armée

OTIAD : Organisation Territoriale Inter-Armées de Défense

RA : Régiment d'Artillerie

RAA : Régiment d'Artillerie d'Afrique

RAA : Régiment d'Artillerie Antiaérienne

RAC : Régiment d'Artillerie de Campagne

RAP : Régiment d'Artillerie Parachutiste

RC4 : Route Coloniale n°4

RGI : Régiment Etranger d'Infanterie

RG : Régiment du Génie

RI : Régiment d'Infanterie

RIAOM : Régiment Inter-Armes d'Outre-Mer

RIC : Régiment d'Infanterie Coloniale

RIMa : Régiment d'Infanterie de Marine

RIMaP : Régiment d'Infanterie de Marine du Pacifique

RM : Région Militaire

RMD : Région Militaire de Défense

RPIMa : Régiment Parachutiste d'Infanterie de Marine

RSA : Régiment de Spahis Algériens

RTA : Régiment de Tirailleurs Algériens

RTM : Régiment de Tirailleurs Marocains

RTT : Régiment de Tirailleurs Tunisiens

SDECE : Service de Documentation Extérieure et de Contre-Espionnage

SIRPA : Service d'information des Relations Publiques des Armées

STO : Service de Travail Obligation

ZD : Zone de Défense

Annexe 3
Bibliographie

I.- OUVRAGES À CARACTÈRE GÉNÉRAL

Sur les sénéchaux et les gouverneurs

- J. J. MANGIN, *Les baillis de Mâcon – sénéchaux de Lyon (fin XIIe-début du XVIe siècle),* Thèse de doctorat de l'Université Jean-Moulin, Lyon III, 1994.
- A.PERICAUD, *Les gouverneurs du Lyonnais de 1294 à 1777,* Lyon, 1887. Deux articles de revues réunis dans une plaquette de 36 pages. Il n'existe aucune autre étude sur les gouverneurs du Lyonnais, ni sur les gouverneurs en général. Voir :
- M. ANTOINE, *Genèse de l'institution des intendants.* Journal des savants, 1982.
- L. BELLY, *Dictionnaire de l'Ancien Régime.* Paris, 1996, notamment les articles gouverneurs et intendants.
- R. DOUCET, *Les institutions de la France au XVIe siècle.* Paris, 1948.
- J. DUQUESNE, *Dictionnaire des gouverneurs de province sous l'Ancien régime.* Paris, 2002. Ne donne pratiquement que les listes des gouverneurs par province et par thèmes.
- G. ZELLER, *Les institutions de la France au XVIe siècle.* Paris, 1948.

Monographies de gouverneurs lyonnais

- I. CLOULAS, *César Borgia.* Paris 2005.
- M. FRANCOIS, *Le cardinal François de Tournon.* Paris, 1952.
- J-H. MARIEJOL, *Charles-Emmanuel de Savoie, duc de Nemours.* Paris, 1937.
- L. ROMIER, *Jacques d'Albon de Saint-André. La carrière d'un favori.* Paris, 1909.

Histoire de Lyon

- C. DE RUBYS, *Histoire véritable de la ville de Lyon.* Lyon, 1604.
- P. CLERJON, *Histoire de Lyon.* Lyon, 1930. Voir les tomes 4 à 6.
- J-B. MONTFALCON, *Histoire monumentale de la ville de Lyon.* Lyon, 1866.

Malgré leur caractère ancien et leur côté dépassé, ces ouvrages contiennent de nombreux récits concernant les gouverneurs du Lyonnais.

Plus récents :

- André STEYERT, *Nouvelle Histoire de Lyon et des provinces de Lyonnais, Forez, Beaujolais, Franc-Lyonnais et Dombes,* Bernoux & Cumin, 1899.
- A. KLEINCLAUSZ (dir.) *Histoire de Lyon,* Lyon, 1939. Notamment, tome I : J. Déniau, *Lyon sous le règne de Louis XI et R. Doucet, Le XVIe siècle.*
- A. LATREILLE (dir.) *Histoire de Lyon et du Lyonnais,* Toulouse, 1975
- G. GARRIER (dir.), *Le Rhône et Lyon,* Saint-Jean-d'Angély, 1987.
- A. PELLETIER, F. BAYARD, *Histoire de Lyon;* Lyon, 2007.

On peut ajouter sur des thèmes particuliers :

- J. P. GUTTON, *Les Lyonnais dans l'Histoire.* Toulouse, 1985. Nombreuses notices sur des gouverneurs lyonnais, avec indications bibliographiques.
- L. NIEPCE, *Lyon militaire,* Lyon, 1897.
- A. PERICAUD, *Notes et documents pour servir à l'histoire de Lyon.* Extrais de *l'Almanach du Lyonnais,* à partir de 1838.

II.- ÉTUDES DE DÉTAIL

- Martin BASSE, *Lyonnais oubliés : soldats de la Révolution et de l'Empire*, P. Masson, Lyon, 1923.
- Bruno BENOIT et Roland SAUSSAC, *Guide historique de la Révolution à Lyon, 1789-1799*, Editions de Trévoux, 1988.
- BREGHOT DU LUT et PERICAUD aîné, *Biographie Lyonnaise. Catalogue des Lyonnais dignes de mémoire*, Société littéraire de Lyon, Ed. Giberton & Brun, Lyon, 1839.
- L. CAILLET, *Etudes sur les relations de la Commune de Lyon avec Charles VII et Louis XI*, Paris-Lyon, 1909.
- S. CARNOT, *Le régiment de Lyonnais*, Lyon, 1929.
- Général Bruno CHAIX, *En mai 1940, fallait-il entrer en Belgique ? Décisions stratégiques et plans opérationnels de la Campagne de France*, Economica, 2000.
- J. CONDAMIN, *Histoire de Saint-Chamond*, Paris, 1890. Chap. 2 : Mitte de Chevrières.
- E. COURBIS, *La municipalité lyonnaise sous l'Ancien Régime*, Lyon, 1900.
- G. CUER, *Lyon et le pouvoir central (1685-1715)*, Thèse de l'Ecole Nationale des Chartes, 1983.
- F. DALLEMAGNE, *Les défenses de Lyon. Enceintes et fortifications*, Lyon, ELAH, 2006.
- J. DENIAU, *La Commune de Lyon et la guerre bourguignonne*, Lyon, 1934.
- R. DOUCET. « Finances municipales et crédit public à Lyon au XVIe siècle. Paris, 1937
- Le Grand Parti de Lyon », *Rev. Hist.* 1933.
- DUFOUR, « L'affaire de Maligny vue à travers la correspondance de Calvin et de Bèze », in Les Cahiers d'Histoire, Lyon, 1963-3.
- F. DUTACQ, *Histoire politique de Lyon pendant la Révolution de Lyon en 1848*, Cornély, Paris, 1910.
- F. DUTACQ, *L'Insurrection lyonnaise du 15 juin 1849*, R.U.L., 1928.
- R. FEDOU, *Les hommes de loi lyonnais à la fin du Moyen Age*, Lyon, 1964.
- J. FAVIER, *Louis XI*, Paris, 2004.
- J. GADILLE (dir,) *Le diocèse de Lyon*, Paris, 1983.
- M. GARDEN, *Lyon et les Lyonnais au XVIIIe siècle.* Paris, 1970.
- R. GASCON, *Grand commerce et vie urbaine au XVIe siècle. Lyon et ses marchands.* 2 vol. Paris, 1971.
- J. GODARD, *L'ouvrier en soie*, Lyon, 1899.
- S. GUICHENON, *Histoire de Bresse et de Bugey*, Lyon, 1650. Tome I.
- M. GUYAZ, *Histoire des institutions municipales de Lyon, avant 1789*, Lyon, 1884.
- P. HOFF, « Un siècle de Région Militaire», *in Revue de la Défense Nationale*, 1973.
- Henri HOURS, *Treize Lyonnais célèbres*, Lyon Mag'Editions, 1997.
- A. JOUANNA, *Histoire et dictionnaire des Guerres de Religion*, Paris, 1998.
- J.M. LA MURE, *Histoire des ducs de Bourbon et comtes du Forez*, Lyon, 1670, réédité par Horvath (Roanne) en 1982. Tome 2.
- E. LEJEUNE, *La saga lyonnaise des Gadagne*, Lyon, ELAH, 2001.
- Général LE PAYS DE BOURJOLLY, *De l'armée et 40 jours de Lyon en 1848*, Dumaine, Paris, 1853.
- Général François LESCEL, *Objectif Meximieux*, Collection l'Histoire Proche, 2000.
- Général François LESCEL, *Objectif Lyon*, Collection l'Histoire Proche, 2004
- J.B. MARTIN, *Histoire des églises de Lyon*, Lyon, 1908.
- H. MENABREA, *Histoire de la Savoie.* 1958.
- P. METZGER. *Le Conseil Supérieur et le Grand Baillagz de Lyon*, Paris, 1913.
- MICHAUT, *Bibliographie universelle*, 40 vol. Paris, 1850.

- P. MONTAGNE, *Le Comportement politique de l'armée à Lyon sous la Monarchie de Juillet et la Seconde République,* L.G.D.J., Paris, 1966.
- F. de MOTTEVILLE. *Mémoires de Madame de Motteville,* Paris, 1847.
- N. DE NICOLAY, *Description générale de la ville de Lyon et des anciennes provinces du Lyonnais et du Beaujolais,* 1573. Publié à Lyon en 1881.
- M. PALLASSE, *La sénéchaussée et siège présidial de Lyon pendant les guerres de Religion,* Lyon, 1943. Voir notamment le chapitre sur Mandelot.
- E. PARISET, *Histoire de la fabrique lyonnaise,* Lyon, 1901.
- *REVUE D'HISTOIRE DE LYON,* 1902 - 1914. Articles.
- BLETON, *Le régiment de Lyonnais* (illustré), tome 3, 1904
- *MEMOIRE des abus qui règnent dans le gouvernement de Lyon...,* tome 3, 1904.
- E. VIAL, *Le chevalier du guet et sa compagnie* (illustré), tome 4, 1905.
- E. VIAL, *Le Capitaine de la ville : la garde et la défense de Lyon,* tome 5, 1906.
- E. VIAL, *Le sergent major de la ville de Lyon,* tome 7, 1908.
- E. VIAL, *Présents d'honneur et gourmandises,* tome 9, 1910.
- E. VIAL, *Les voyers de la ville. Les officiers et employés municipaux. Le fourrier de la ville de Lyon,* tome 10, 1911.
- J. ISAAC, *Le cardinal de Tournon, lieutenant général du roi (1536-1537),* tome 12, 1913.
- F. RUDE, *L'Insurrection lyonnaise de novembre 1831,* Ed. Anthropos, Paris, 1969.
- L. DE SAINT SIMON, *Mémoires,* présentés par Gonzague Truc. Collection La Pléiade.
- A. VACHET, *Les anciens couvents de Lyon,* Lyon, 1895.
- Eugène VIAL, *Gens et choses de Lyon,* Jules Jeannin, 1904.

FAMILLE VILLEROY :

Malgré sa place dans l'histoire de Lyon et sa longue durée, elle n'a donné lieu à aucune étude d'ensemble. On peut citer quelques références sommaires :

- MORIN-PONS, *Les Villeroy. Mémoires de l'Académie de Lyon, 1861-1862.*
- J. B. MONFALCON, *Histoire monumentale de la ville de Lyon,* 1886. Tome 2, page 214.
- A. VINGTRINIER, « Le dernier des Villeroy et sa famille », *in Revue du Lyonnais,* 1887.
- Général WEYGAND, *Le Général Frère, un chef, un héros, un martyr,* Flammarion, 1949.
- Ronald ZINS, *1814 : l'Armée de Lyon, ultime espoir de Napoléon,* Horace Cardon, 1998.
- Ronald ZINS, *1815 : l'Armée des Alpes et les Cent-Jours à Lyon,* Horace Cardon, 2003.

Hormis les auteurs et publications mentionnés dans le texte, dans les notes à la fin des chapitres et dans la bibliographie ci-dessus, nous avons bénéficié de l'importante contribution du SERVICE HISTORIQUE de l'ARMÉE de TERRE, qui nous a procuré la plupart des états de service des officiers généraux, commandants ou gouverneurs militaires de Lyon, du Premier Empire à 1973.

Table des matières

Cahiers couleurs

Conception graphique :
Olivier Brunot, Saint-Aubin-d'Aubigné

Achevé d'imprimer en juillet 2019
par Beta, Barcelone.